Young Bride's Story

Kaoru Mori

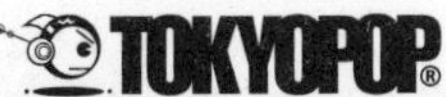

Inhaltsverzeichnis

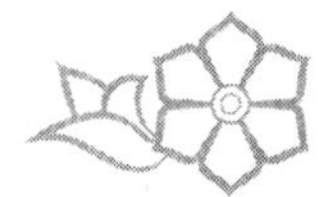

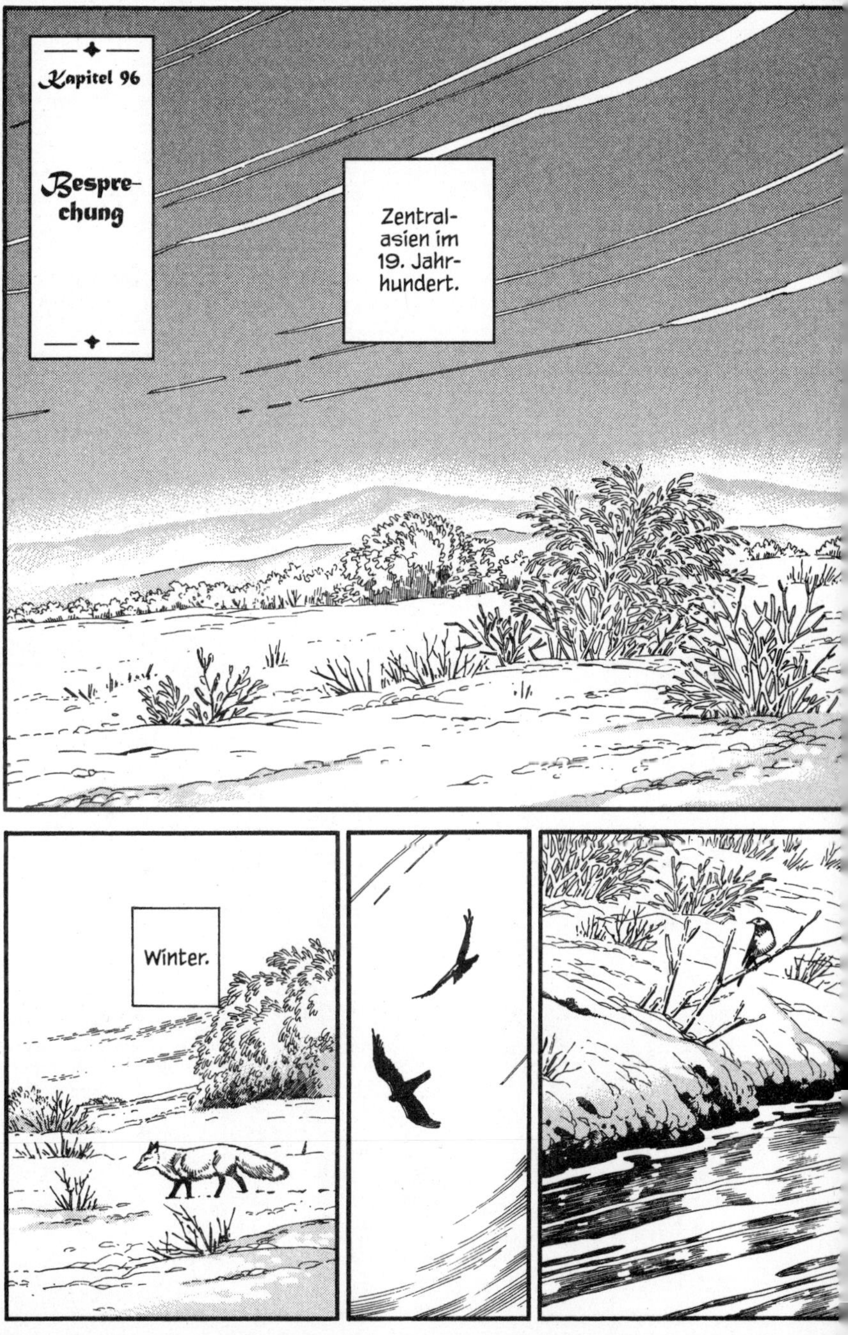

Kapitel 96

Besprechung

Zentralasien im 19. Jahrhundert.

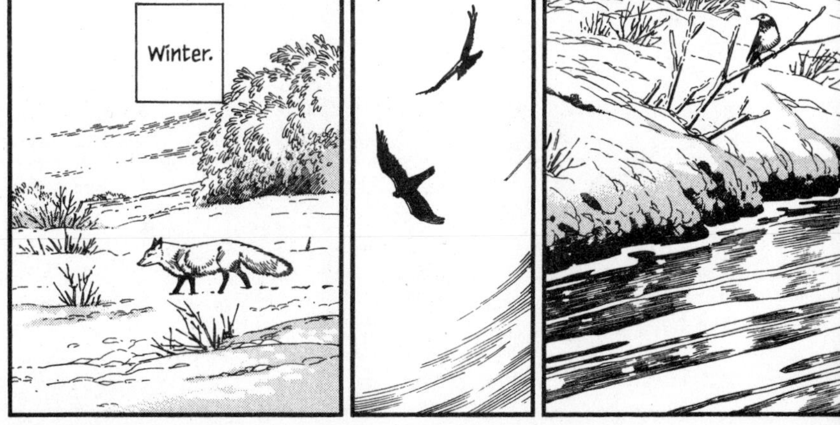

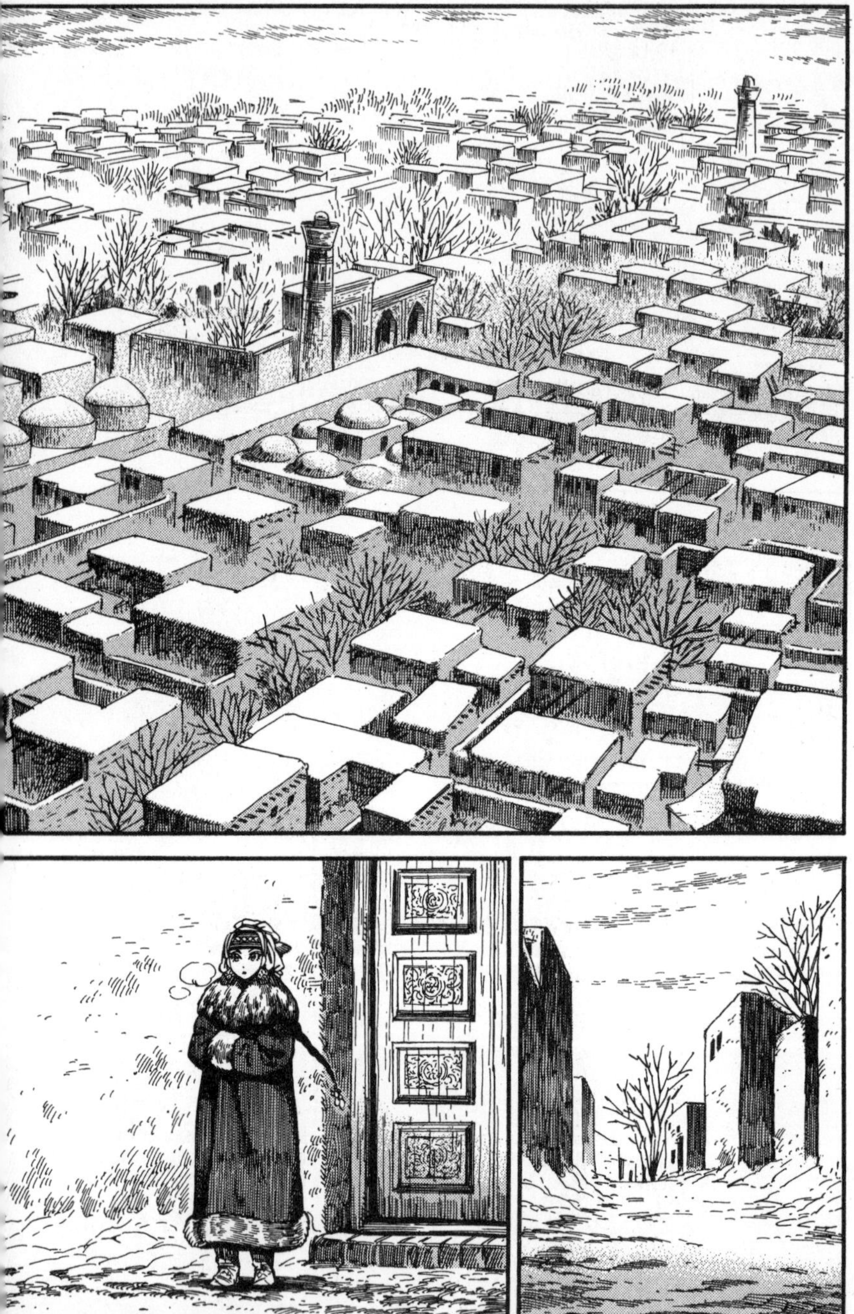

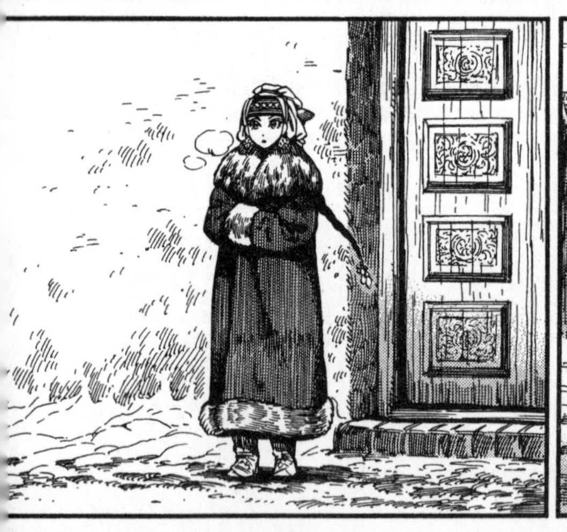
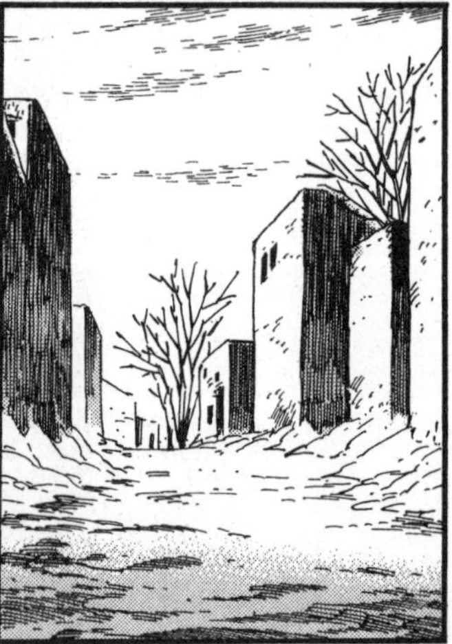

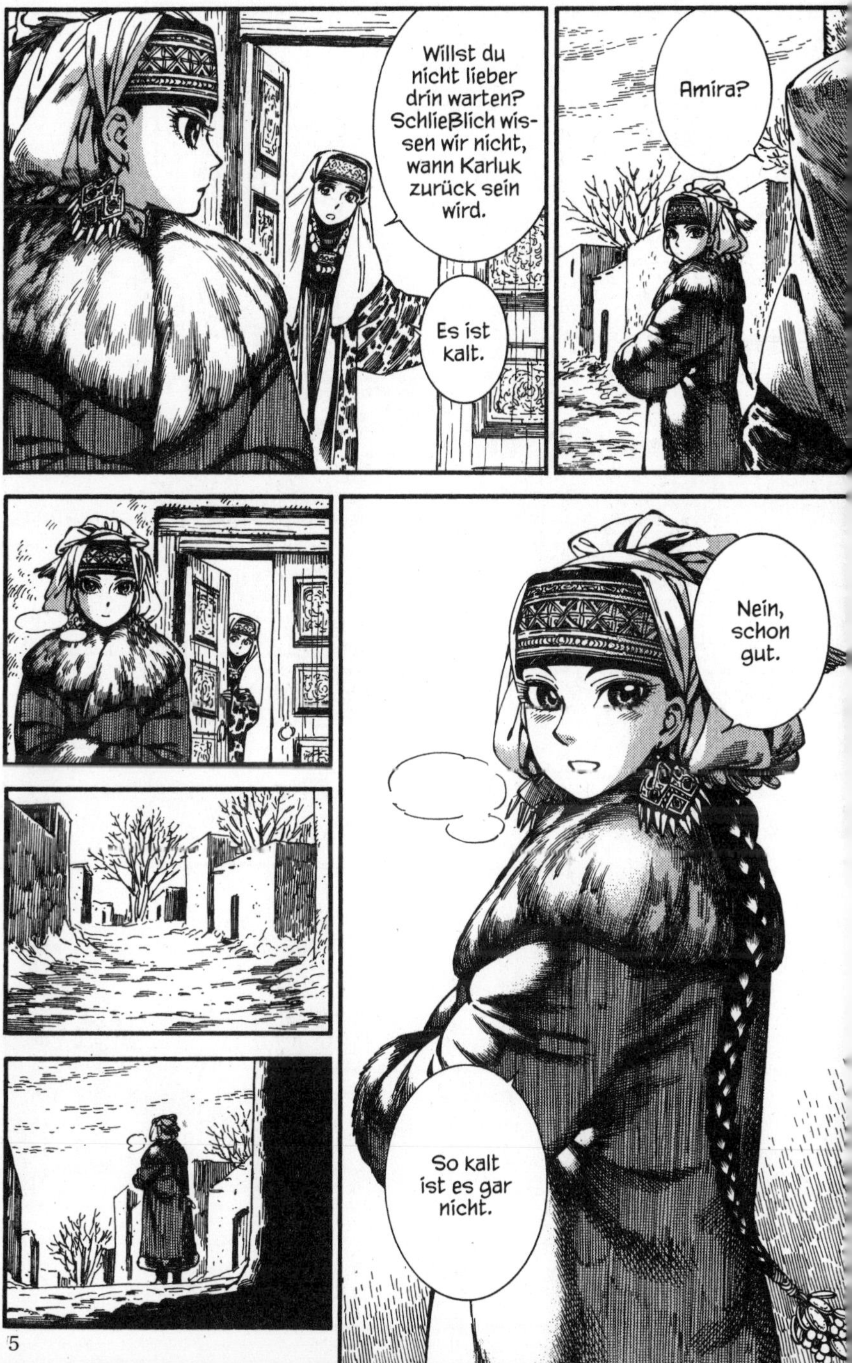

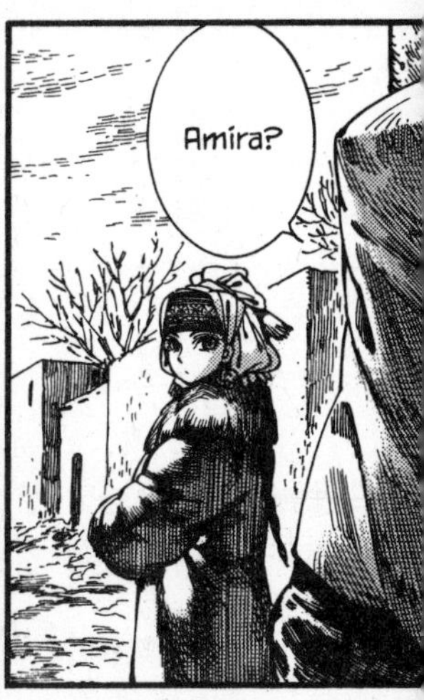
Amira?

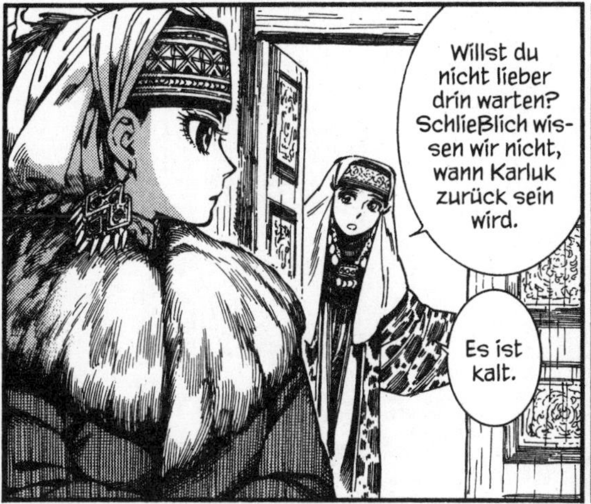
Willst du nicht lieber drin warten? Schließlich wissen wir nicht, wann Karluk zurück sein wird.
Es ist kalt.

Nein, schon gut.
So kalt ist es gar nicht.

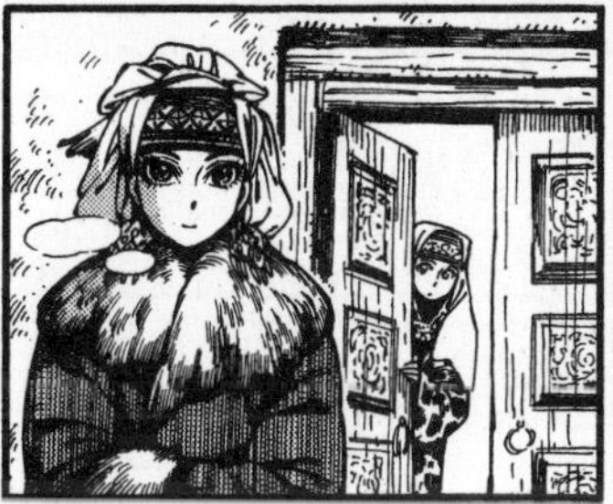

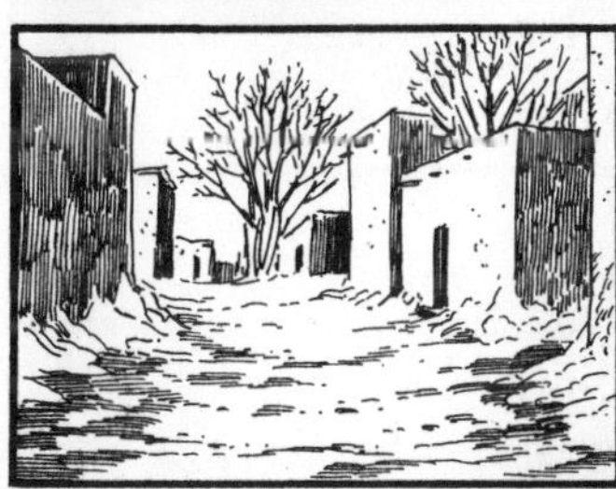

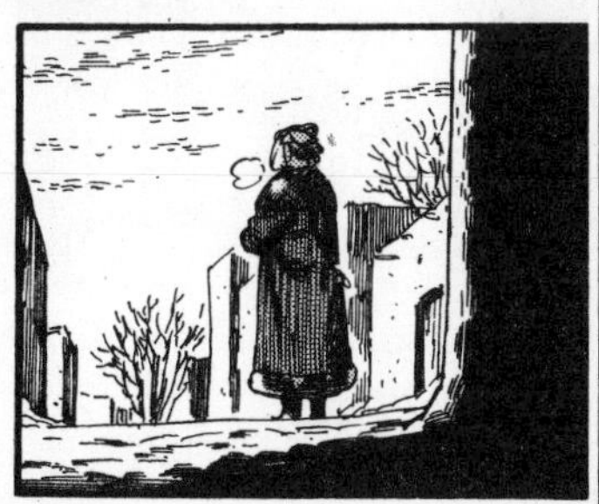

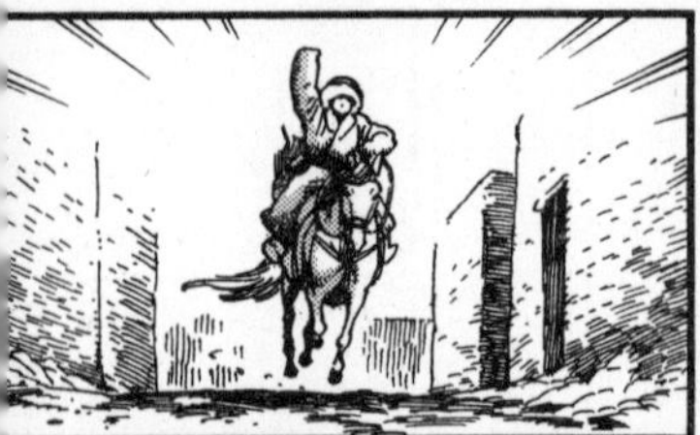

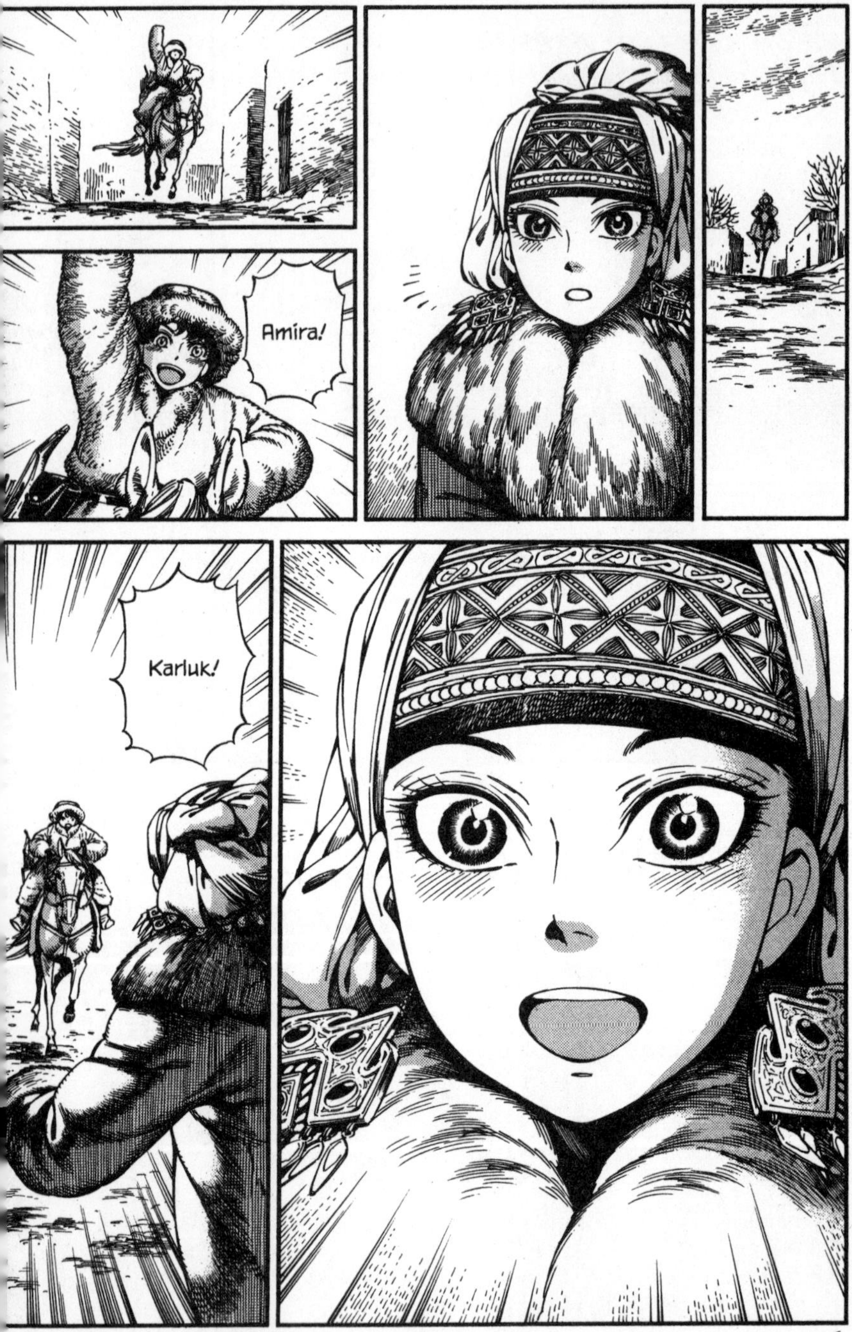

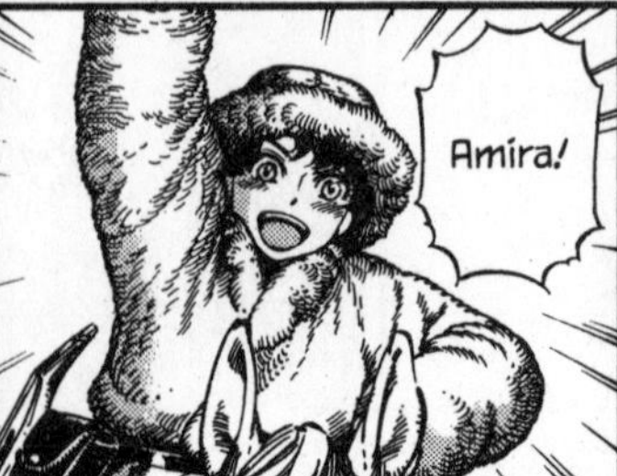
Amira!

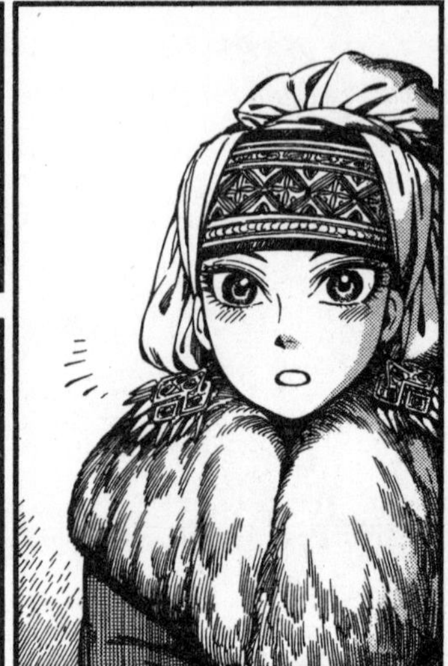

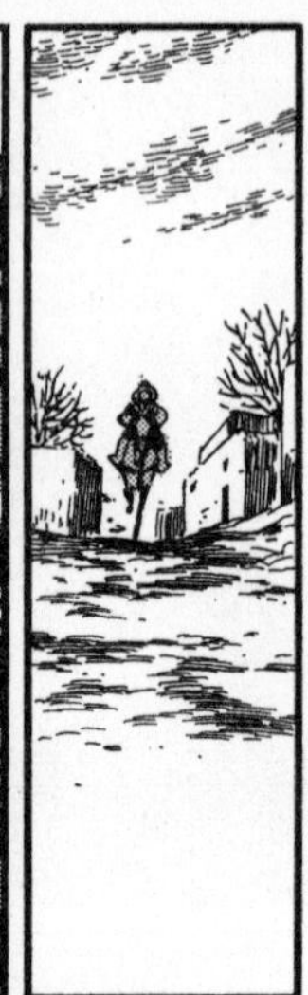

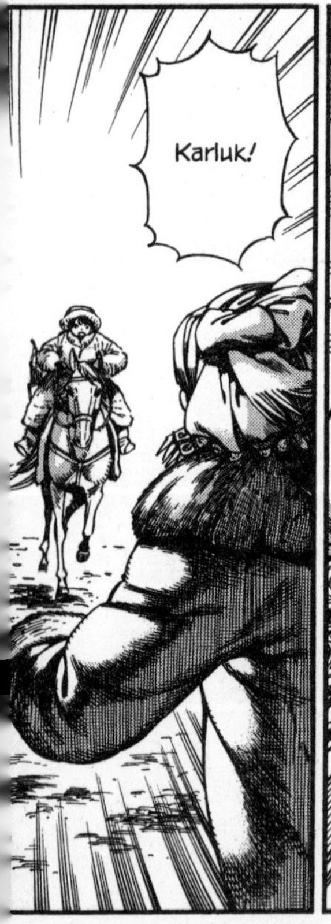
Karluk!

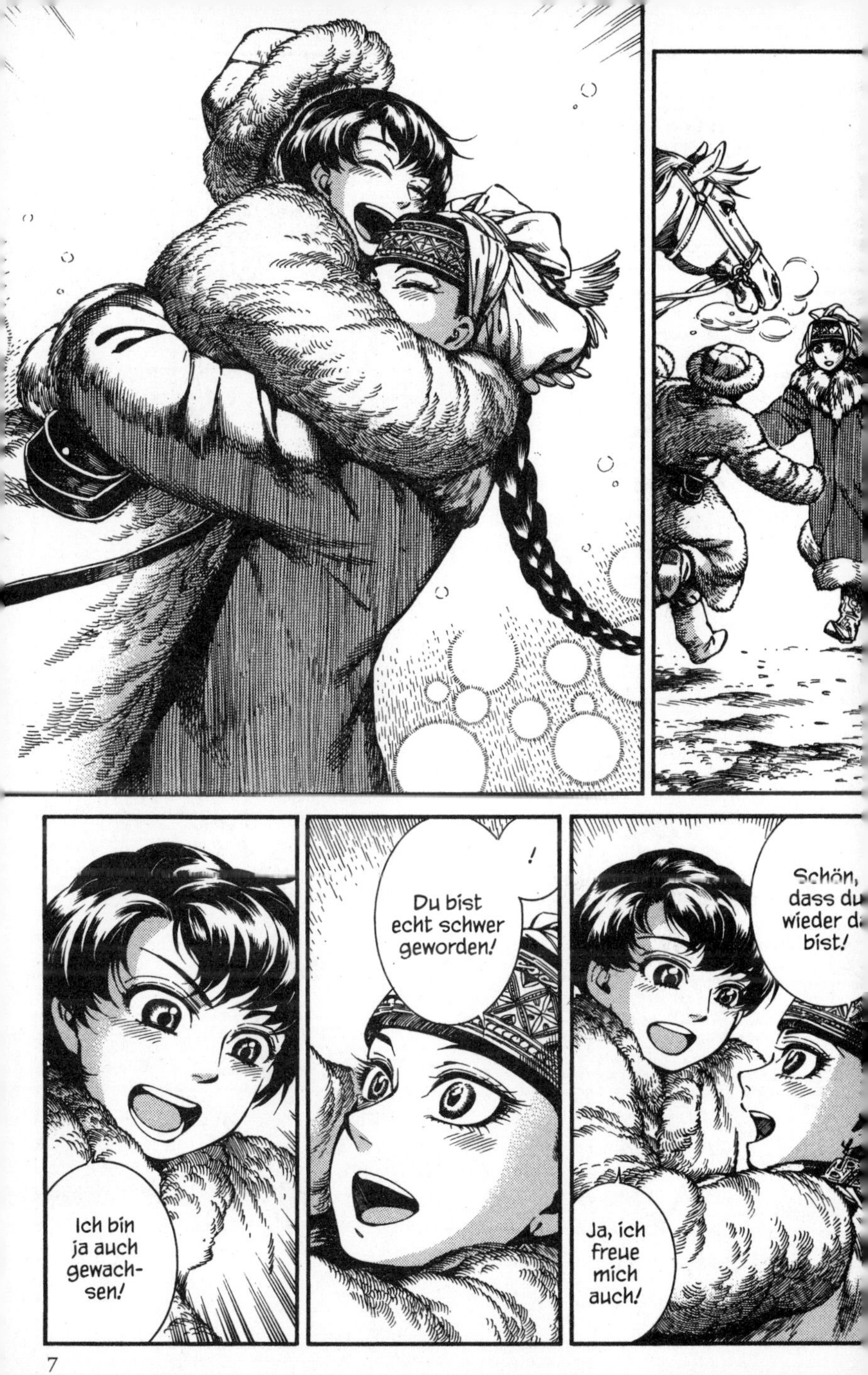

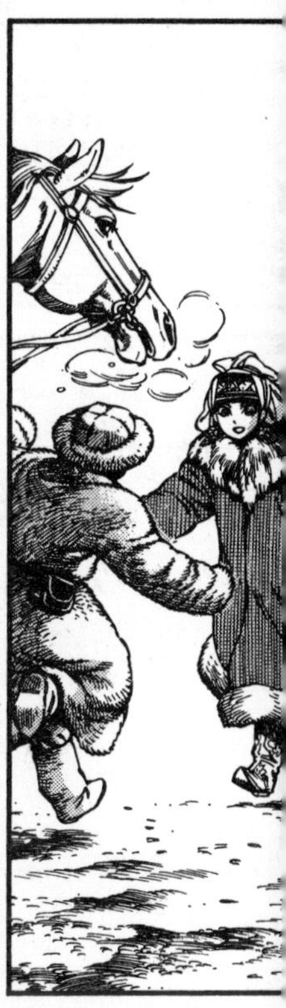

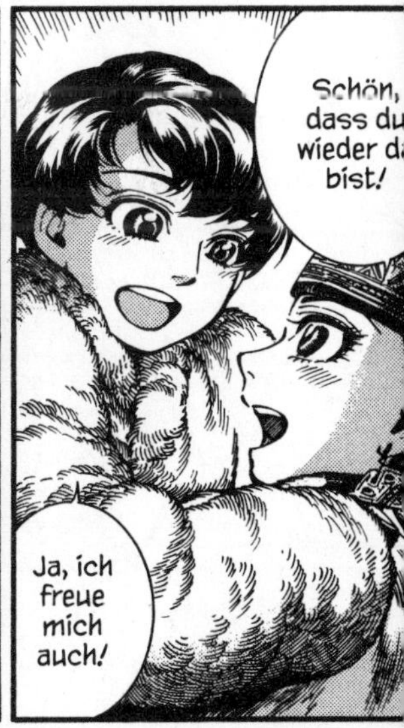
Schön, dass du wieder da bist!
Ja, ich freue mich auch!

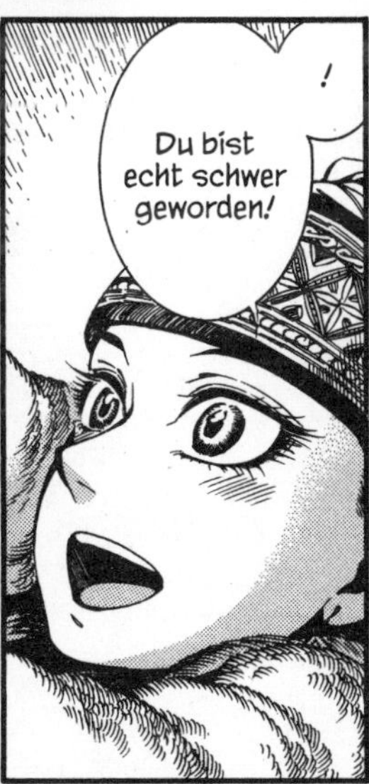
!
Du bist echt schwer geworden!

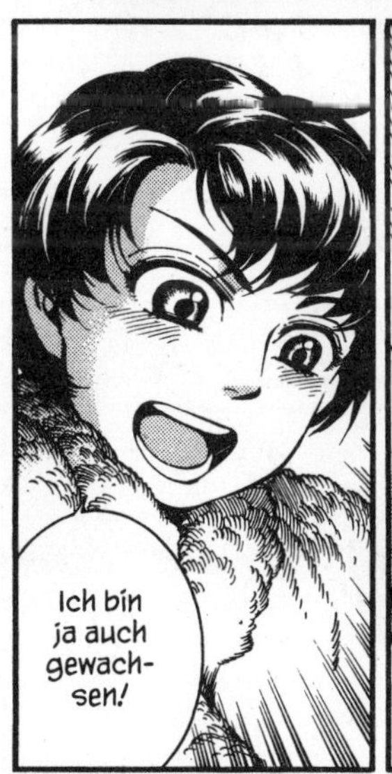
Ich bin ja auch gewach-sen!

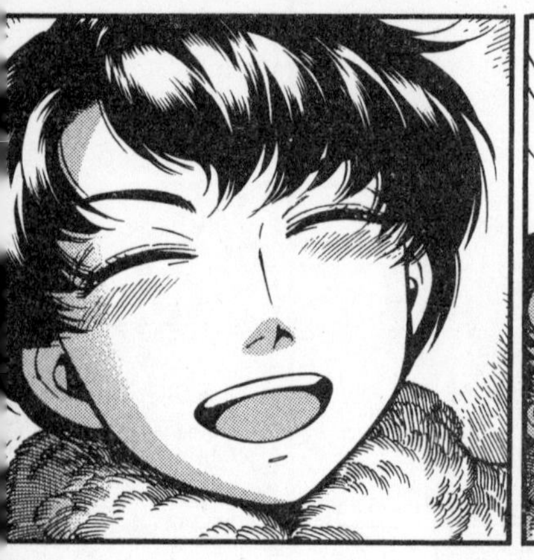

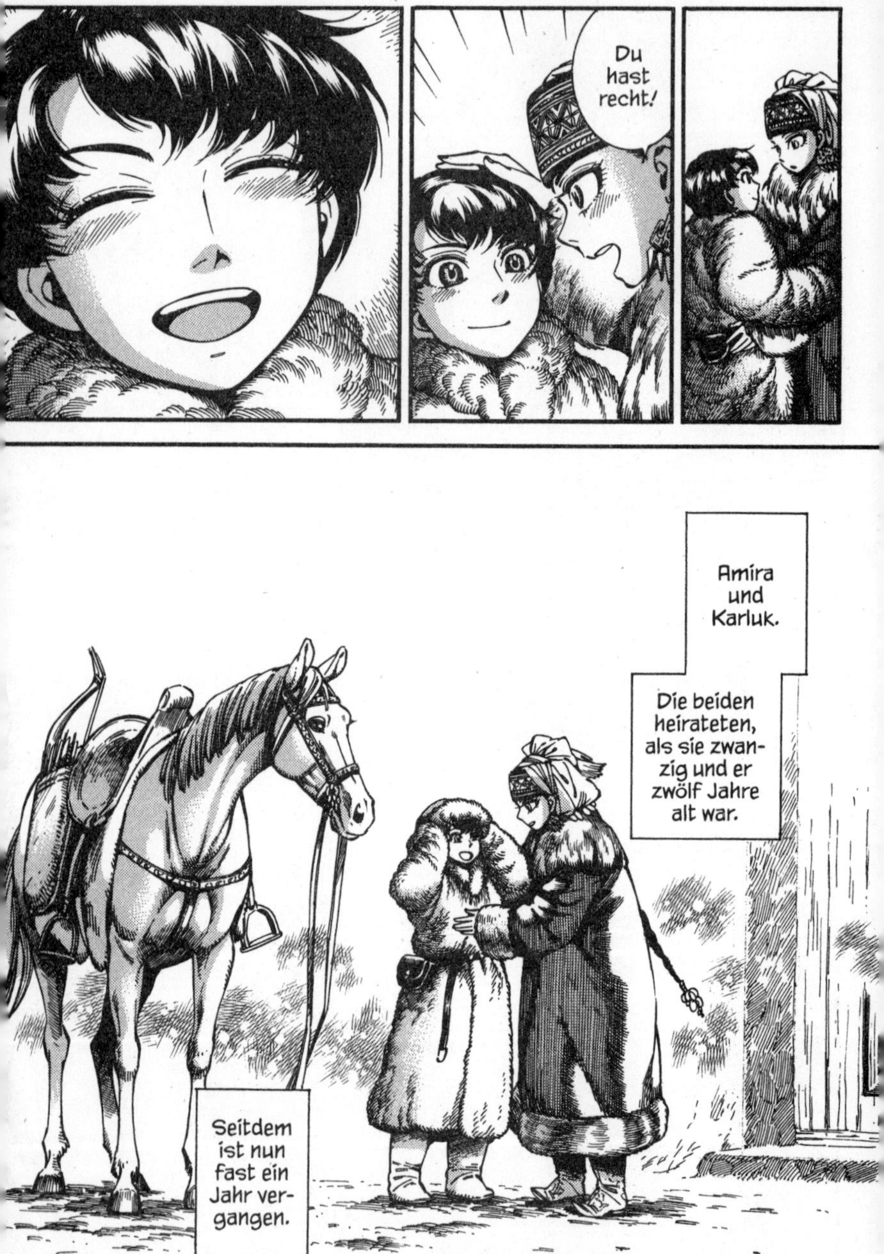

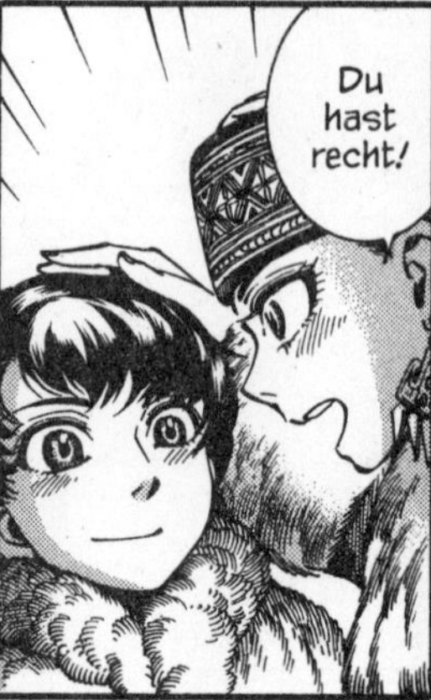

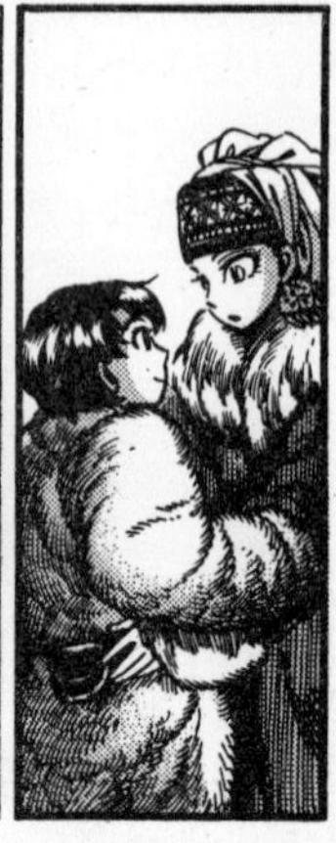

Amira und Karluk.

Die beiden heirateten, als sie zwanzig und er zwölf Jahre alt war.

Seitdem ist nun fast ein Jahr vergangen.

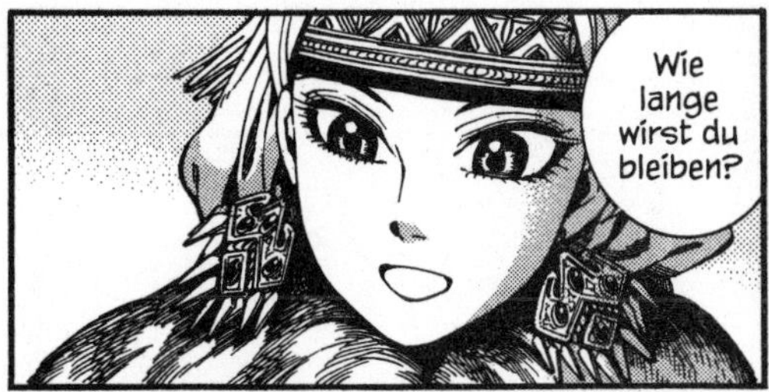
Wie lange wirst du bleiben?

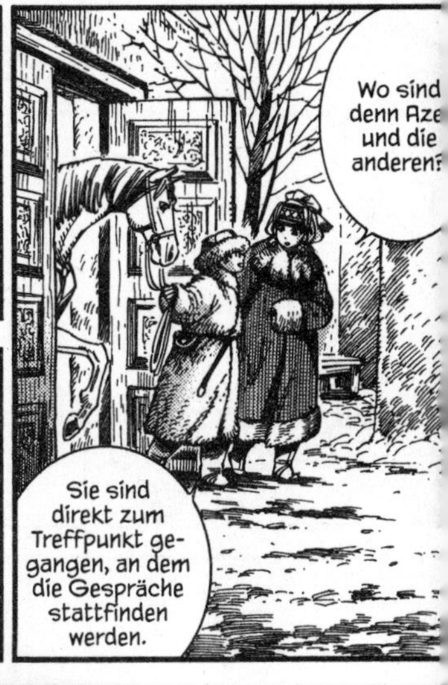
Wo sind denn Aze und die anderen?
Sie sind direkt zum Treffpunkt gegangen, an dem die Gespräche stattfinden werden.

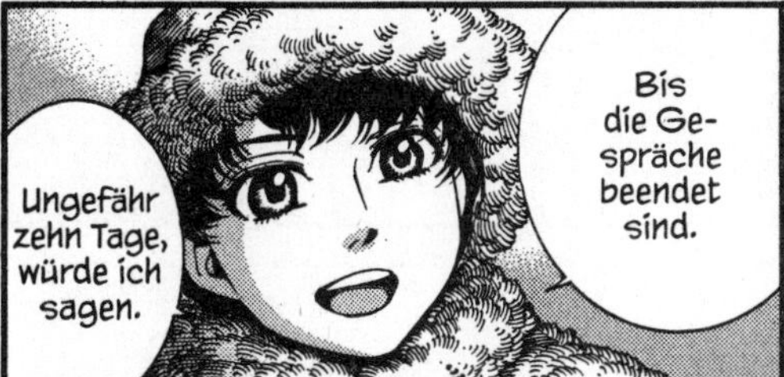
Bis die Gespräche beendet sind.
Ungefähr zehn Tage, würde ich sagen.

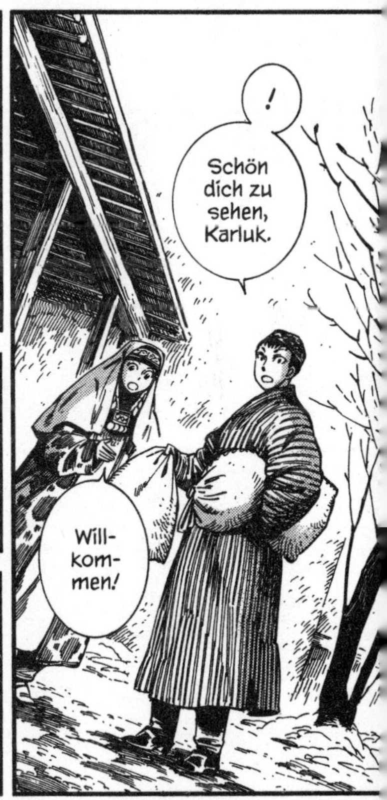
!
Schön dich zu sehen, Karluk.
Willkommen!

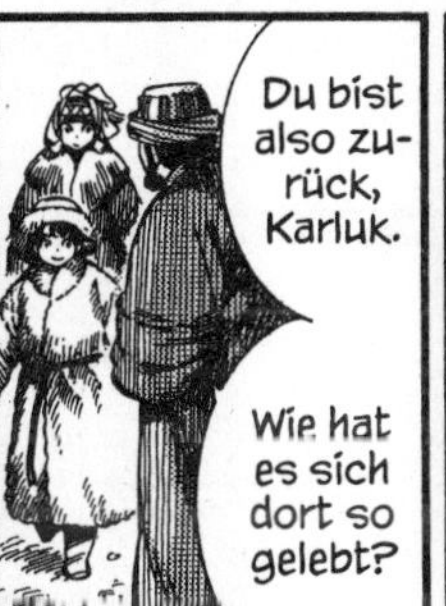
Du bist also zurück, Karluk.
Wie hat es sich dort so gelebt?

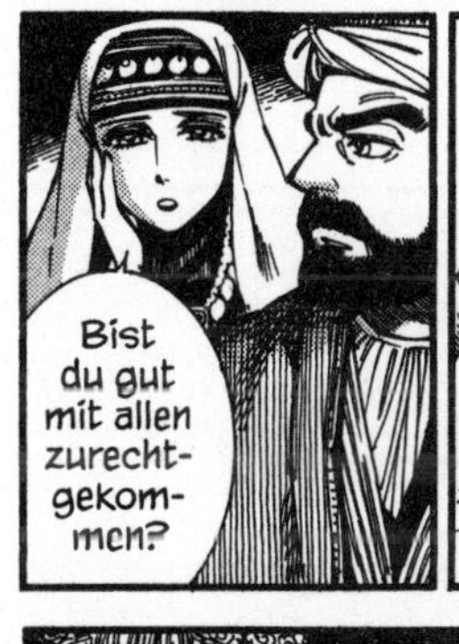
Bist du gut mit allen zurechtgekommen?

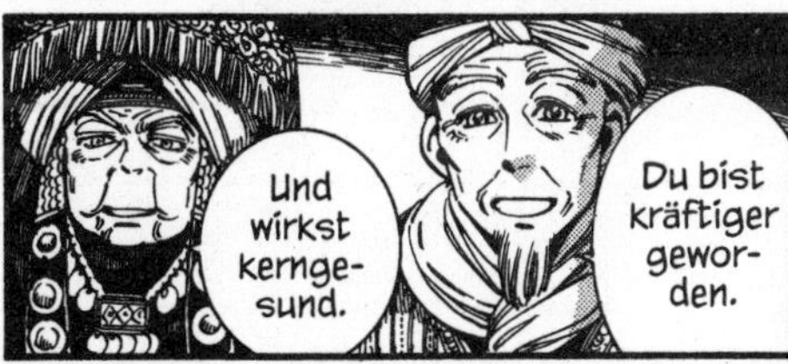
Du bist kräftiger geworden.
Und wirkst kerngesund.

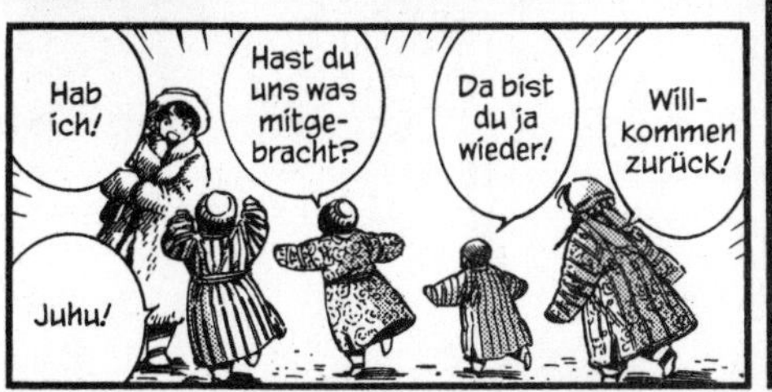
Willkommen zurück!
Da bist du ja wieder!
Hast du uns was mitgebracht?
Hab ich!
Juhu!

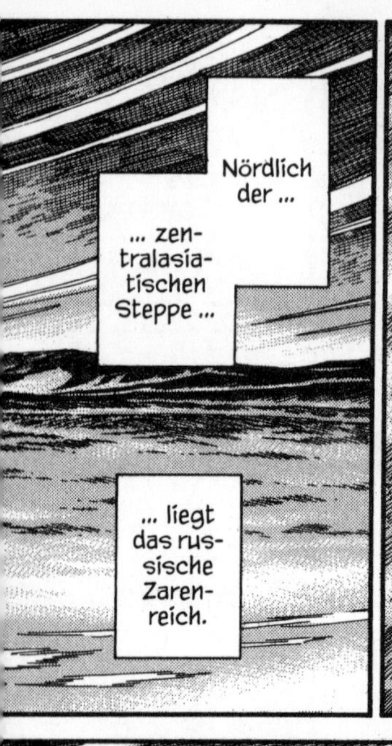
Nördlich der ...
... zentralasiatischen Steppe ...
... liegt das russische Zarenreich.

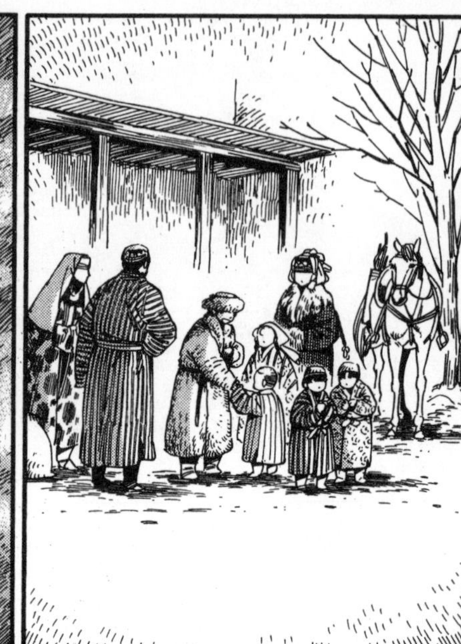

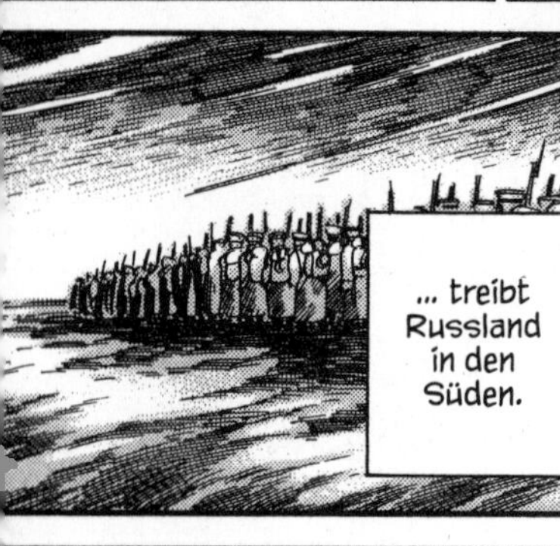
Die Unruhe, in einem Land bitterer Kälte eingeschlossen zu sein ...
... treibt Russland in den Süden.

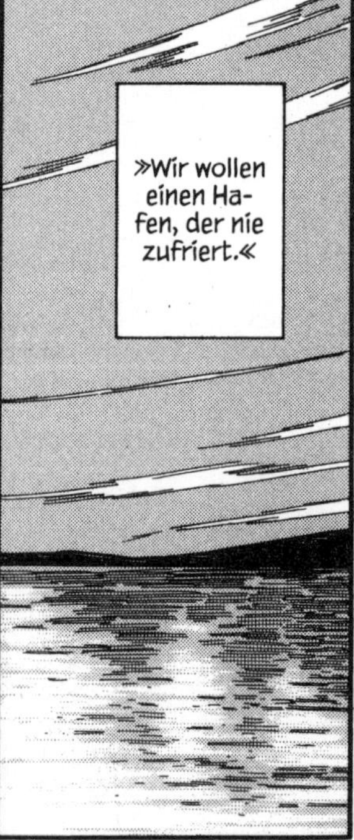
»Wir wollen einen Hafen, der nie zufriert.«

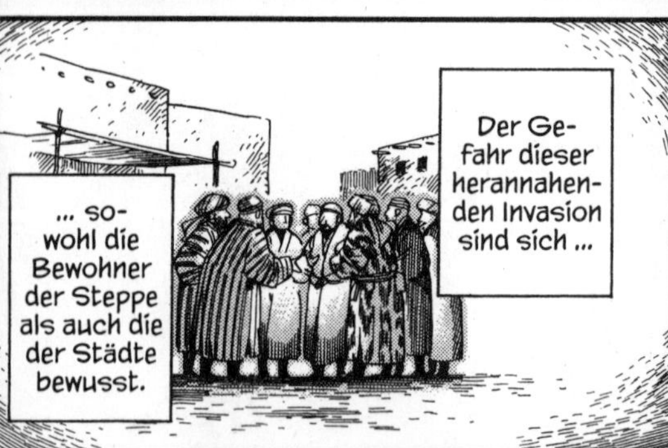
Der Gefahr dieser herannahenden Invasion sind sich ...
... sowohl die Bewohner der Steppe als auch die der Städte bewusst.

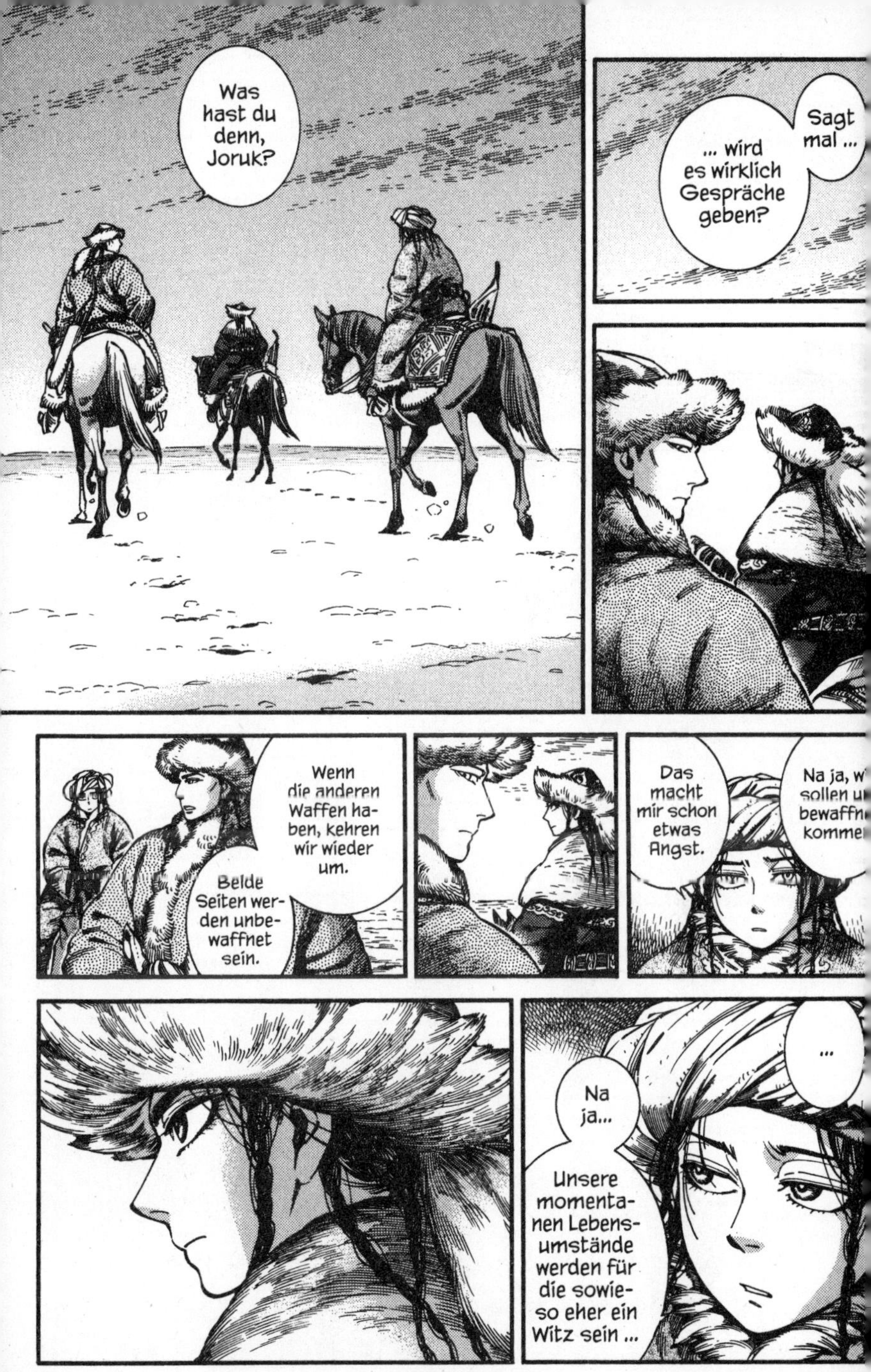

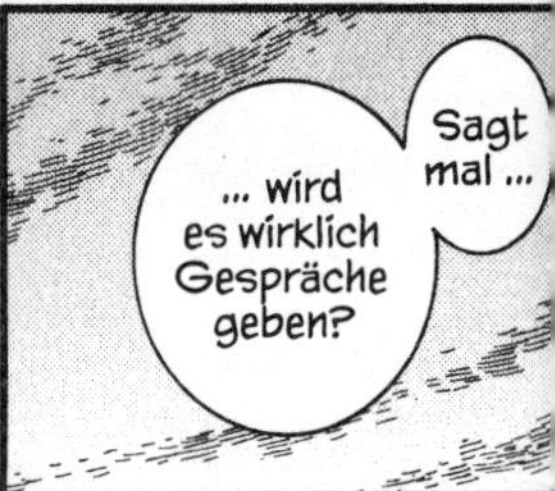

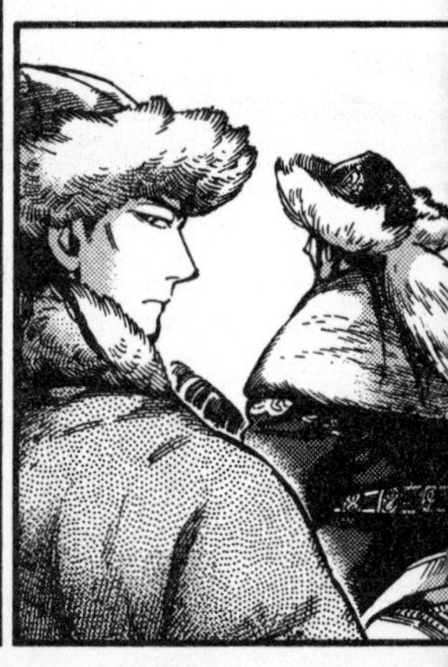

Was hast du denn, Joruk?

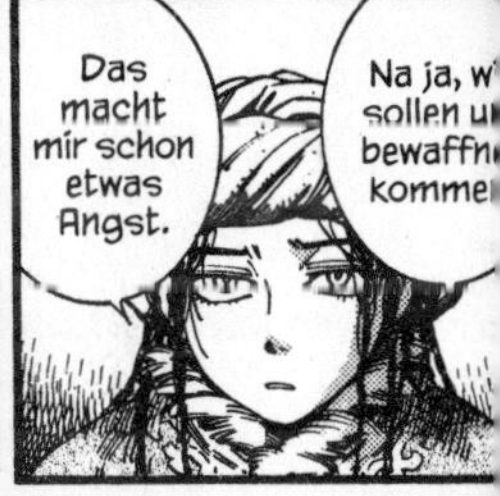

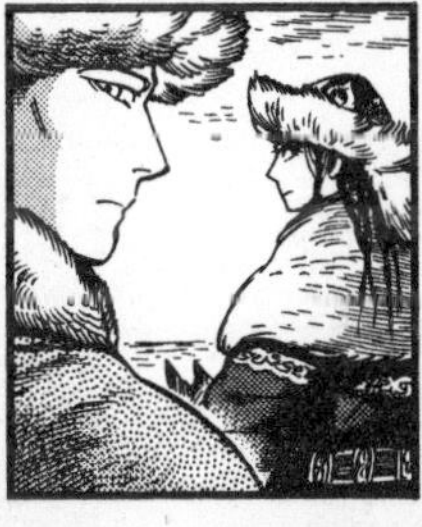

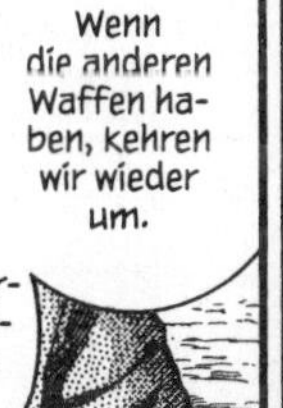

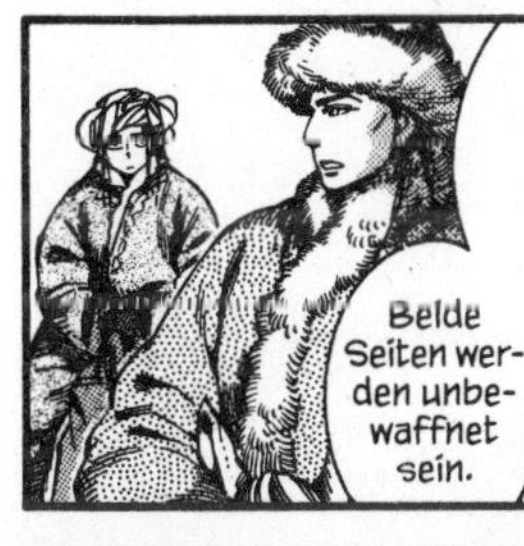

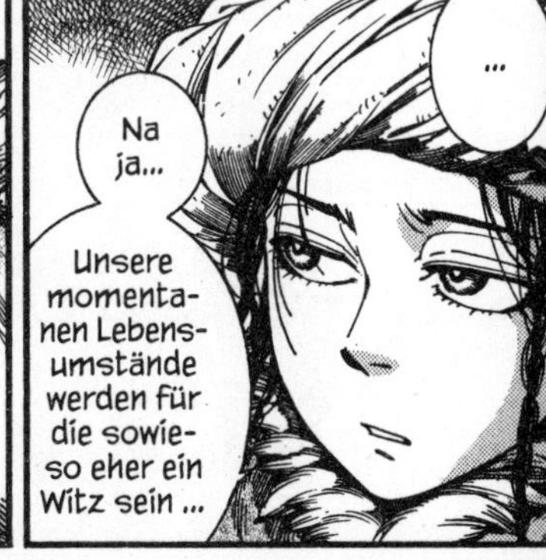

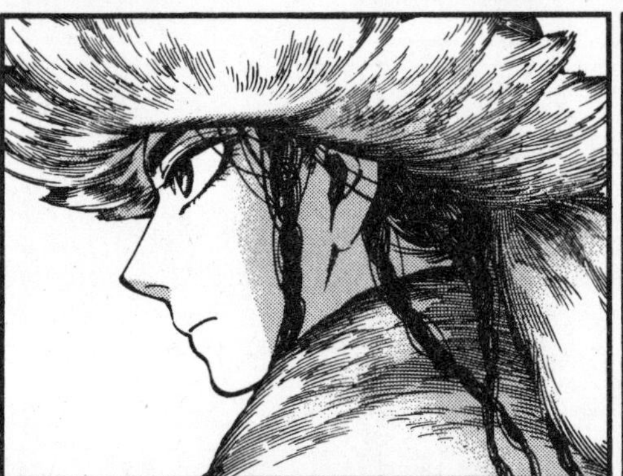

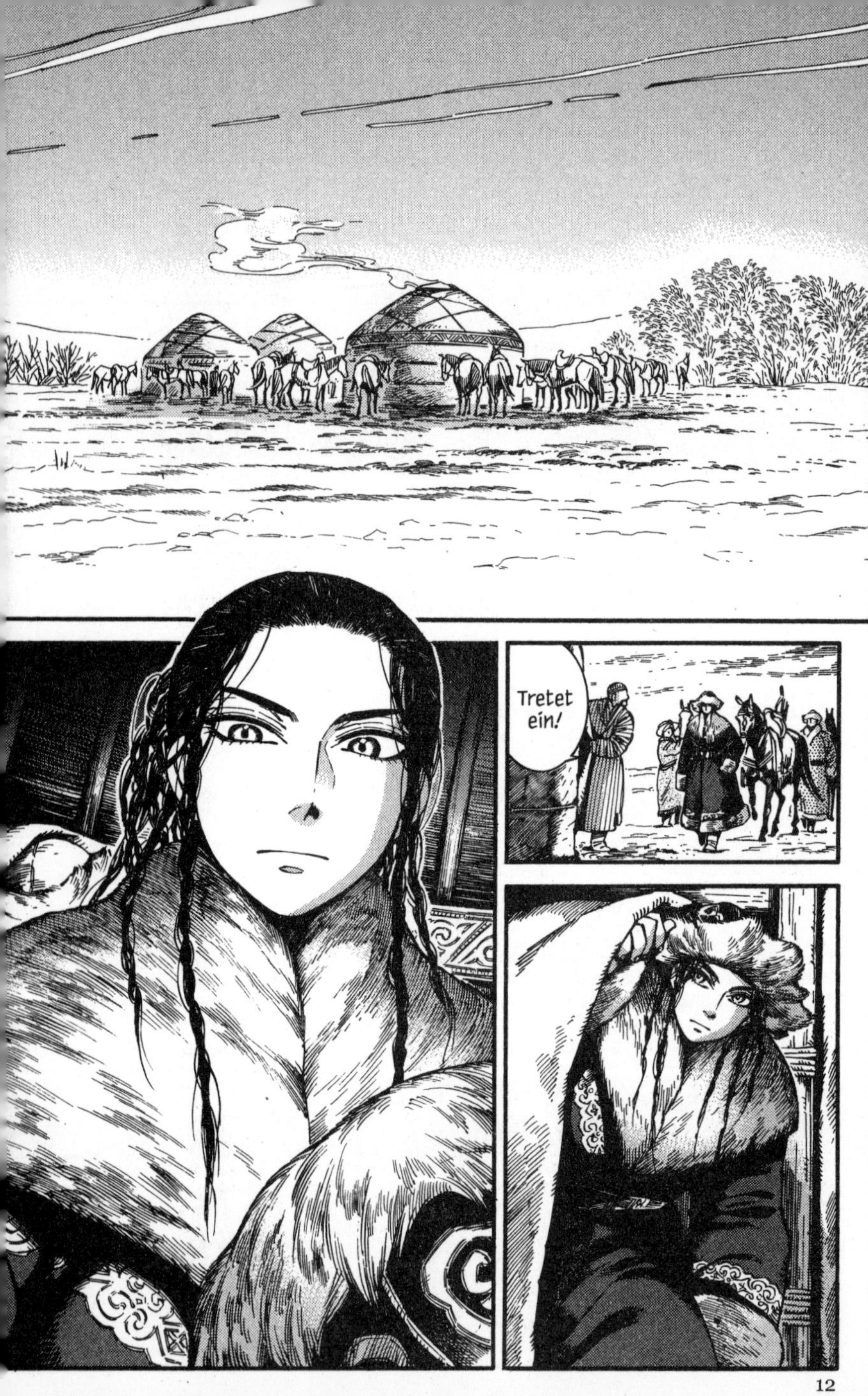
Tretet ein!

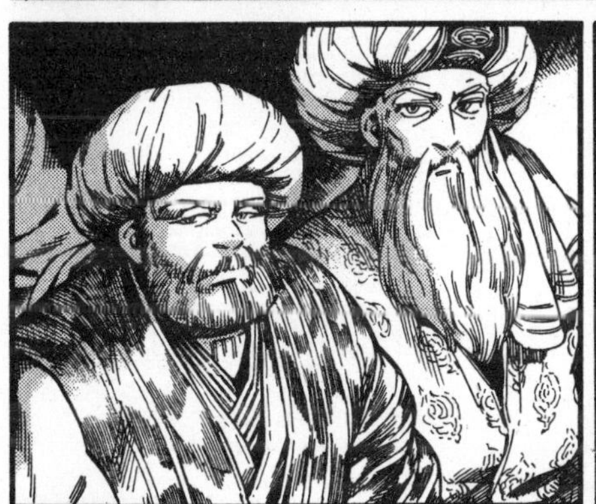

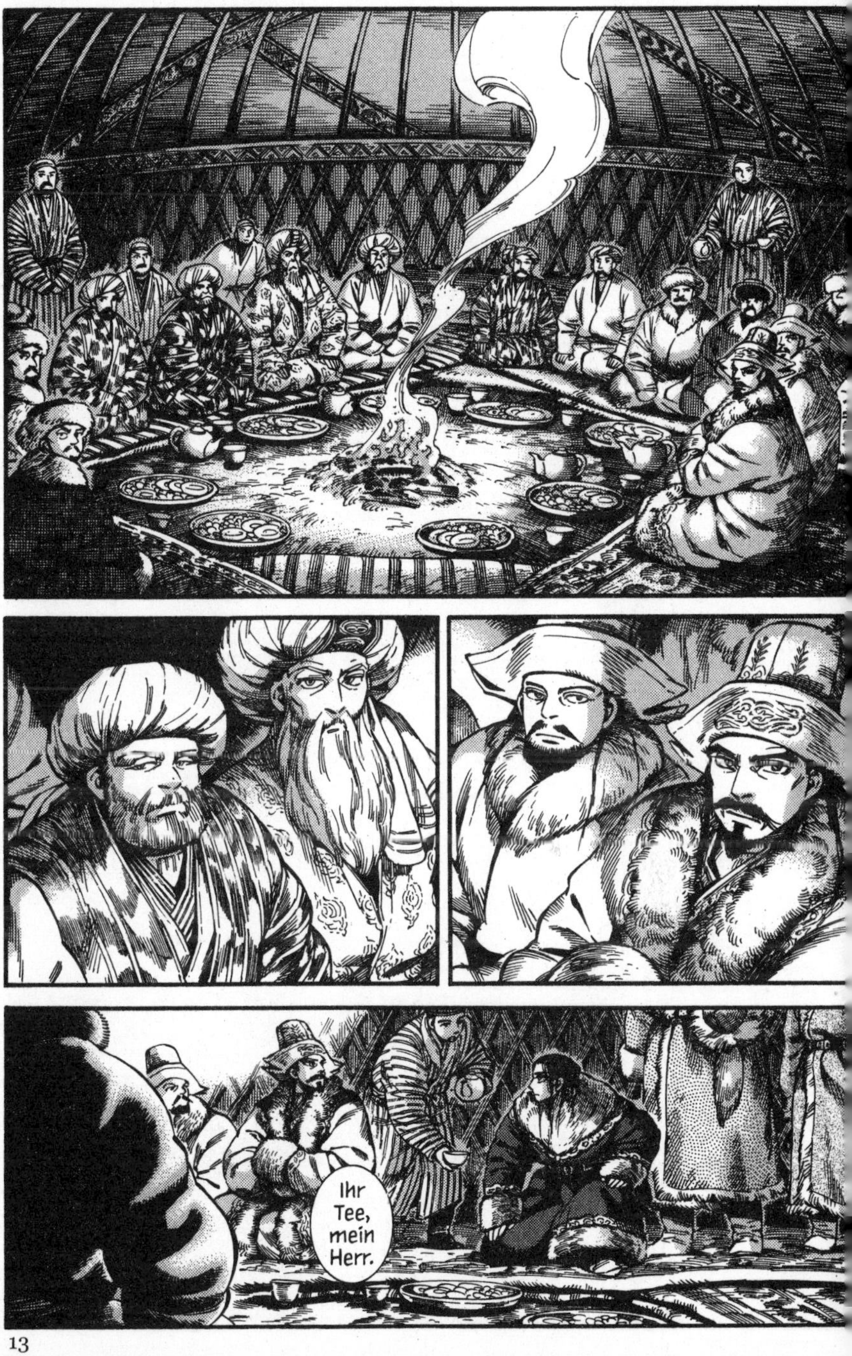

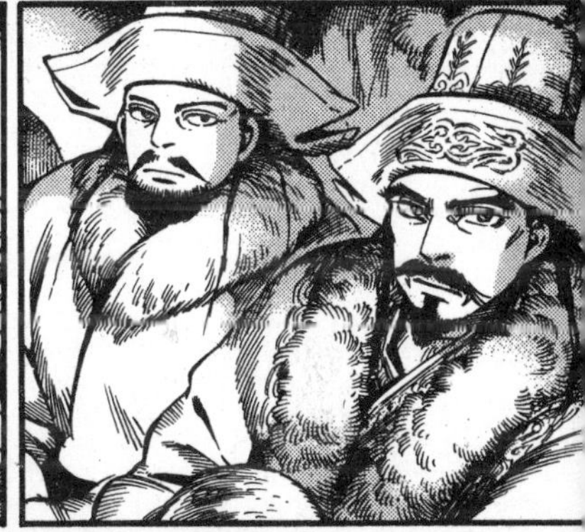

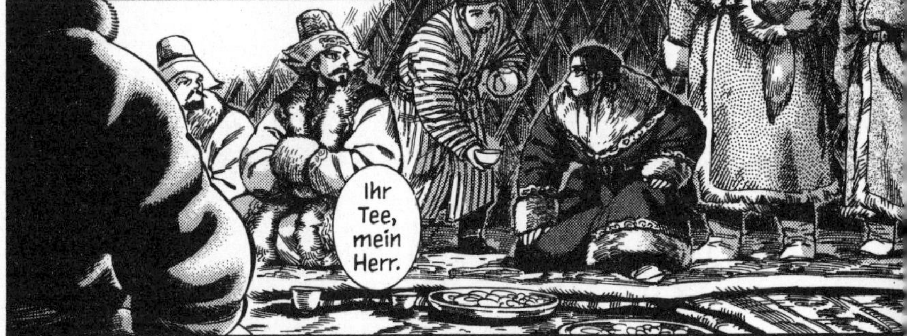
Ihr Tee, mein Herr.

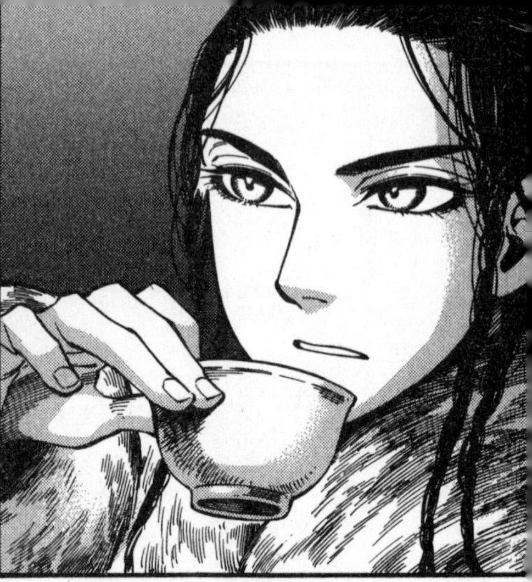
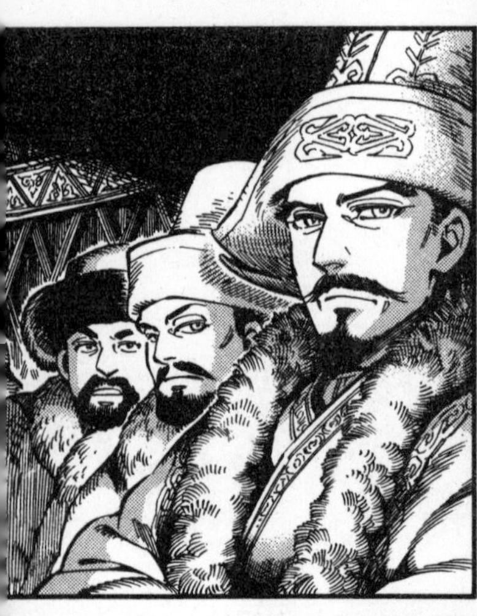
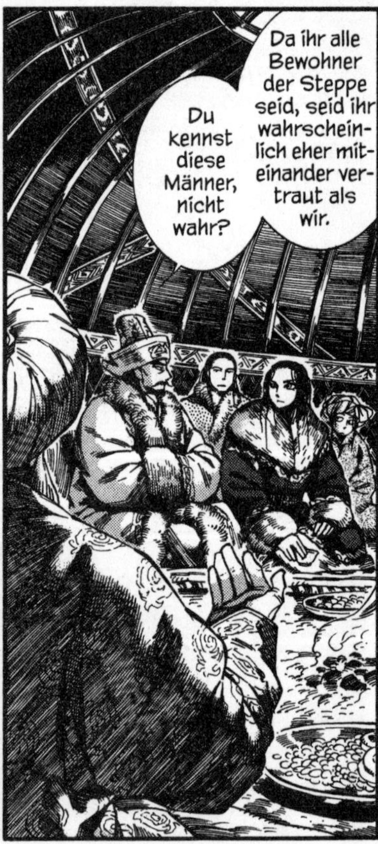
Da ihr alle Bewohner der Steppe seid, seid ihr wahrscheinlich eher miteinander vertraut als wir.
Du kennst diese Männer, nicht wahr?
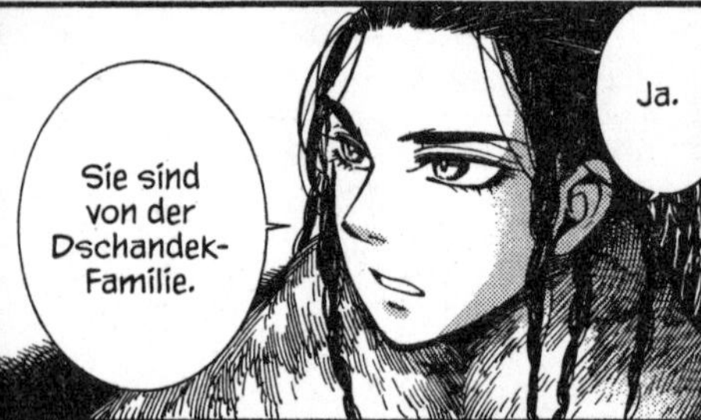
Ja.
Sie sind von der Dschandek-Familie.
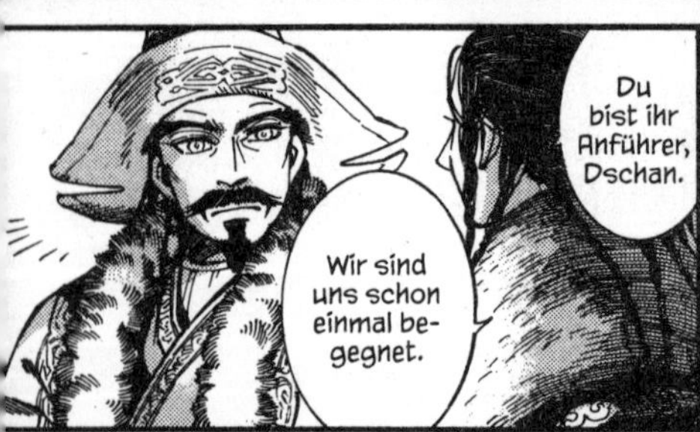
Du bist ihr Anführer, Dschan.
Wir sind uns schon einmal begegnet.
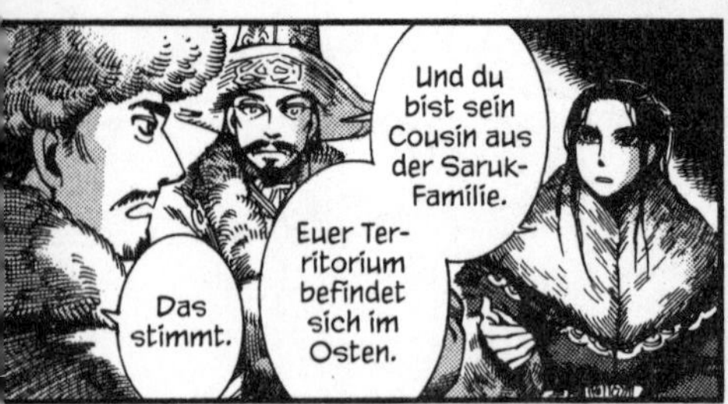
Und du bist sein Cousin aus der Saruk-Familie.
Euer Territorium befindet sich im Osten.
Das stimmt.

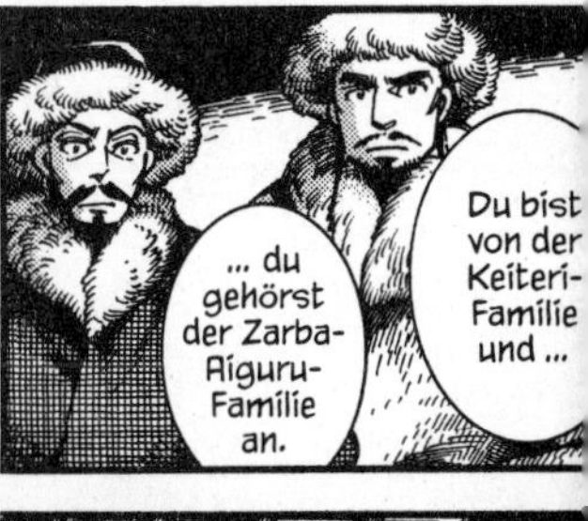
Du bist von der Keiteri-Familie und ...
... du gehörst der Zarba-Aiguru-Familie an.

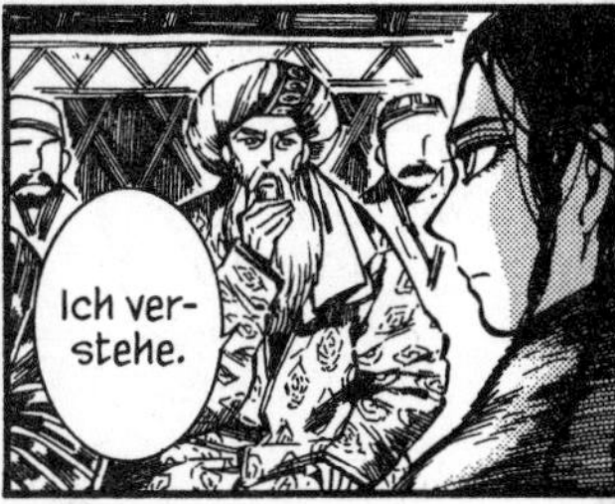
Ich verstehe.

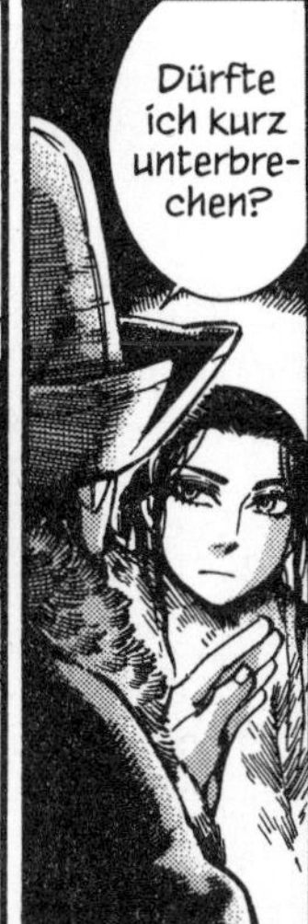
Dürfte ich kurz unterbrechen?

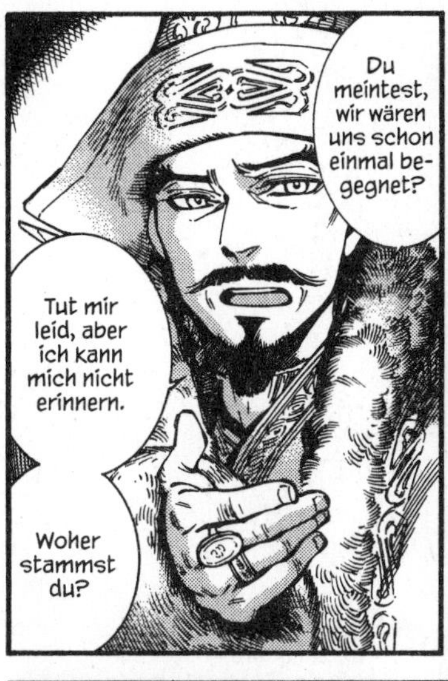
Du meintest, wir wären uns schon einmal begegnet?
Tut mir leid, aber ich kann mich nicht erinnern.
Woher stammst du?

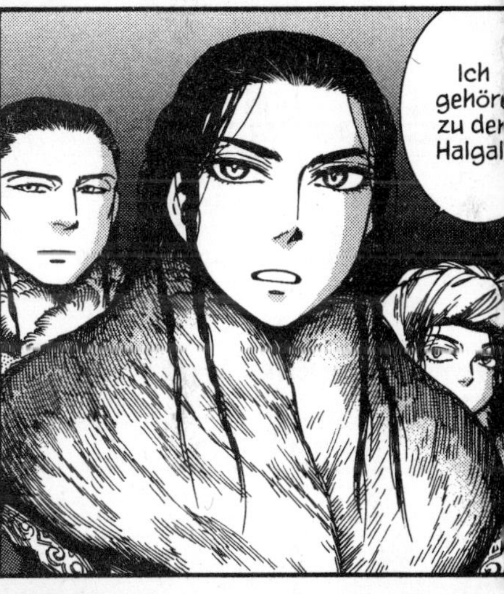
Ich gehör zu de Halgal

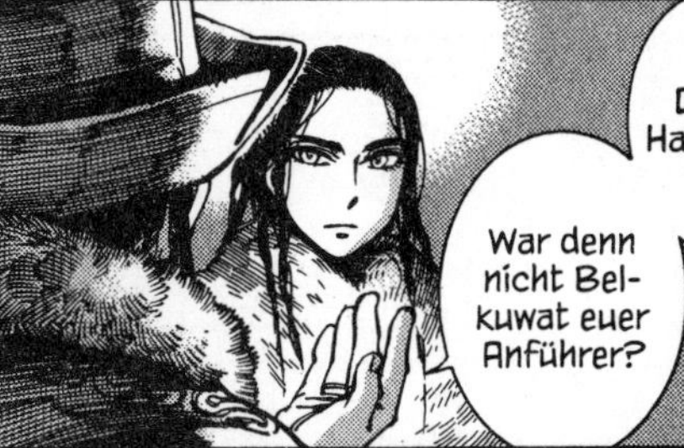
De Halga
War denn nicht Belkuwat euer Anführer?

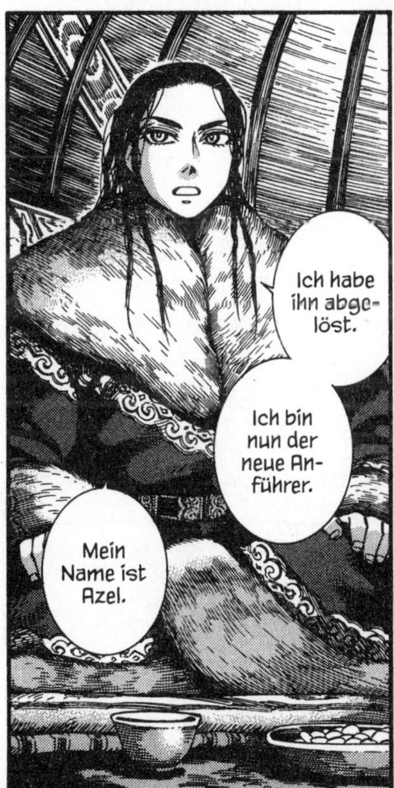
Ich habe ihn abgelöst.
Ich bin nun der neue Anführer.
Mein Name ist Azel.

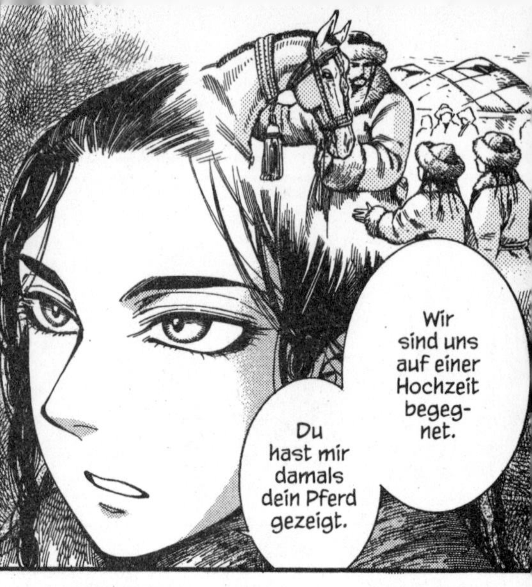
Wir sind uns auf einer Hochzeit begegnet.
Du hast mir damals dein Pferd gezeigt.

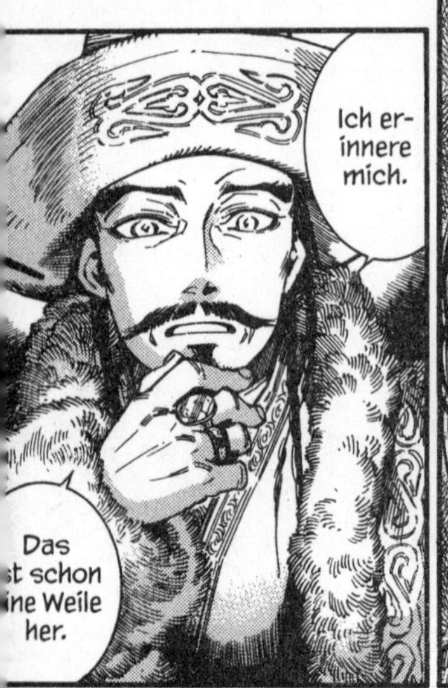
Ich erinnere mich.
Das t schon ine Weile her.

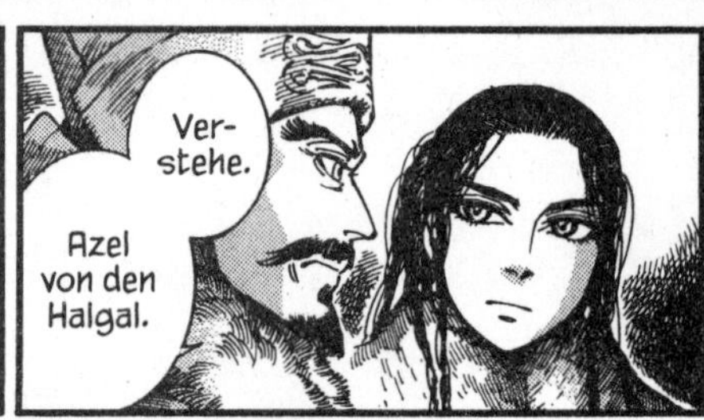
Verstehe.
Azel von den Halgal.

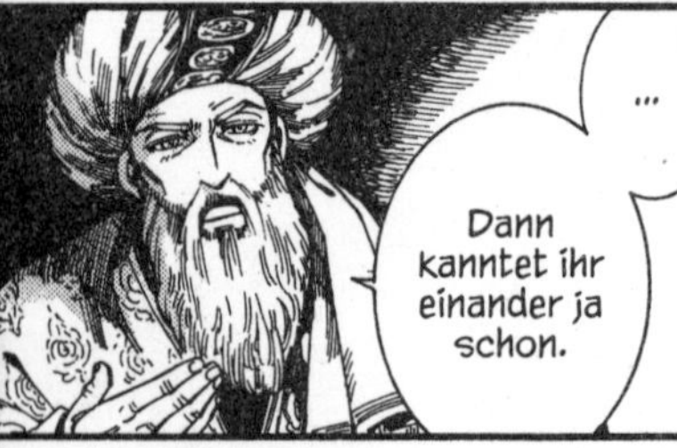
...
Dann kanntet ihr einander ja schon.

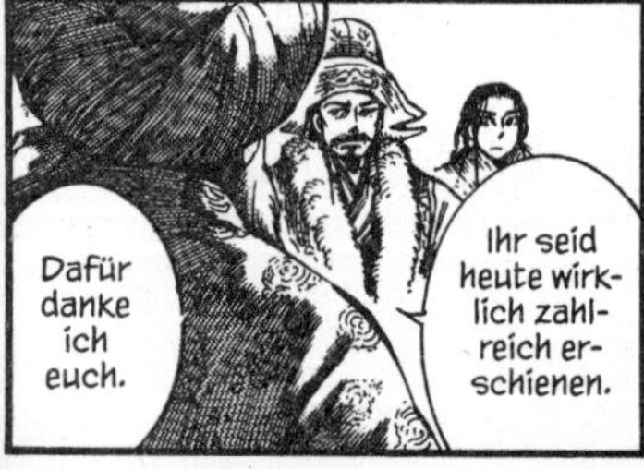
Ihr seid heute wirklich zahlreich erschienen.
Dafür danke ich euch.

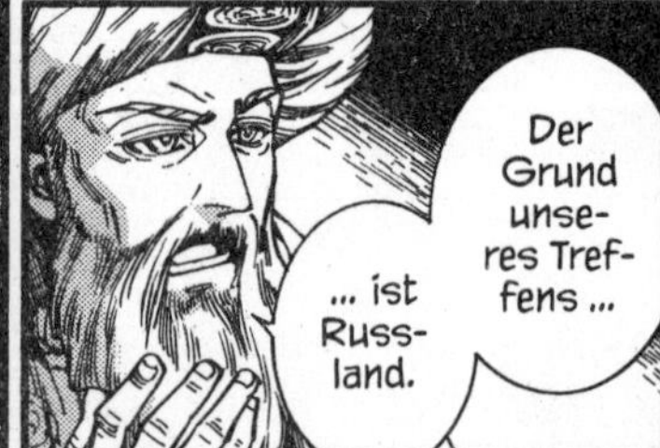
Der Grund unseres Treffens ...
... ist Russland.

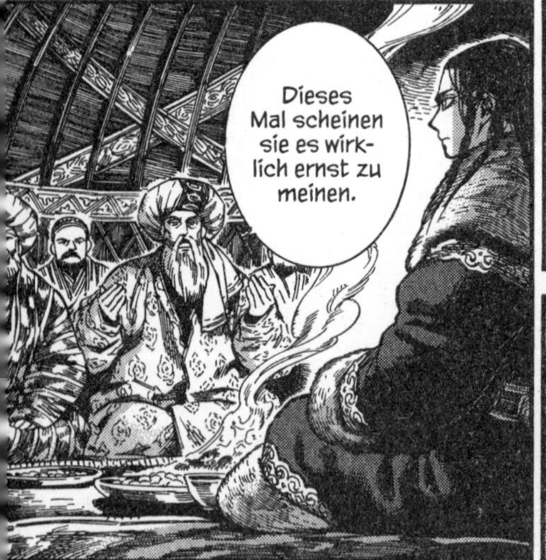
Dieses Mal scheinen sie es wirklich ernst zu meinen.

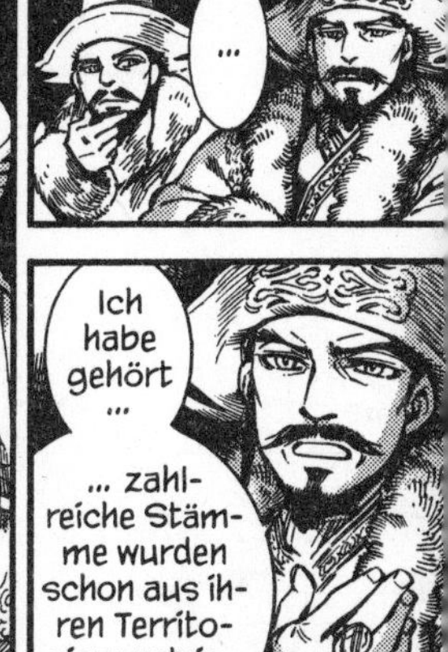
...
Ich habe gehört ...
... zahlreiche Stämme wurden schon aus ihren Territorien vertrieben.

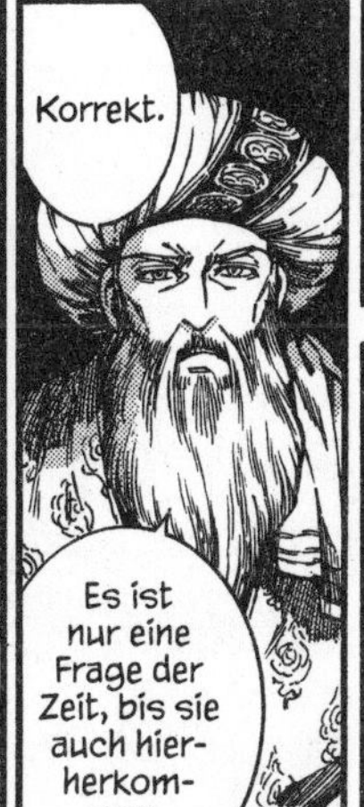
Korrekt.
Es ist nur eine Frage der Zeit, bis sie auch hierherkommen.

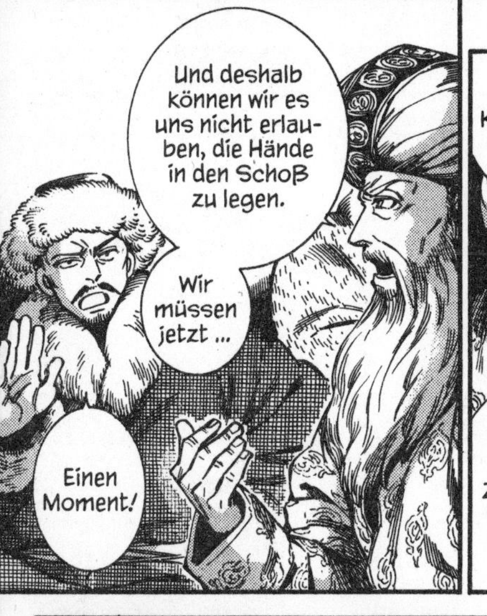
Und deshalb können wir es uns nicht erlauben, die Hände in den Schoß zu legen.
Wir müssen jetzt ...
Einen Moment!

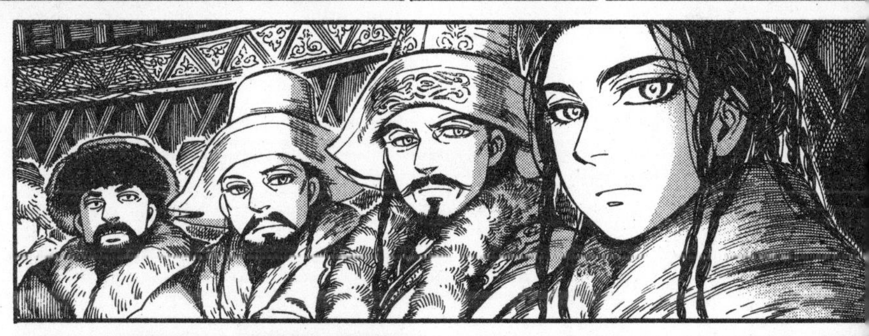

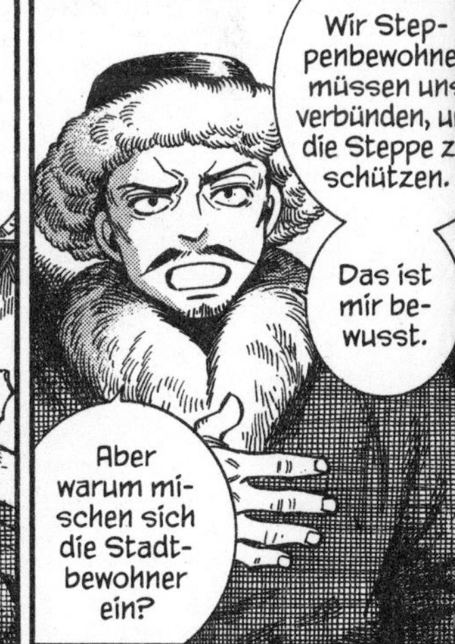
Wir Steppenbewohne müssen un verbünden, u die Steppe z schützen.
Das ist mir bewusst.
Aber warum mischen sich die Stadtbewohner ein?

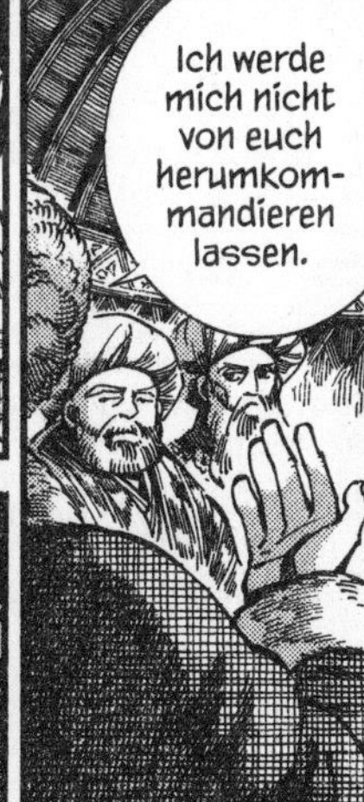
Ich werde mich nicht von euch herumkommandieren lassen.

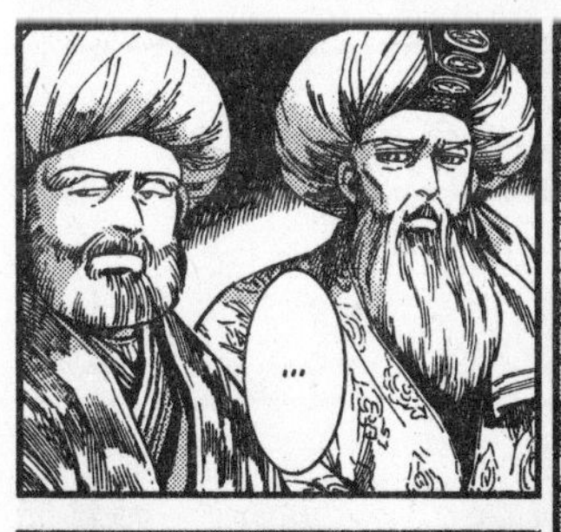
...

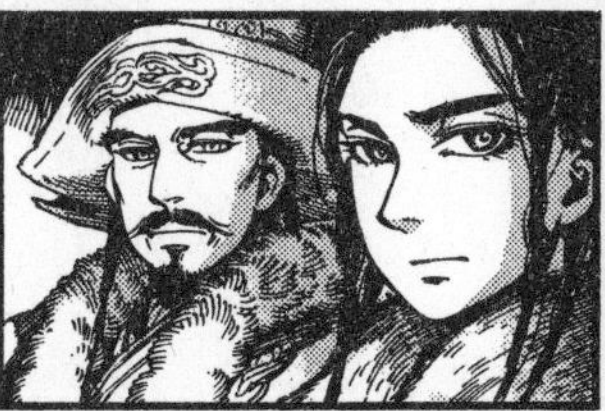

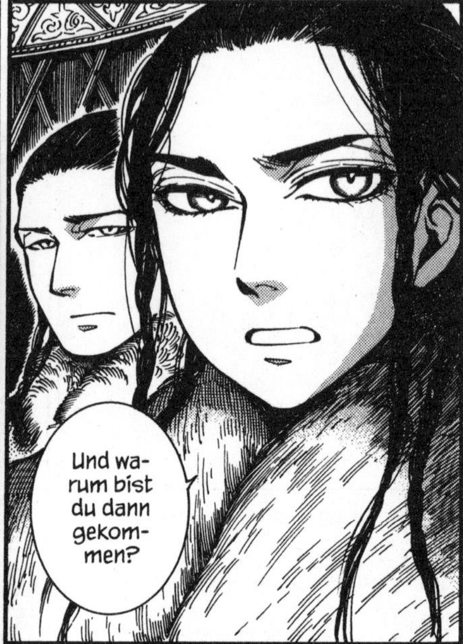
Und warum bist du dann gekommen?

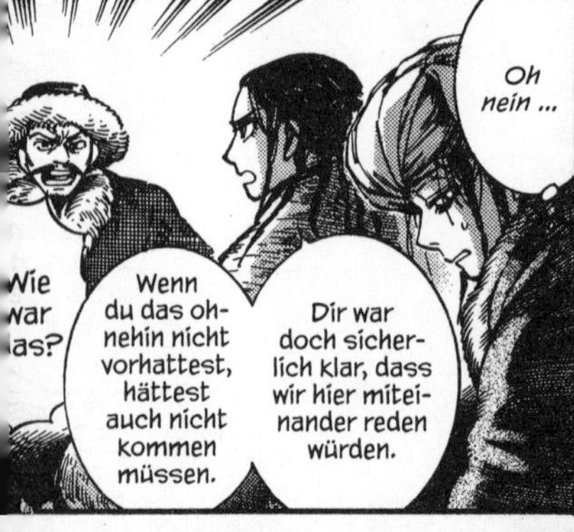
Oh nein ...
Dir war doch sicherlich klar, dass wir hier miteinander reden würden.
Wenn du das ohnehin nicht vorhattest, hättest auch nicht kommen müssen.
Wie war as?

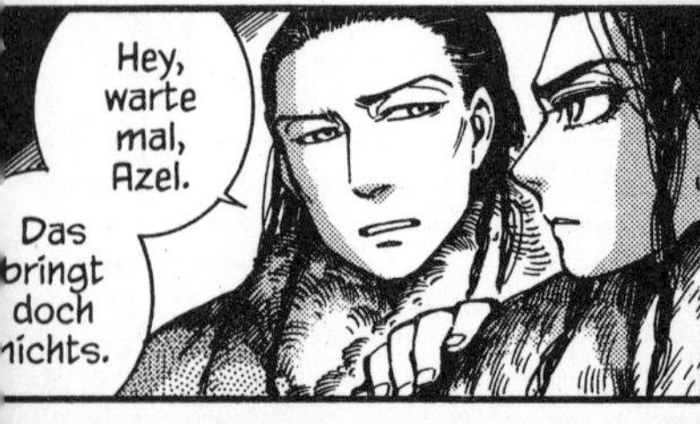
Hey, warte mal, Azel.
Das bringt doch ichts.

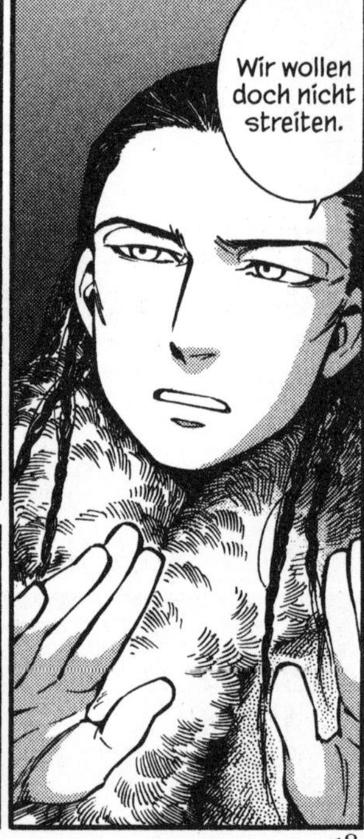
Wir wollen doch nicht streiten.

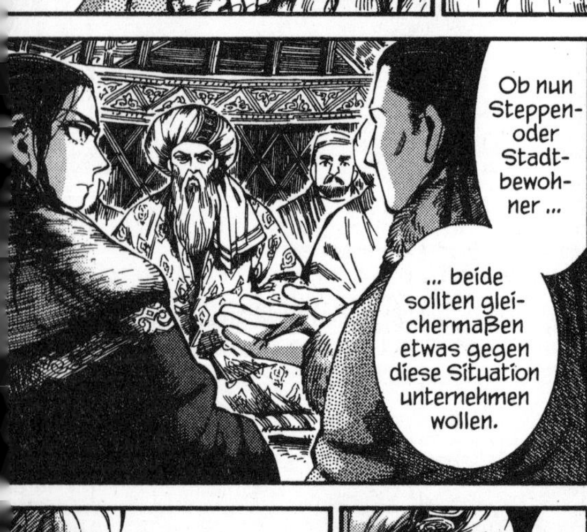
Ob nun Steppen- oder Stadtbewohner ...
... beide sollten gleichermaßen etwas gegen diese Situation unternehmen wollen.

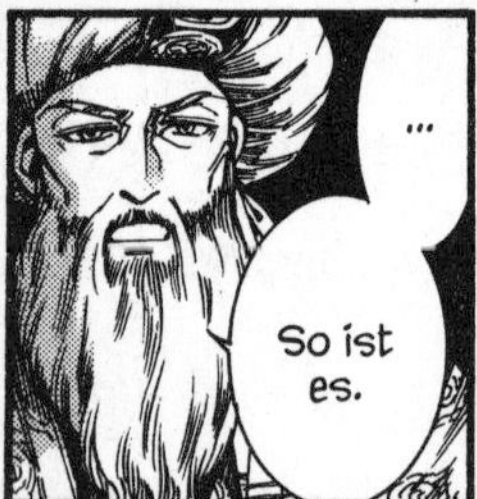
...
So ist es.

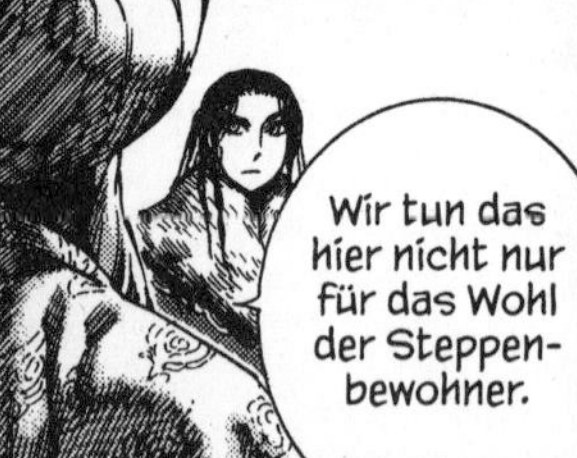
Wir tun das hier nicht nur für das Wohl der Steppenbewohner.

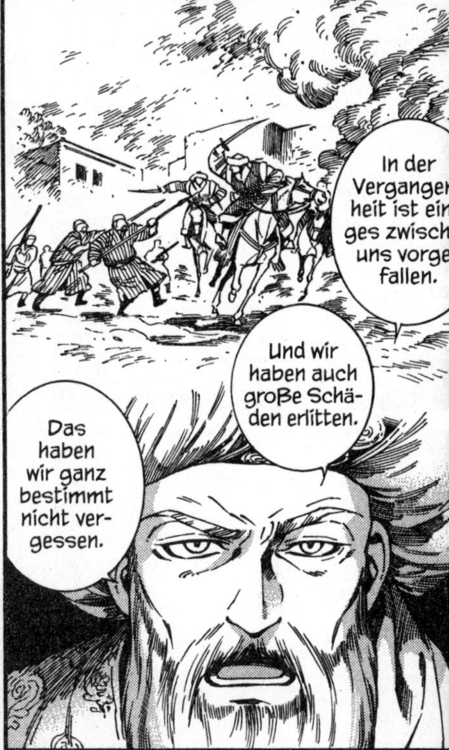
In der Verganger heit ist ein ges zwisch uns vorge fallen.
Und wir haben auch große Schäden erlitten.
Das haben wir ganz bestimmt nicht vergessen.

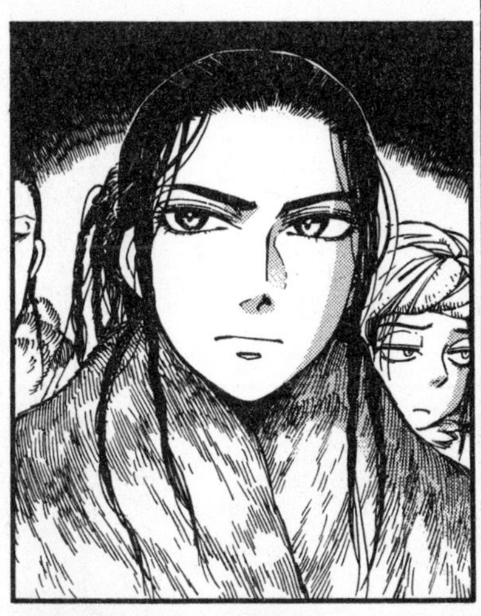

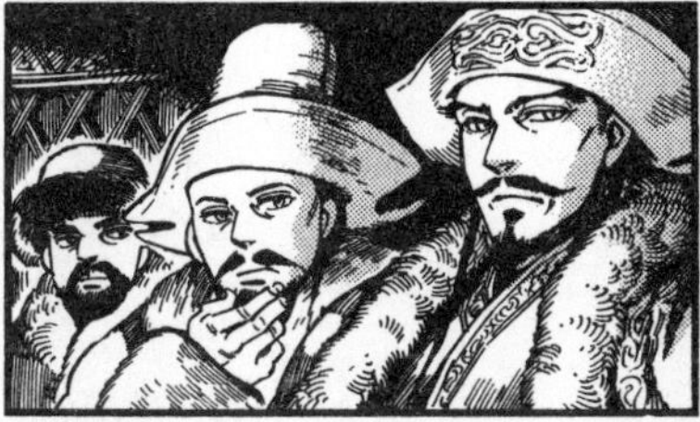

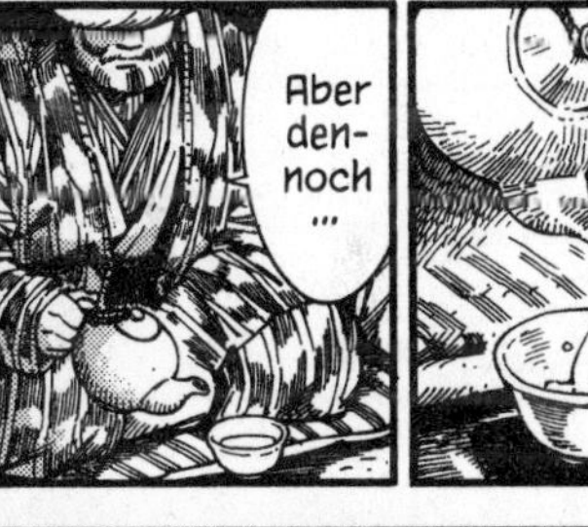
Aber dennoch ...

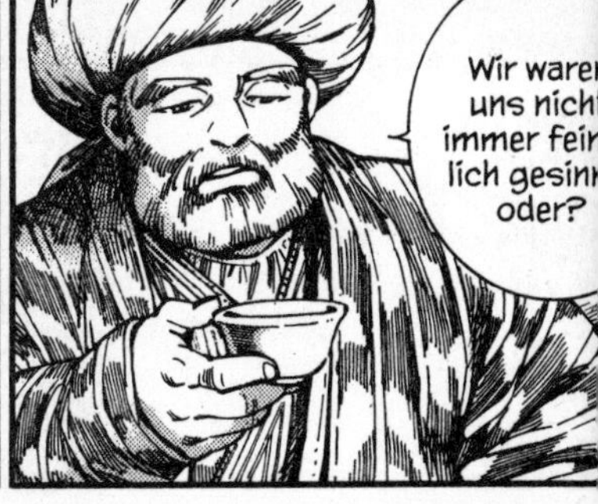
Wir warer uns nich immer fein lich gesin oder?

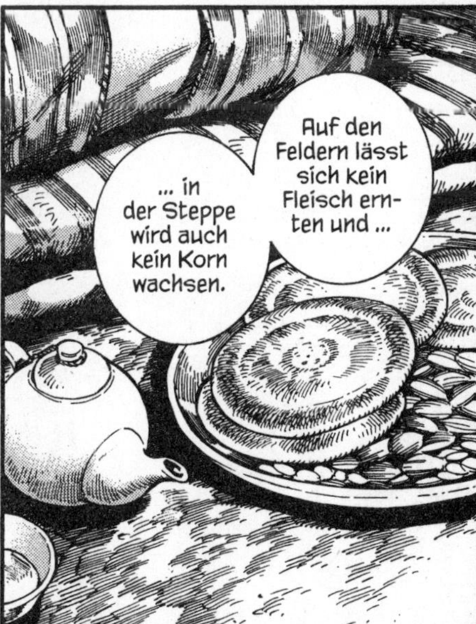
Auf den Feldern lässt sich kein Fleisch ernten und ...
... in der Steppe wird auch kein Korn wachsen.

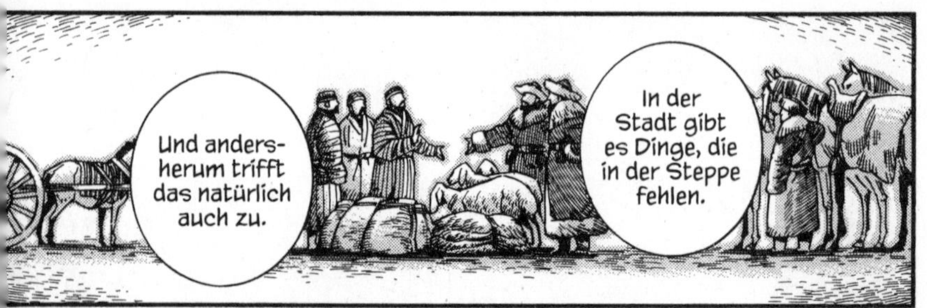

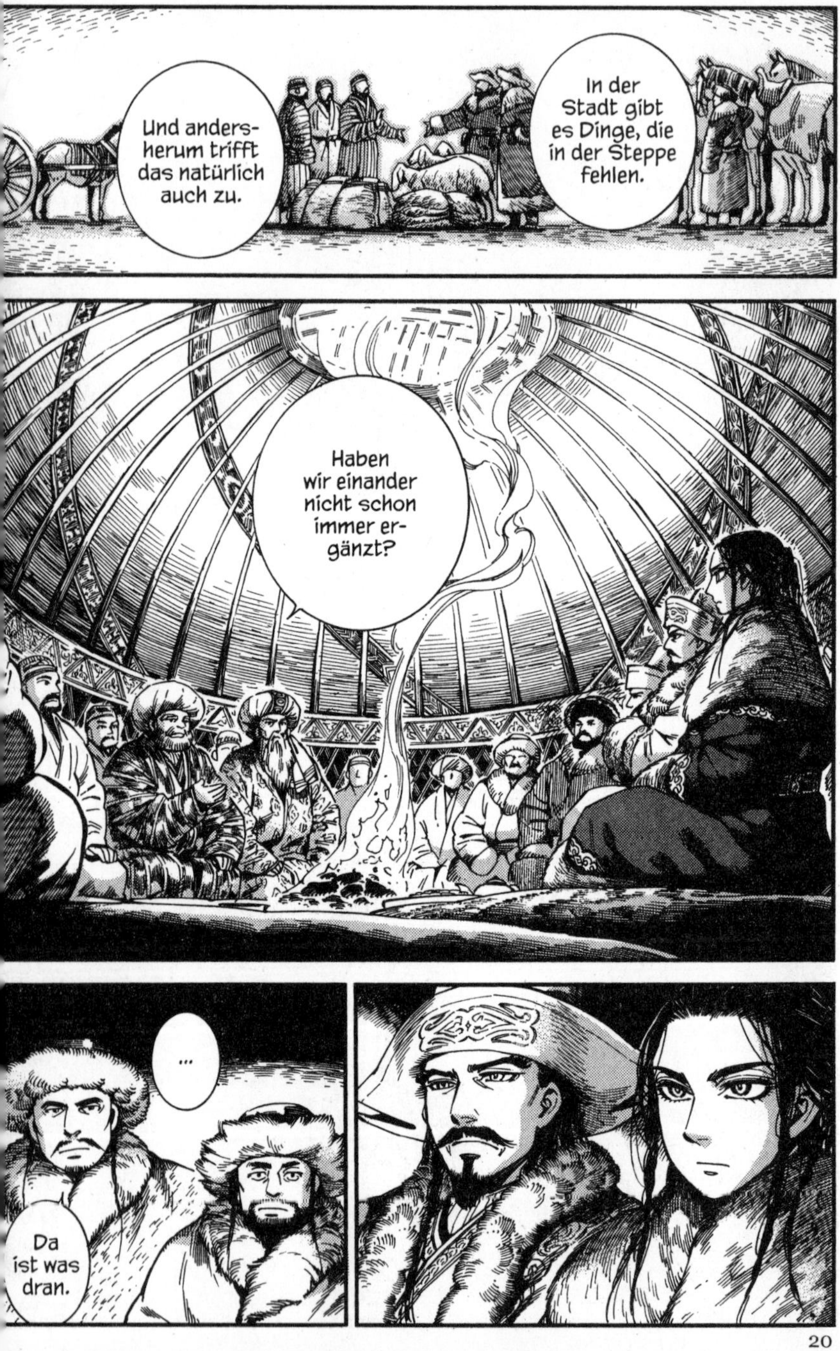

Haben wir einander nicht schon immer ergänzt?

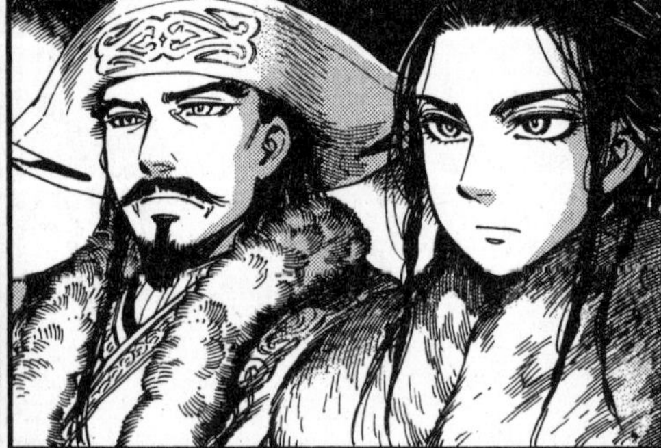

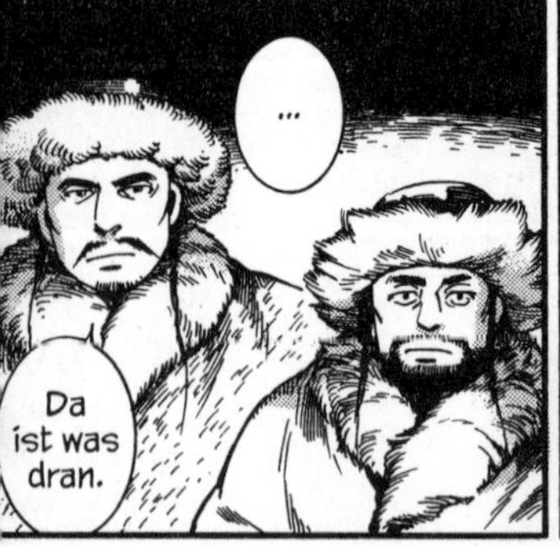

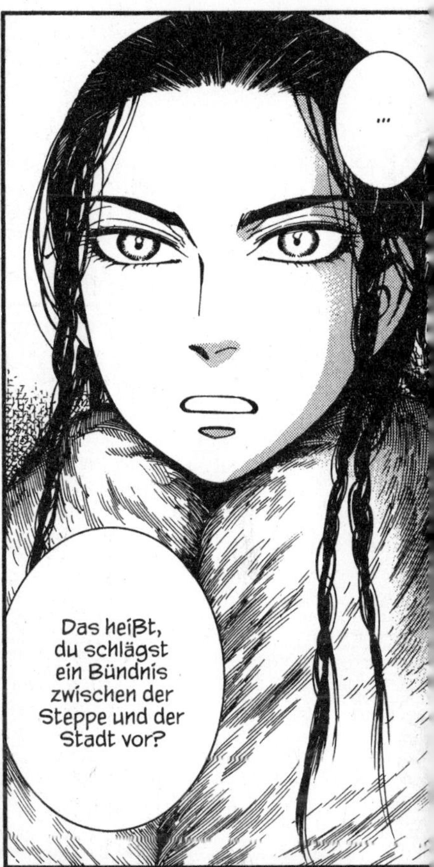
...
Das heißt, du schlägst ein Bündnis zwischen der Steppe und der Stadt vor?

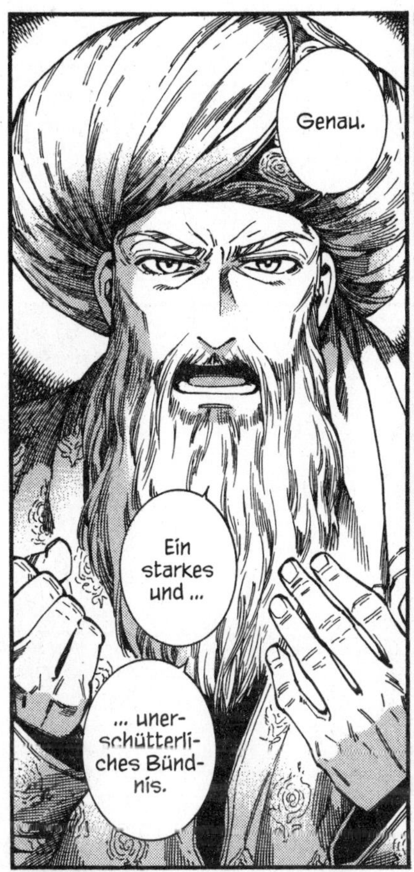
Genau.
Ein starkes und ...
... unerschütterliches Bündnis.

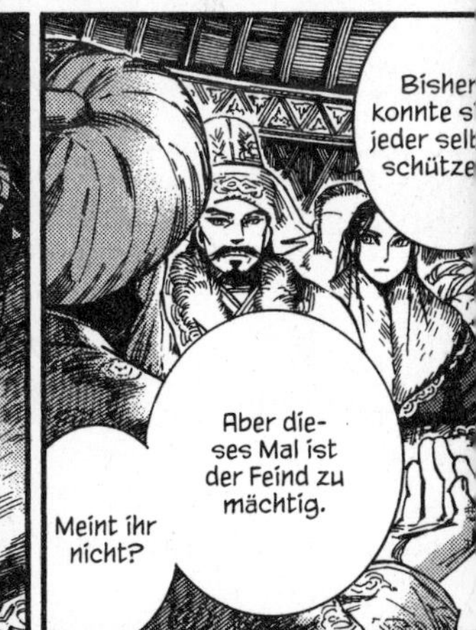
Bisher konnte s jeder selb schütze
Aber dieses Mal ist der Feind zu mächtig.
Meint ihr nicht?

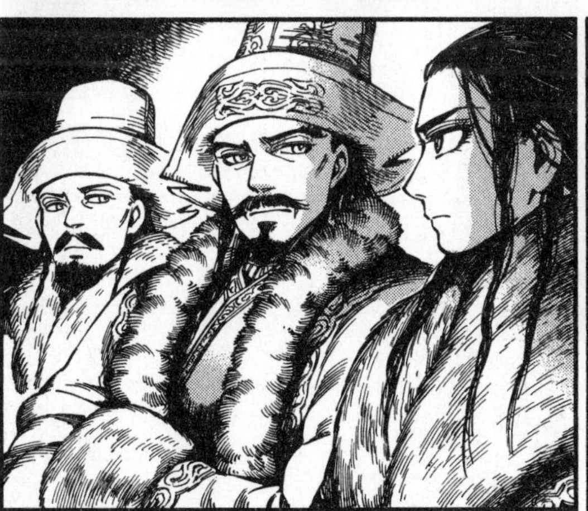

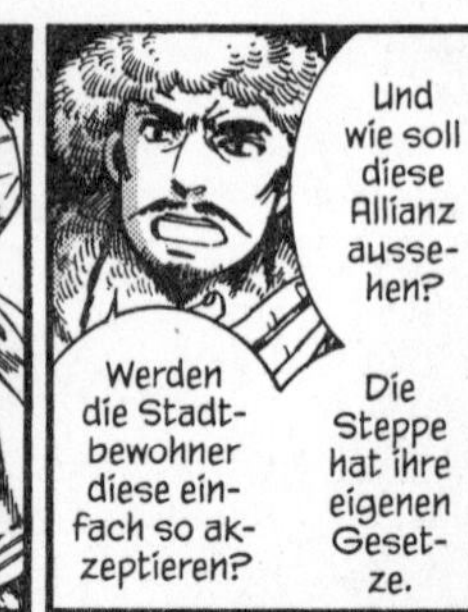
Und wie soll diese Allianz aussehen?
Die Steppe hat ihre eigenen Gesetze.
Werden die Stadtbewohner diese einfach so akzeptieren?

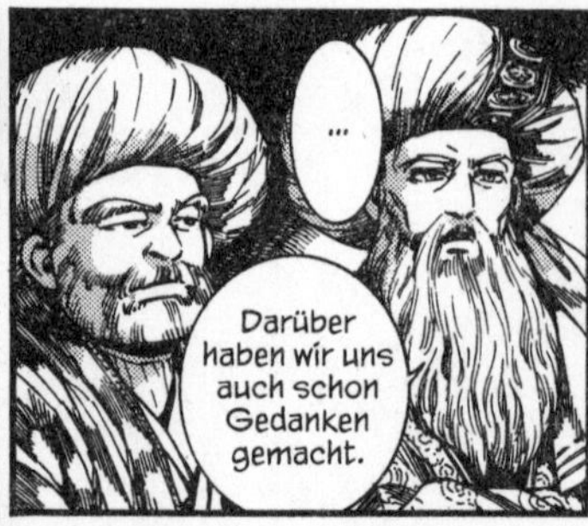
...
Darüber haben wir uns auch schon Gedanken gemacht.

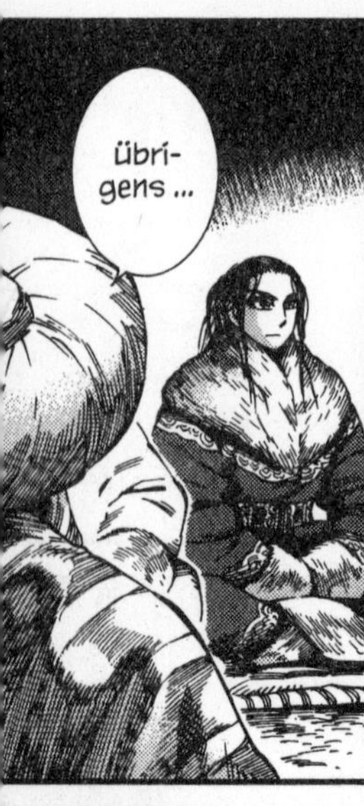
Übrigens ...

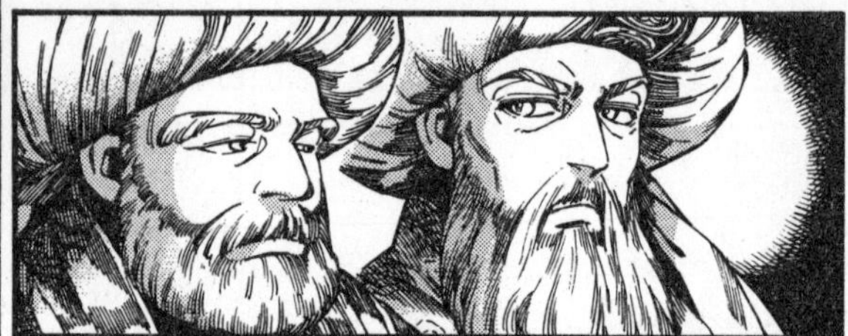

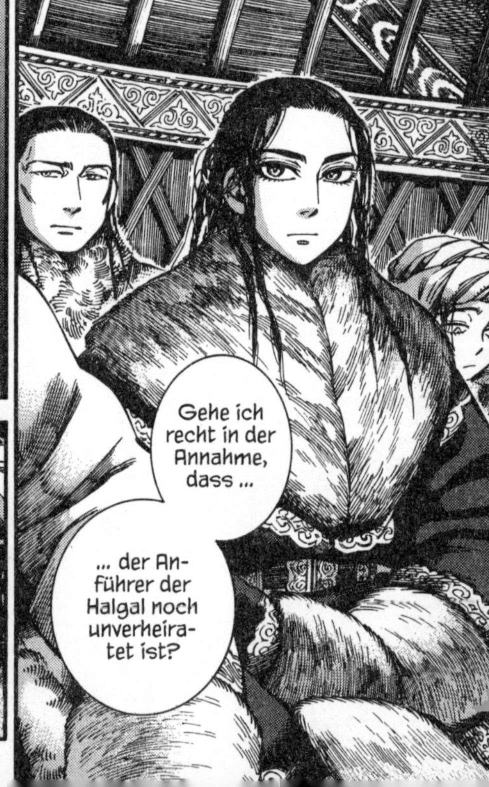
Gehe ich recht in der Annahme, dass ...
... der Anführer der Halgal noch unverheiratet ist?

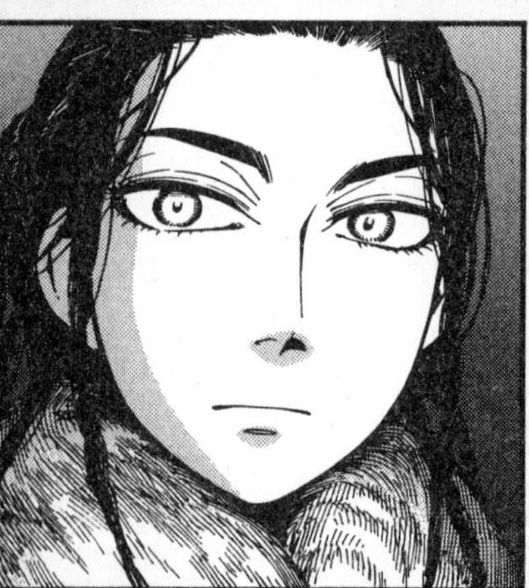

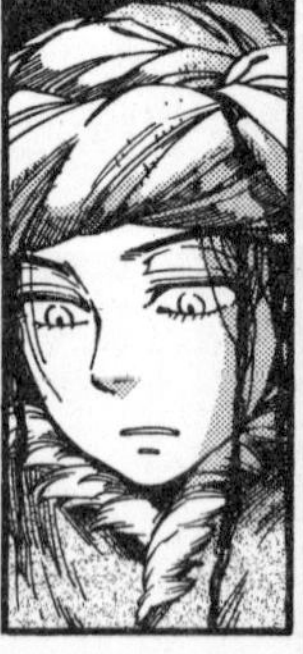

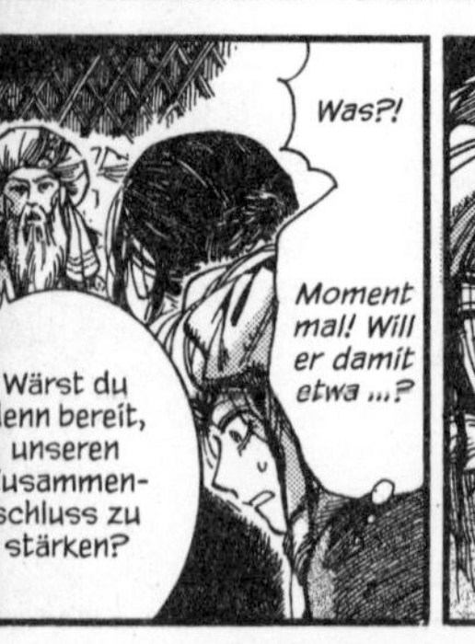
Was?!
Moment mal! Will er damit etwa ...?
Wärst du enn bereit, unseren usammenschluss zu stärken?

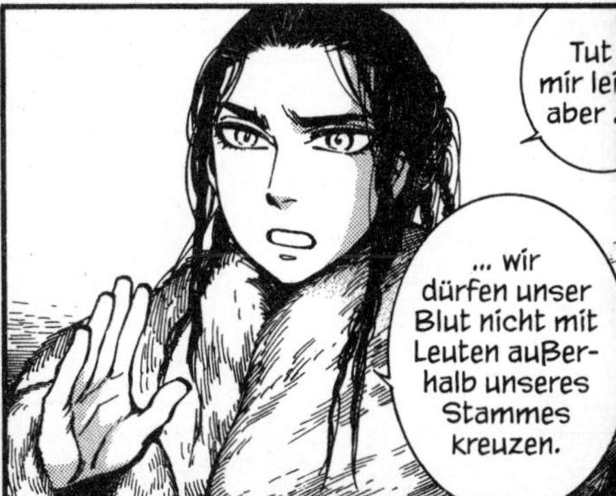
Tut mir lei
aber .
... wir dürfen unser Blut nicht mit Leuten außerhalb unseres Stammes kreuzen.

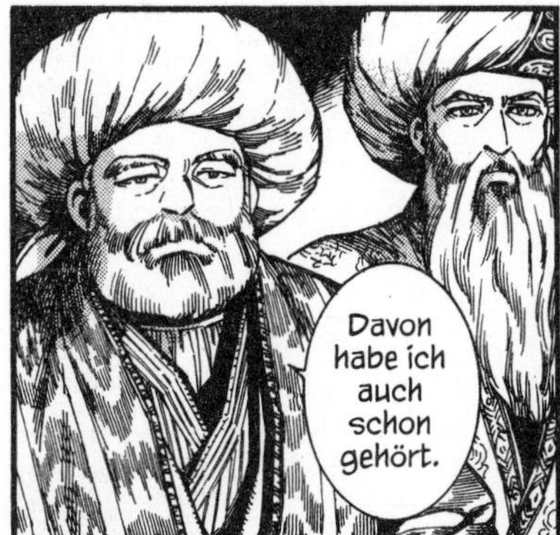
Davon habe ich auch schon gehört.

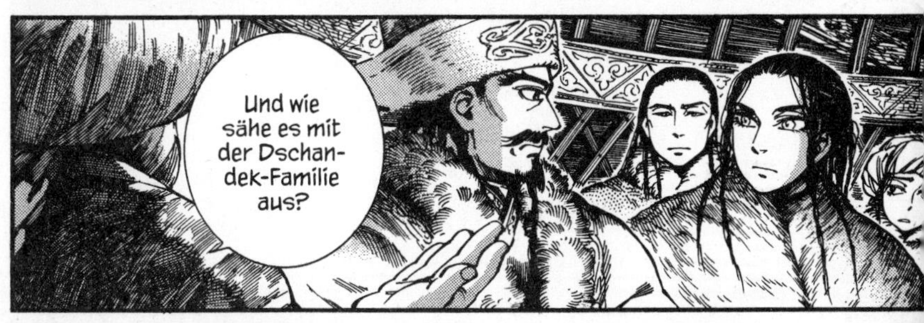
Und wie sähe es mit der Dschandek-Familie aus?

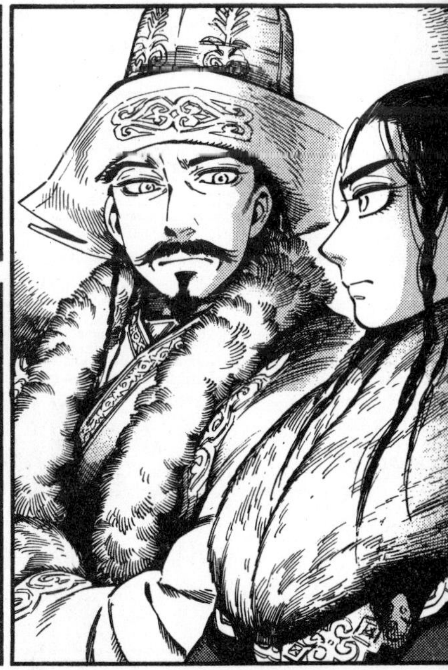

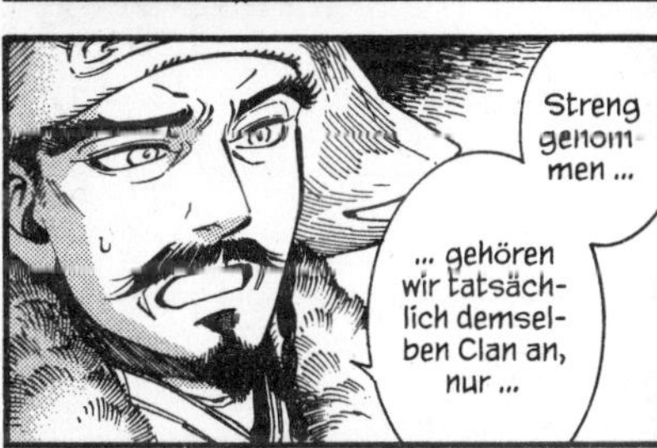
Streng genommen ...
... gehören wir tatsächlich demselben Clan an, nur ...

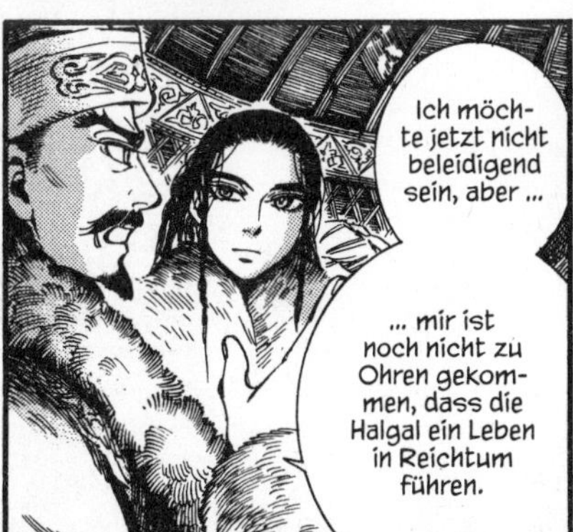
Ich möchte jetzt nicht beleidigend sein, aber ...
... mir ist noch nicht zu Ohren gekommen, dass die Halgal ein Leben in Reichtum führen.

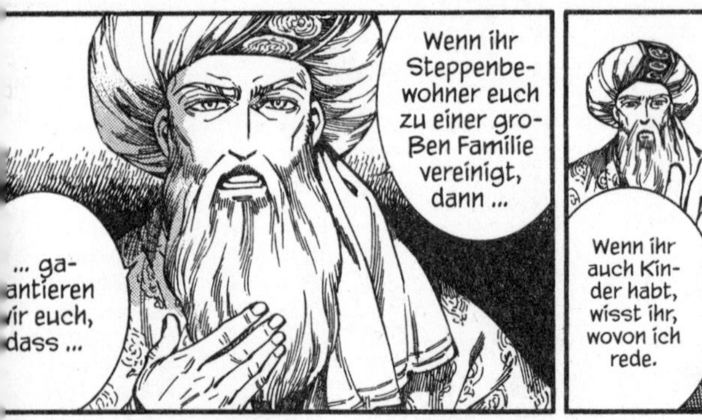
Wenn ihr Steppenbewohner euch zu einer großen Familie vereinigt, dann ...
... ga-
antieren
vir euch,
dass ...

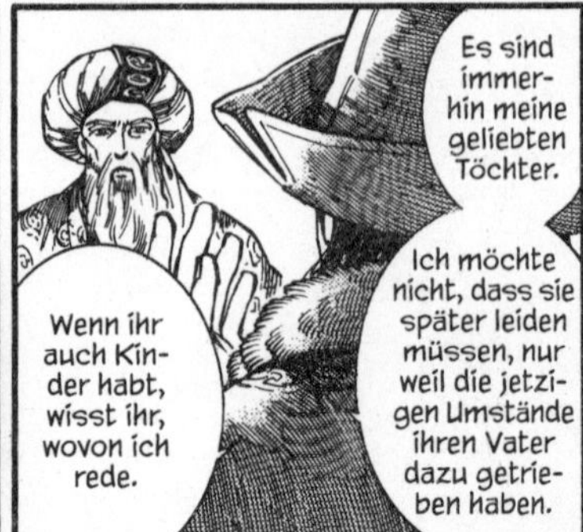
Es sind immerhin meine geliebten Töchter.
Wenn ihr auch Kinder habt, wisst ihr, wovon ich rede.
Ich möchte nicht, dass sie später leiden müssen, nur weil die jetzigen Umstände ihren Vater dazu getrieben haben.

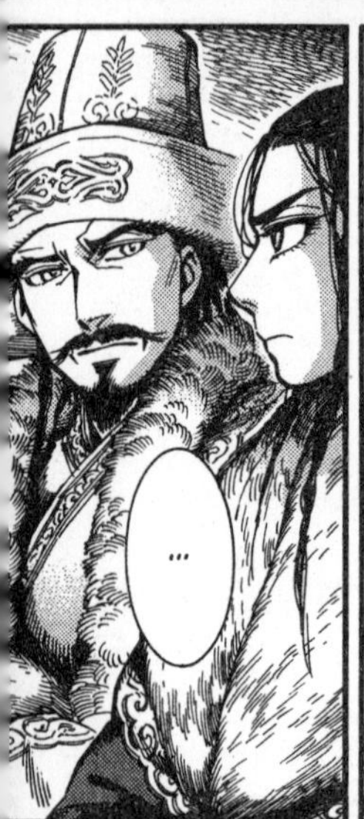
...

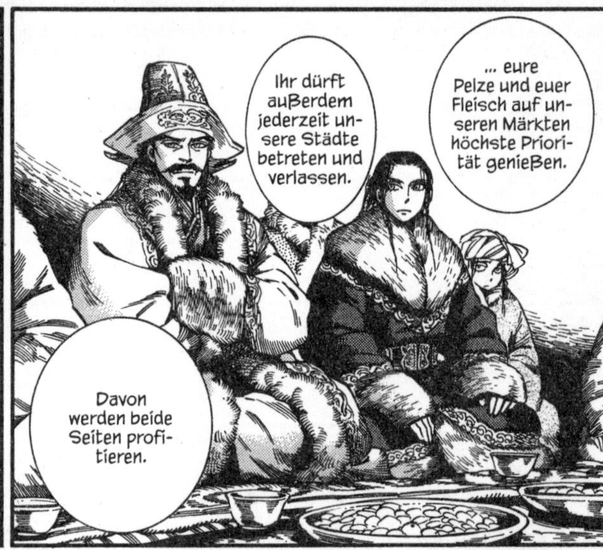
Ihr dürft außerdem jederzeit unsere Städte betreten und verlassen.
... eure Pelze und euer Fleisch auf unseren Märkten höchste Priorität genießen.
Davon werden beide Seiten profitieren.

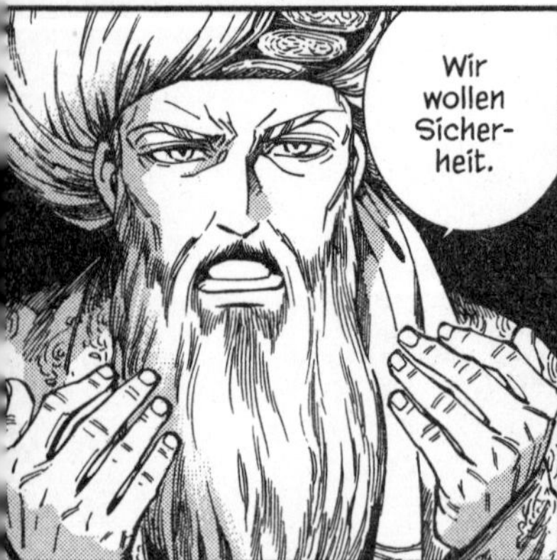
Wir wollen Sicherheit.

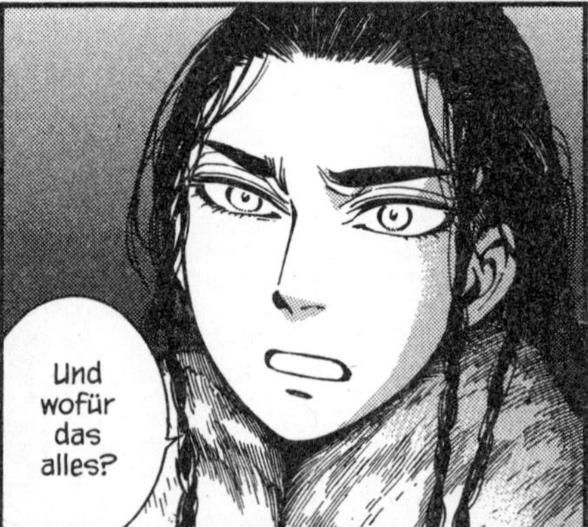
Und wofür das alles?

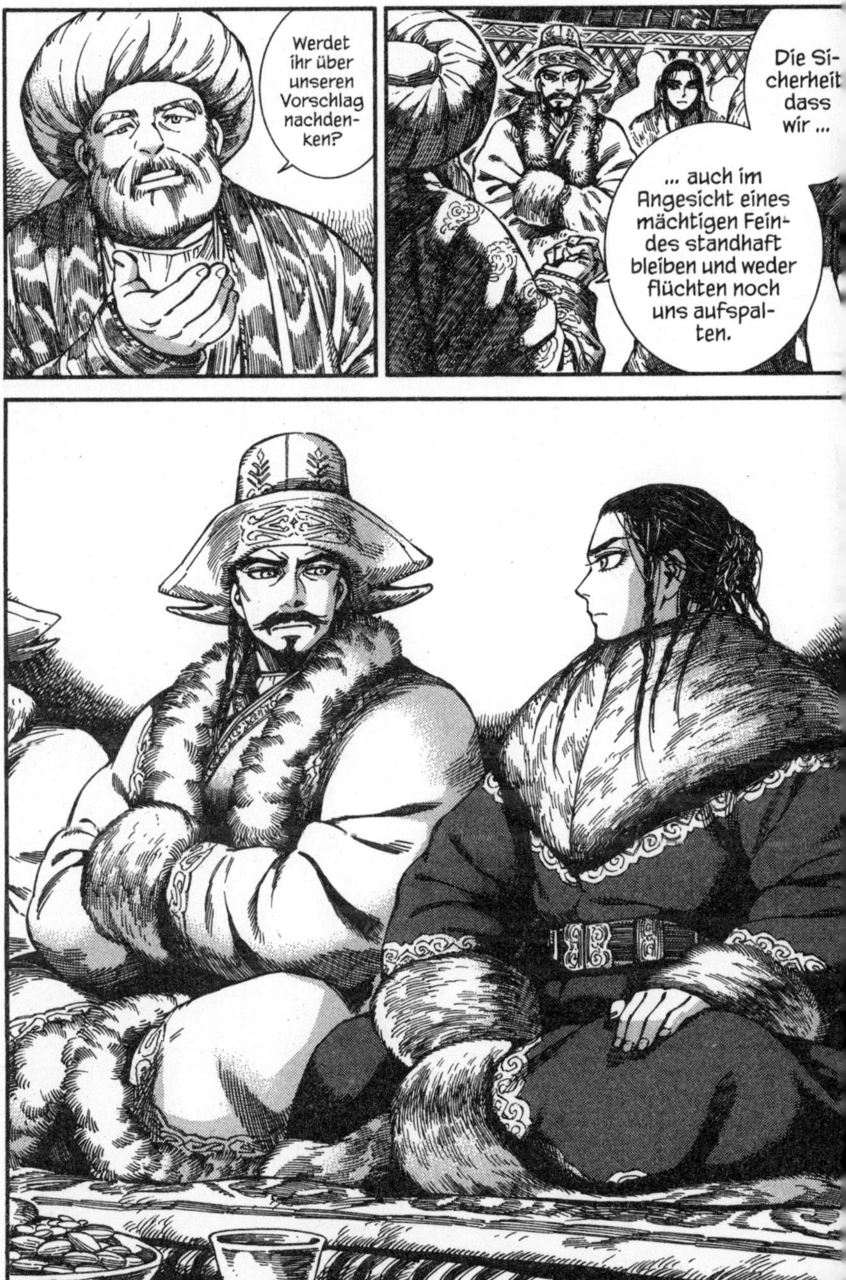

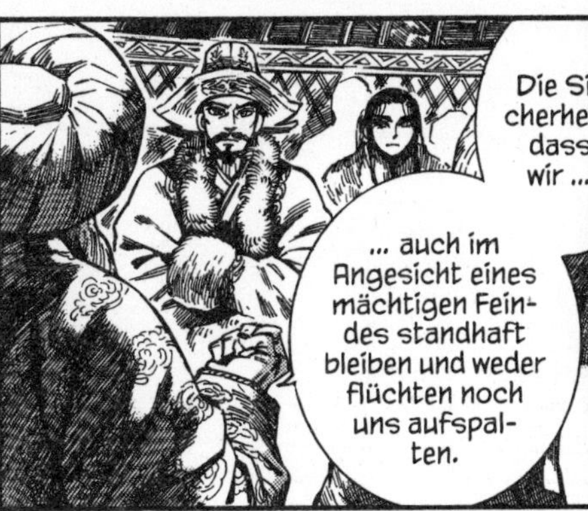
Die Sicherheit dass wir ...
... auch im Angesicht eines mächtigen Feindes standhaft bleiben und weder flüchten noch uns aufspalten.

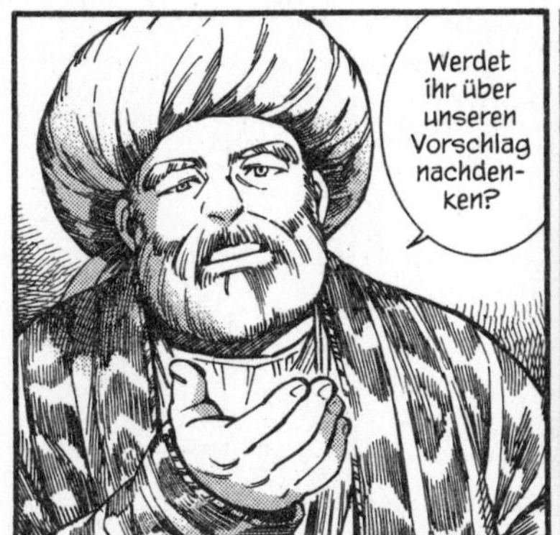
Werdet ihr über unseren Vorschlag nachdenken?

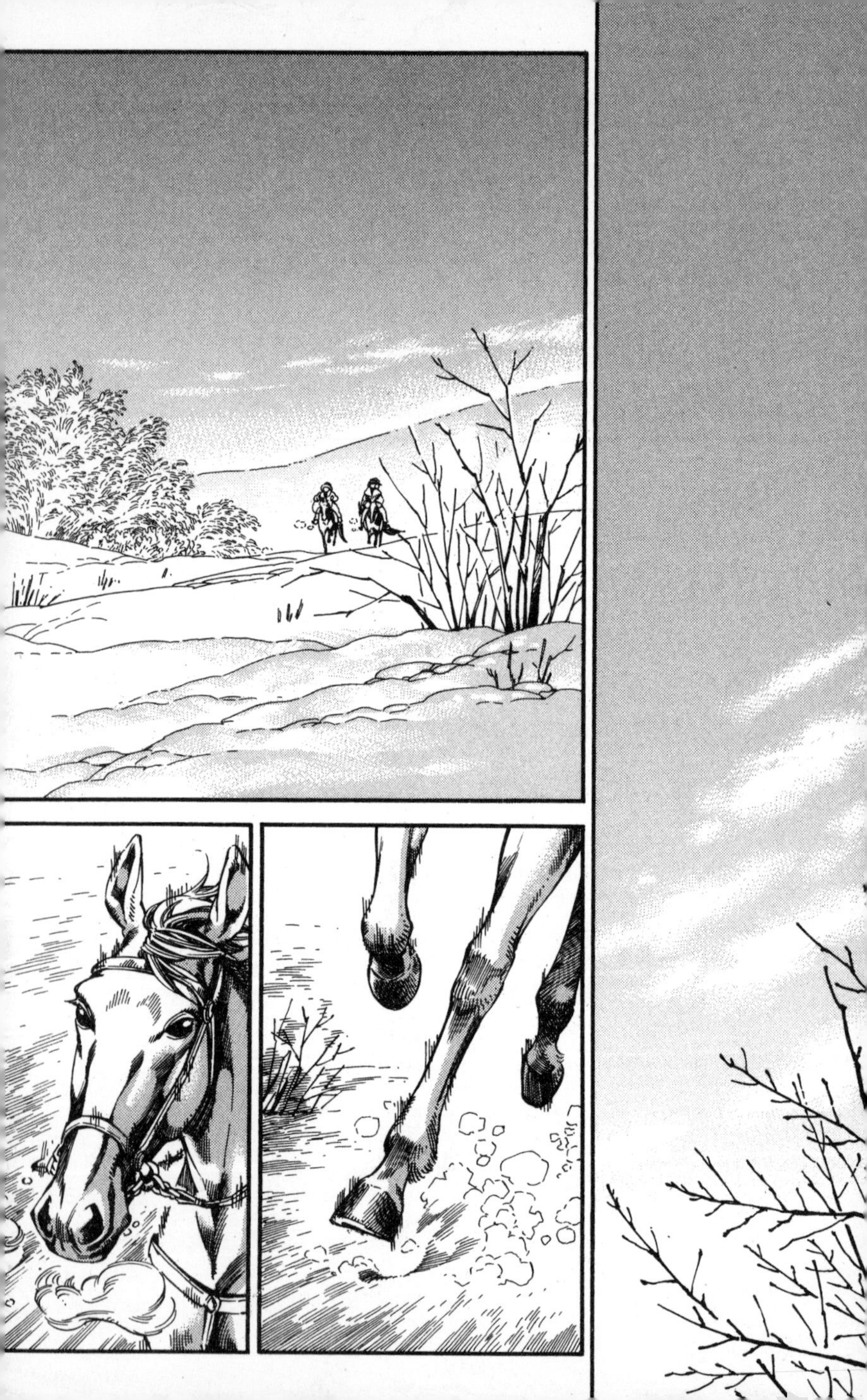

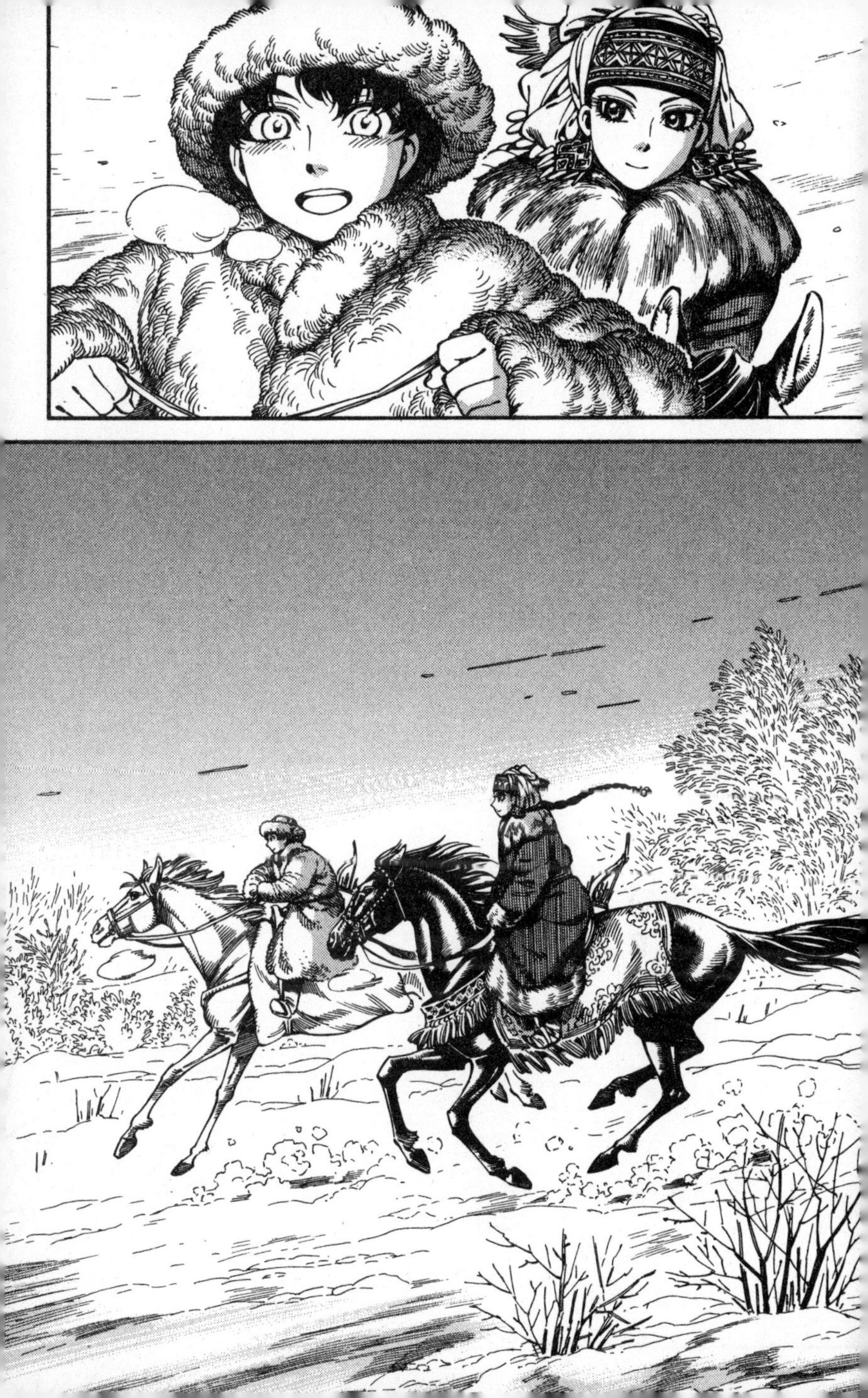

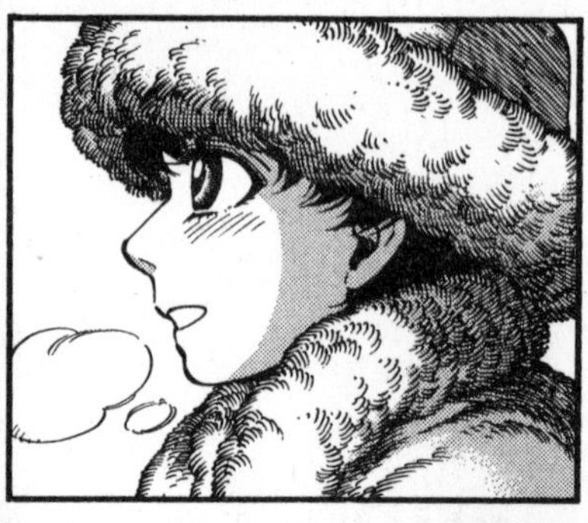

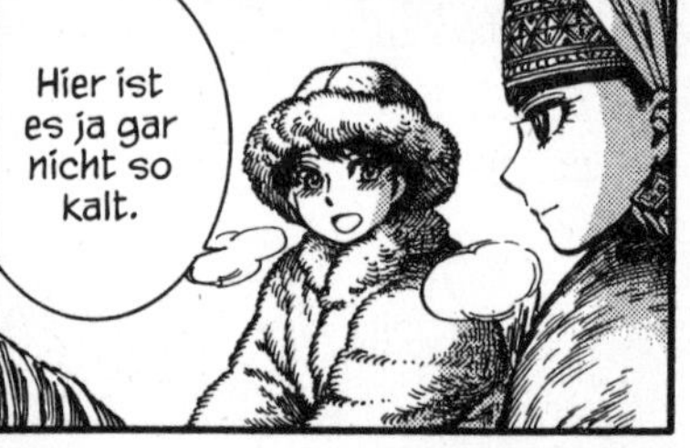
Hier ist es ja gar nicht so kalt.

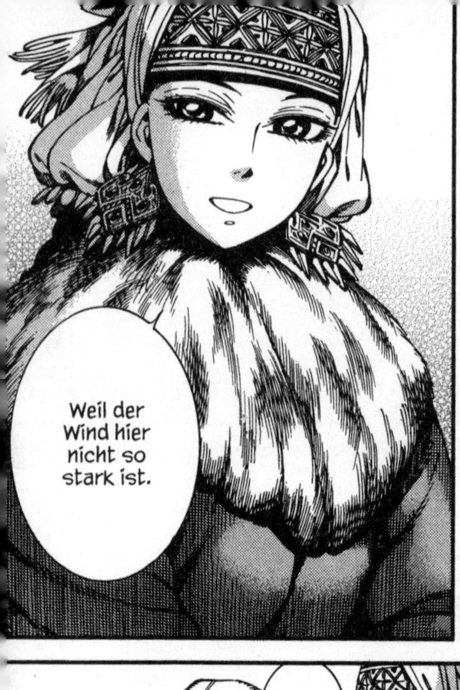
Weil der Wind hier nicht so stark ist.

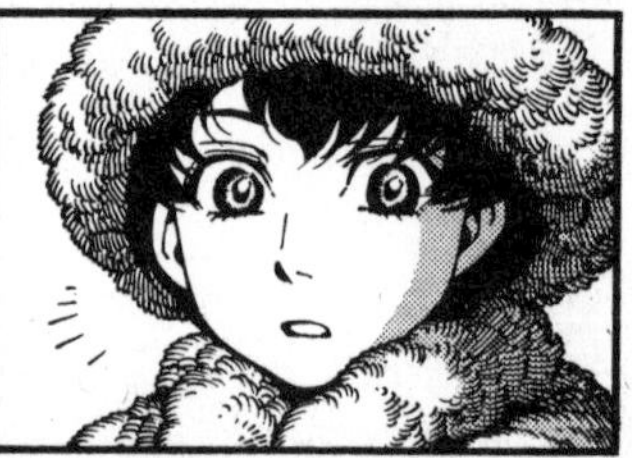

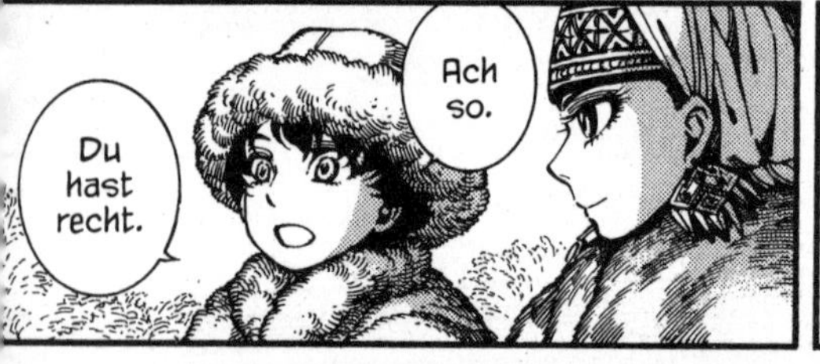
Ach so.
Du hast recht.

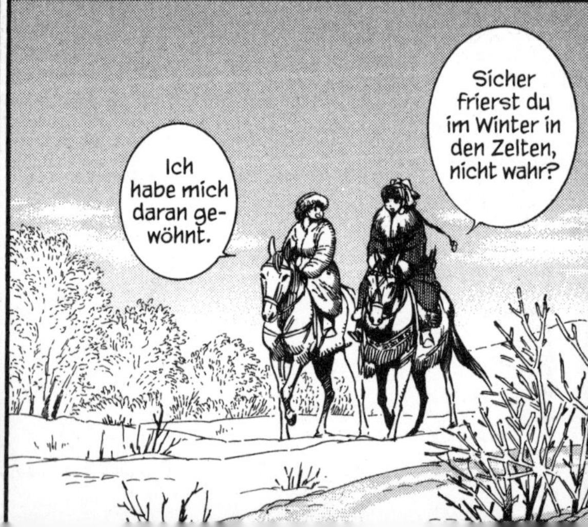
Sicher frierst du im Winter in den Zelten, nicht wahr?
Ich habe mich daran gewöhnt.

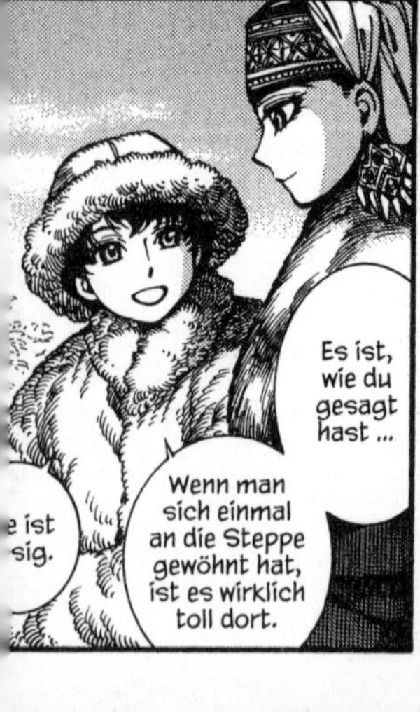
Es ist, wie du gesagt hast ...
Wenn man sich einmal an die Steppe gewöhnt hat, ist es wirklich toll dort.

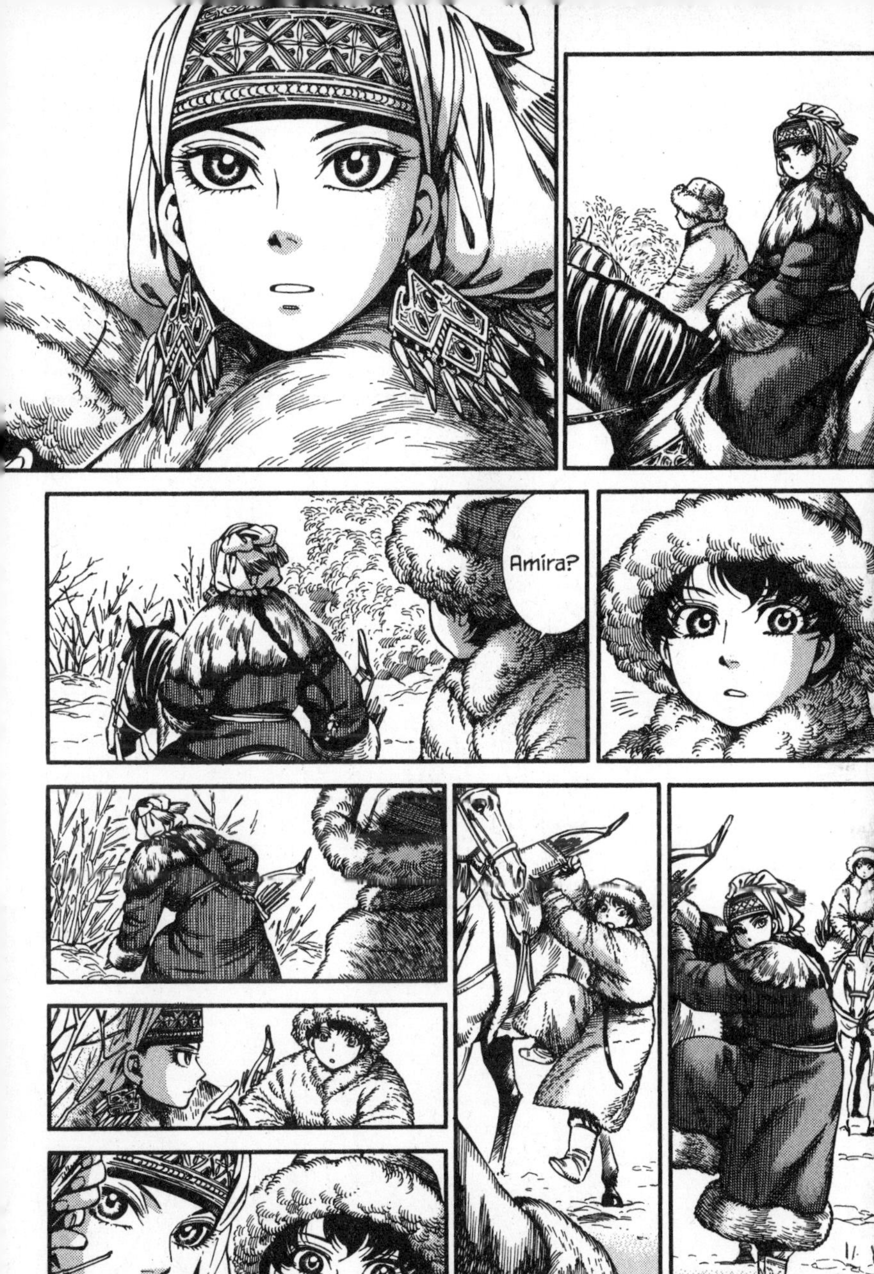
Amira?

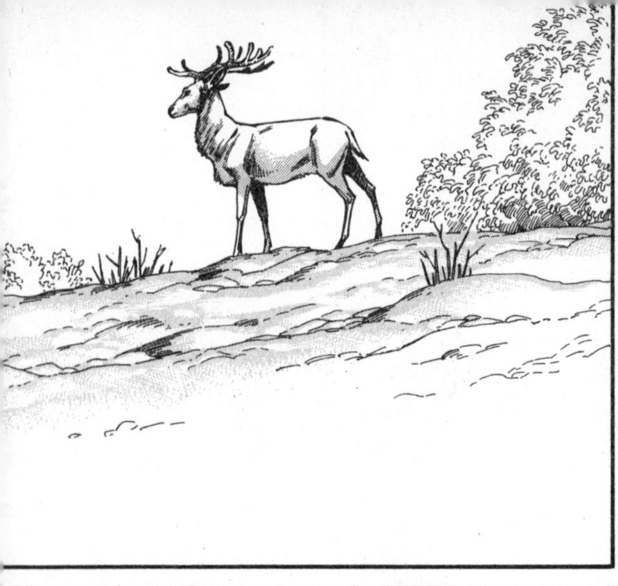
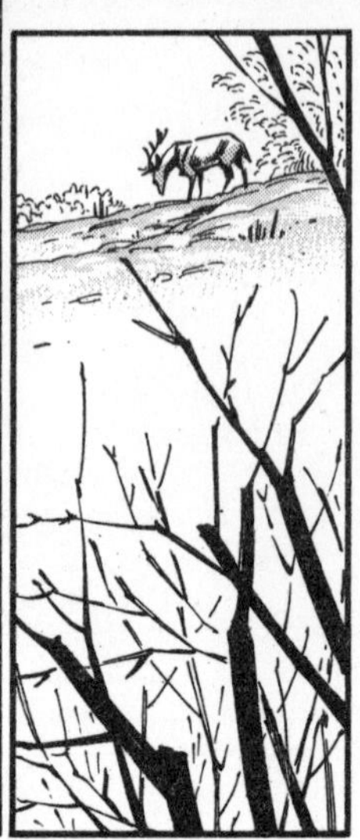
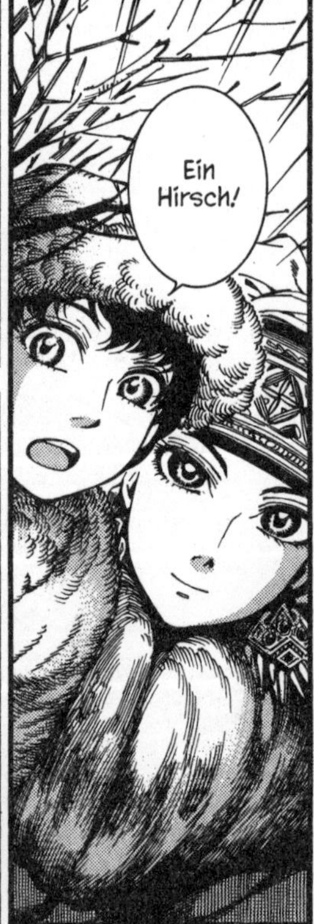
Ein Hirsch!
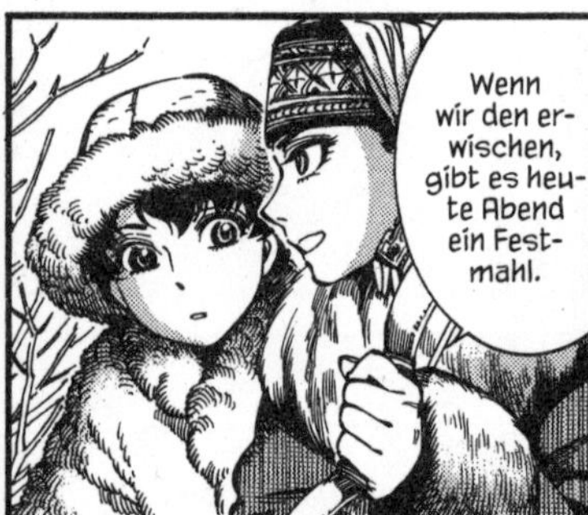
Wenn wir den erwischen, gibt es heute Abend ein Festmahl.
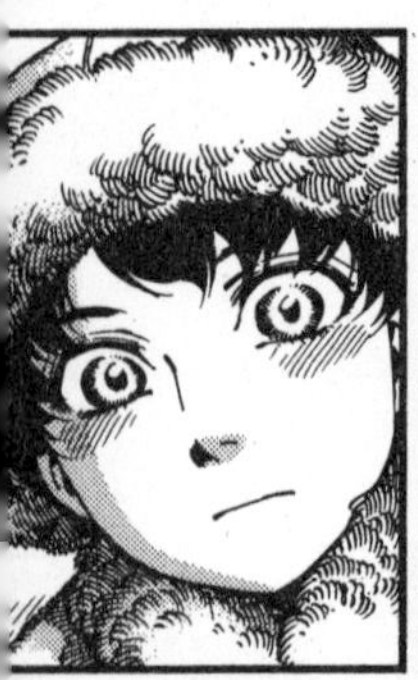
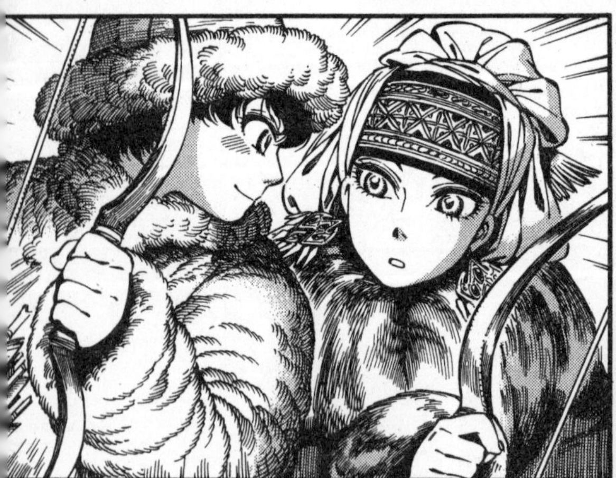

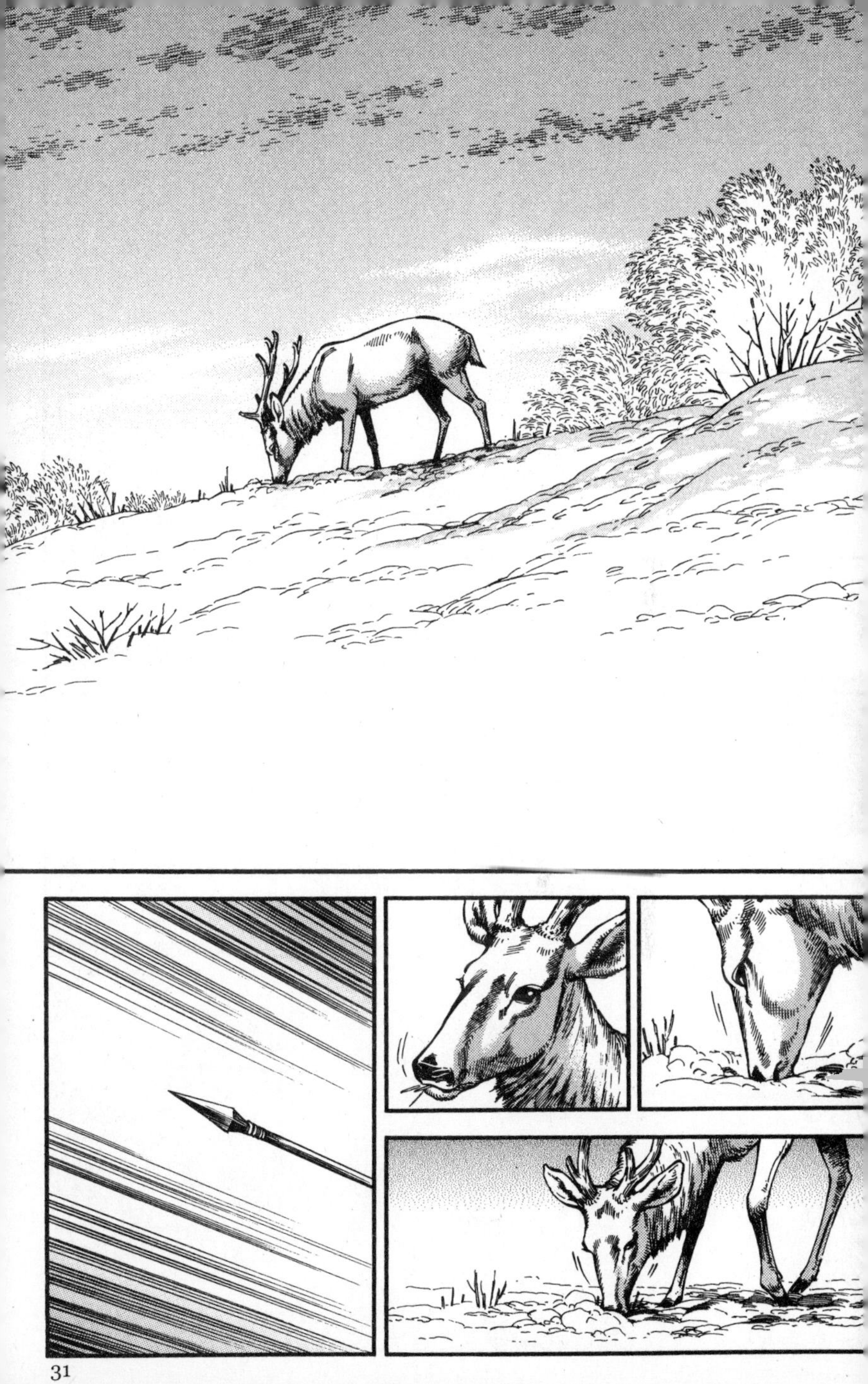

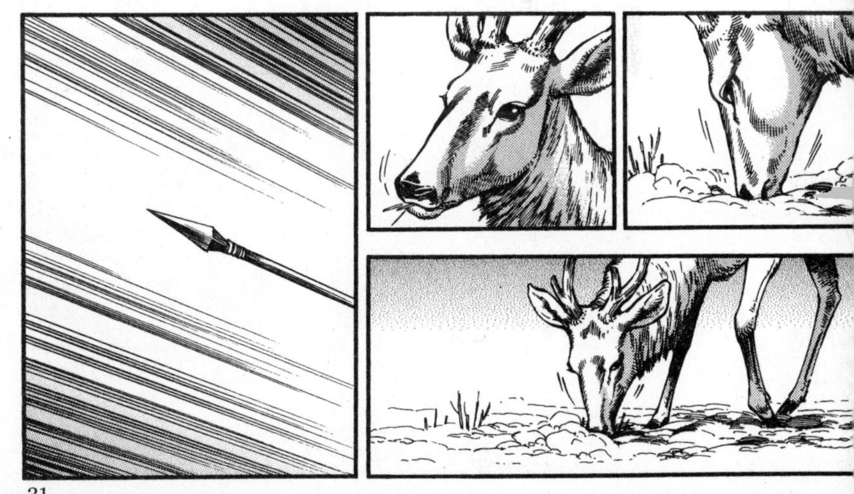

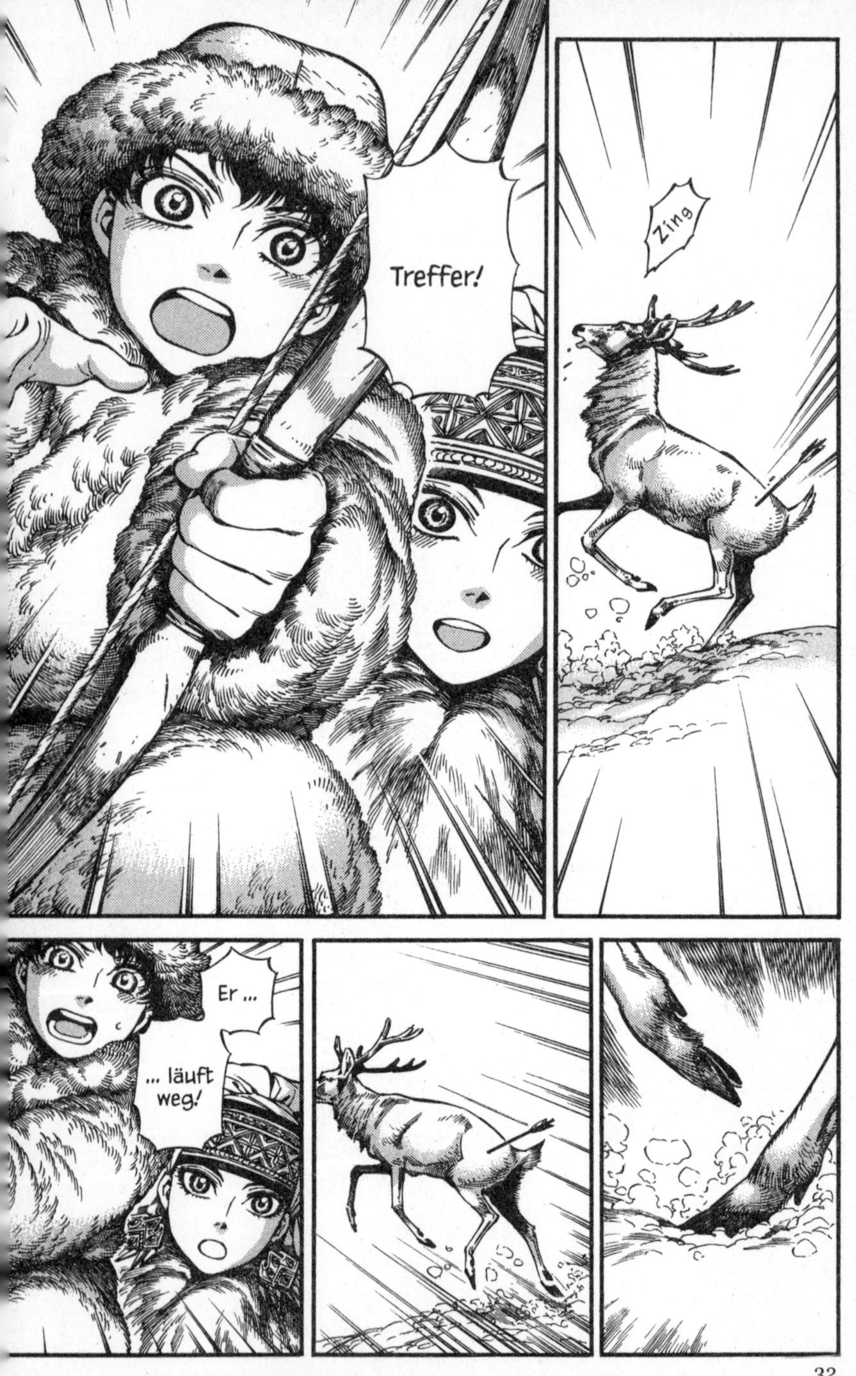

Zing
Treffer!
Er ...
... läuft weg!

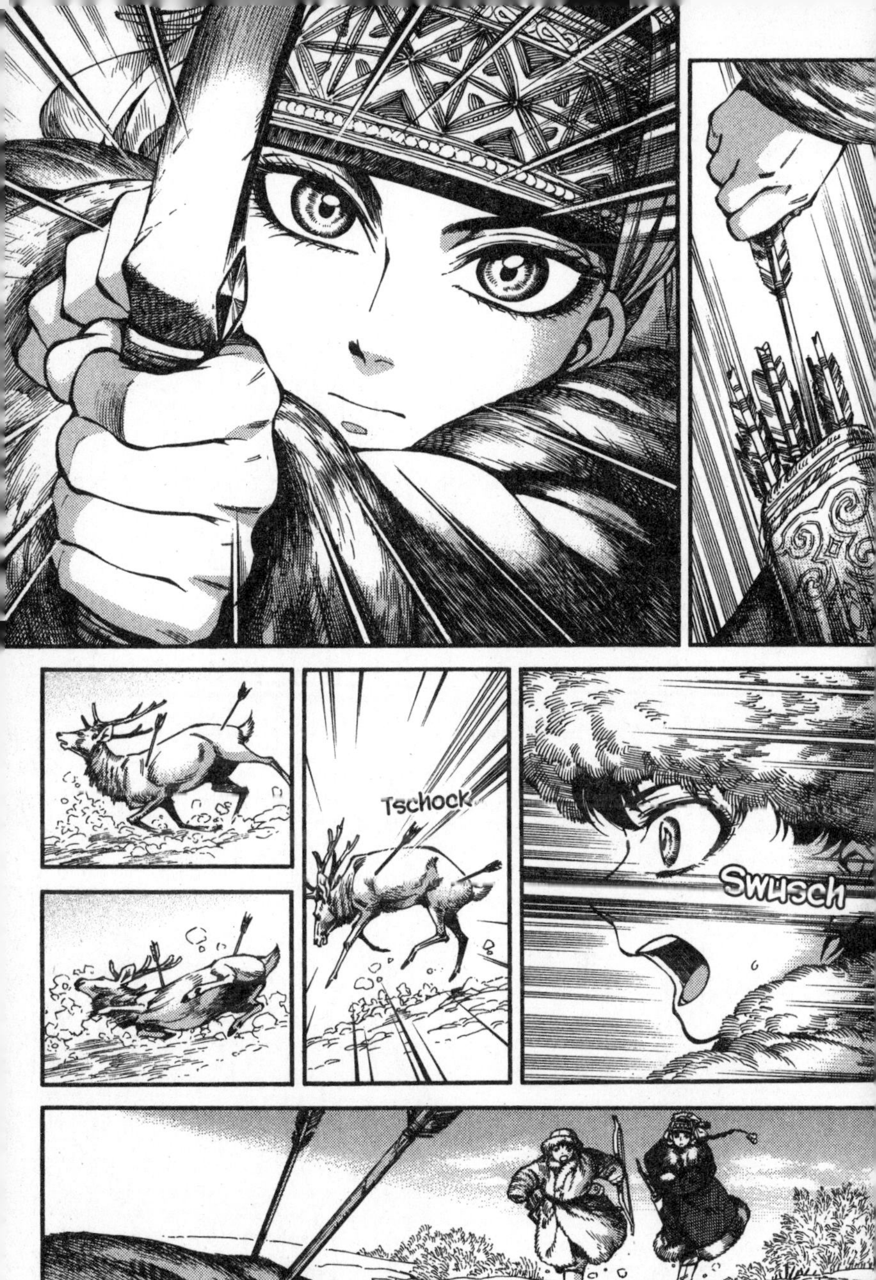
Tschock
Swusch

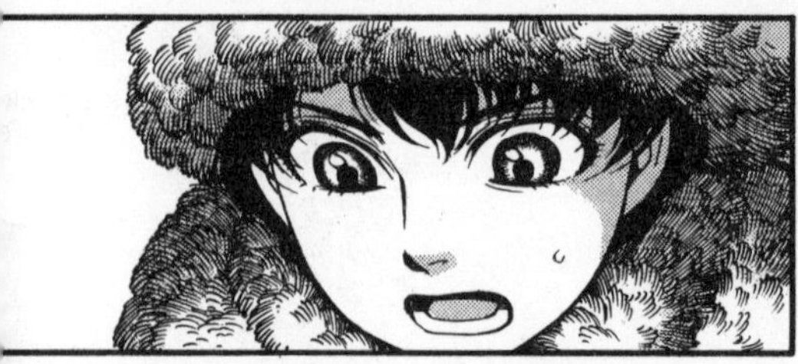

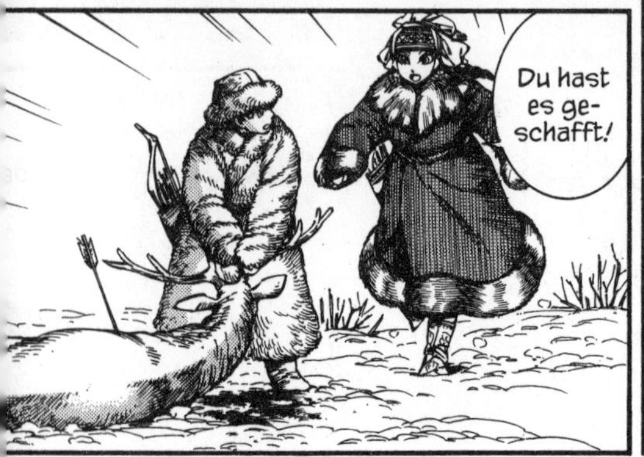
Du hast es geschafft!

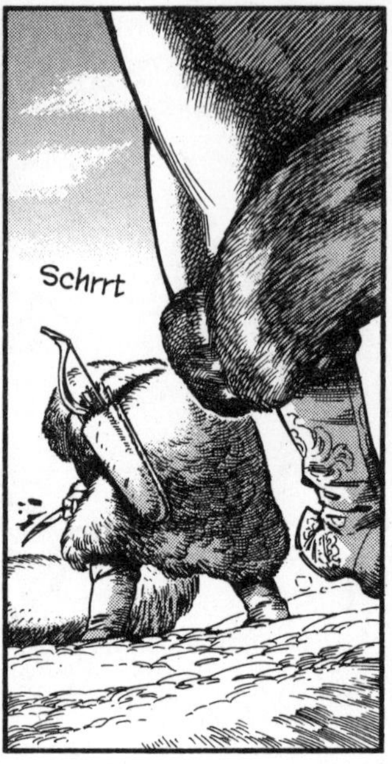
Schrrt

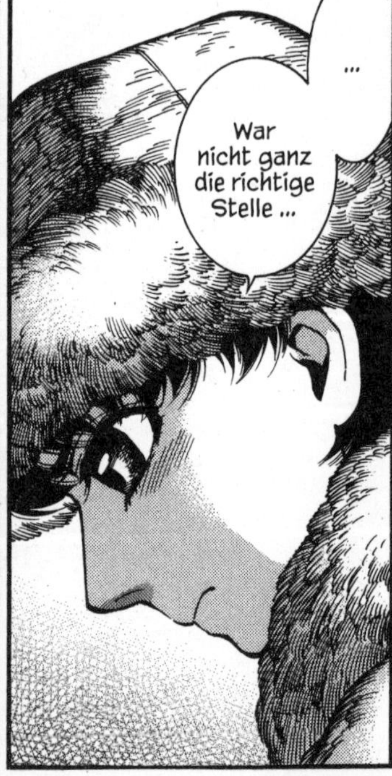
...
War nicht ganz die richtige Stelle ...

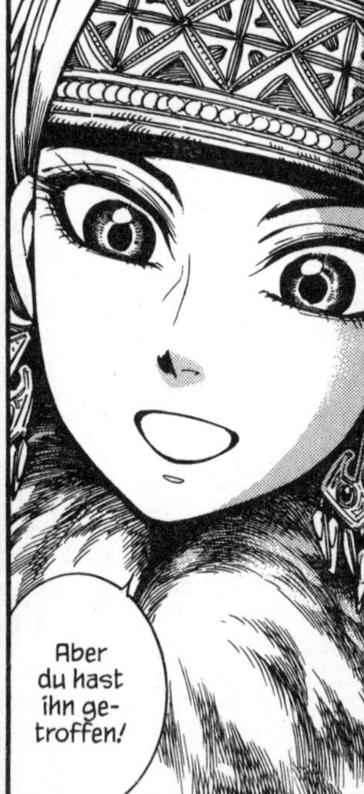
Aber du hast ihn getroffen!

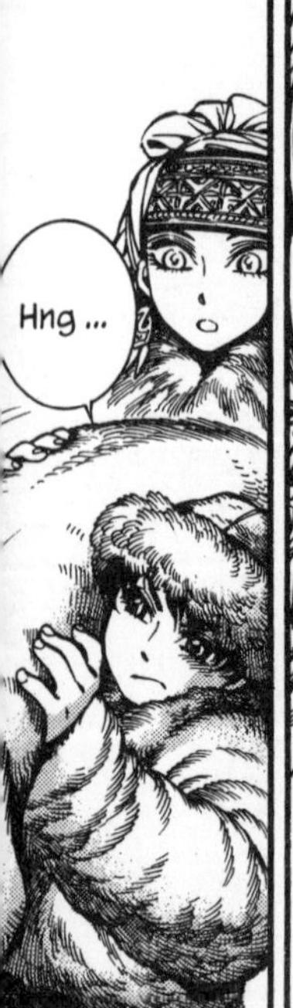
Hng ...

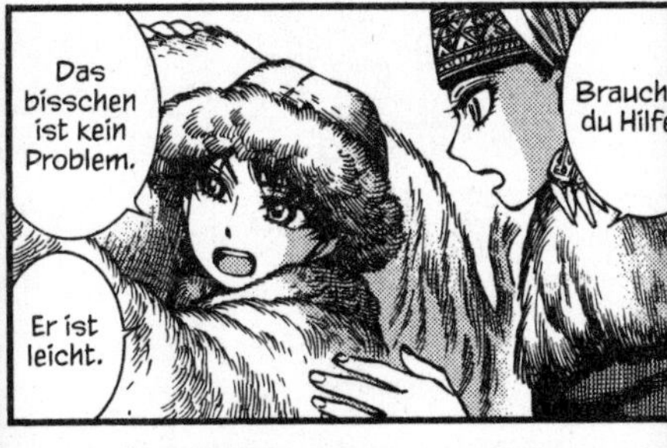
Brauch du Hilfe
Das bisschen ist kein Problem.
Er ist leicht.

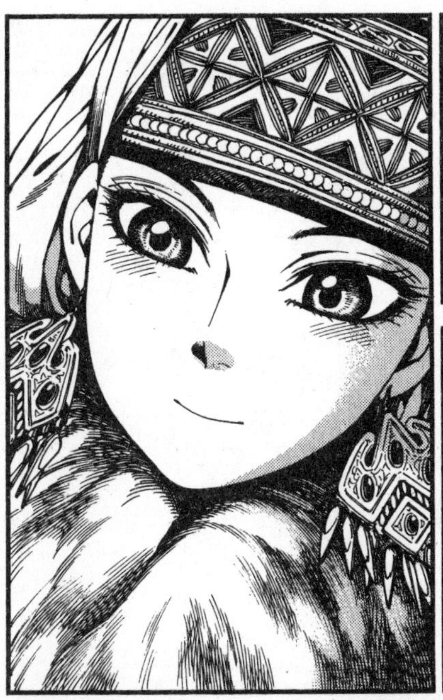

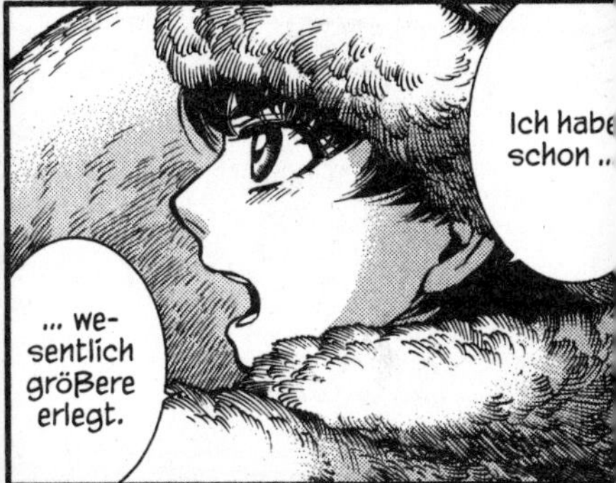
Ich habe schon ...
... wesentlich größere erlegt.

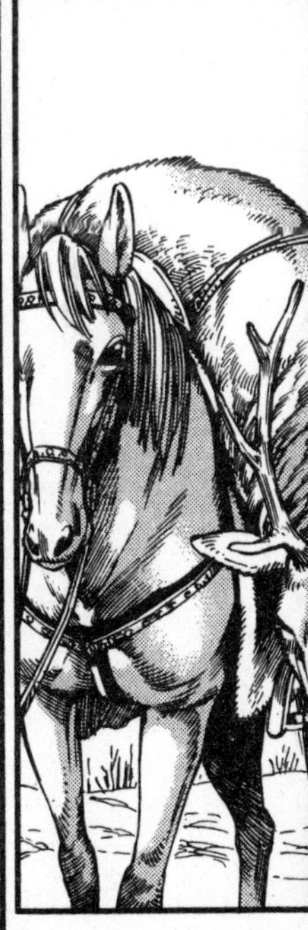

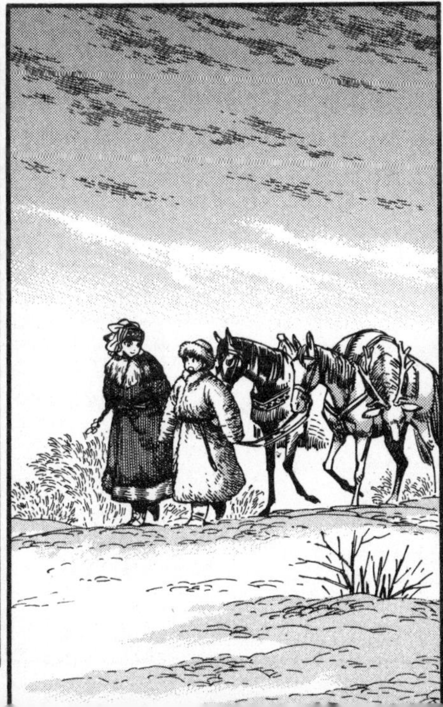

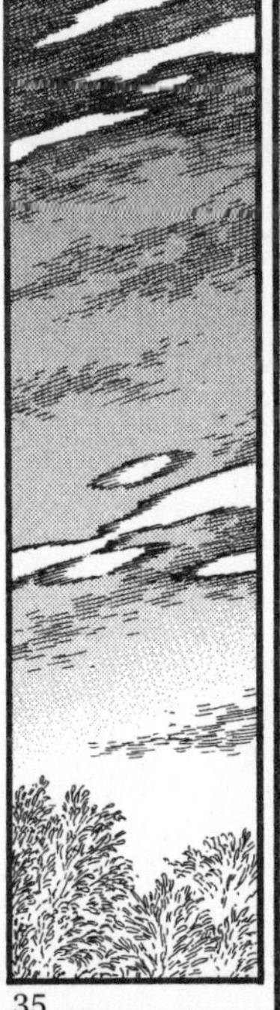

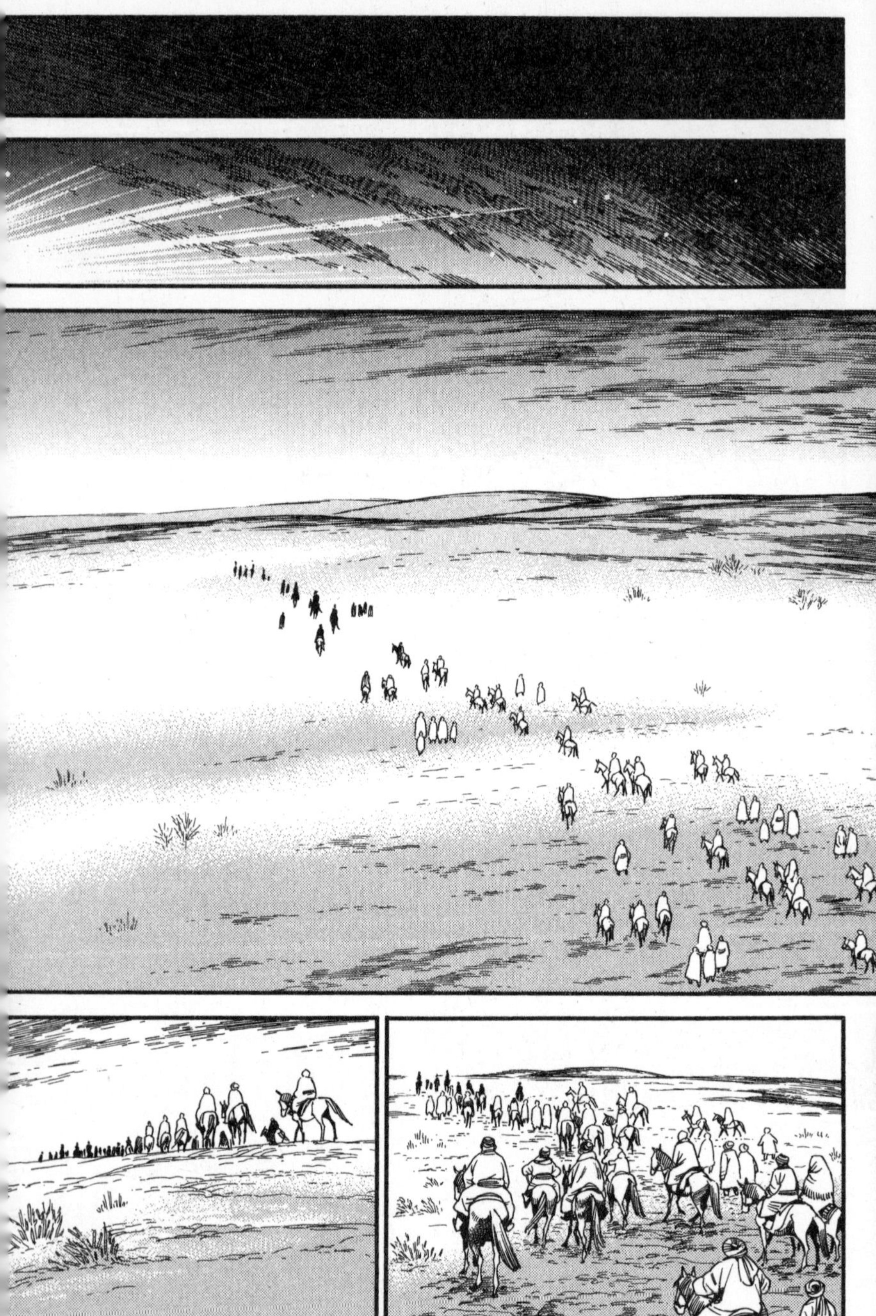

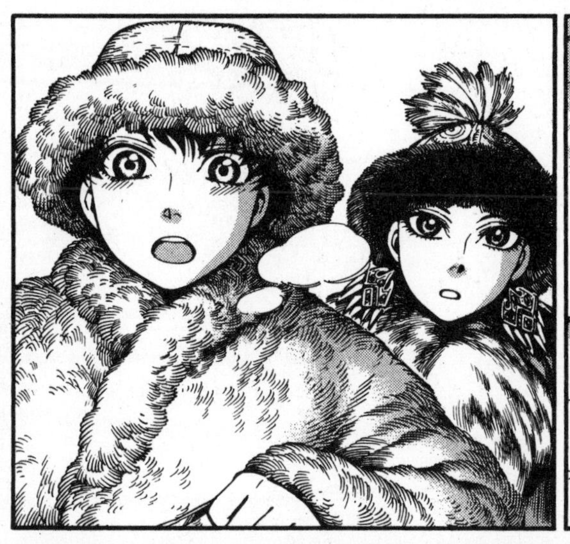
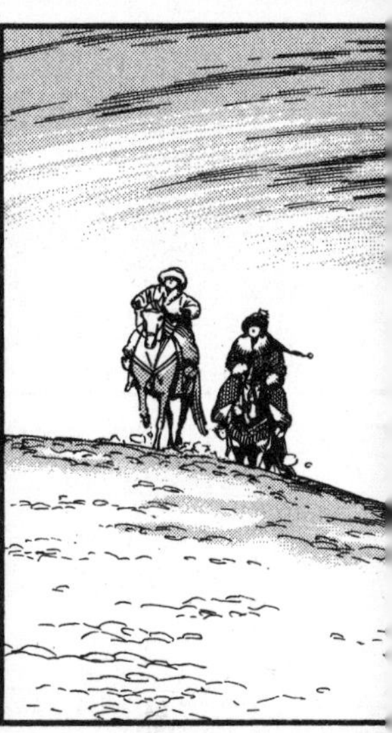
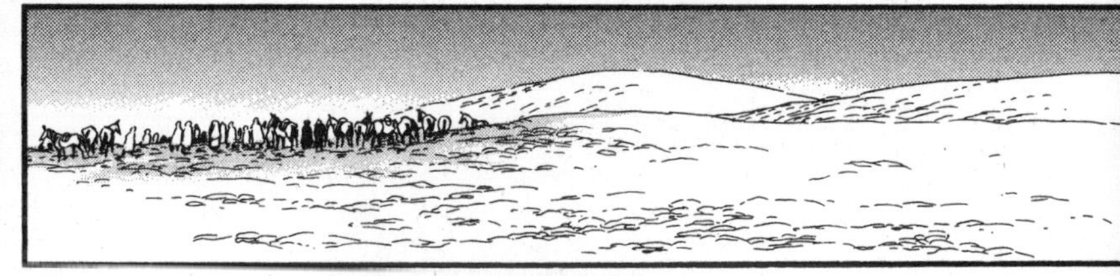
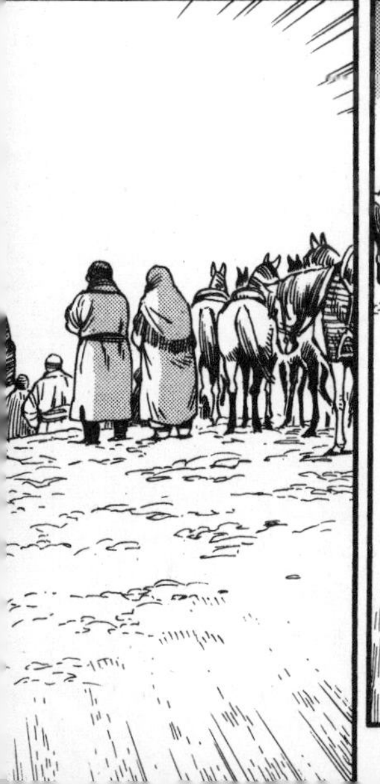
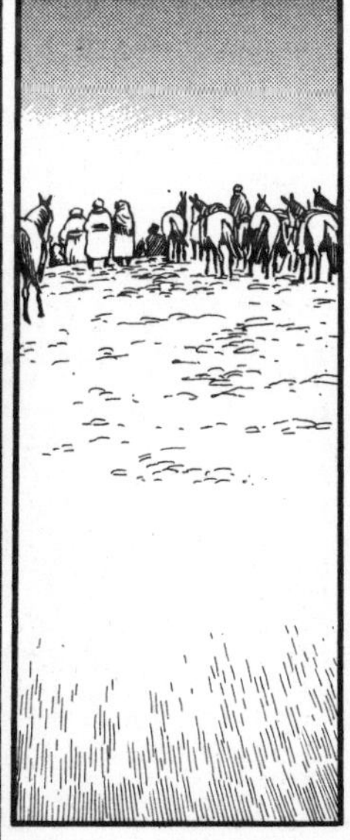
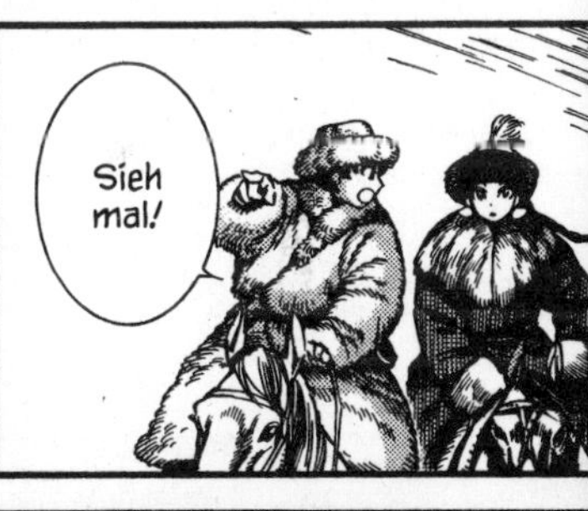
Sieh mal!
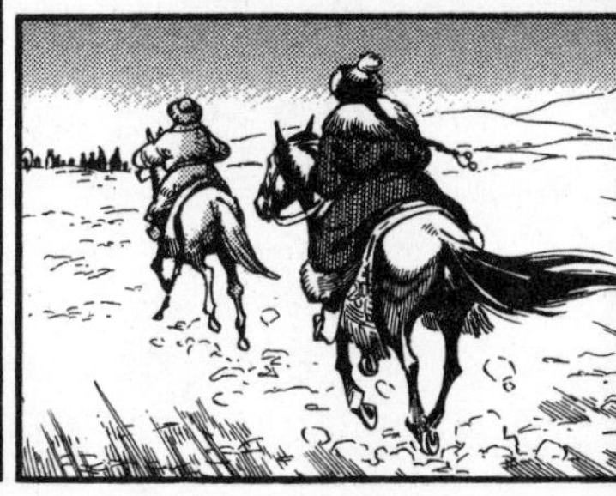

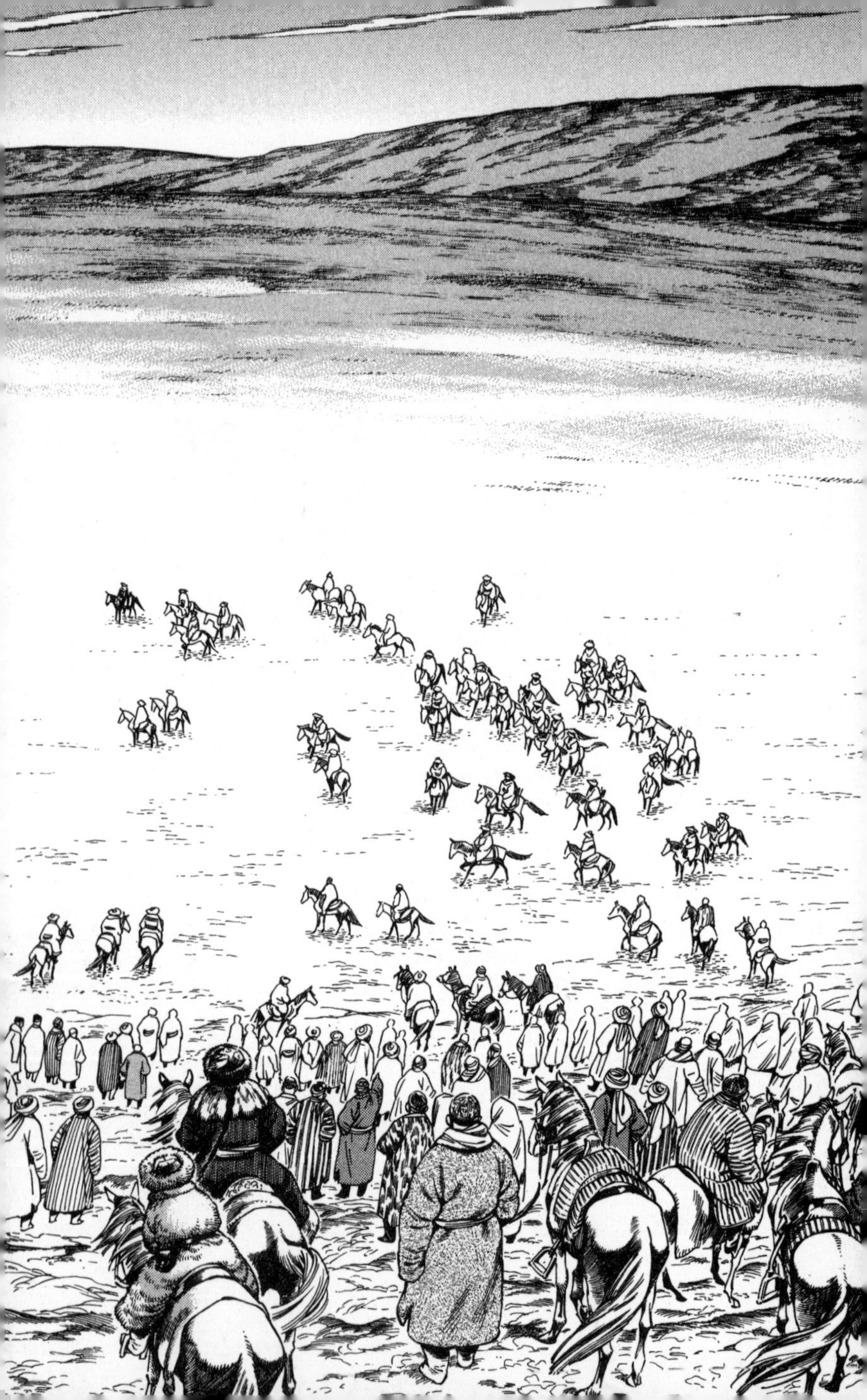

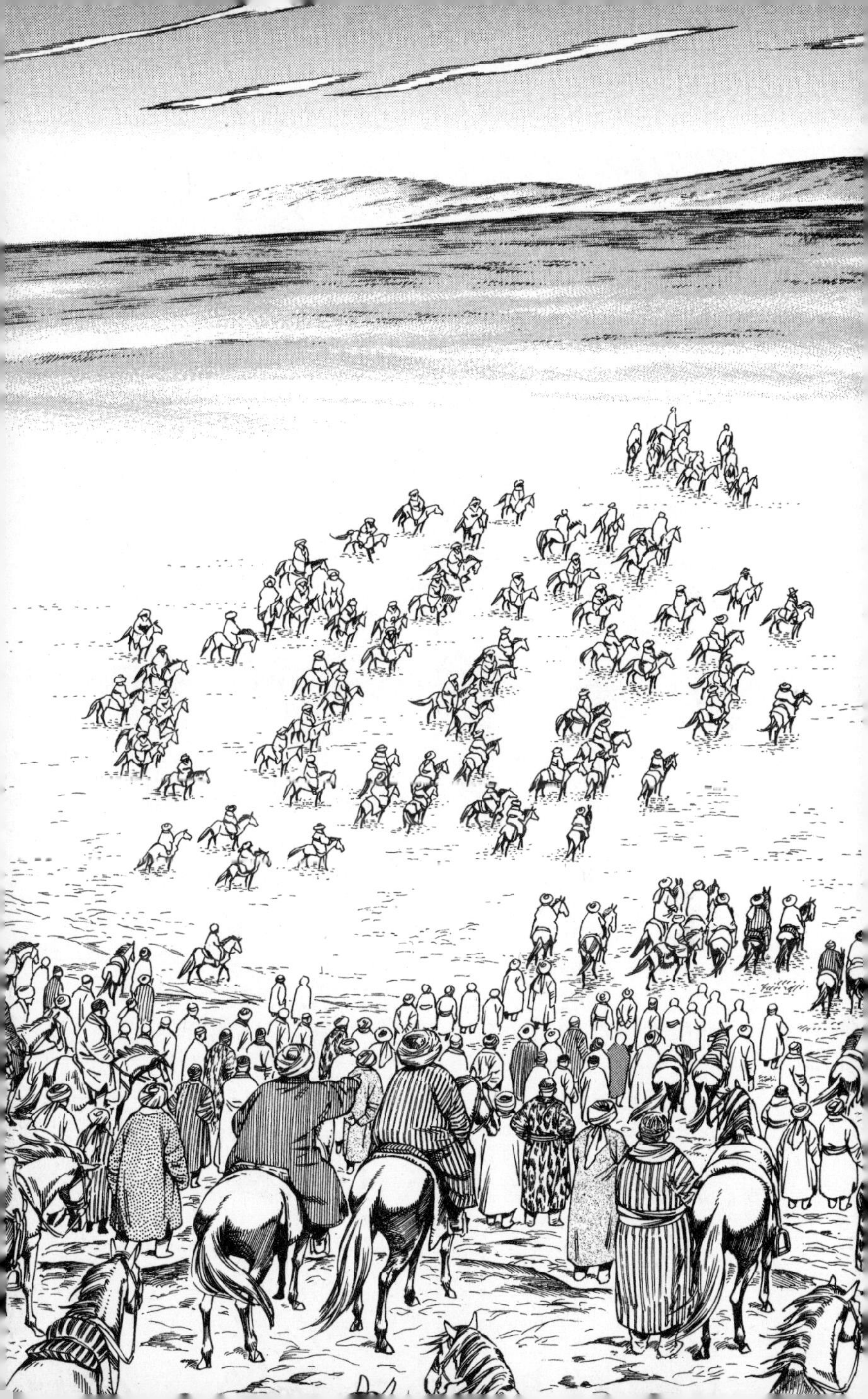

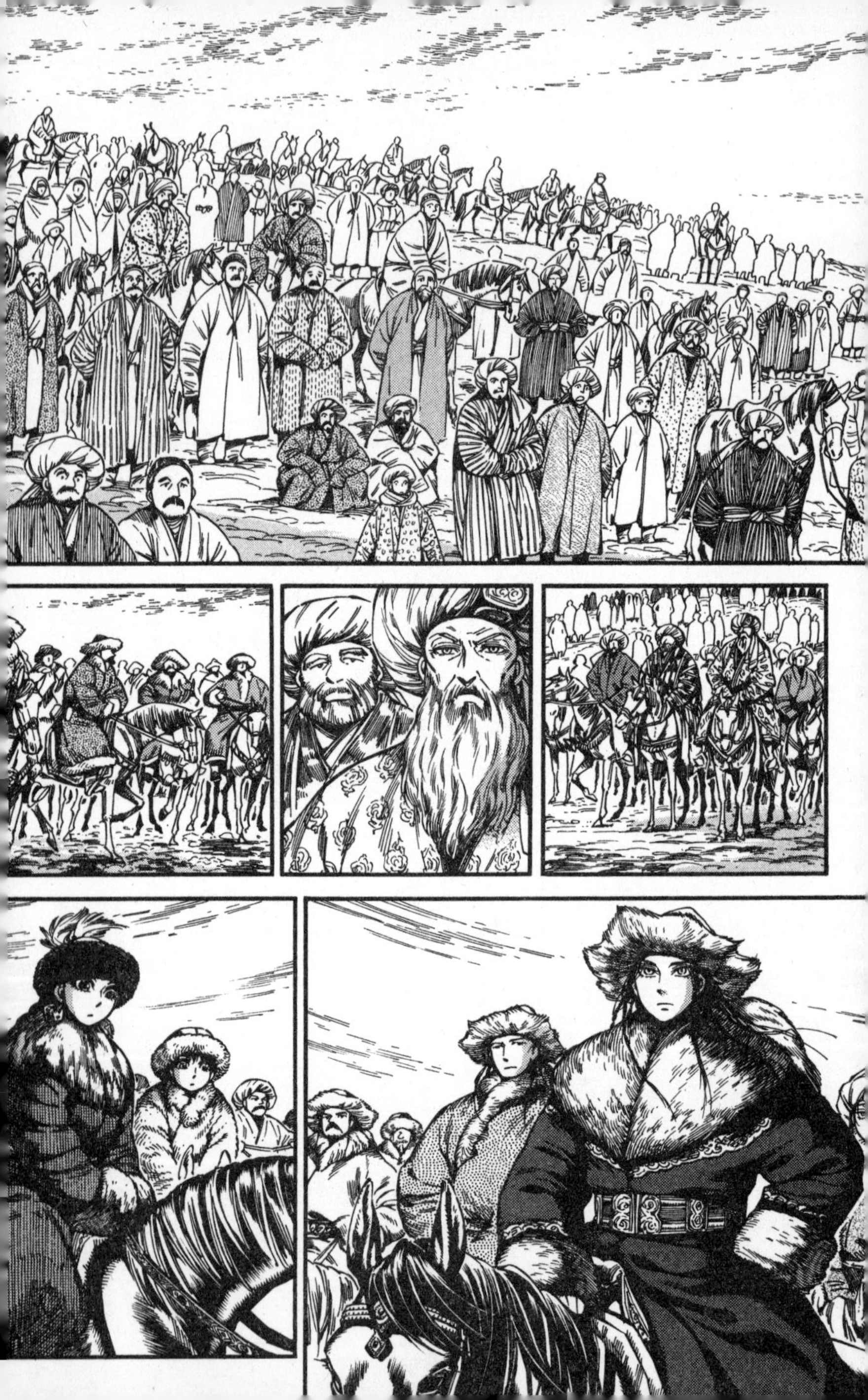

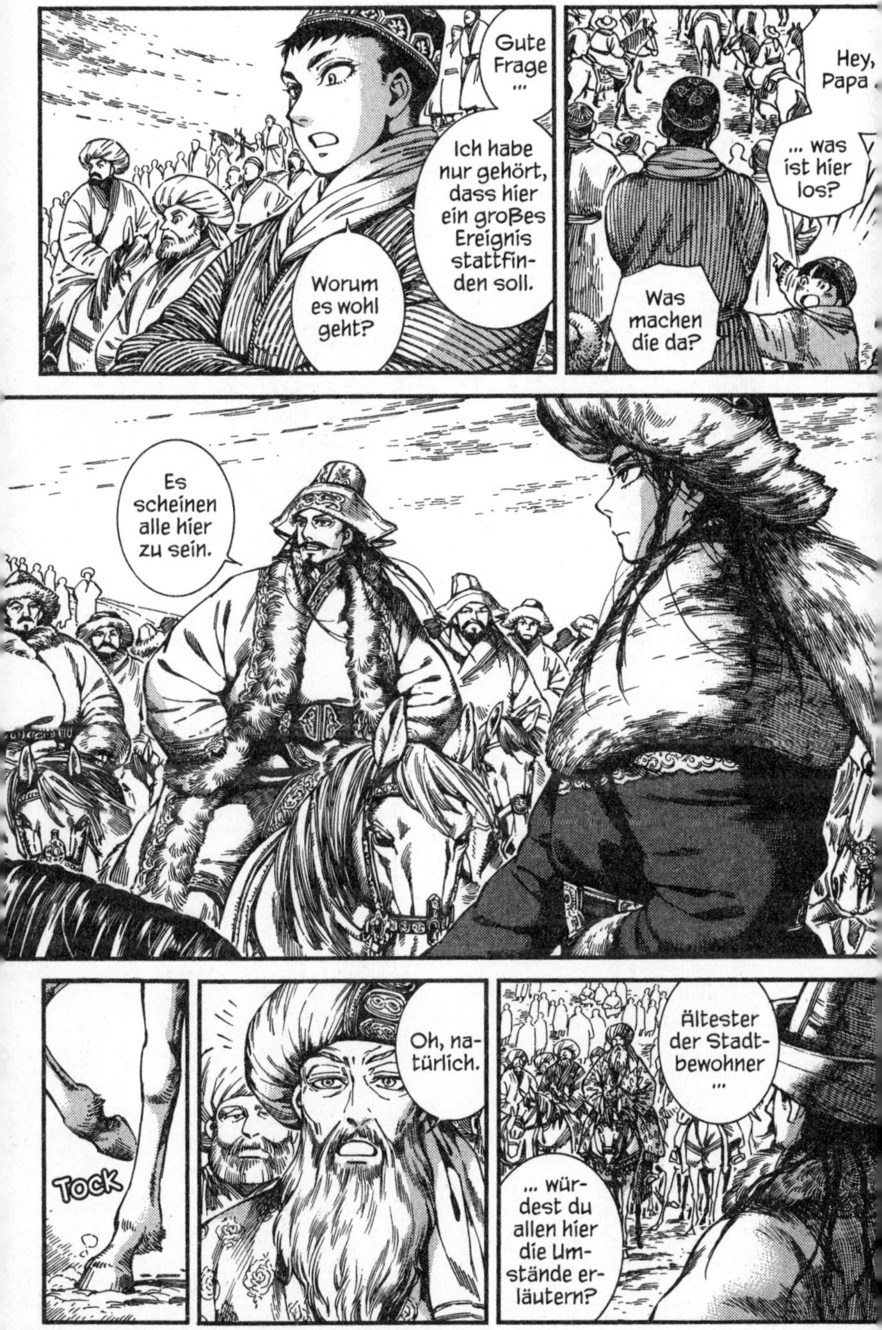

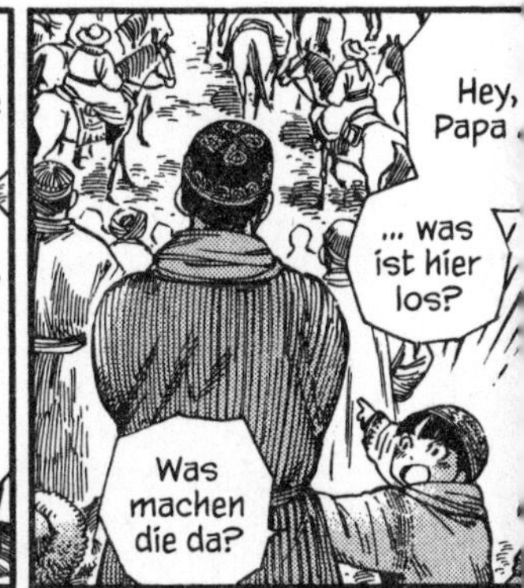
Hey, Papa
... was ist hier los?
Was machen die da?

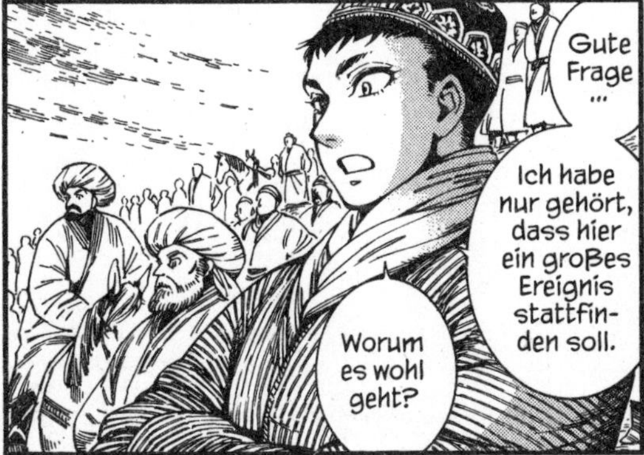
Gute Frage ...
Ich habe nur gehört, dass hier ein großes Ereignis stattfinden soll.
Worum es wohl geht?

Es scheinen alle hier zu sein.

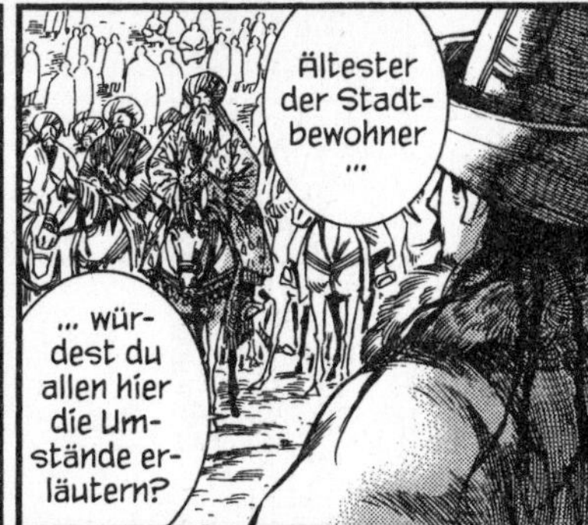
Ältester der Stadtbewohner ...
... würdest du allen hier die Umstände erläutern?

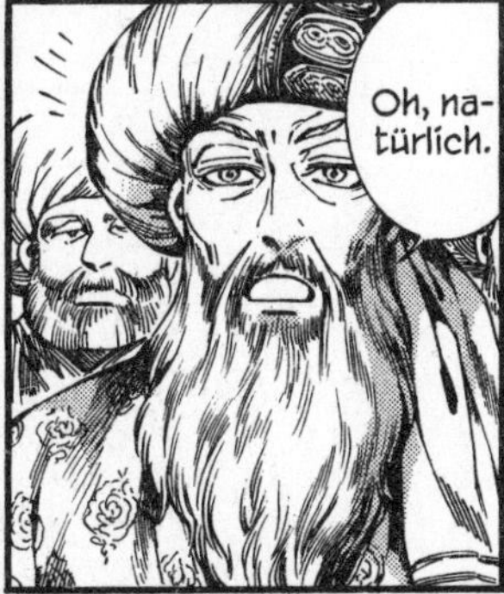
Oh, natürlich.

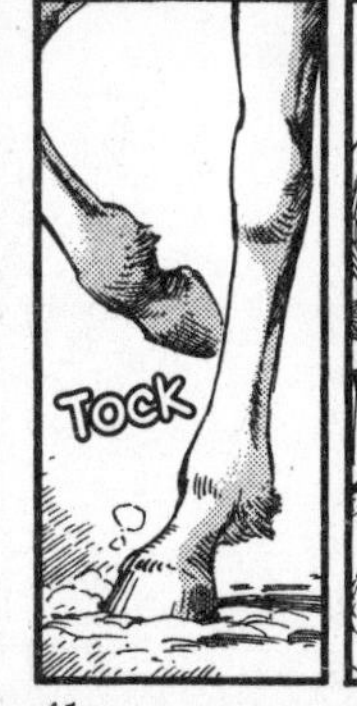
TOCK

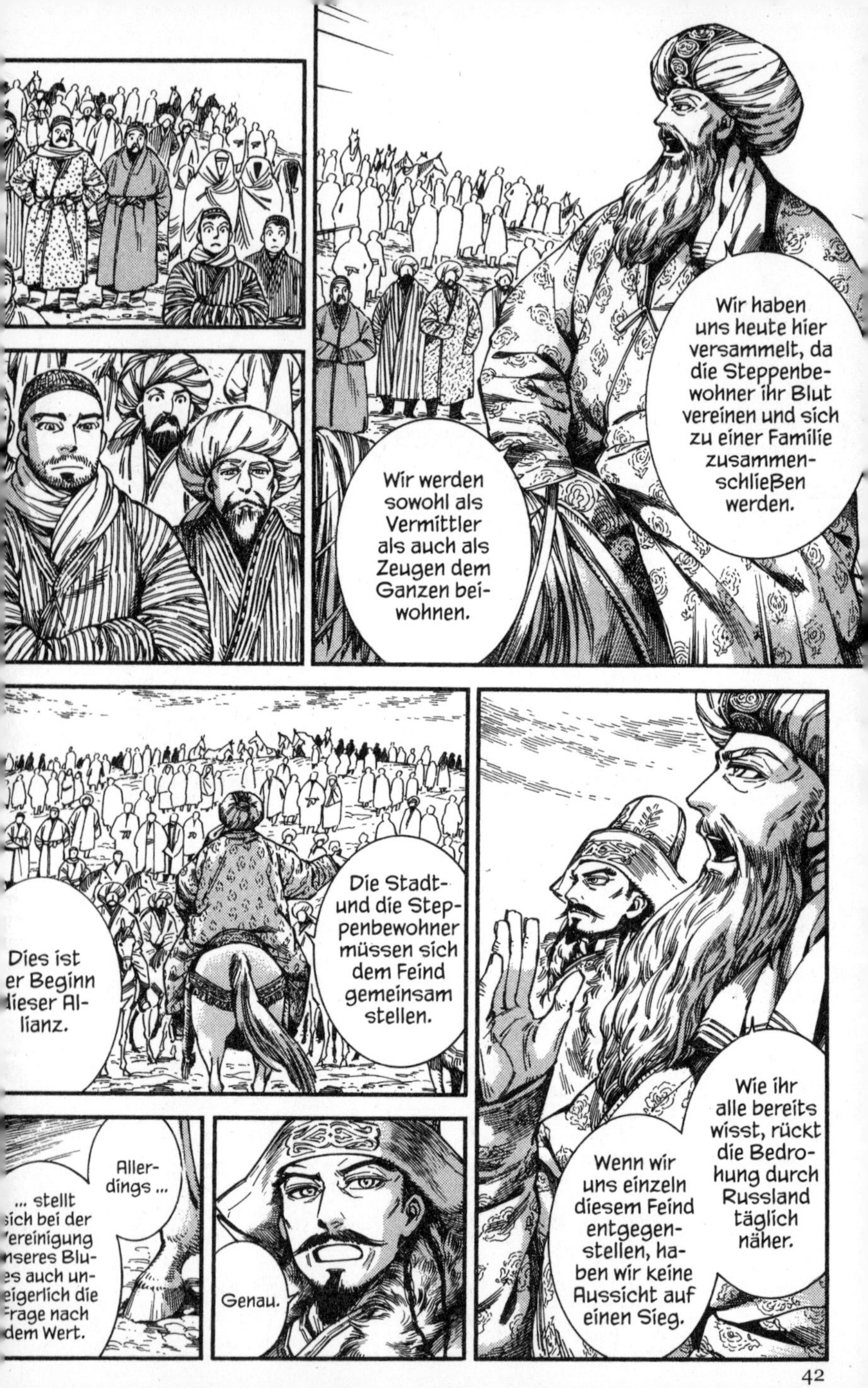

Wir haben uns heute hier versammelt, da die Steppenbewohner ihr Blut vereinen und sich zu einer Familie zusammenschließen werden.

Wir werden sowohl als Vermittler als auch als Zeugen dem Ganzen beiwohnen.

Wie ihr alle bereits wisst, rückt die Bedrohung durch Russland täglich näher.

Wenn wir uns einzeln diesem Feind entgegenstellen, haben wir keine Aussicht auf einen Sieg.

Die Stadt- und die Steppenbewohner müssen sich dem Feind gemeinsam stellen.

Dies ist er Beginn lieser Allianz.

Genau.

Allerdings ...

... stellt ;ich bei der Vereinigung nseres Blues auch unseigerlich die Frage nach dem Wert.

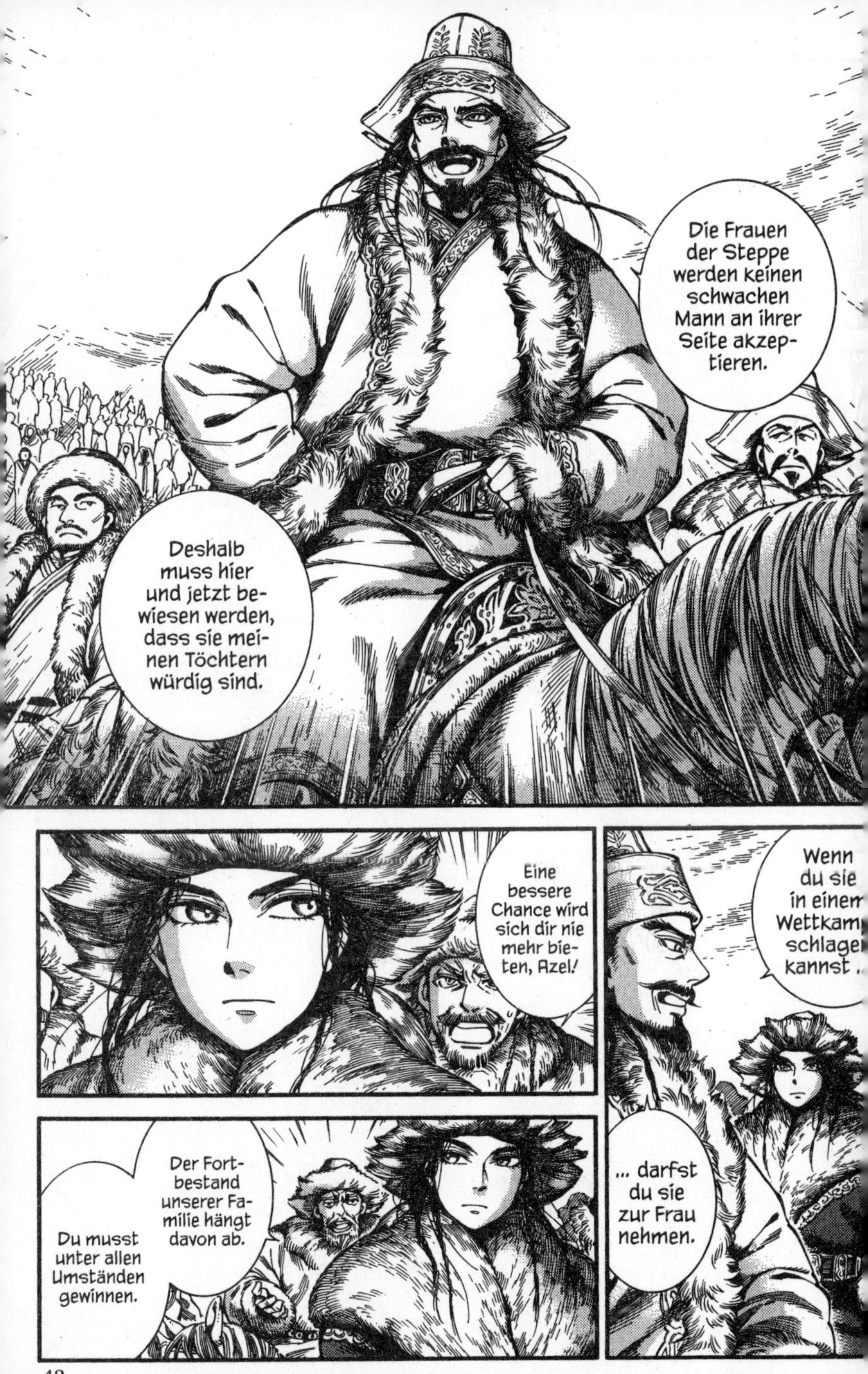

Die Frauen der Steppe werden keinen schwachen Mann an ihrer Seite akzeptieren.

Deshalb muss hier und jetzt bewiesen werden, dass sie meinen Töchtern würdig sind.

Wenn du sie in einem Wettkam schlage kannst ...

... darfst du sie zur Frau nehmen.

Eine bessere Chance wird sich dir nie mehr bieten, Azel!

Der Fortbestand unserer Familie hängt davon ab.

Du musst unter allen Umständen gewinnen.

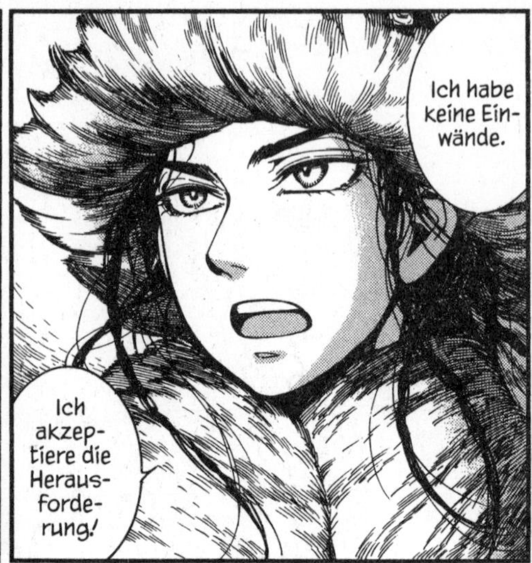

Ich habe keine Einwände.
Ich akzeptiere die Herausforderung!

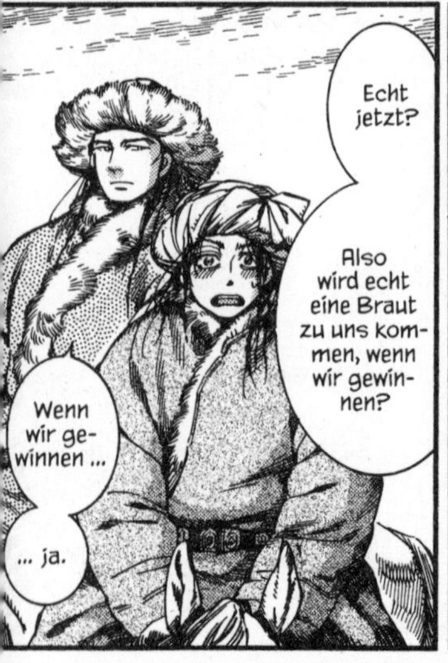

Echt jetzt?
Also wird echt eine Braut zu uns kommen, wenn wir gewinnen?
Wenn wir gewinnen ...
... ja.

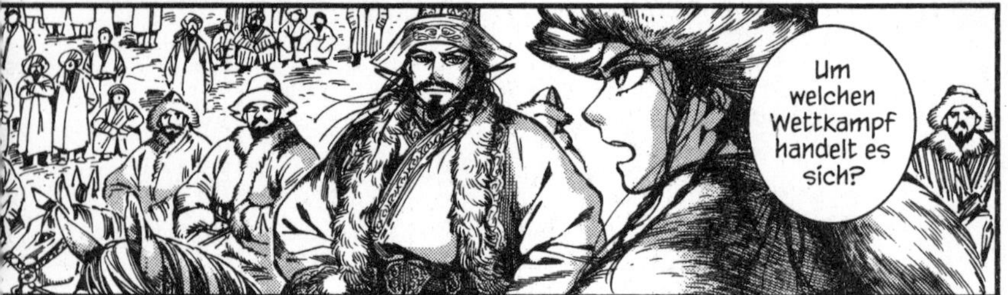

Um welchen Wettkampf handelt es sich?

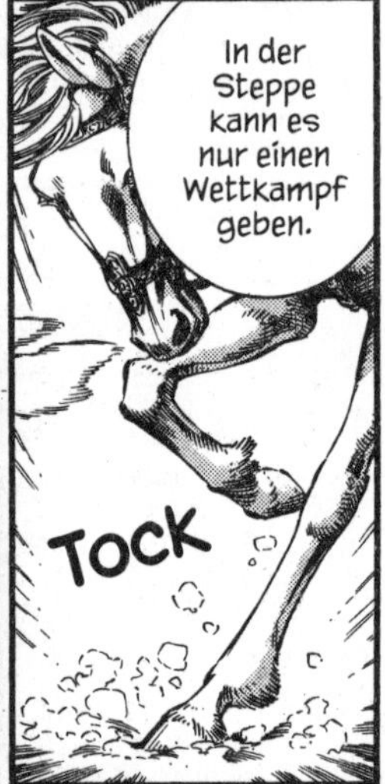

In der Steppe kann es nur einen Wettkampf geben.
TOCK

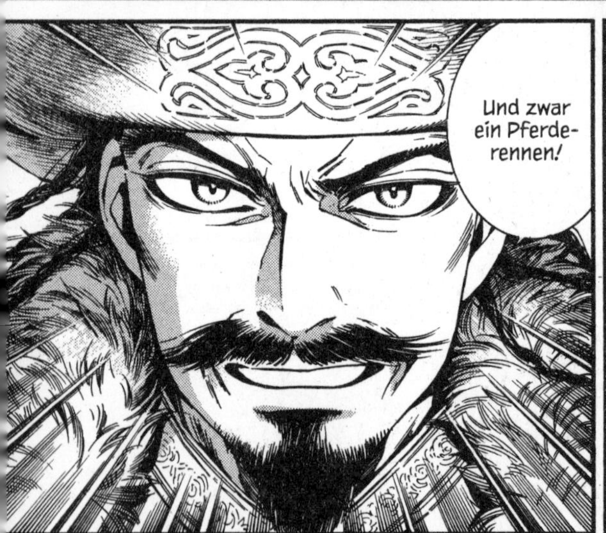

Und zwar ein Pferderennen!

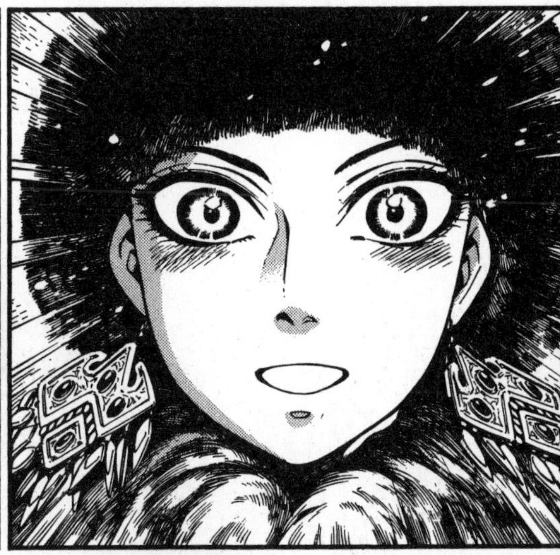
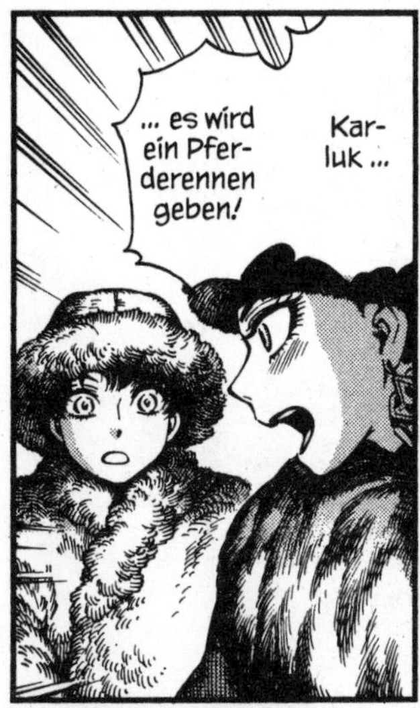
Karluk ...
... es wird ein Pferderennen geben!
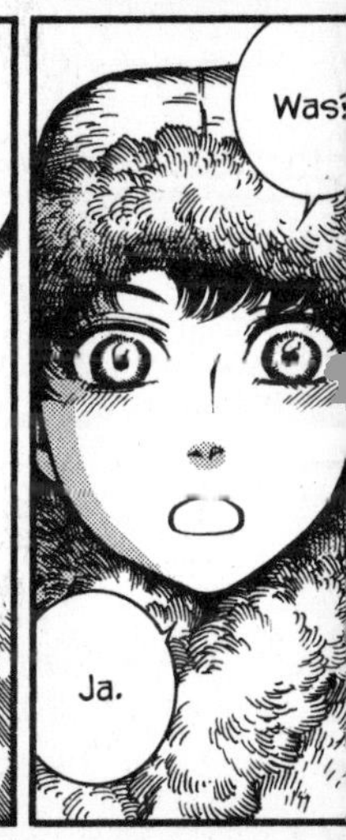
Was
Ja.
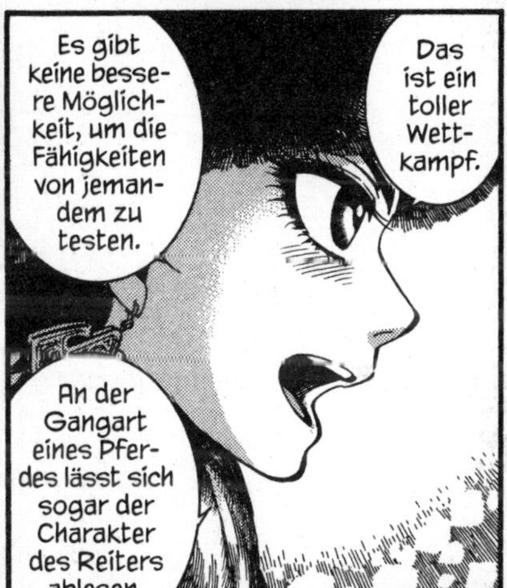
Das ist ein toller Wettkampf.
Es gibt keine bessere Möglichkeit, um die Fähigkeiten von jemandem zu testen.
An der Gangart eines Pferdes lässt sich sogar der Charakter des Reiters ablesen.
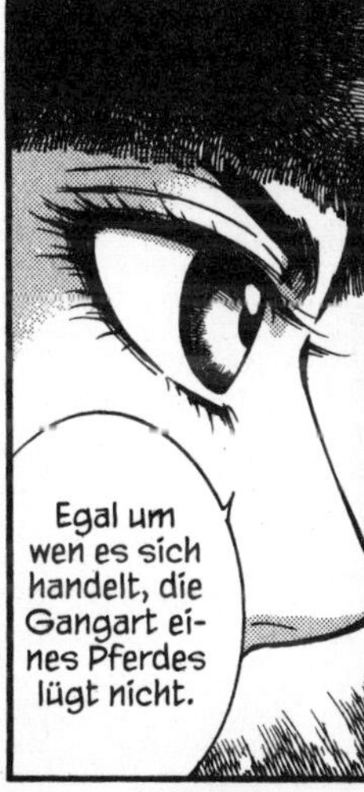
Egal um wen es sich handelt, die Gangart eines Pferdes lügt nicht.
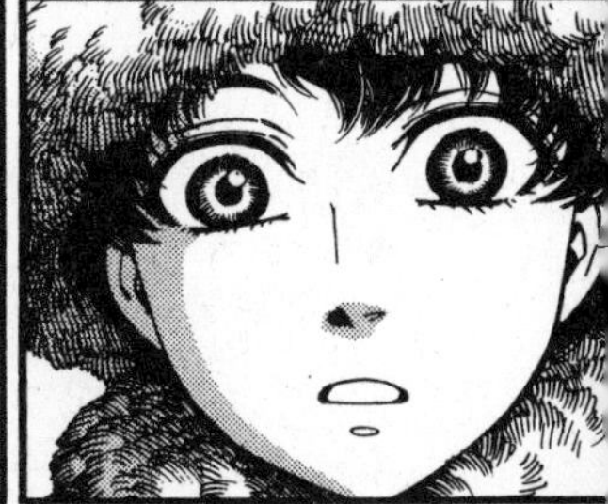
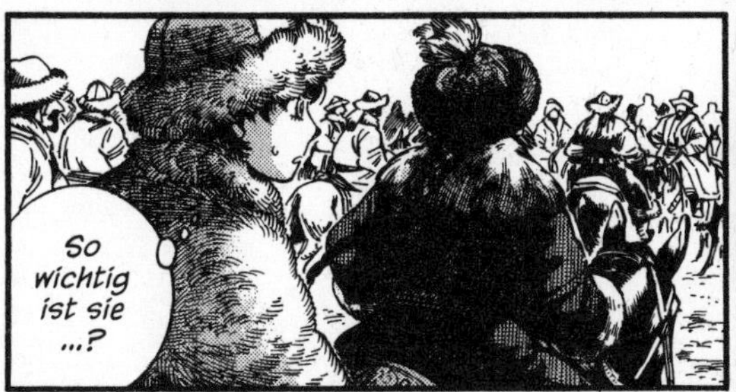
So wichtig ist sie ...?

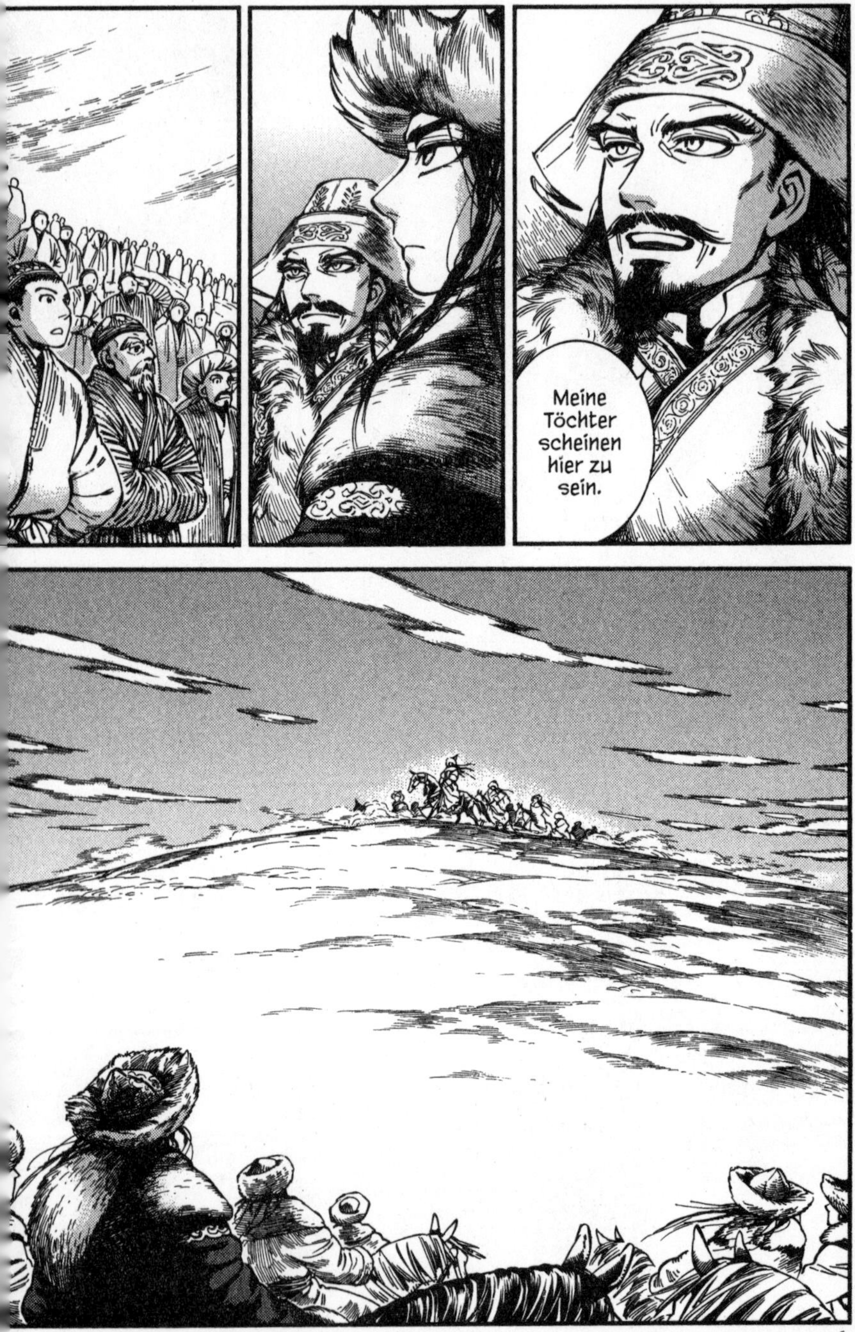

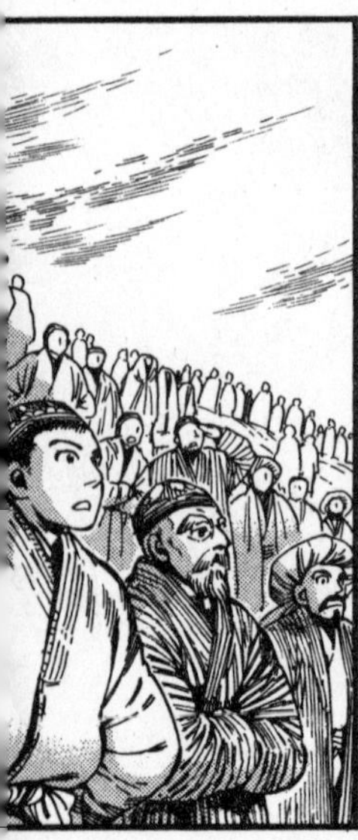

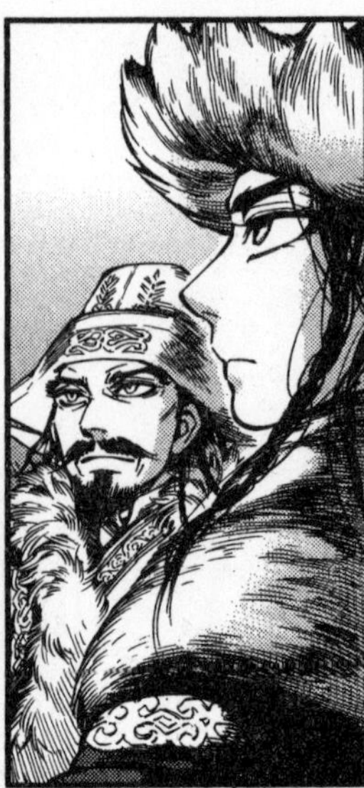

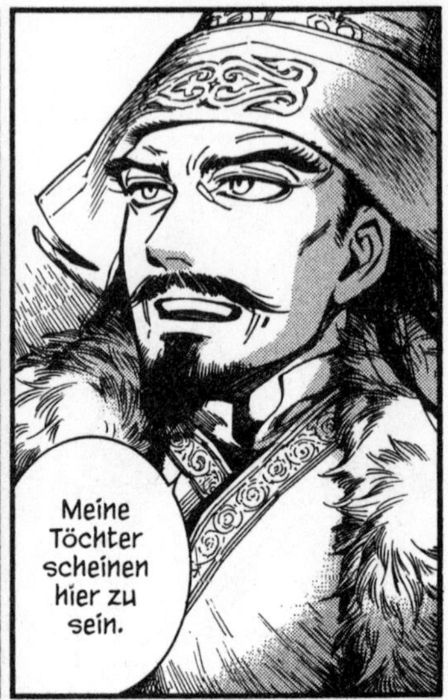
Meine Töchter scheinen hier zu sein.

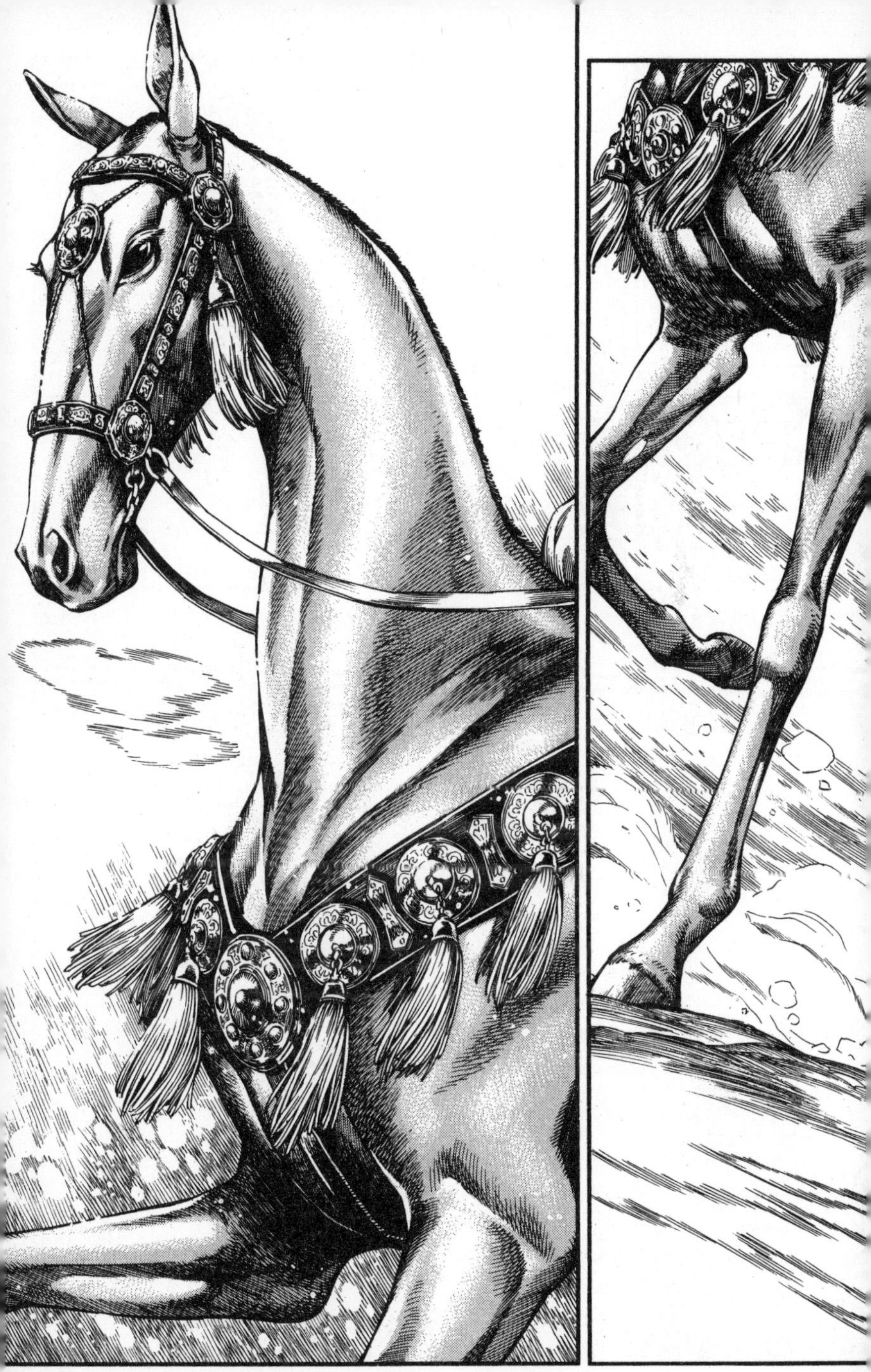

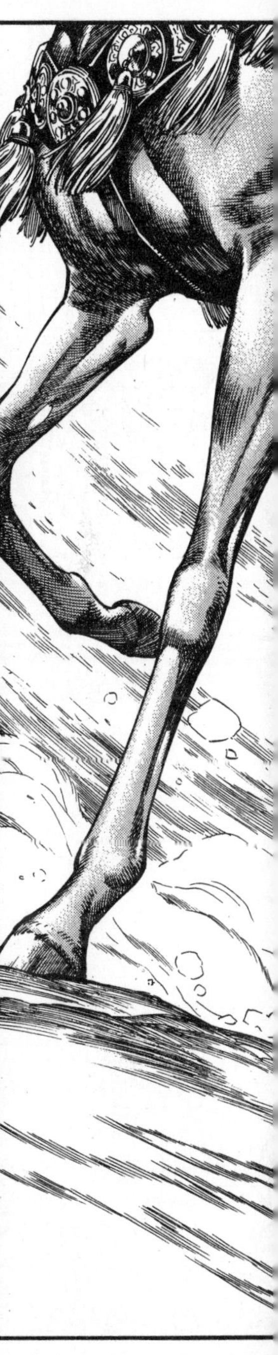

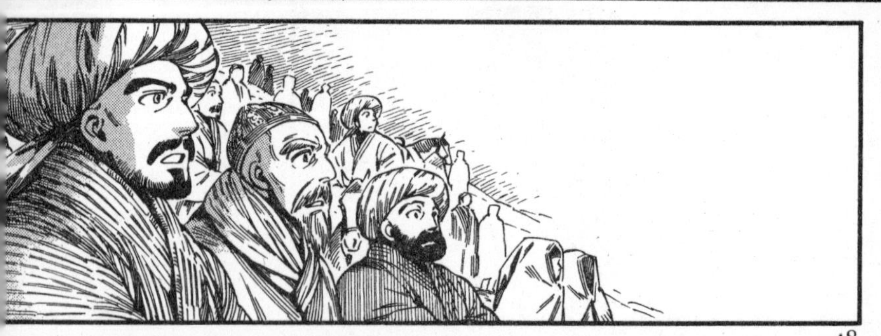

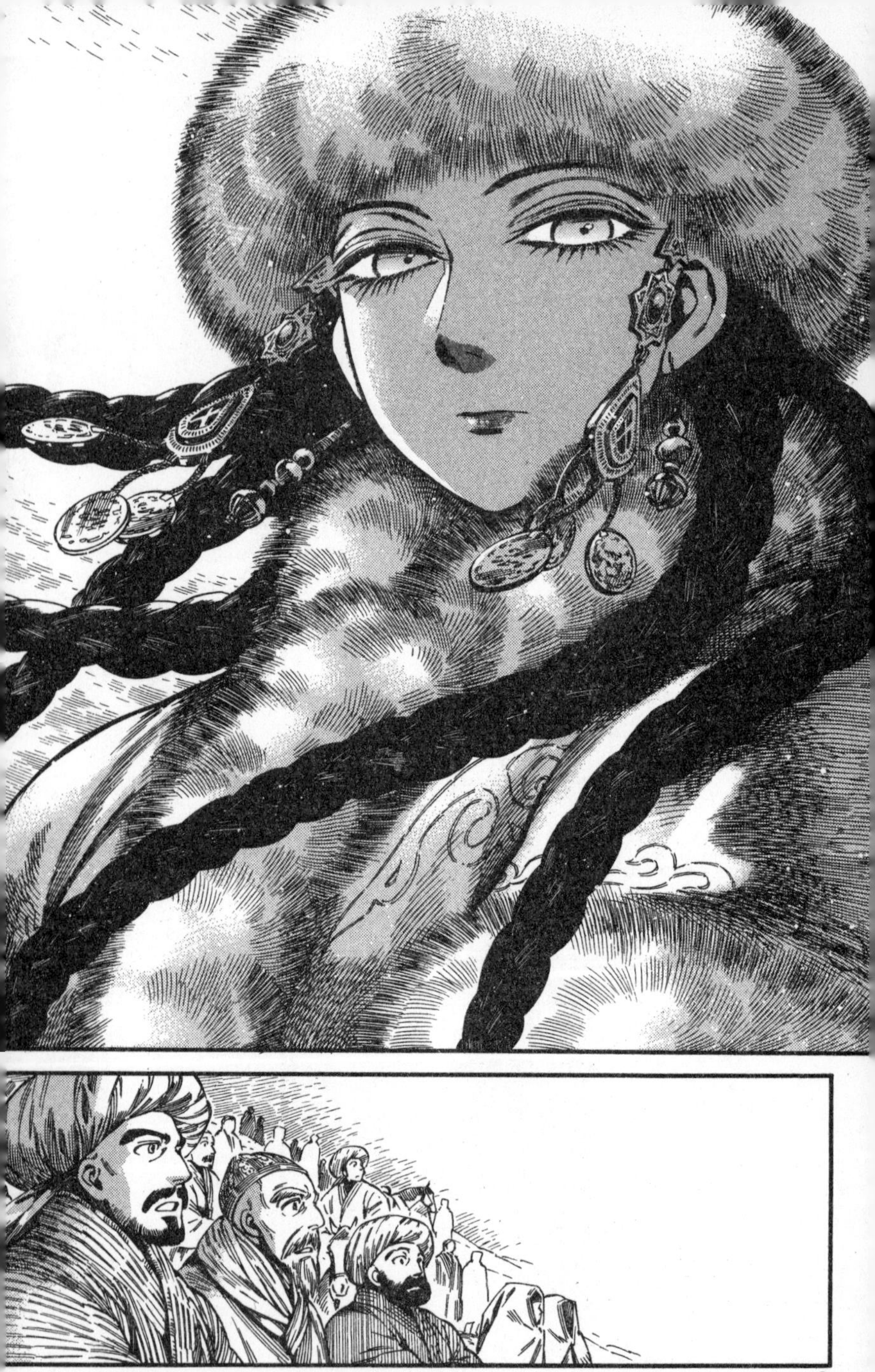

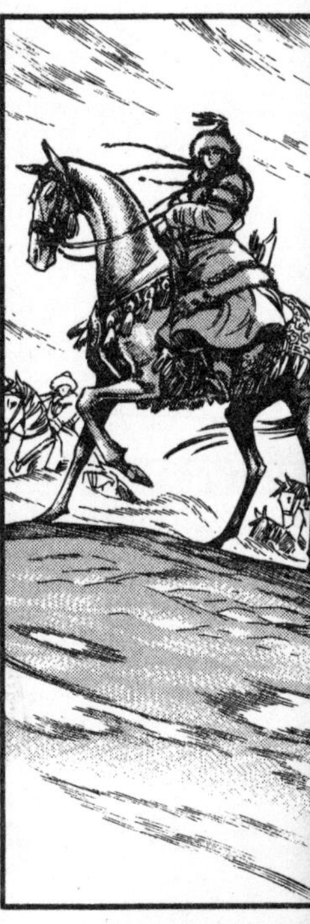

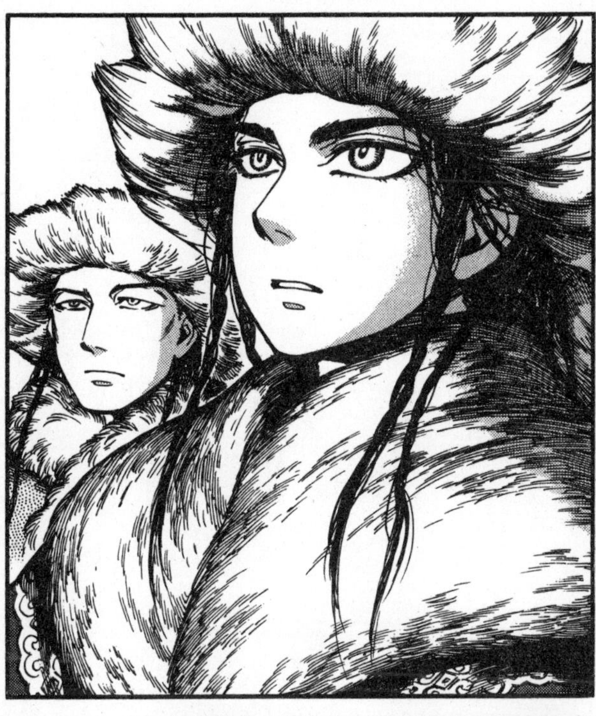

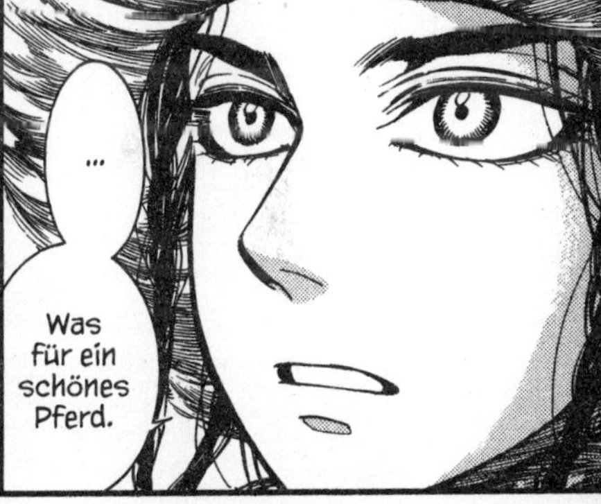
…
Was für ein schönes Pferd.

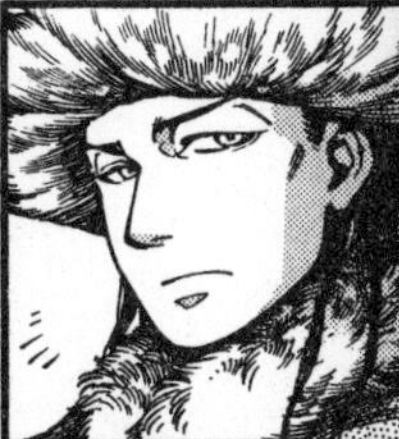

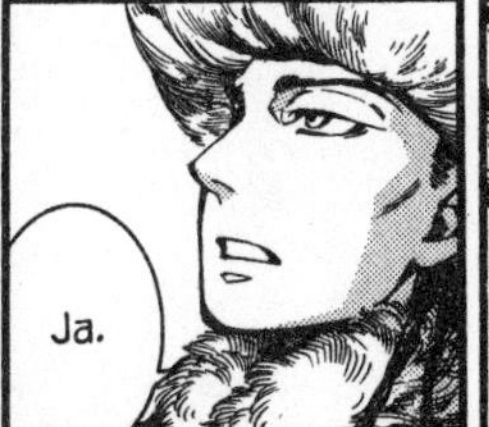
Ja.

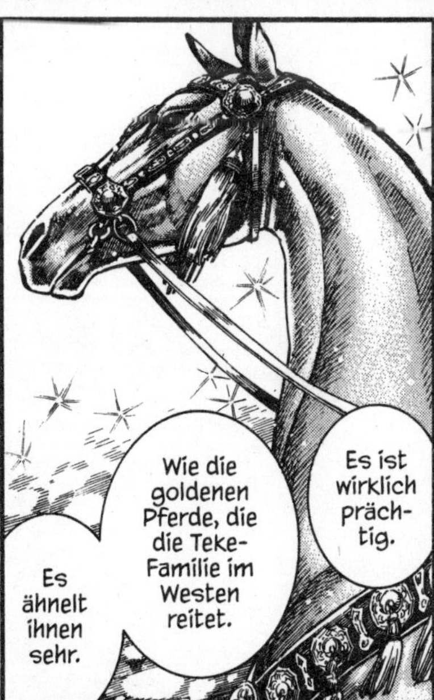
Es ist wirklich präch-tig.
Wie die goldenen Pferde, die die Teke-Familie im Westen reitet.
Es ähnelt ihnen sehr.

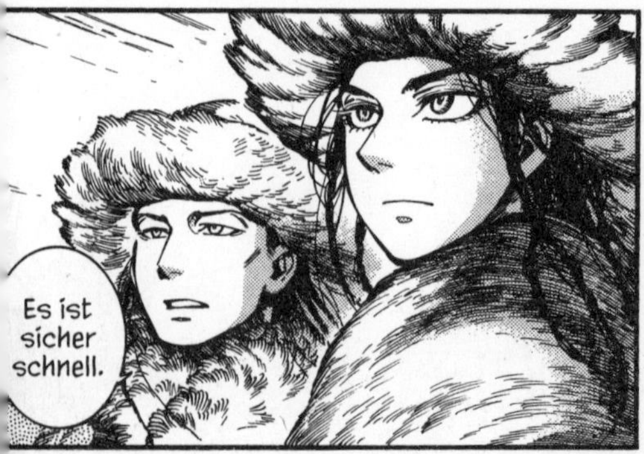
Es ist sicher schnell.

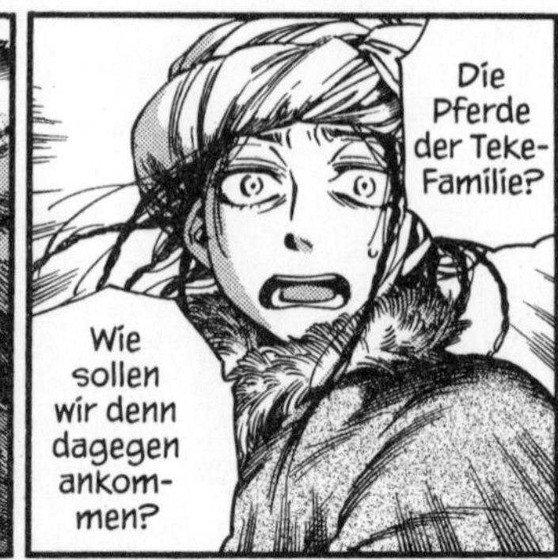
Die Pferde der Teke-Familie?
Wie sollen wir denn dagegen ankommen?

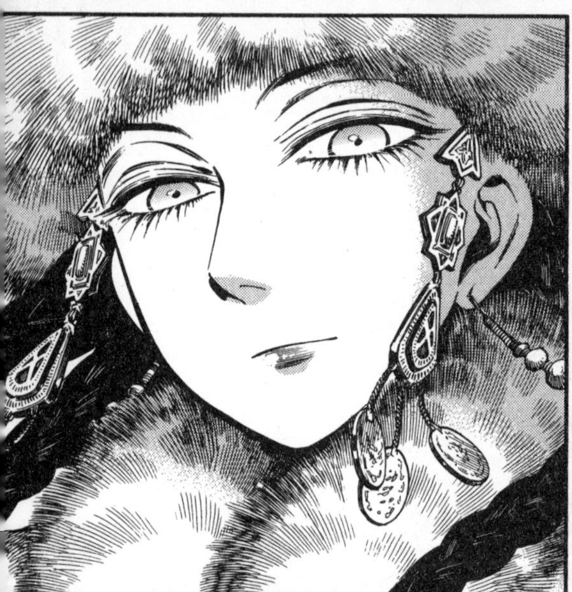

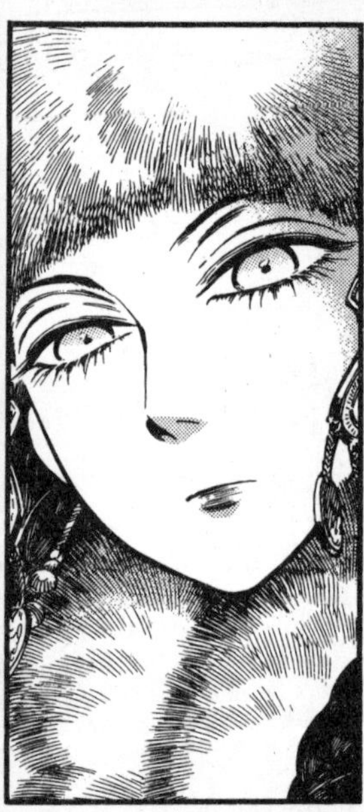

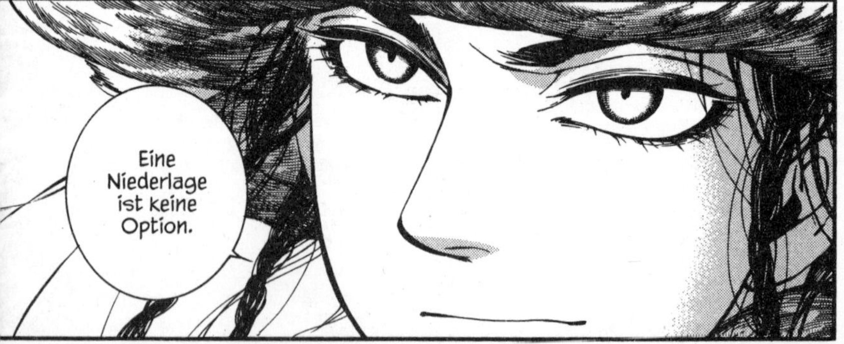
Eine Niederlage ist keine Option.

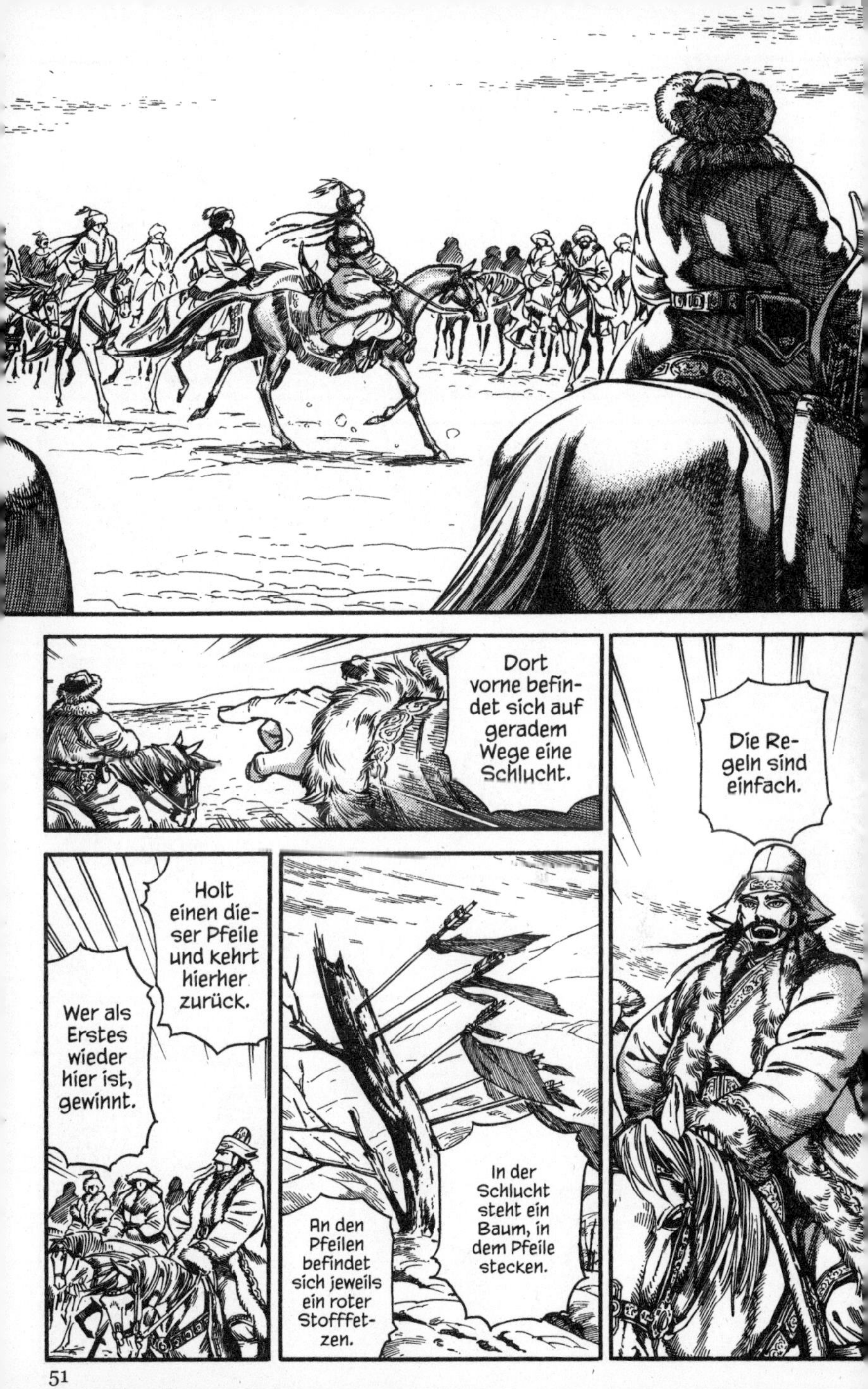

Die Regeln sind einfach.

Dort vorne befindet sich auf geradem Wege eine Schlucht.

In der Schlucht steht ein Baum, in dem Pfeile stecken.

An den Pfeilen befindet sich jeweils ein roter Stofffetzen.

Holt einen dieser Pfeile und kehrt hierher zurück.

Wer als Erstes wieder hier ist, gewinnt.

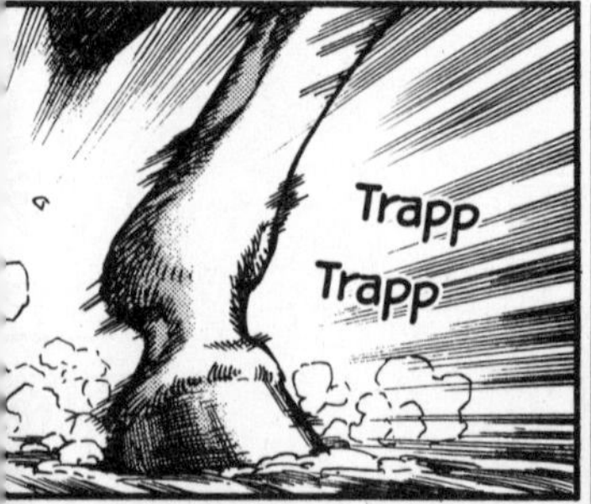
Trapp
Trapp

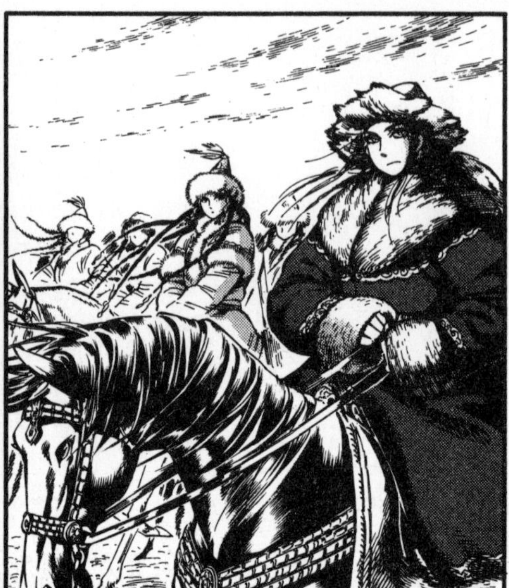

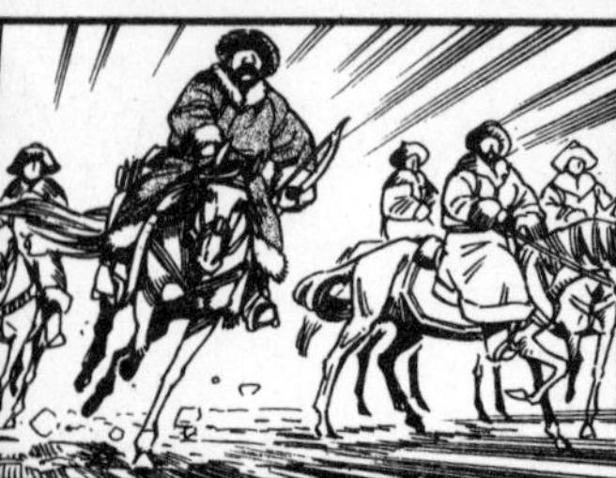

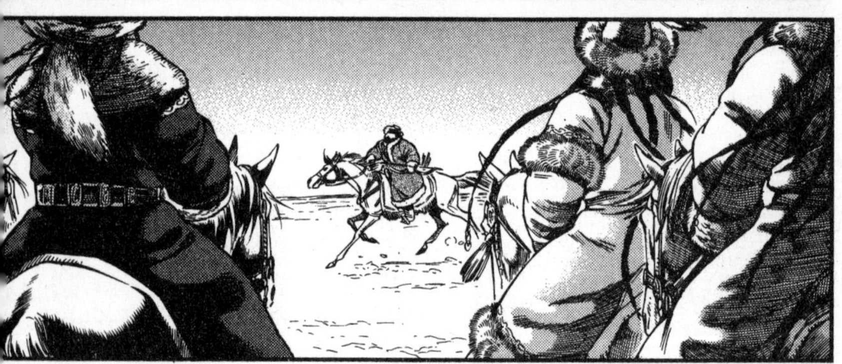

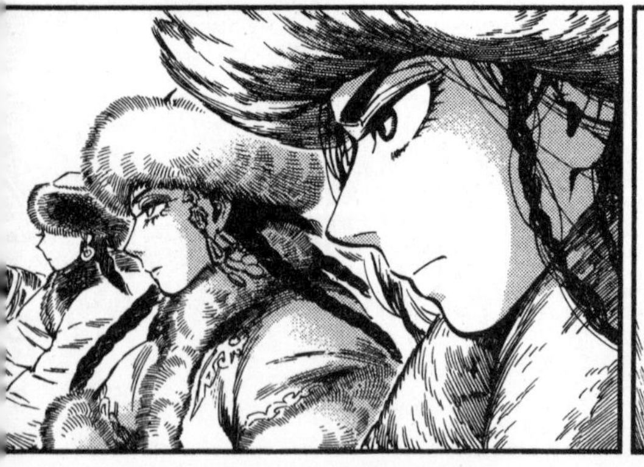

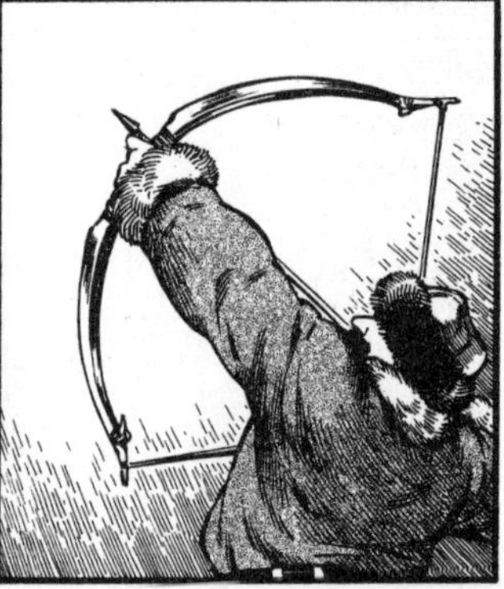

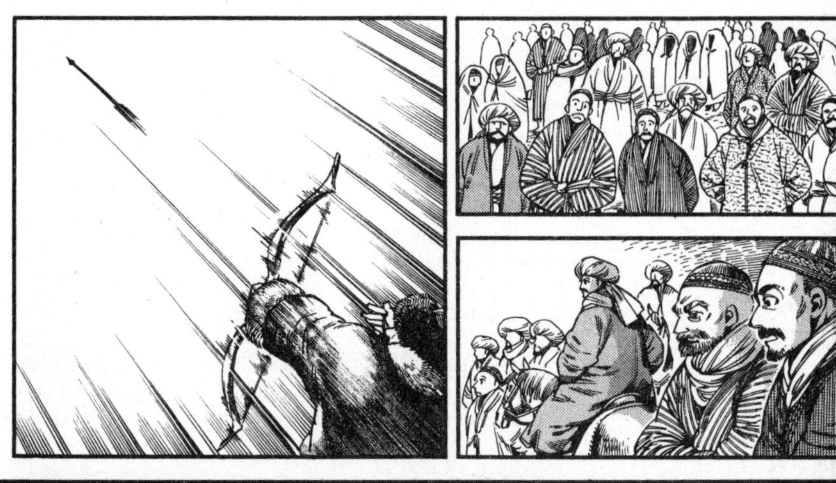

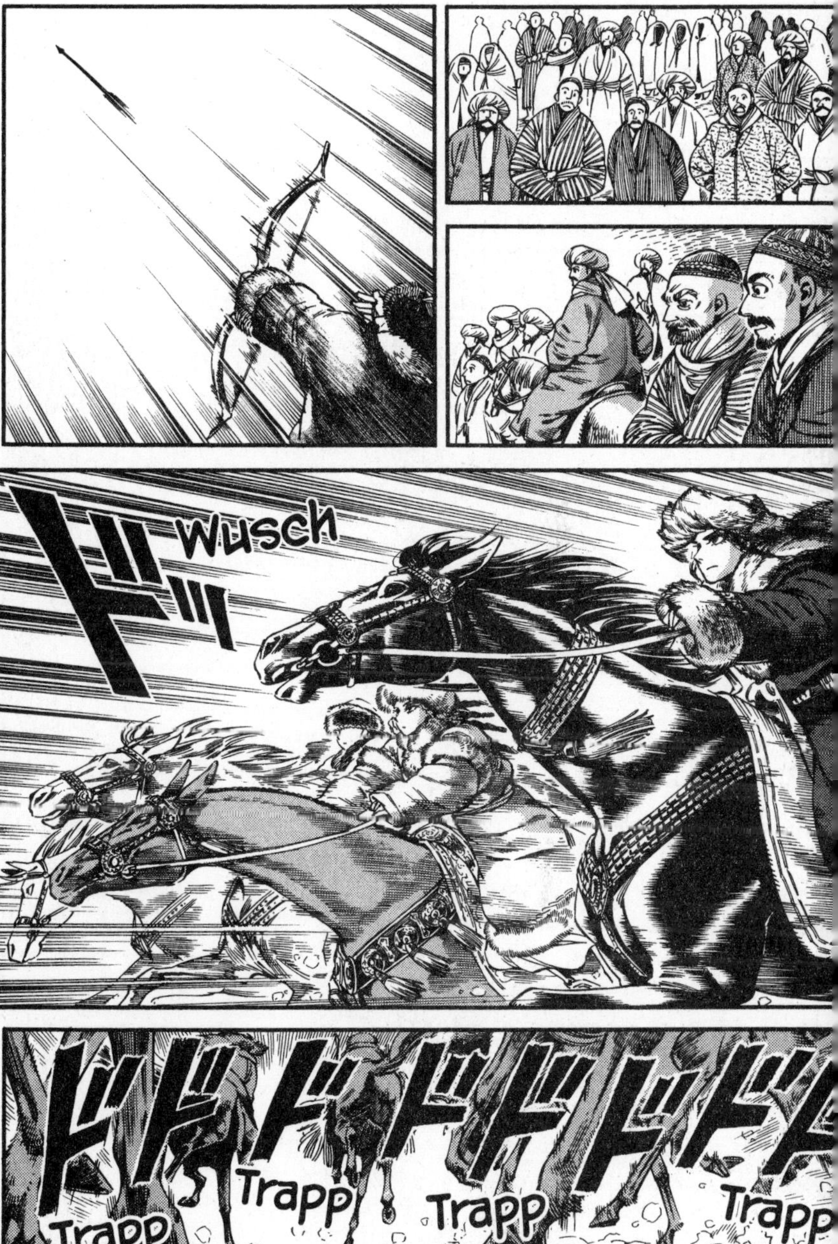

ドッ
Wusch

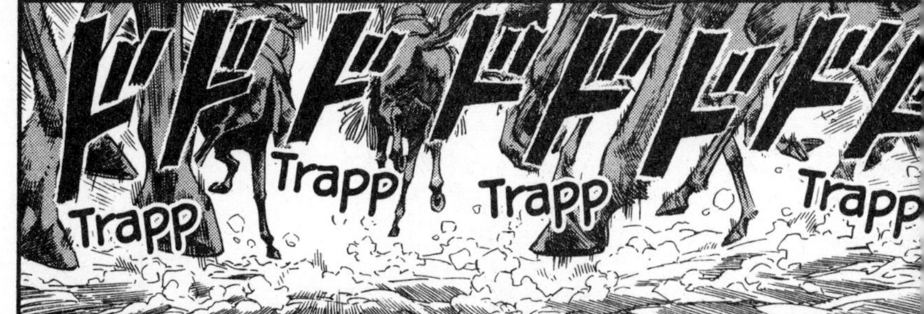
Trapp
Trapp
Trapp
Trapp

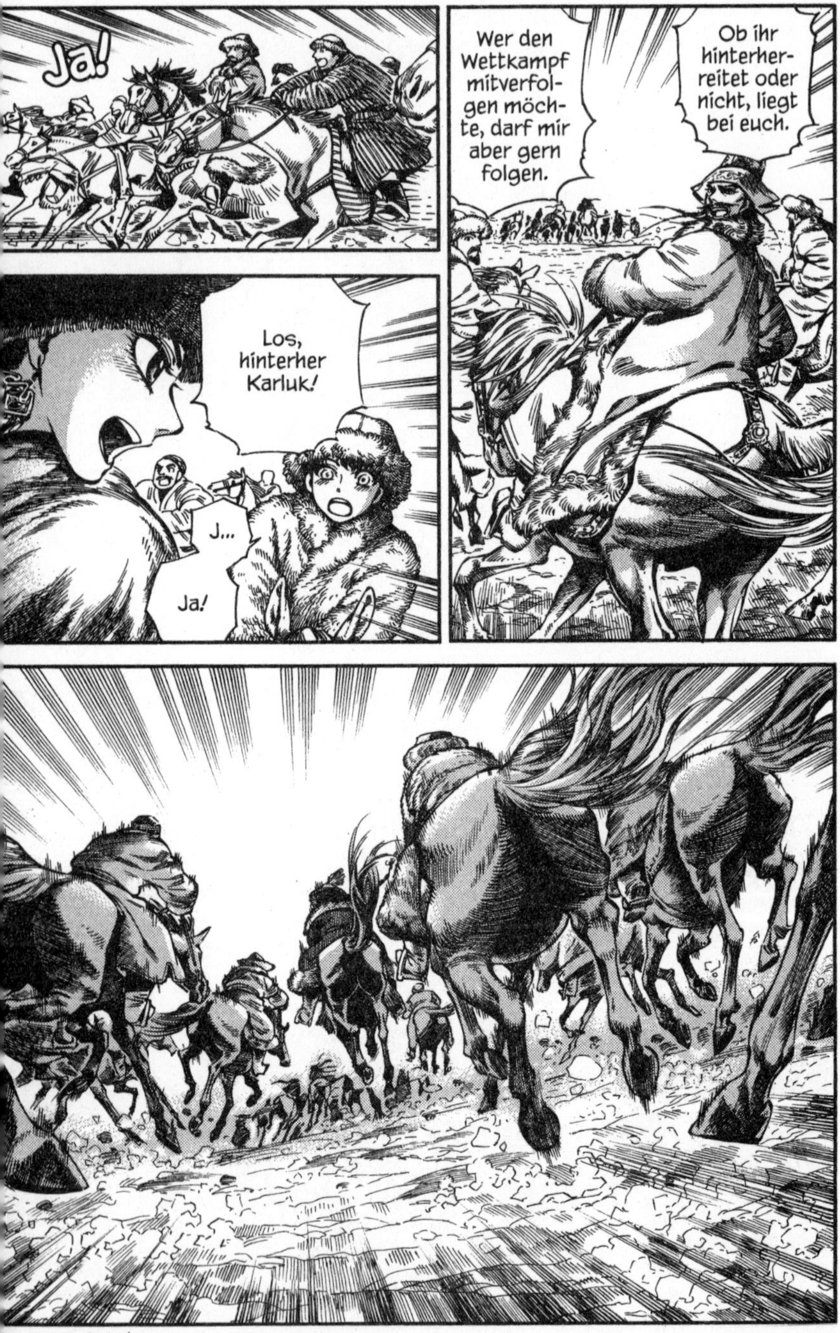

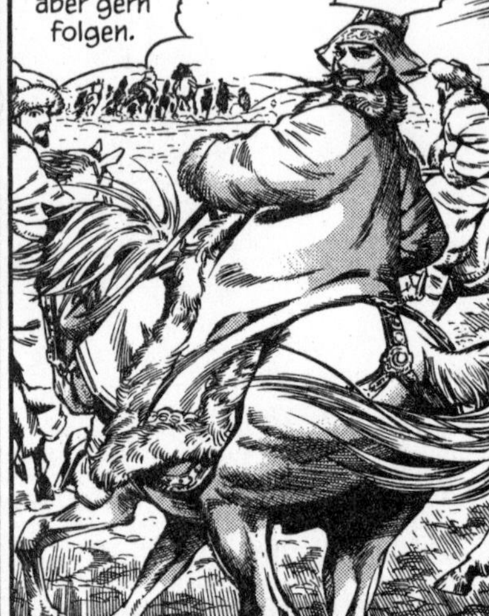

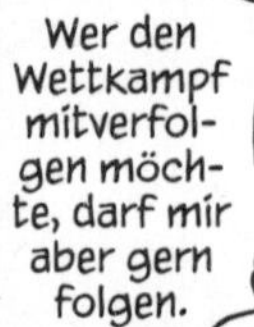

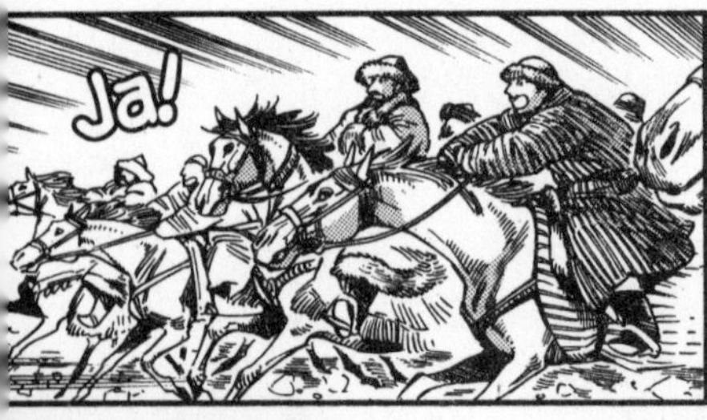

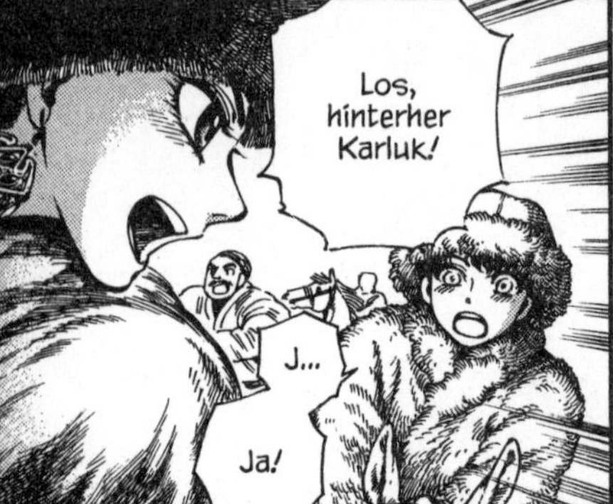

Kapitel 96 Ende ✦

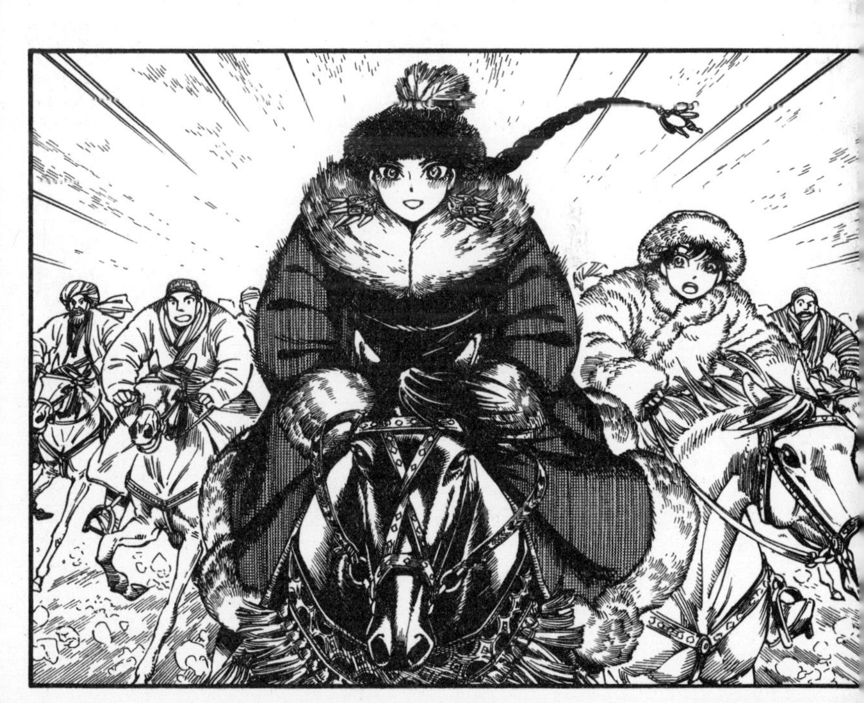

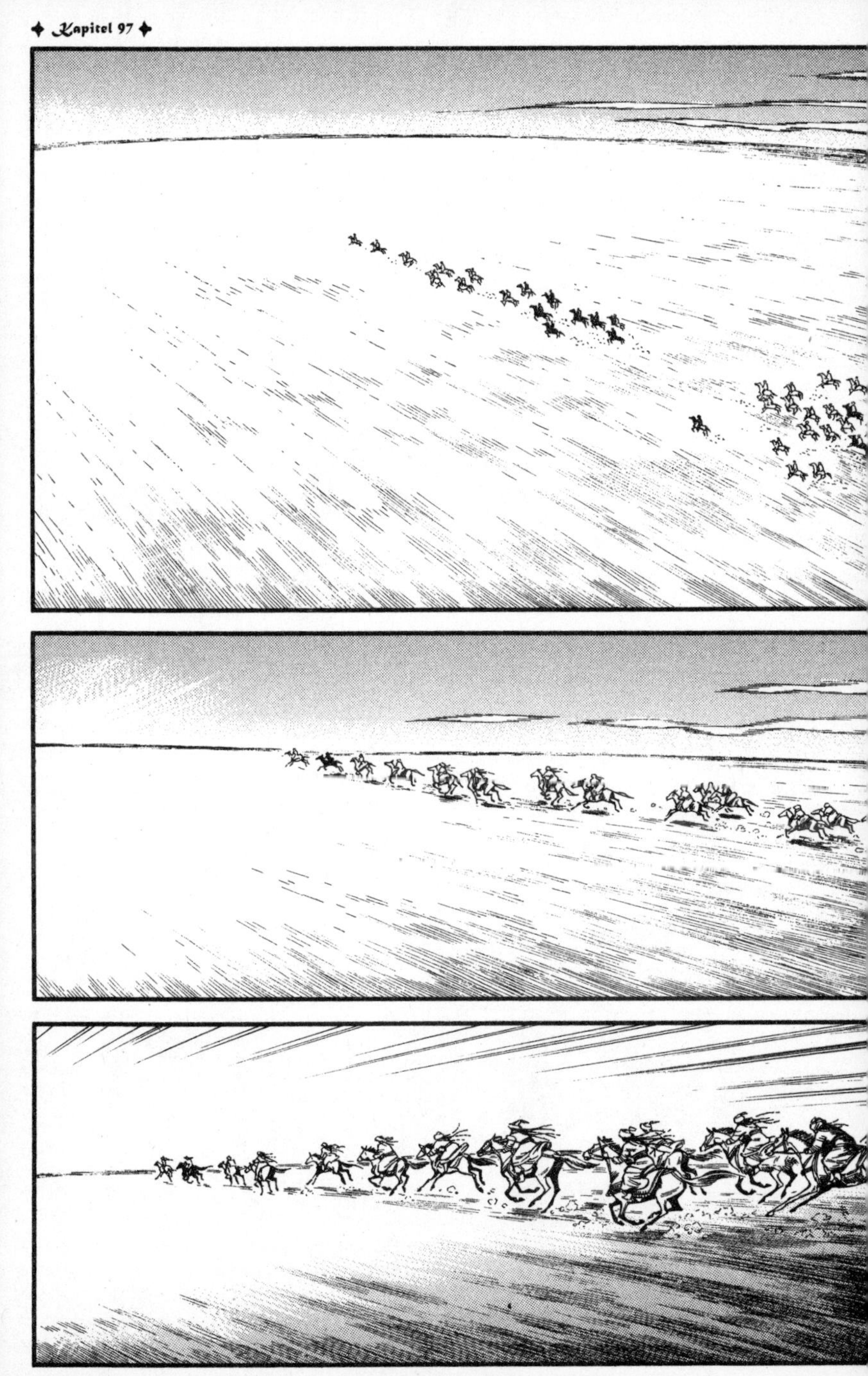

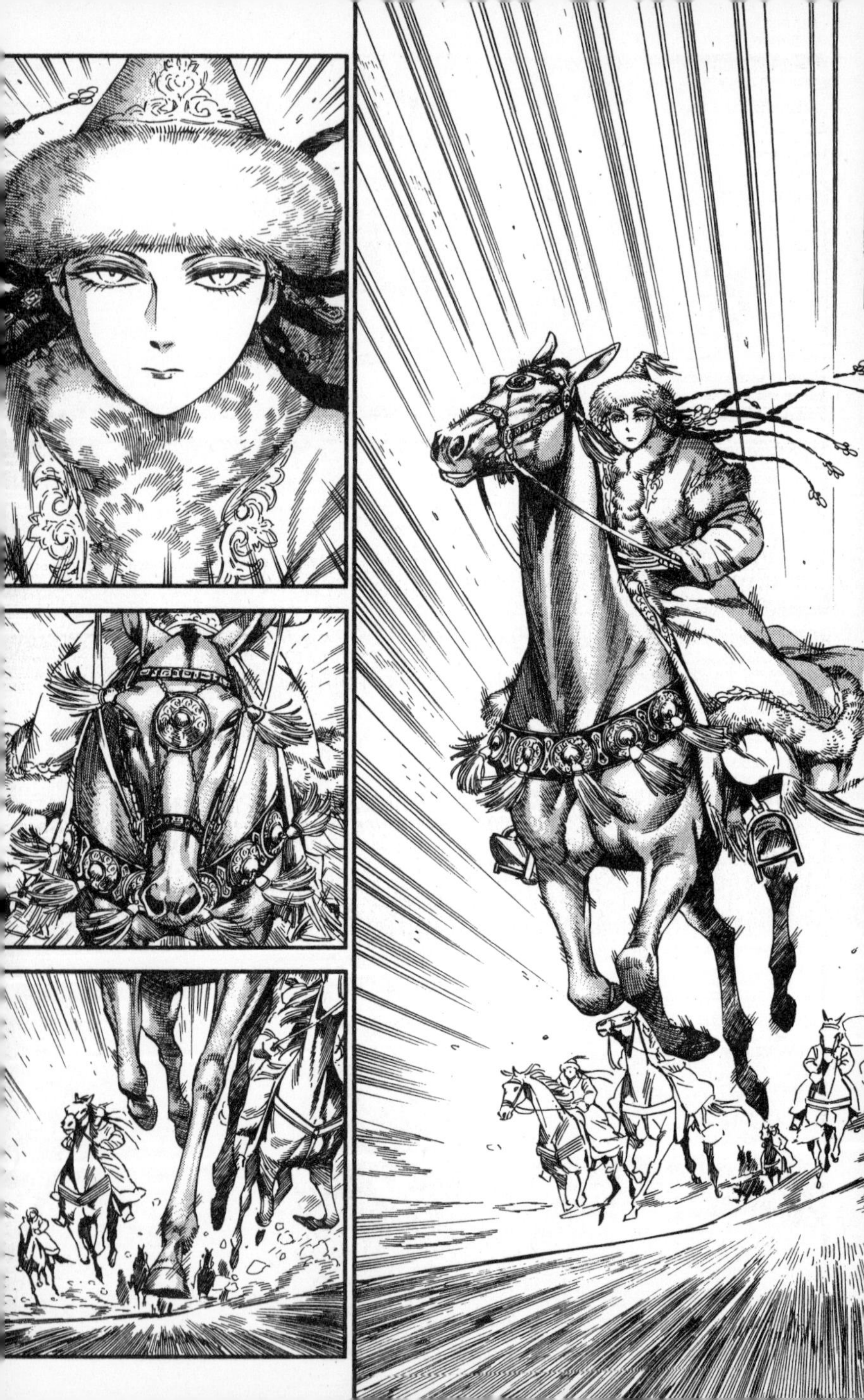

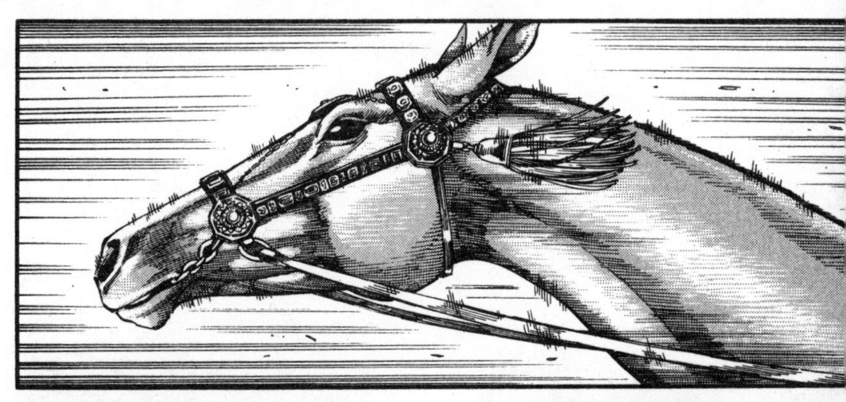
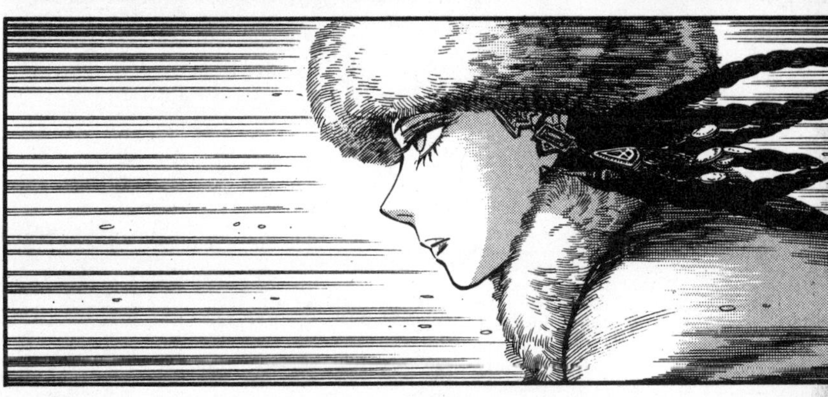
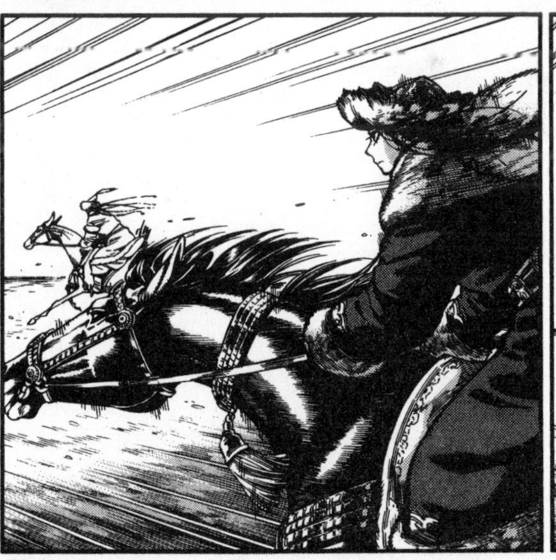
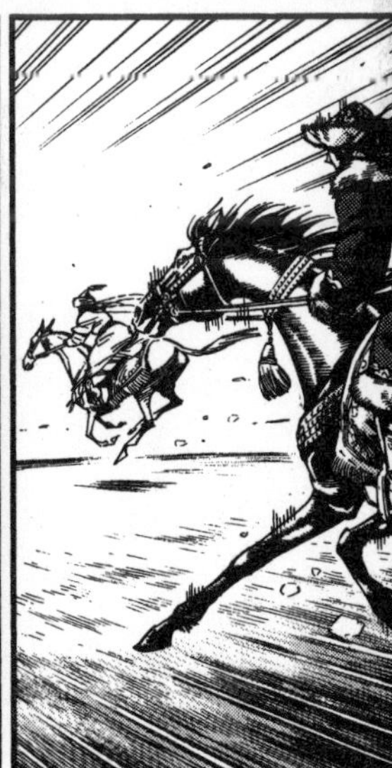

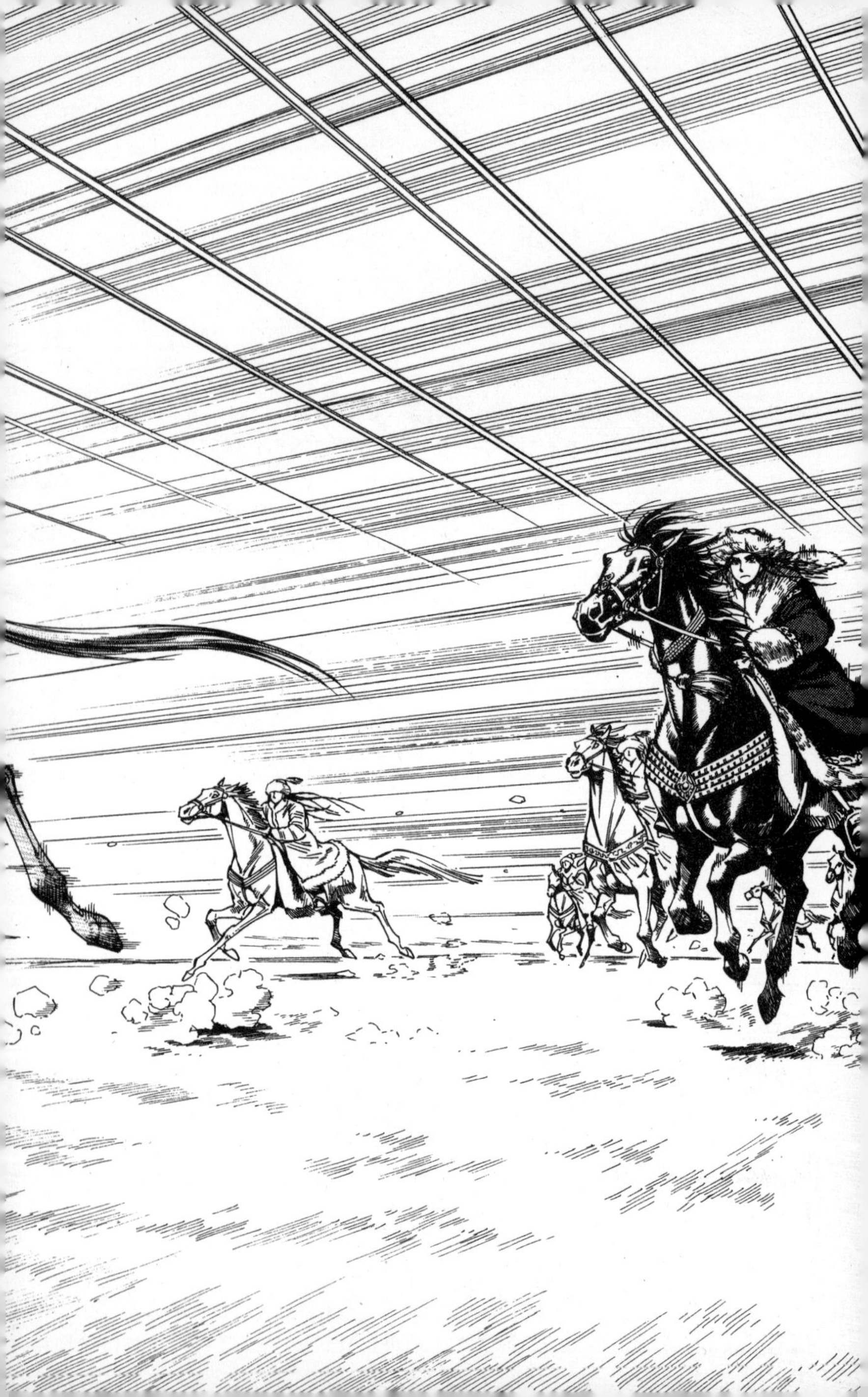

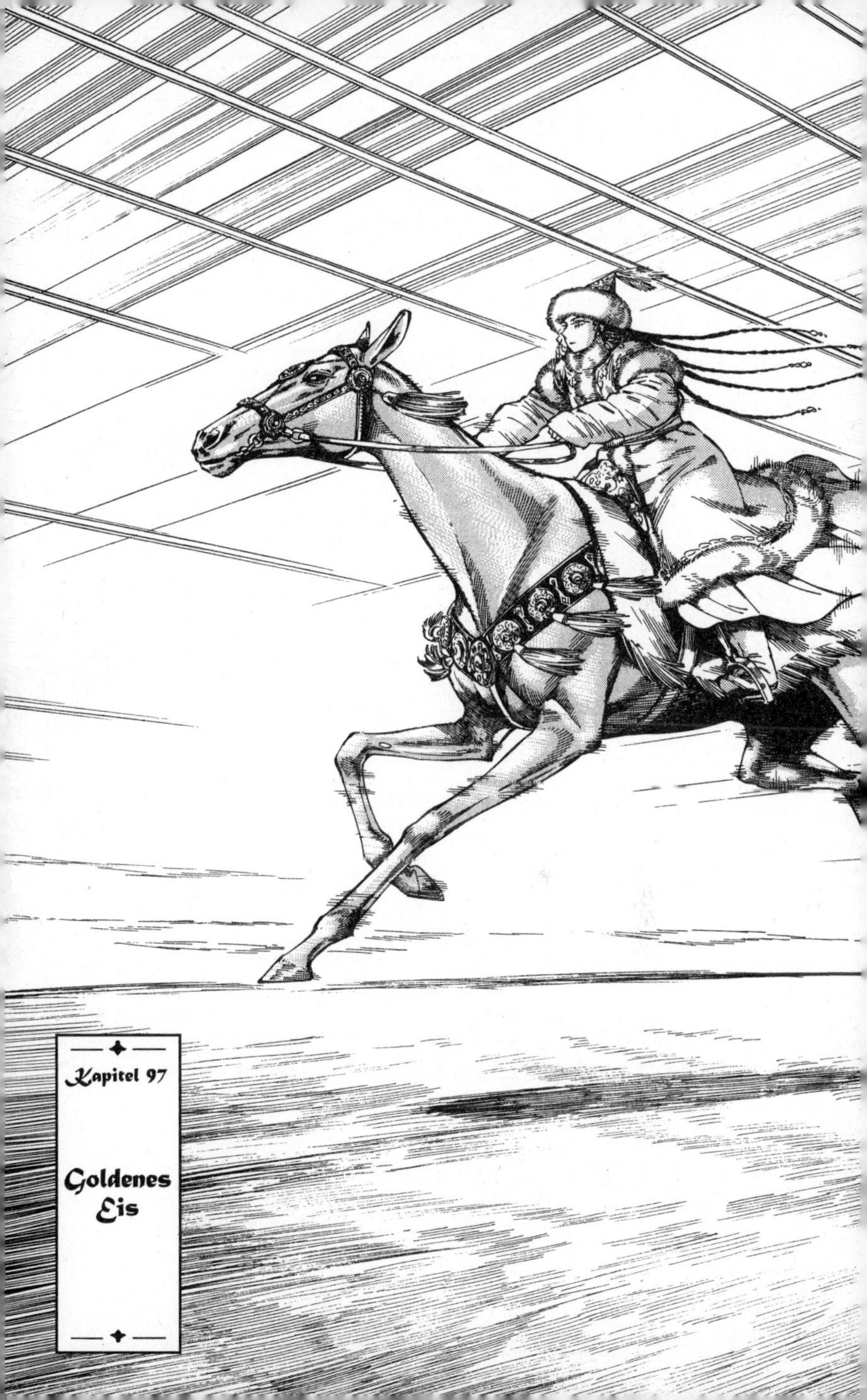
Kapitel 97
Goldenes Eis

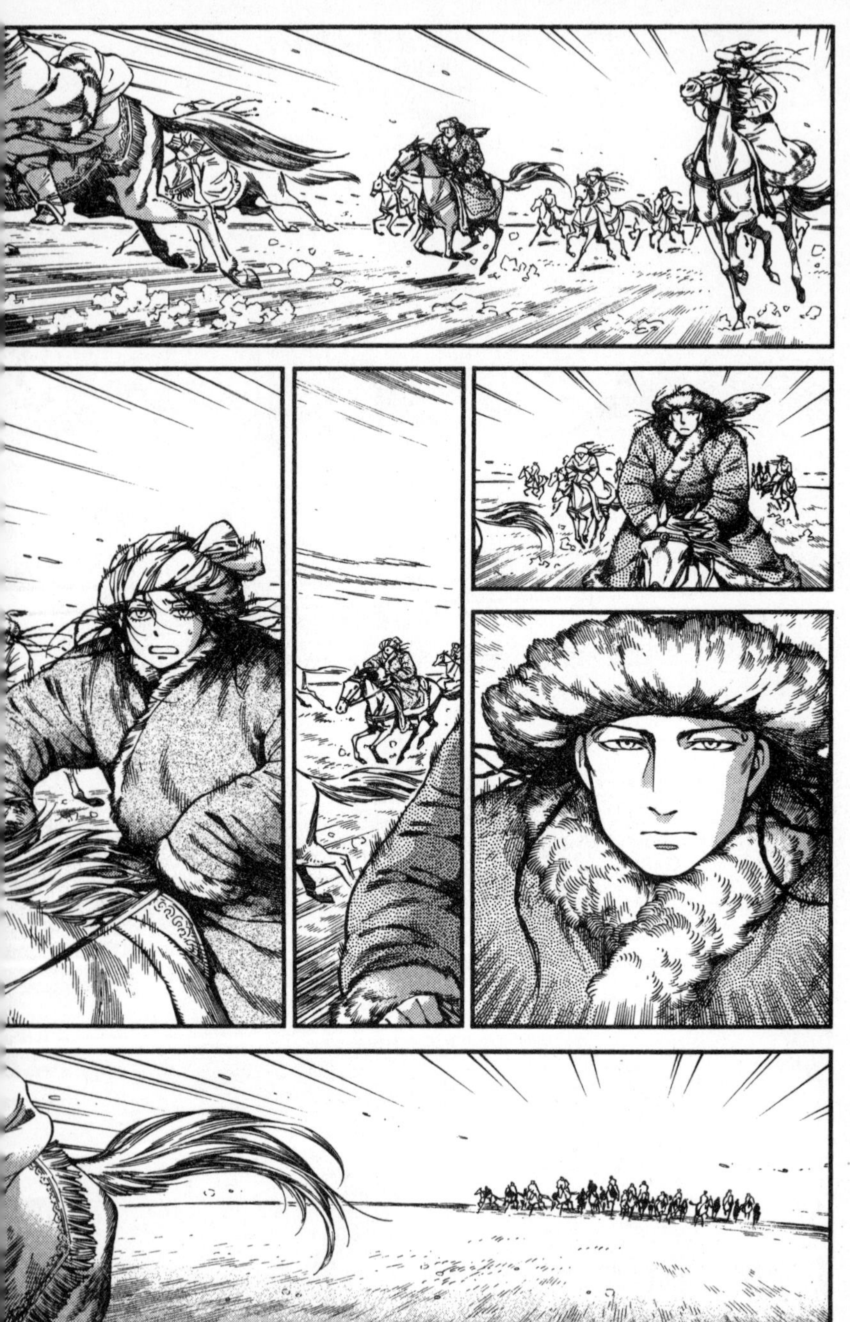

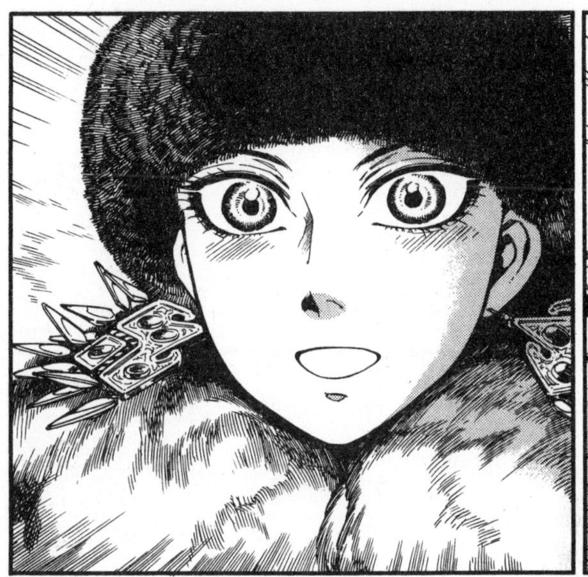
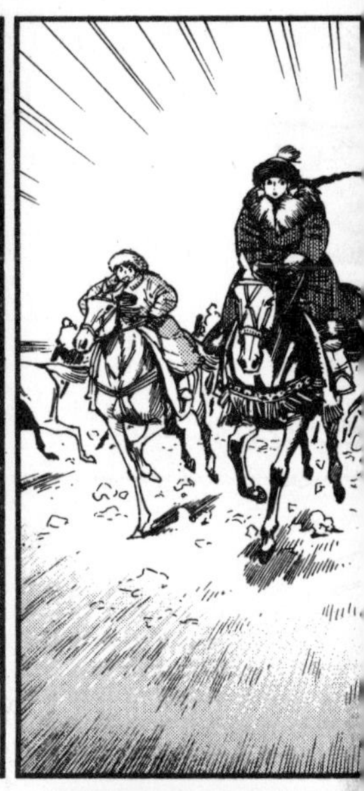
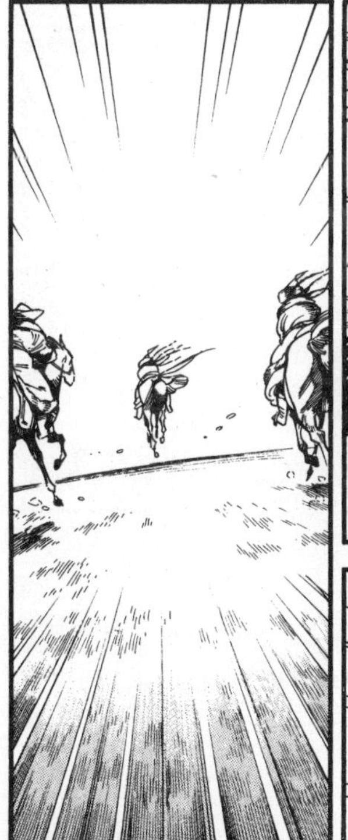
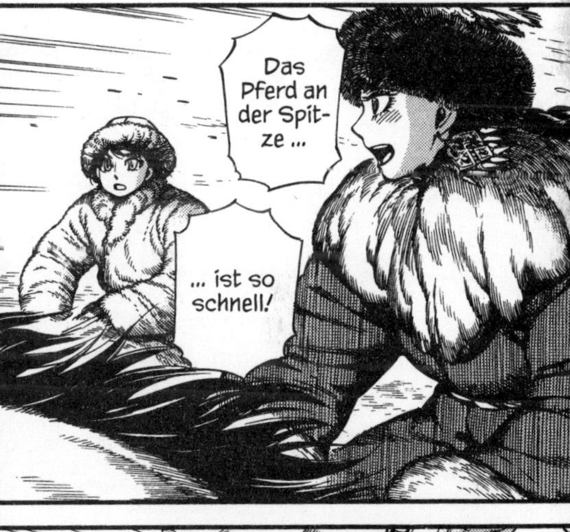
Das Pferd an der Spit-ze ...
... ist so schnell!
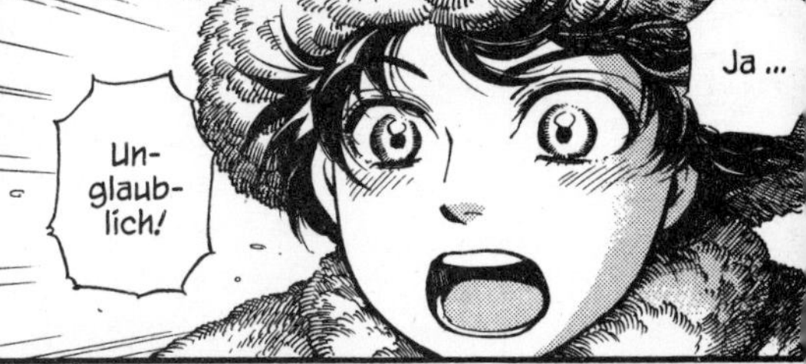
Ja ...
Un-glaub-lich!

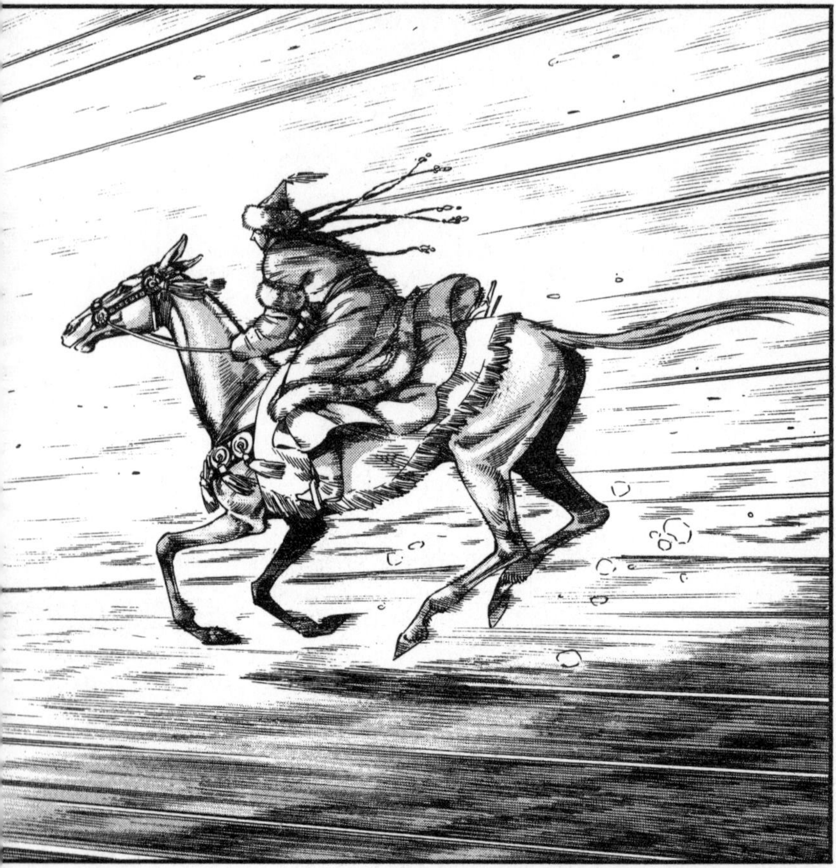

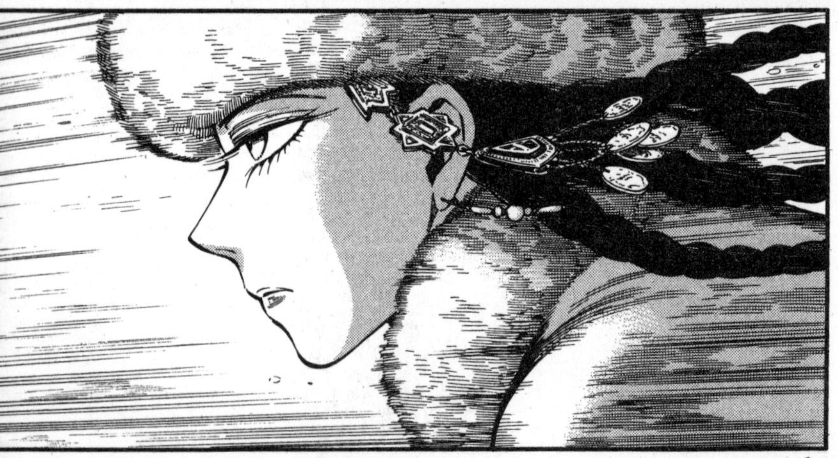

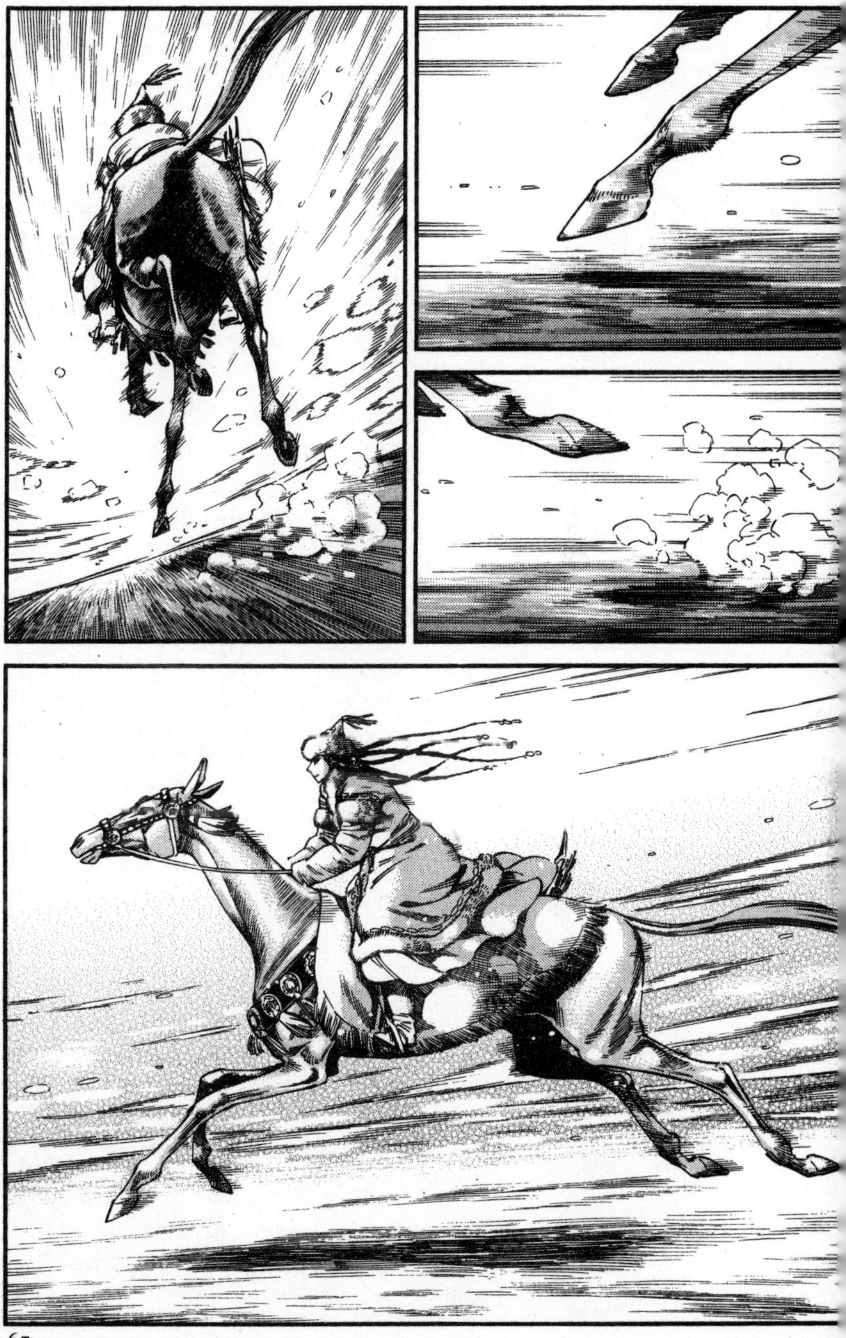

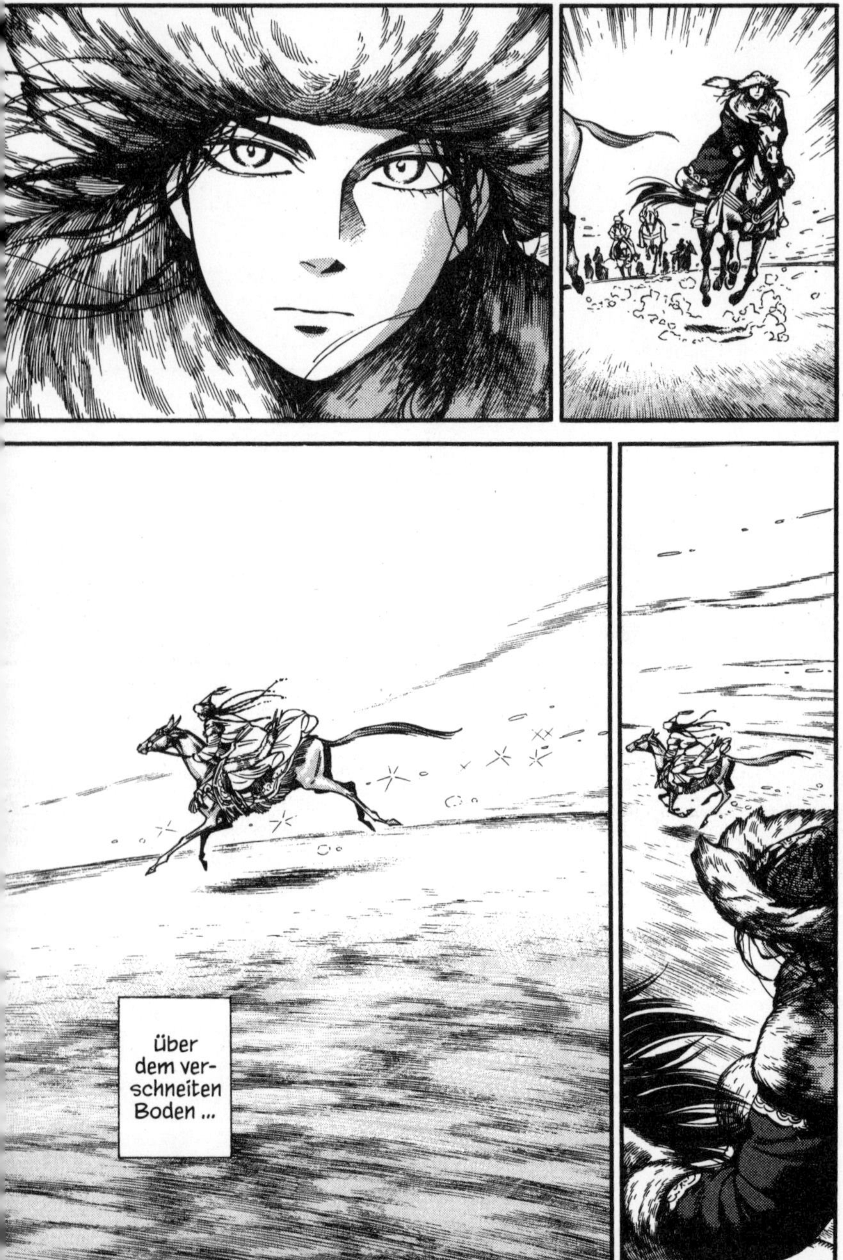
Über
dem ver-
schneiten
Boden ...

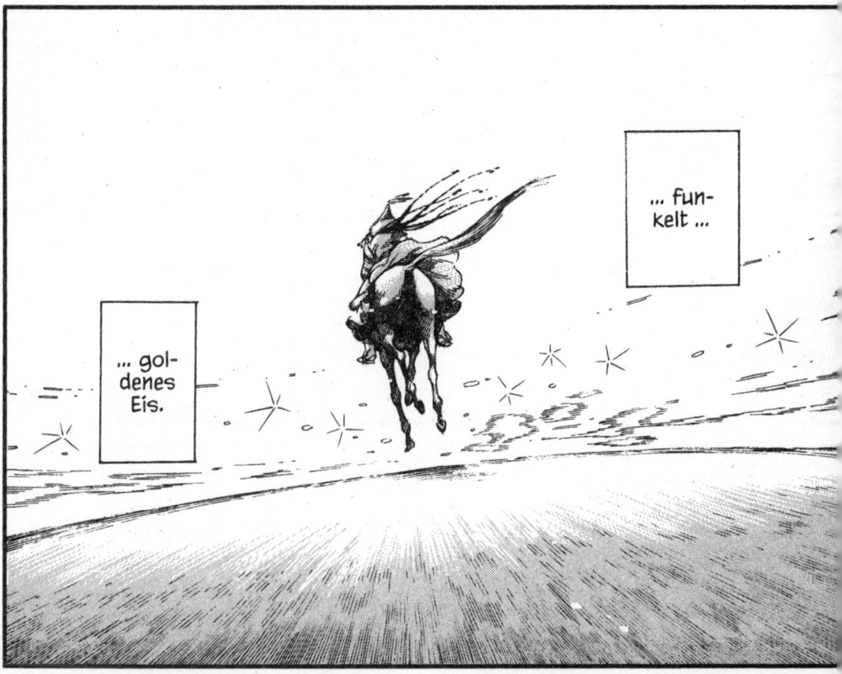

... fun-
kelt ...

... gol-
denes
Eis.

Trapp
Trapp

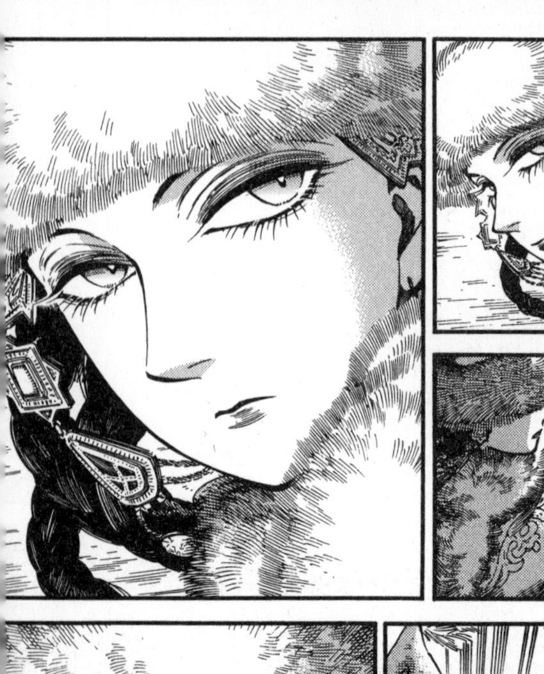
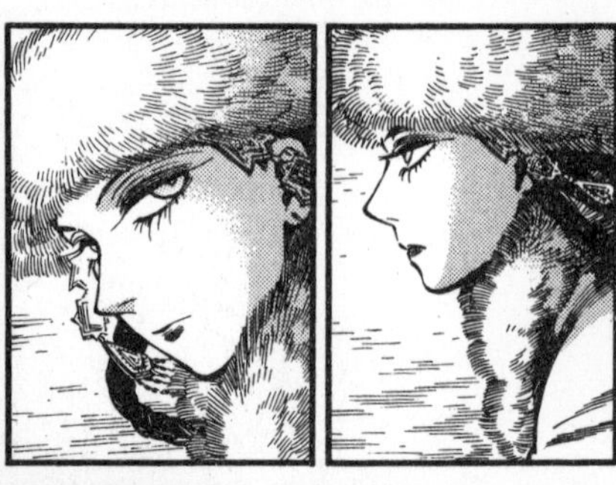
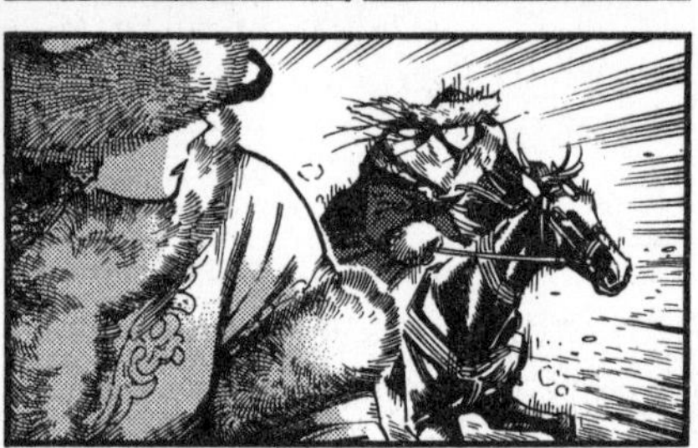
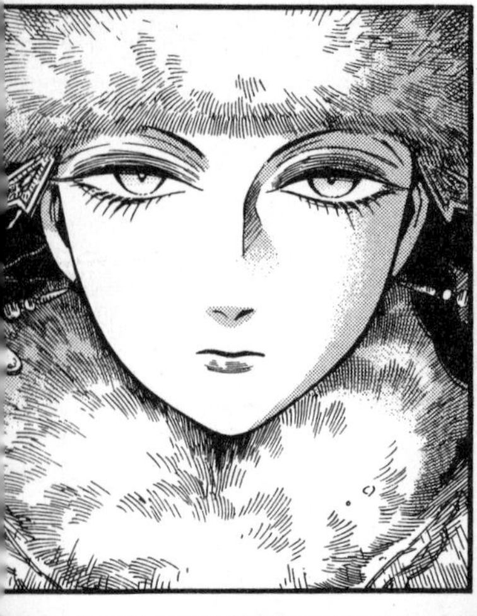
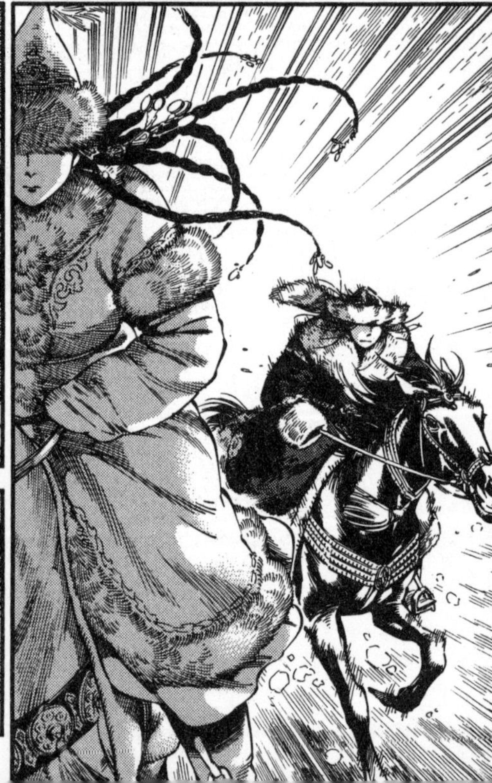
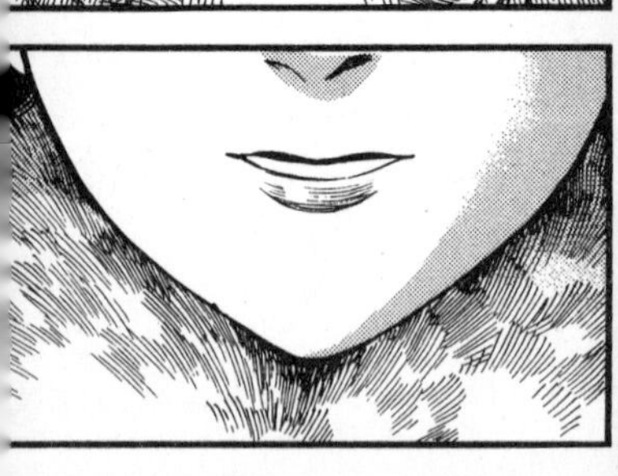

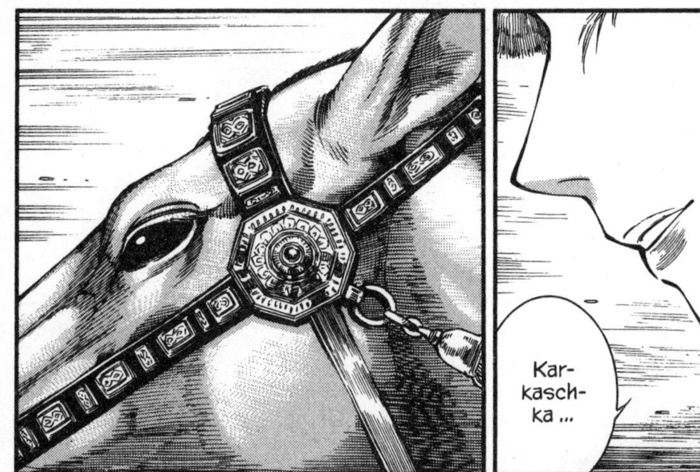
...
Kar-
kasch-
ka ...

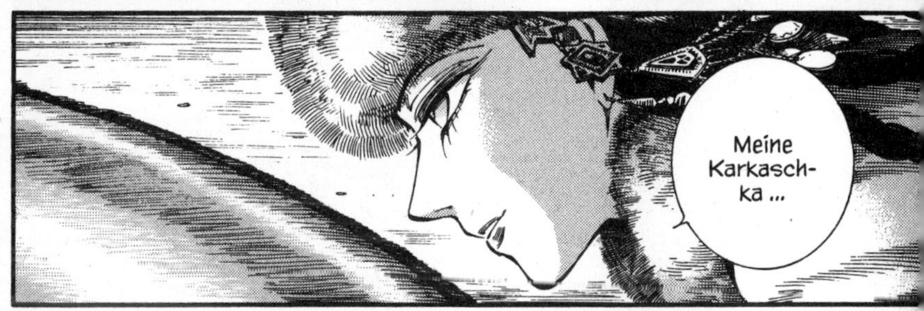
Meine
Karkasch-
ka ...

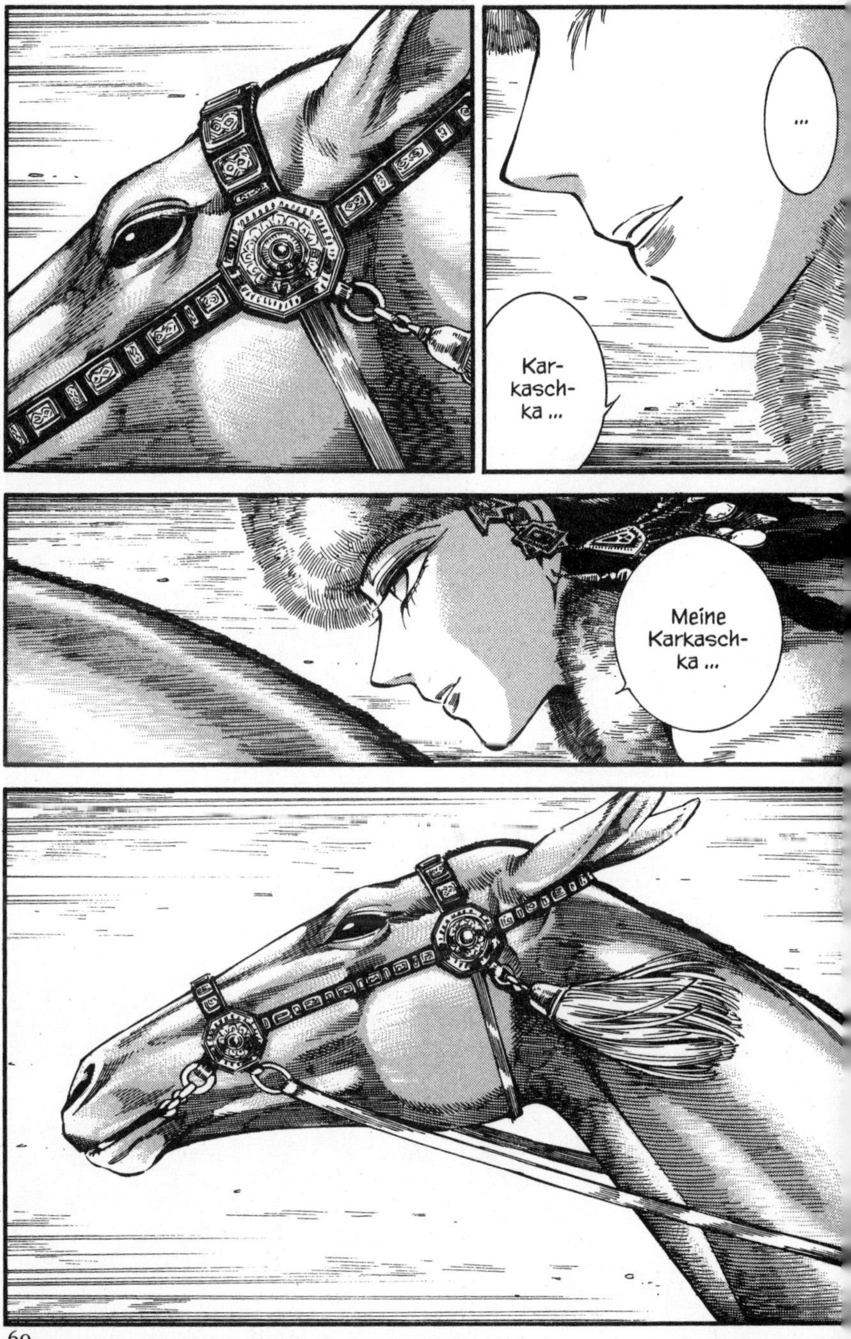

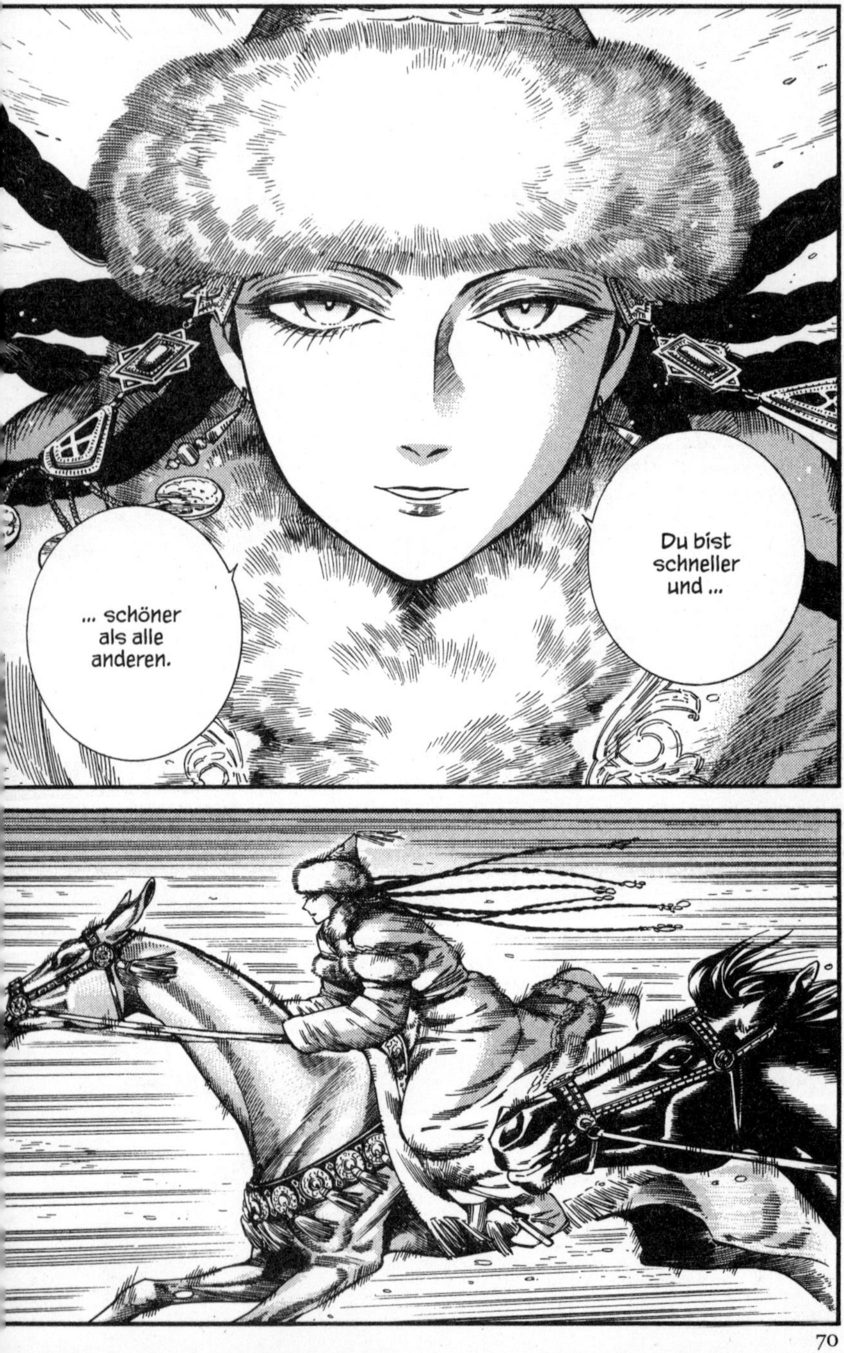

Du bist schneller und ...

... schöner als alle anderen.

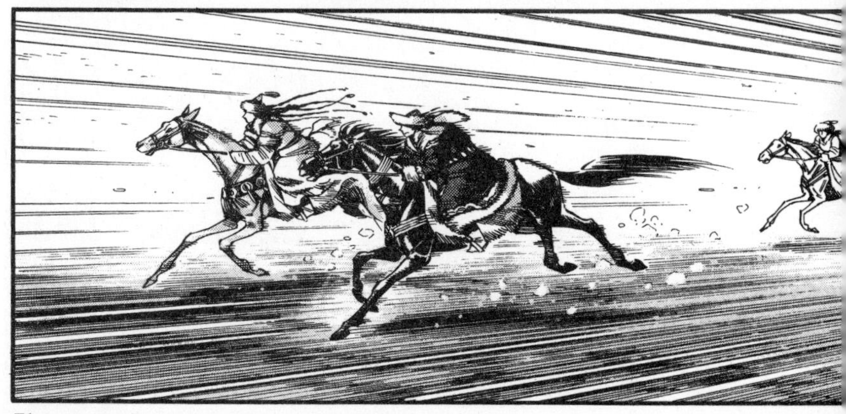

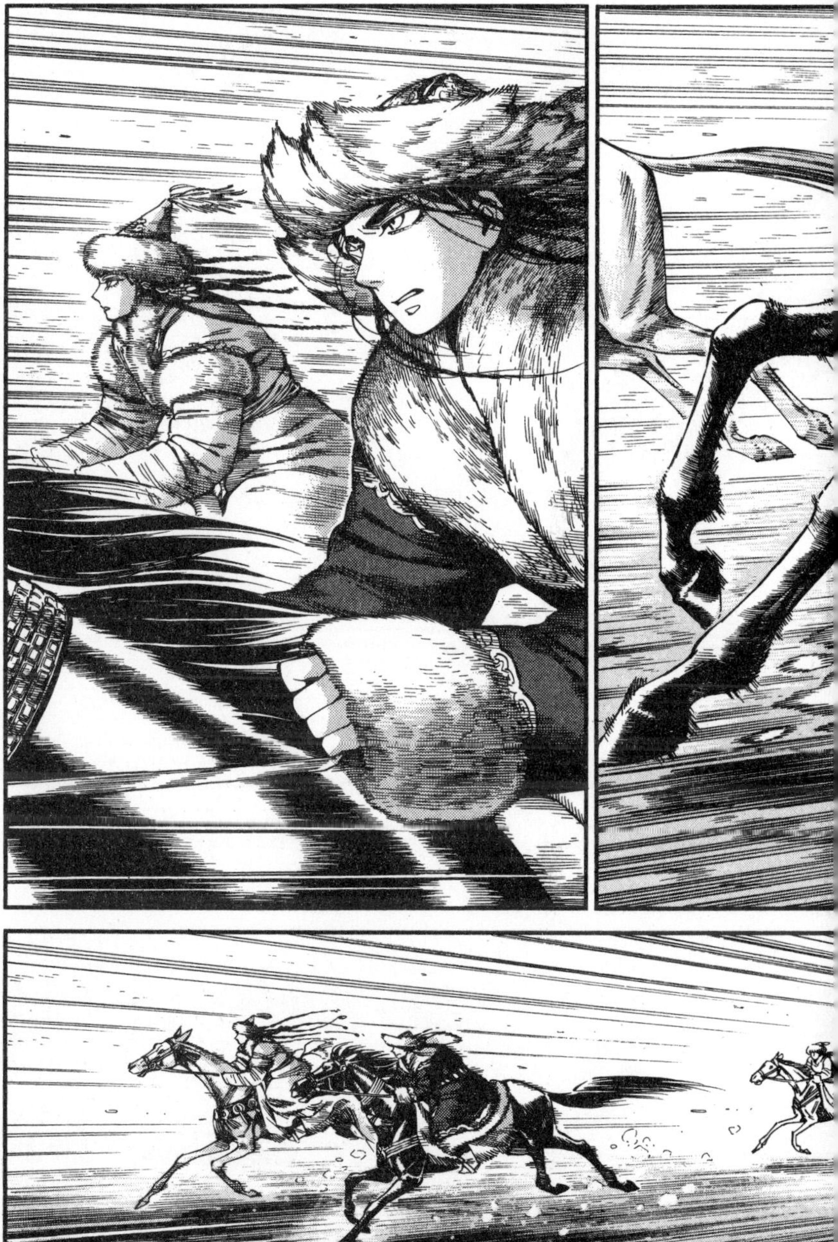

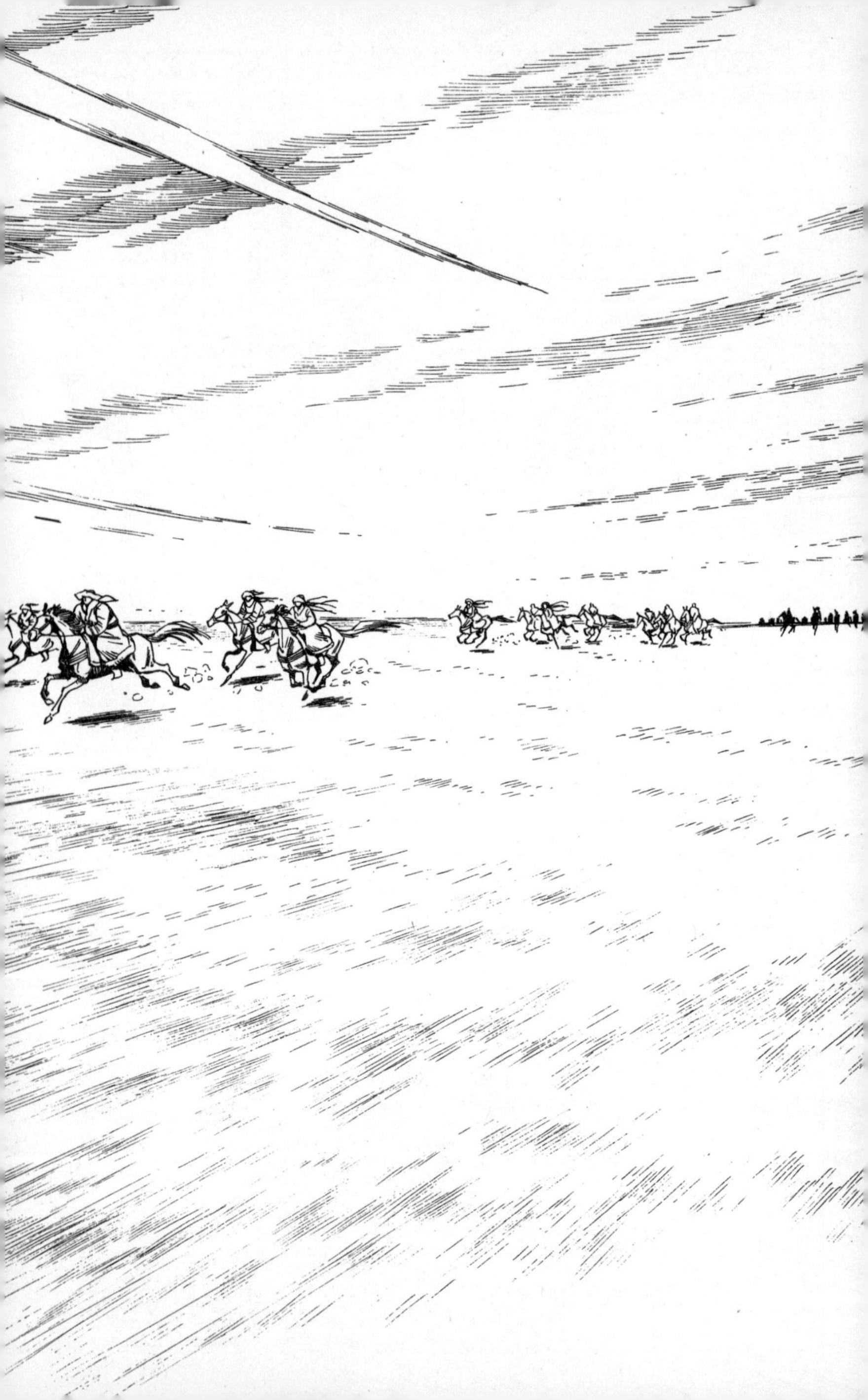

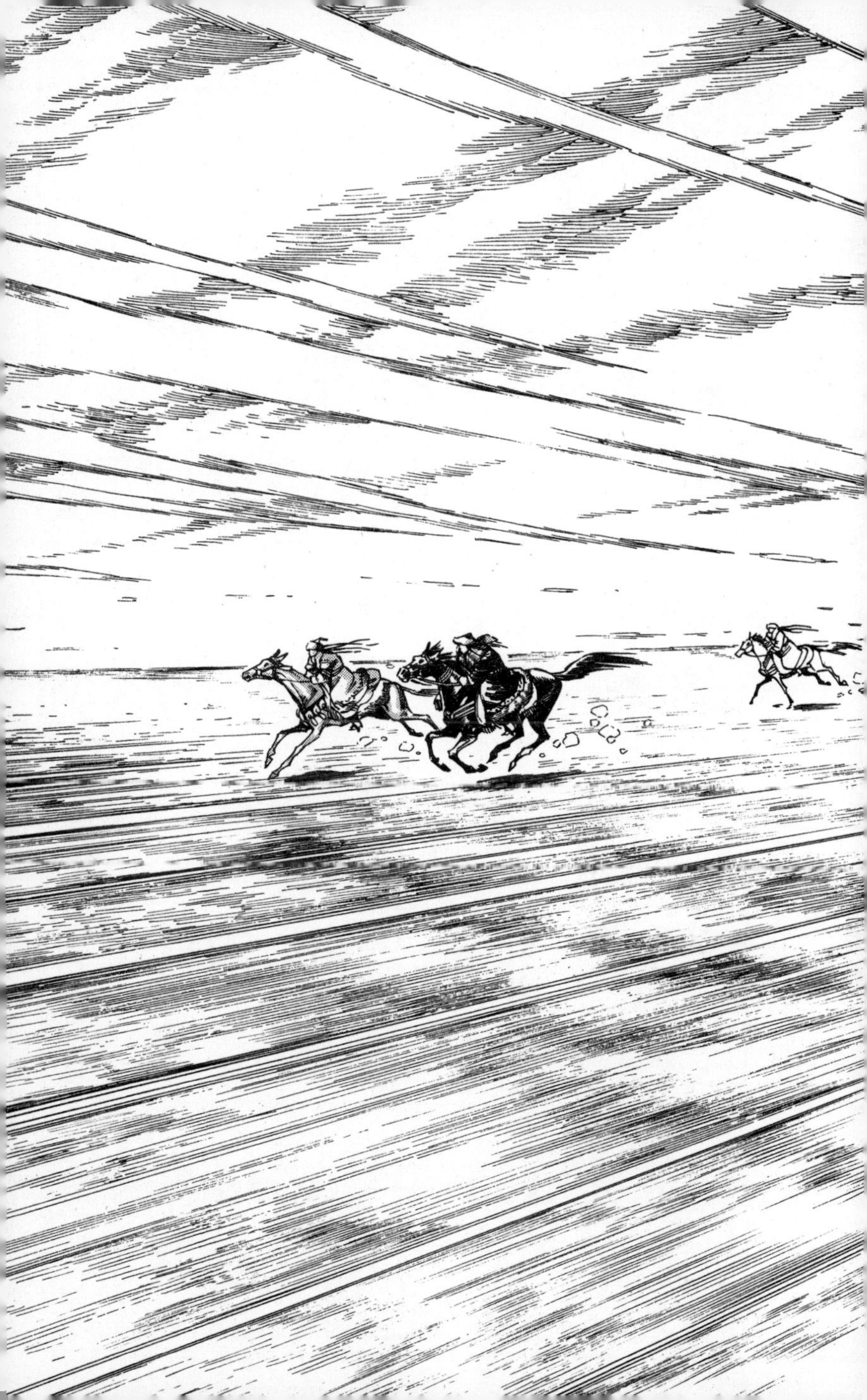

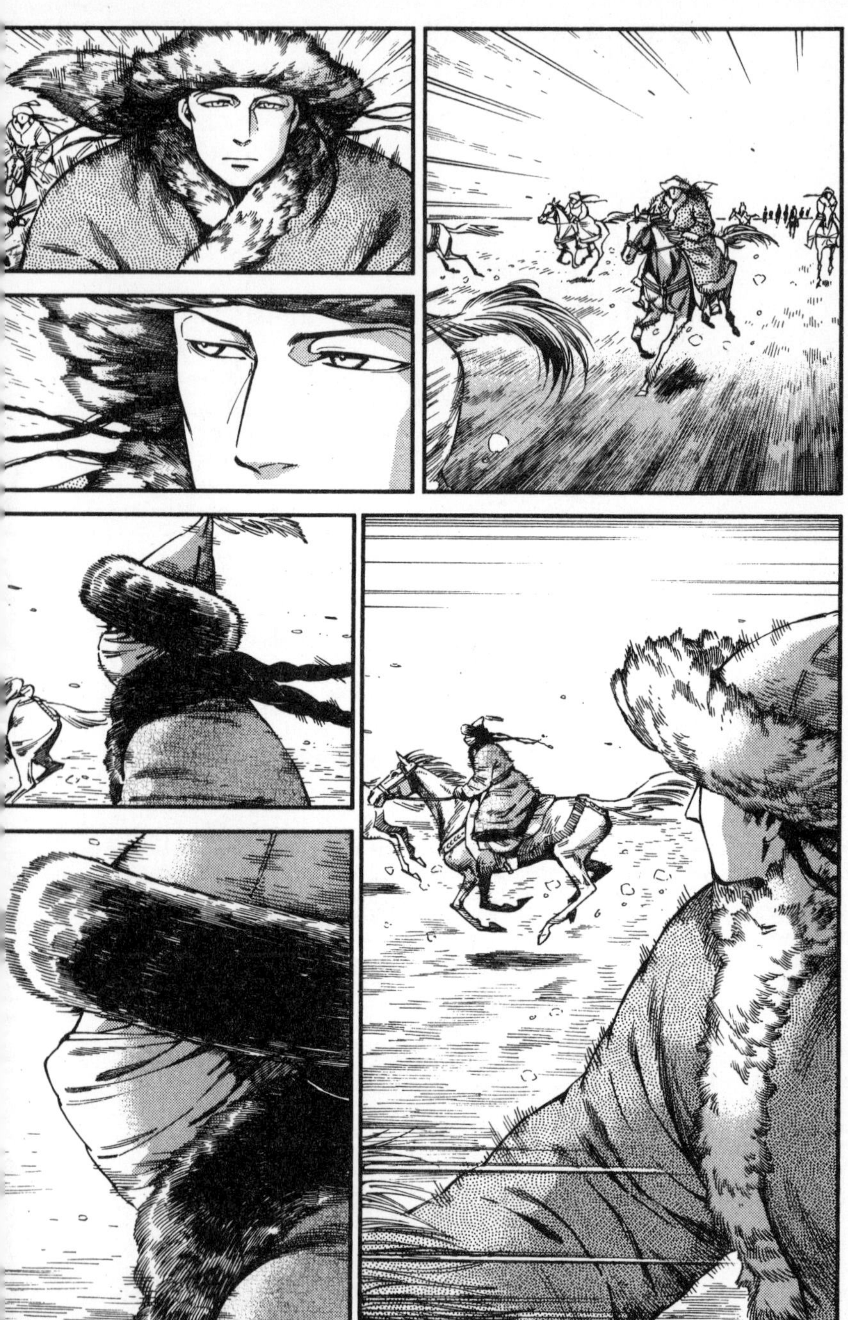

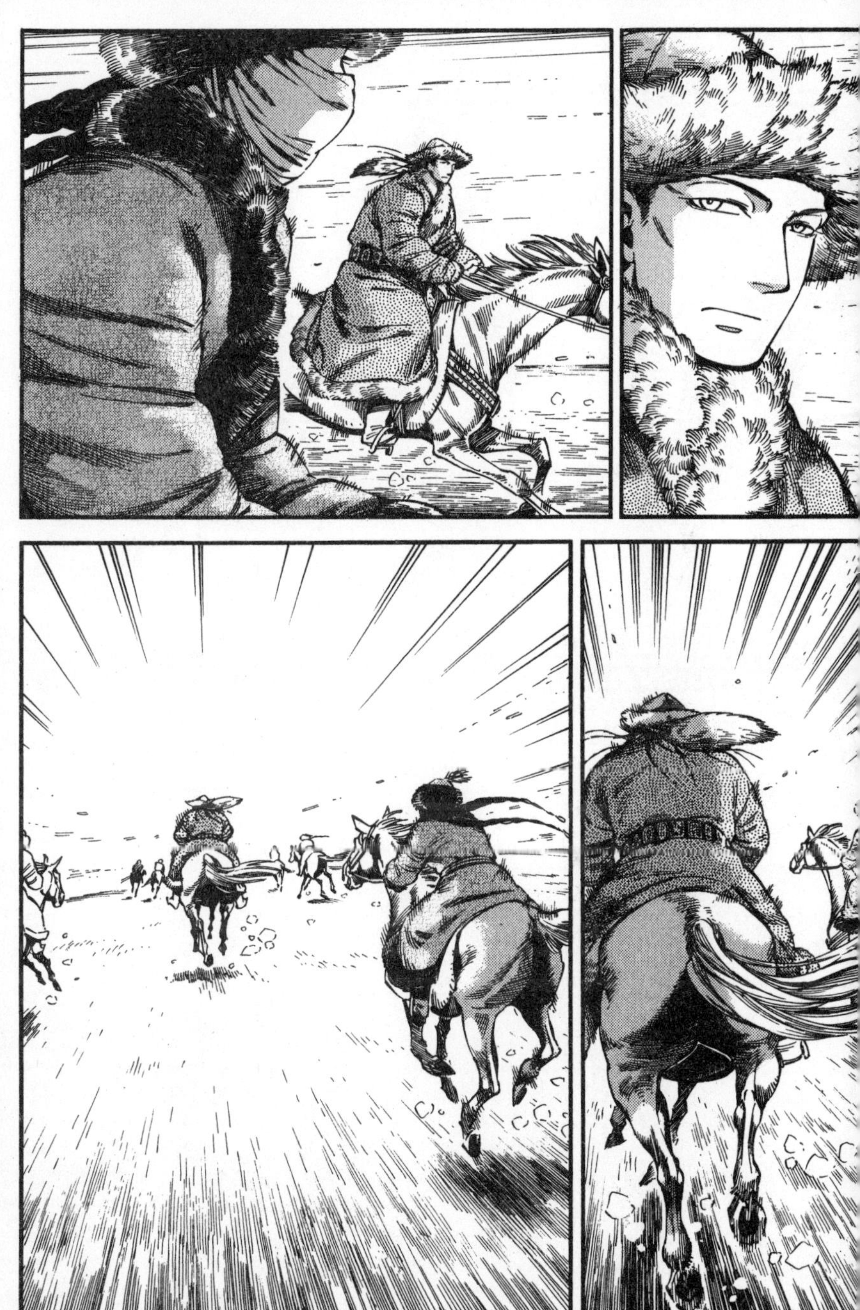

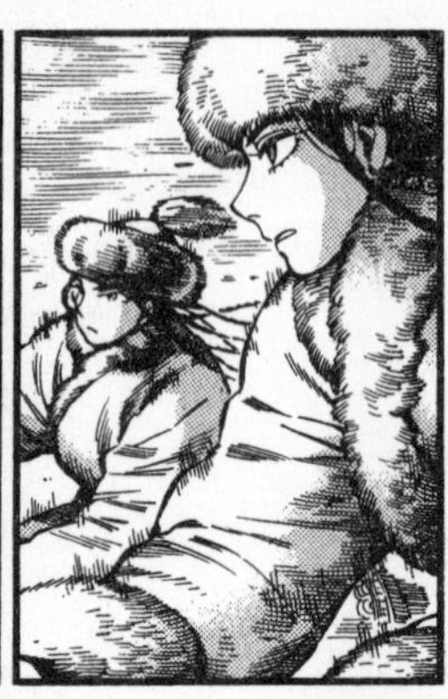
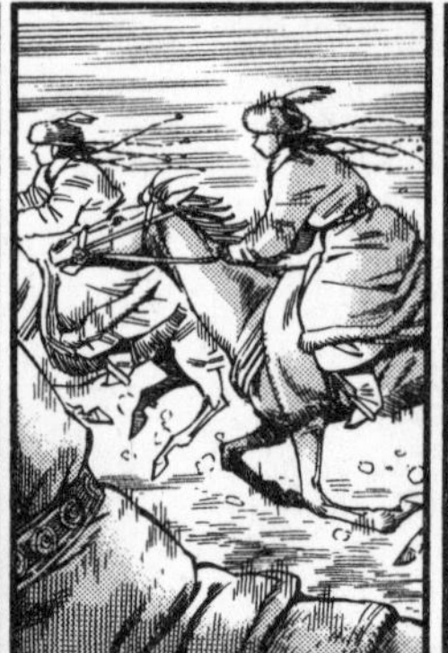
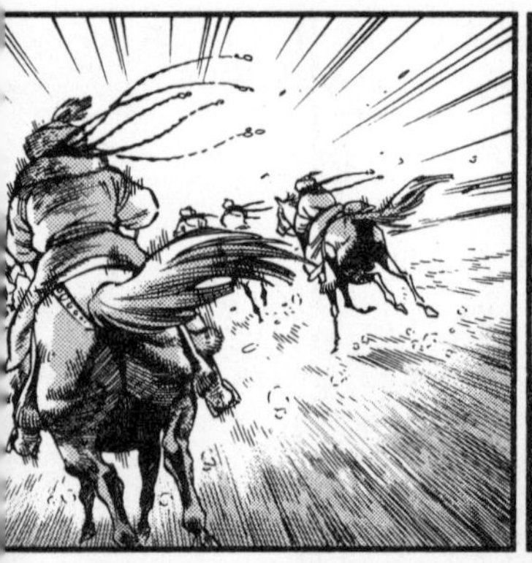
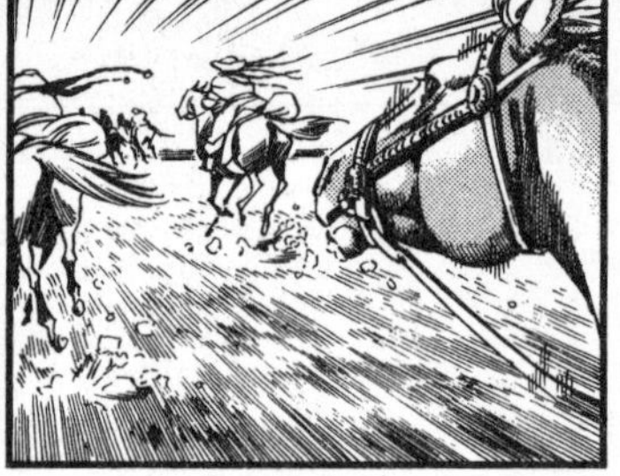
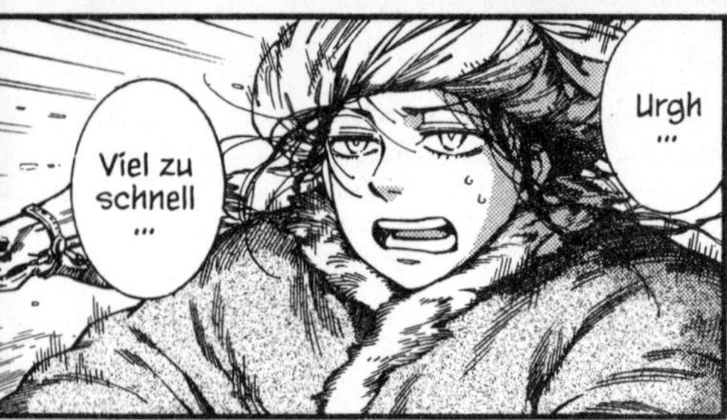
Urgh ...
Viel zu schnell ...
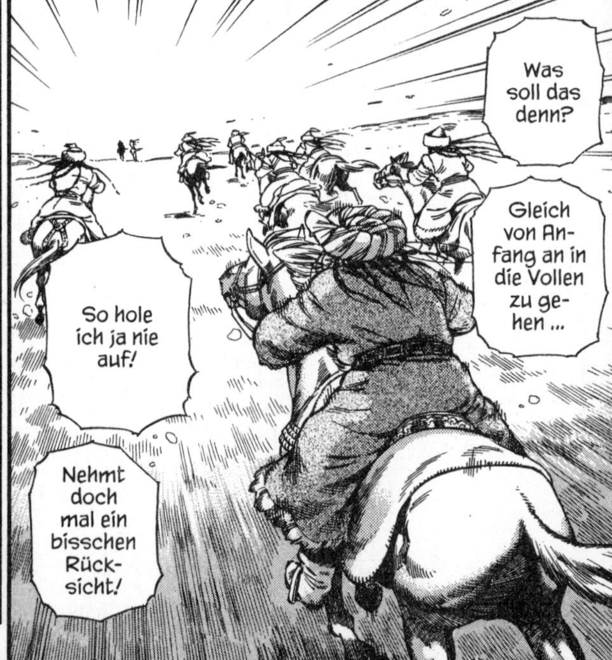
Was soll das denn?
Gleich von Anfang an in die Vollen zu gehen ...
So hole ich ja nie auf!
Nehmt doch mal ein bisschen Rücksicht!
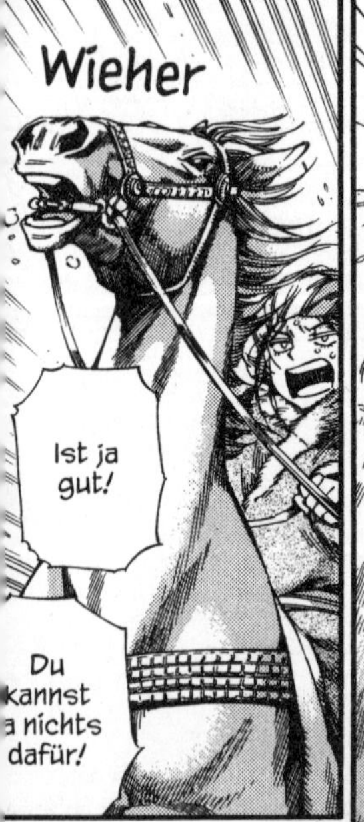
Wieher
Ist ja gut!
Du kannst a nichts dafür!

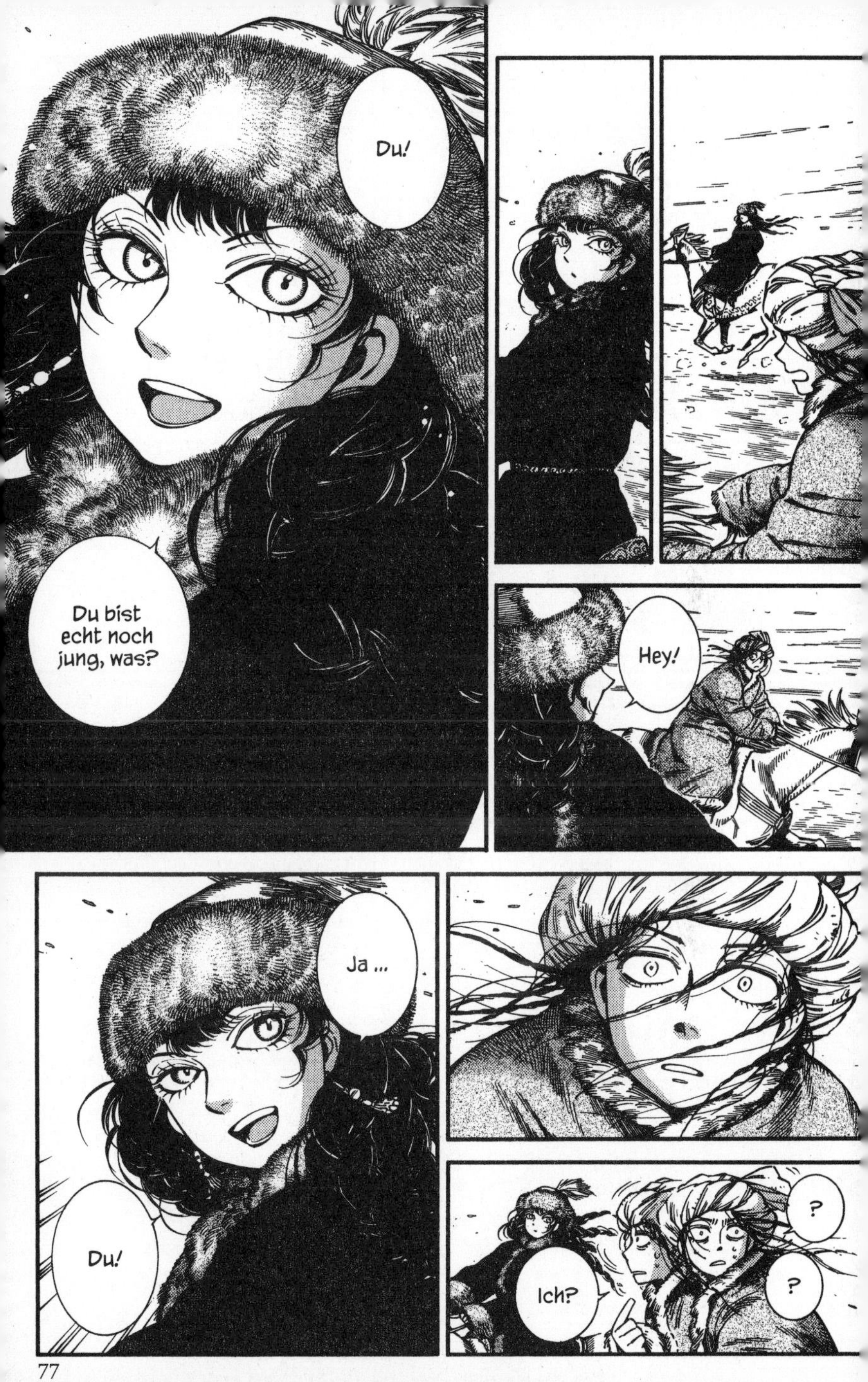

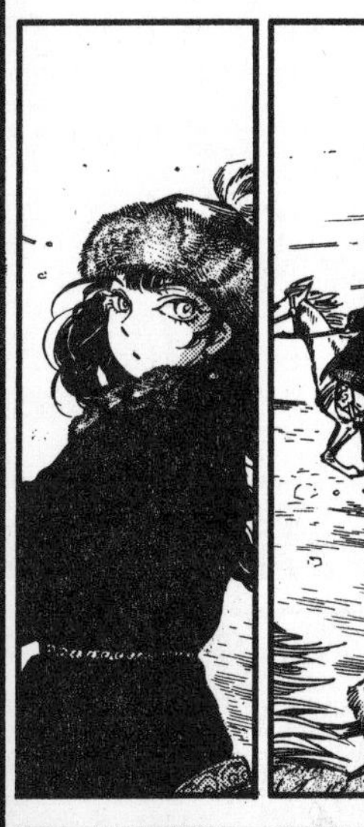

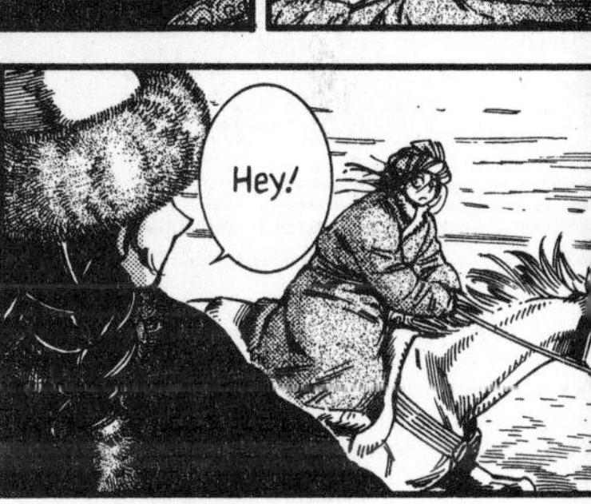

Du!

Du bist echt noch jung, was?

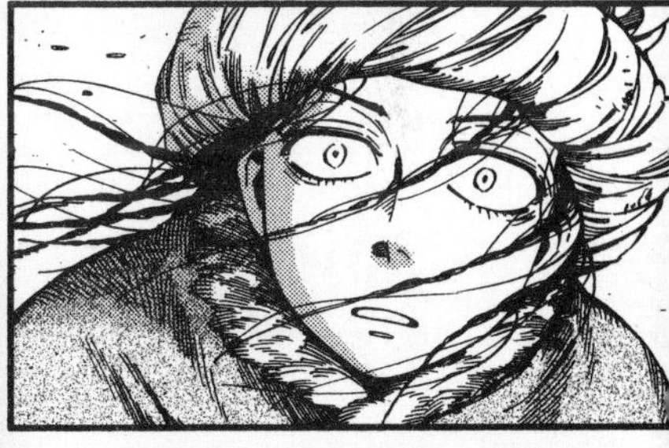

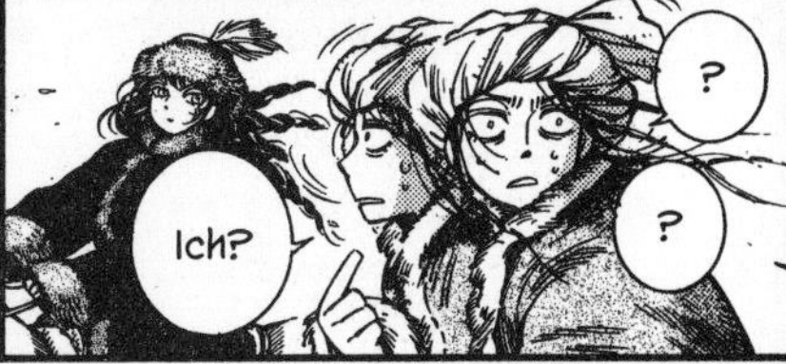

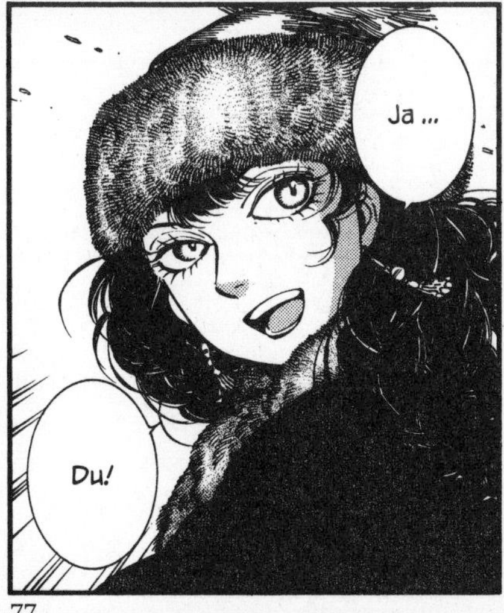

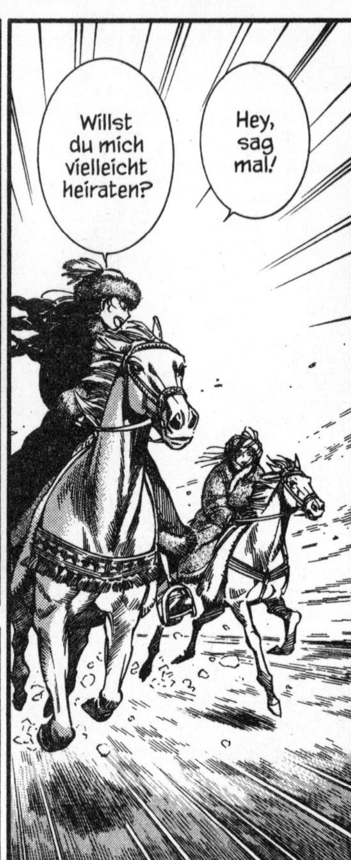
Hey, sag mal!
Willst du mich vielleicht heiraten?

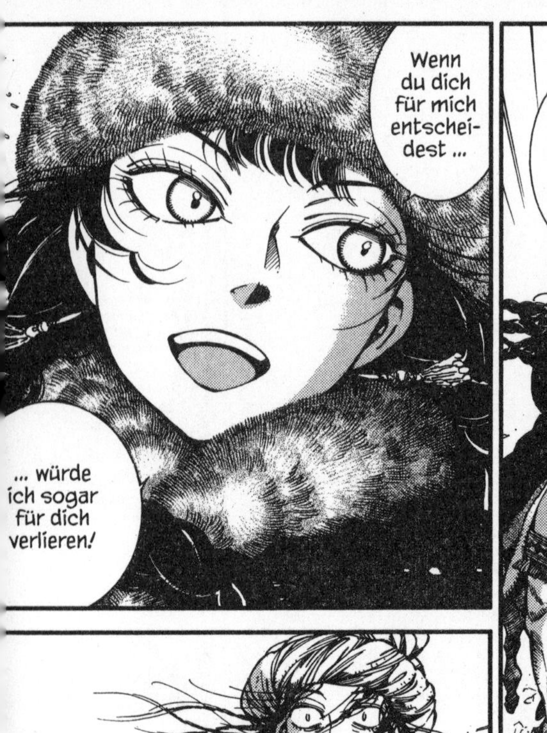
Wenn du dich für mich entscheidest ...
... würde ich sogar für dich verlieren!

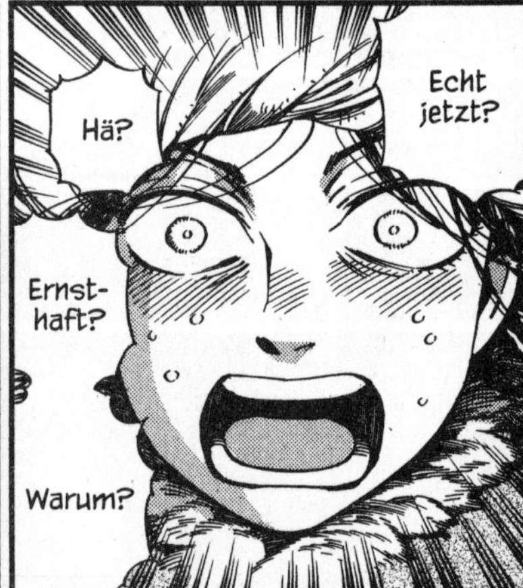
Echt jetzt?
Hä?
Ernsthaft?
Warum?

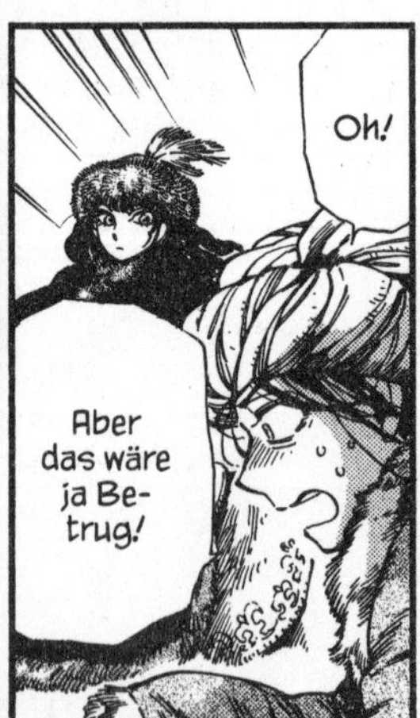
Oh!
Aber das wäre ja Betrug!

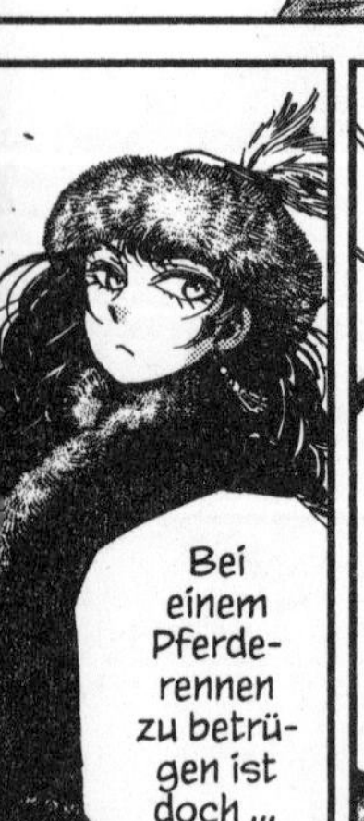
Bei einem Pferderennen zu betrügen ist doch ...

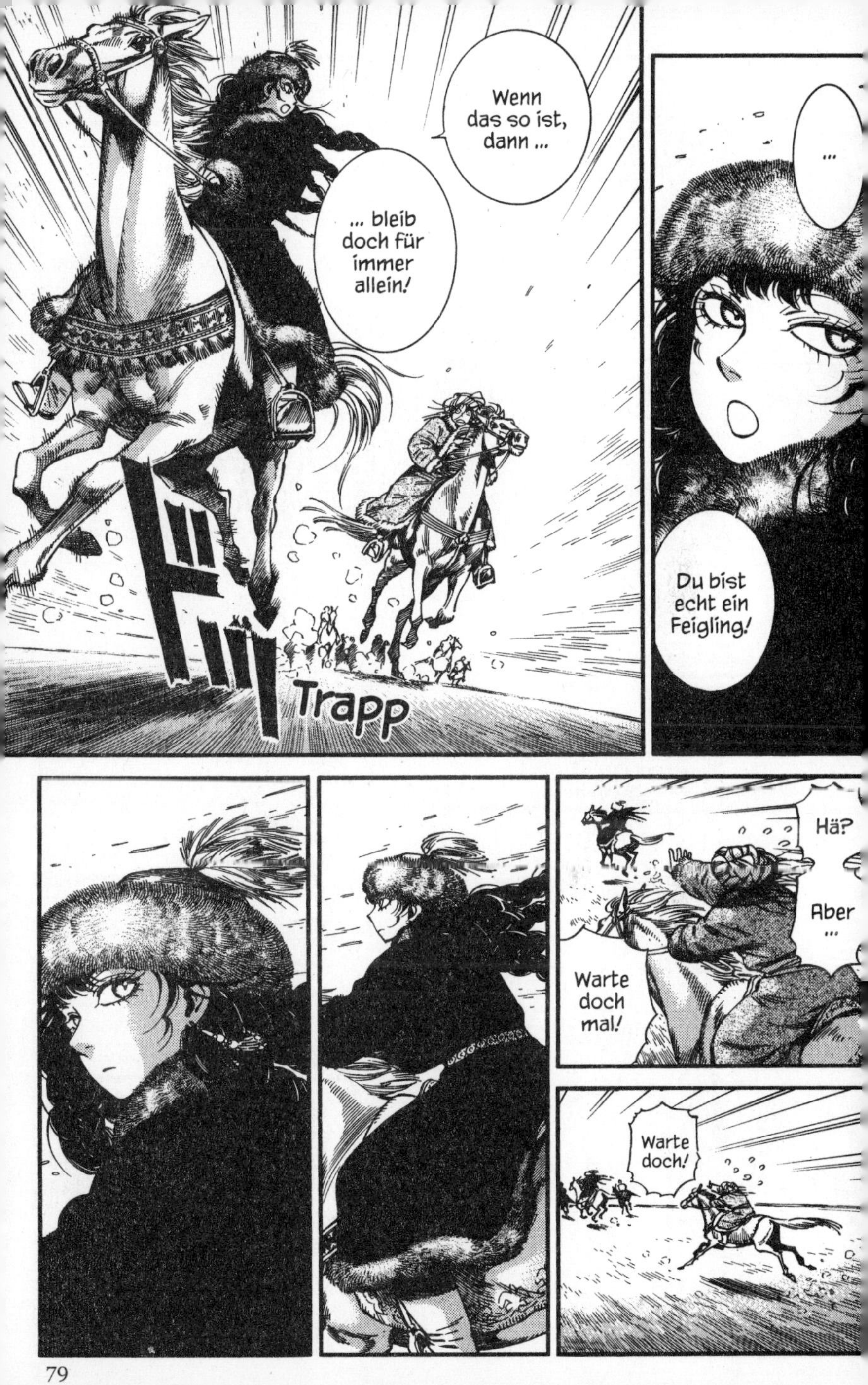

Wenn das so ist, dann ...

... bleib doch für immer allein!

Trapp

...

Du bist echt ein Feigling!

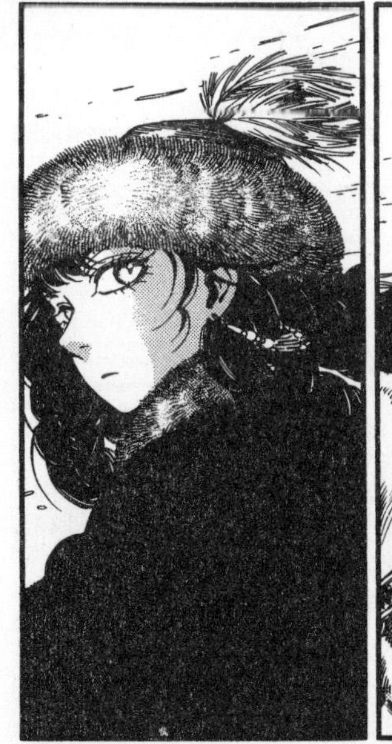

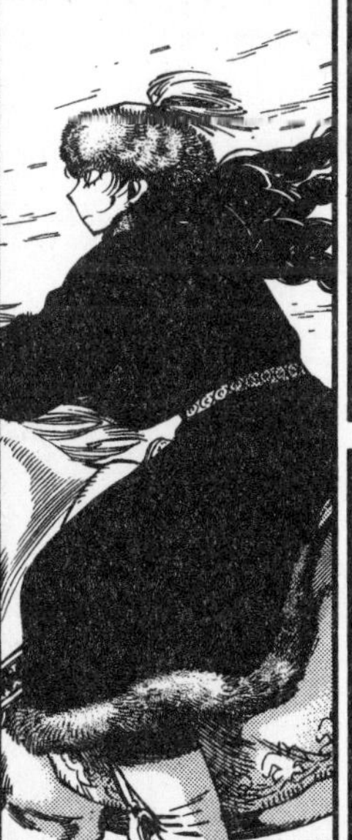

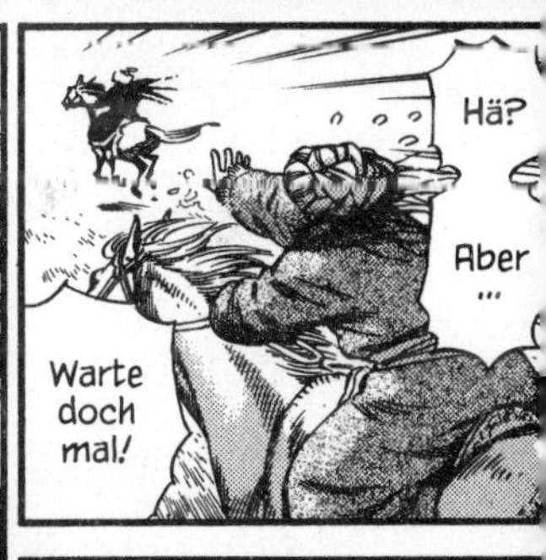

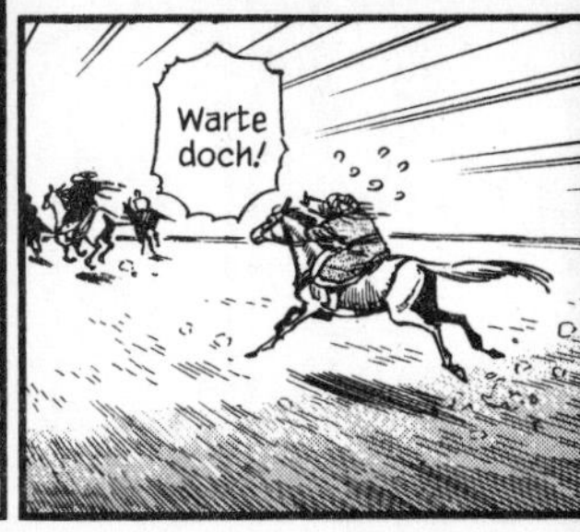

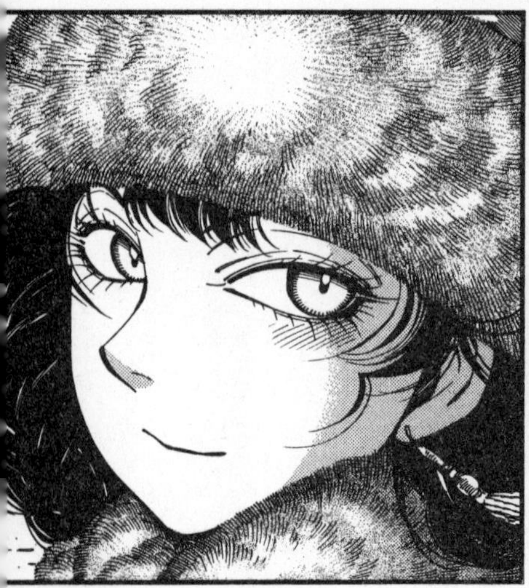

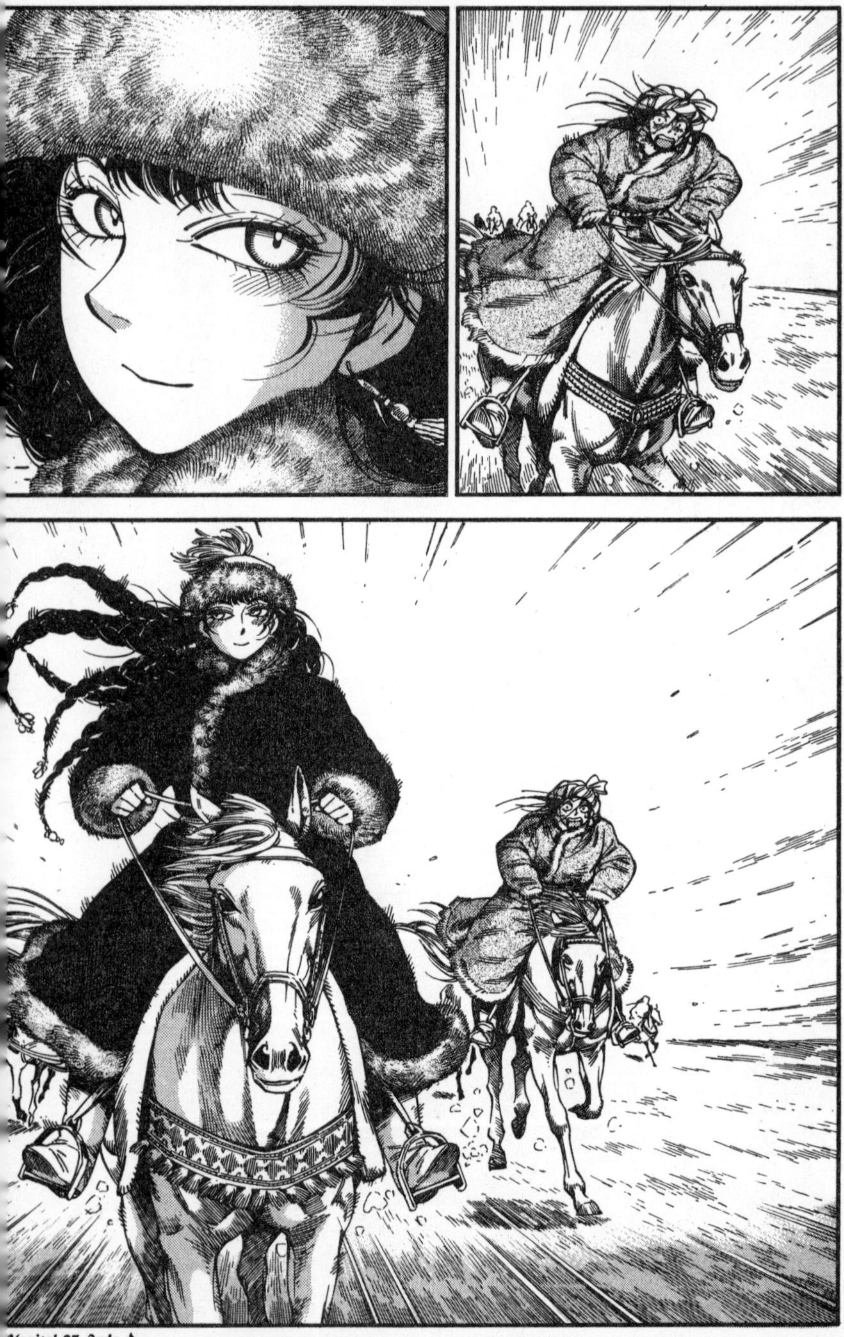

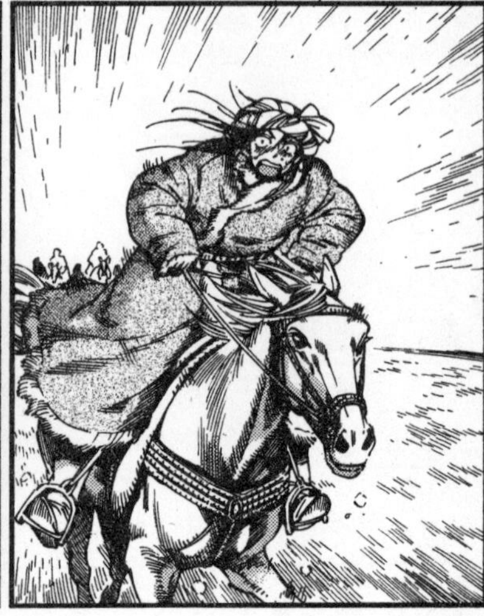

Kapitel 97 Ende ◆

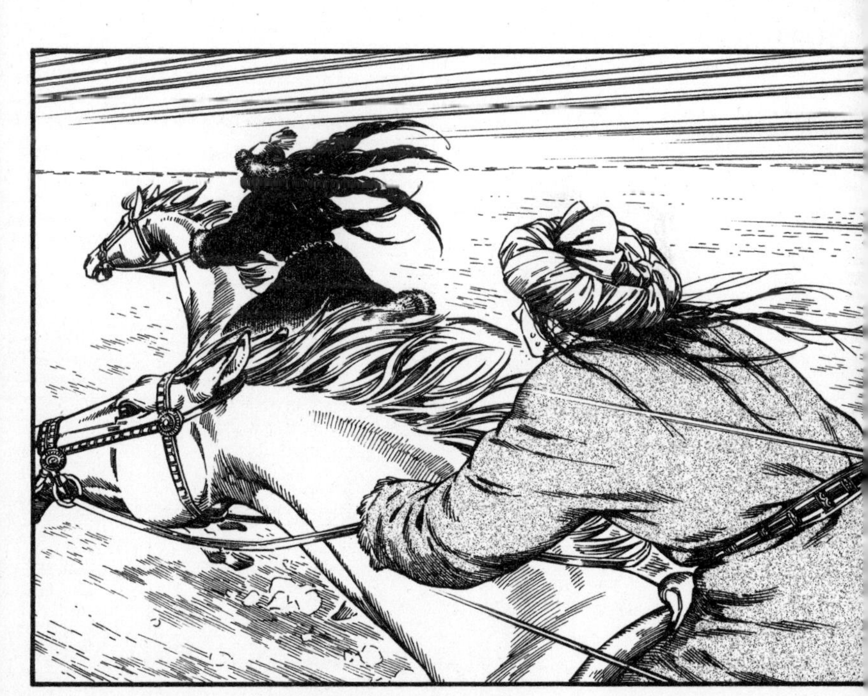

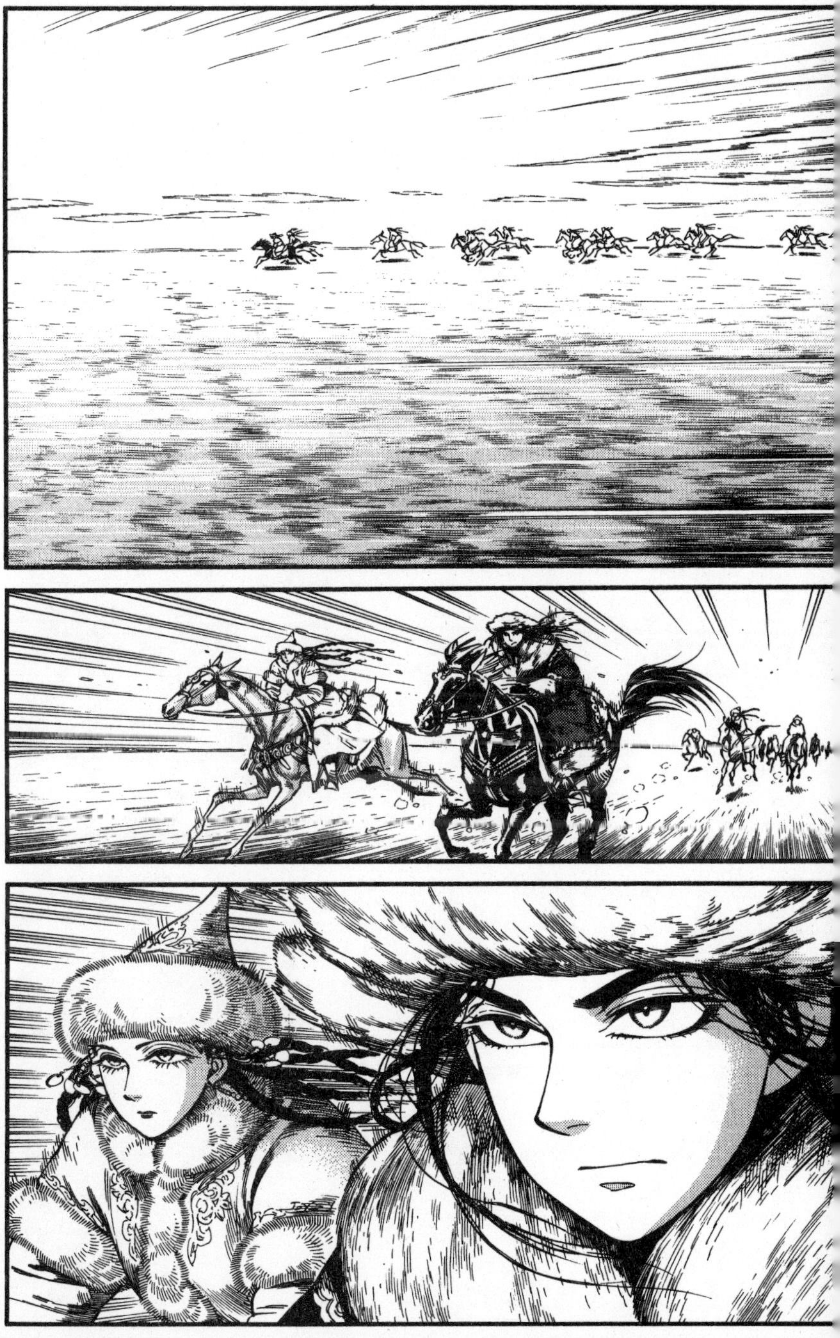

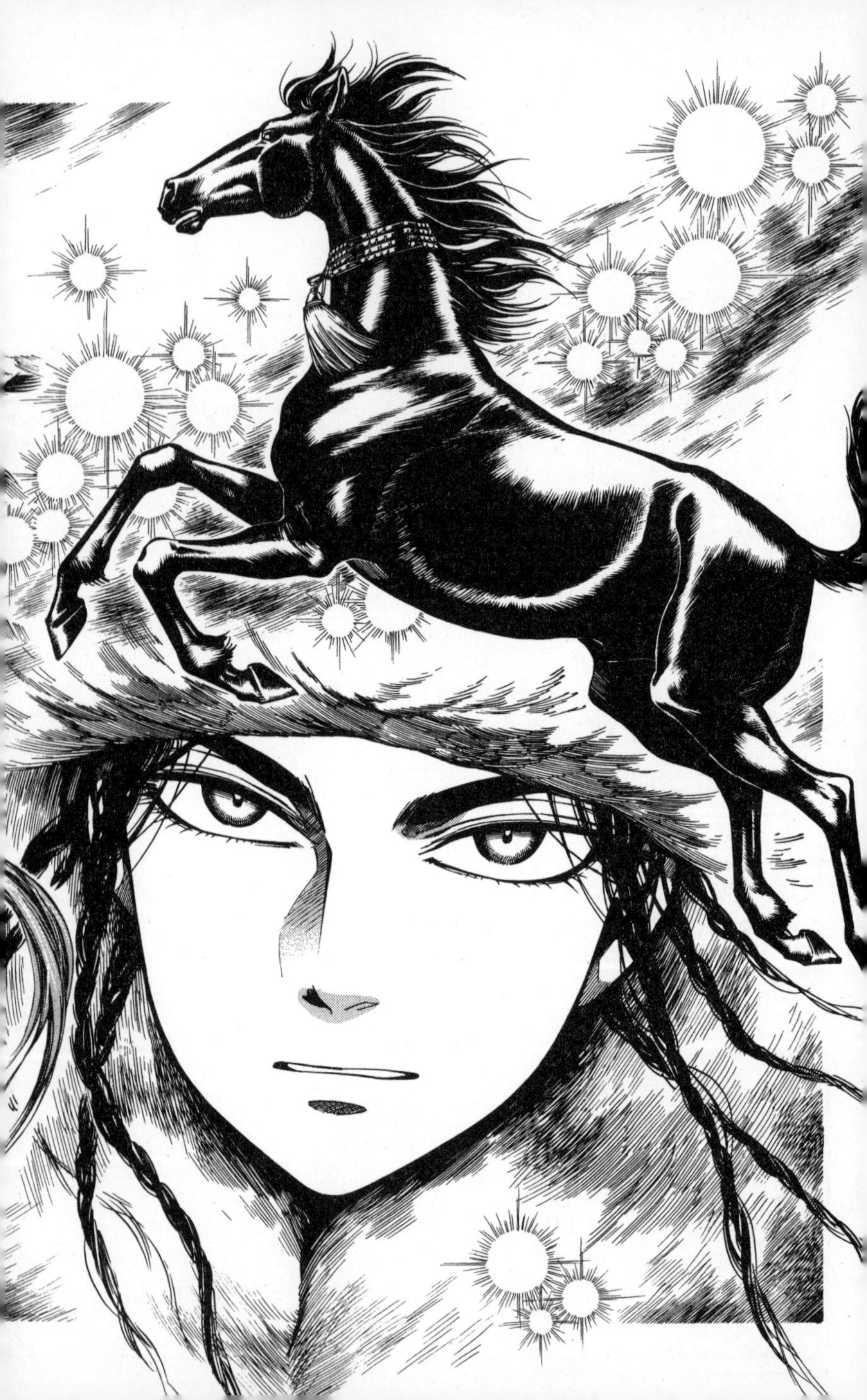

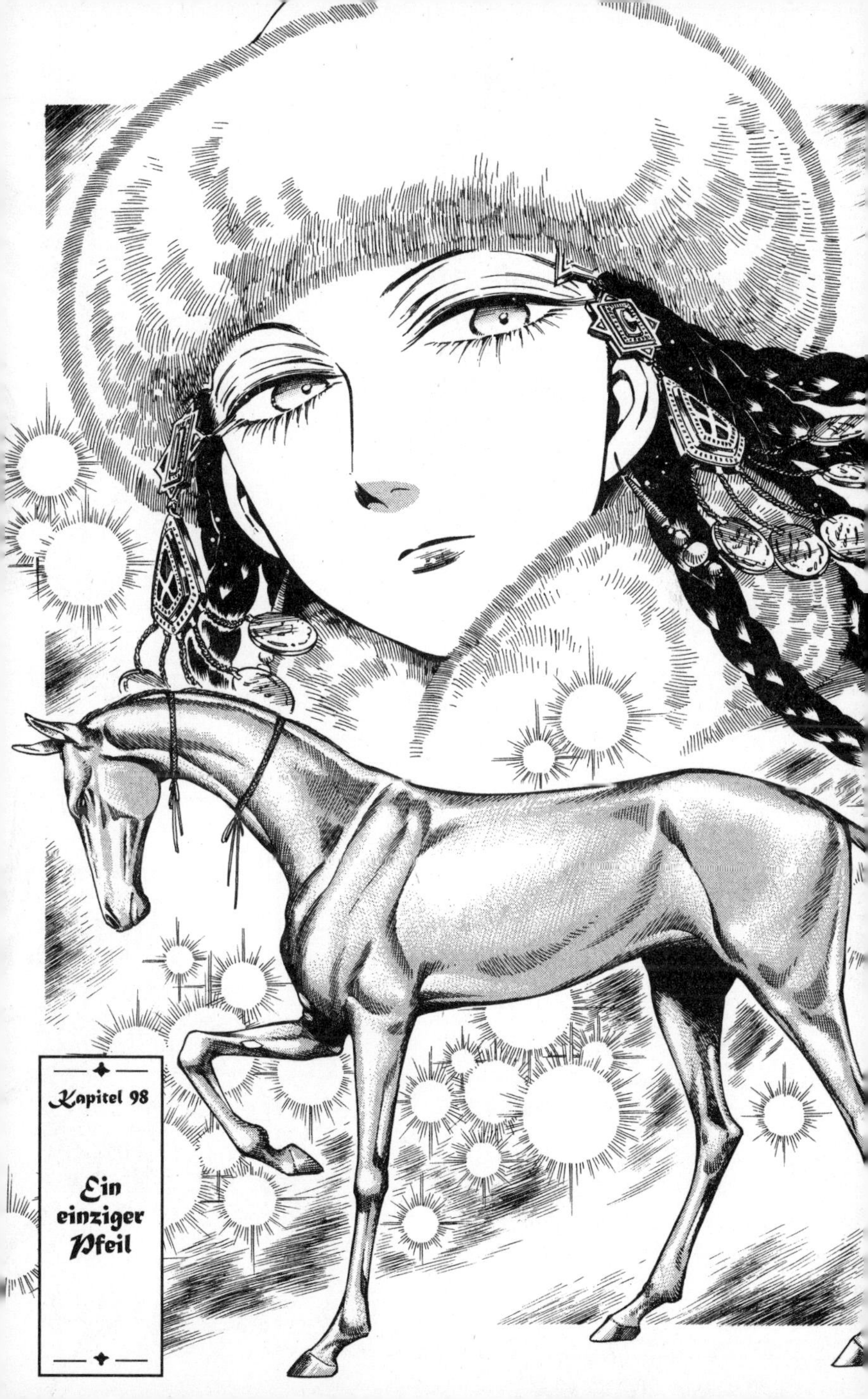
Kapitel 98
Ein einziger Pfeil

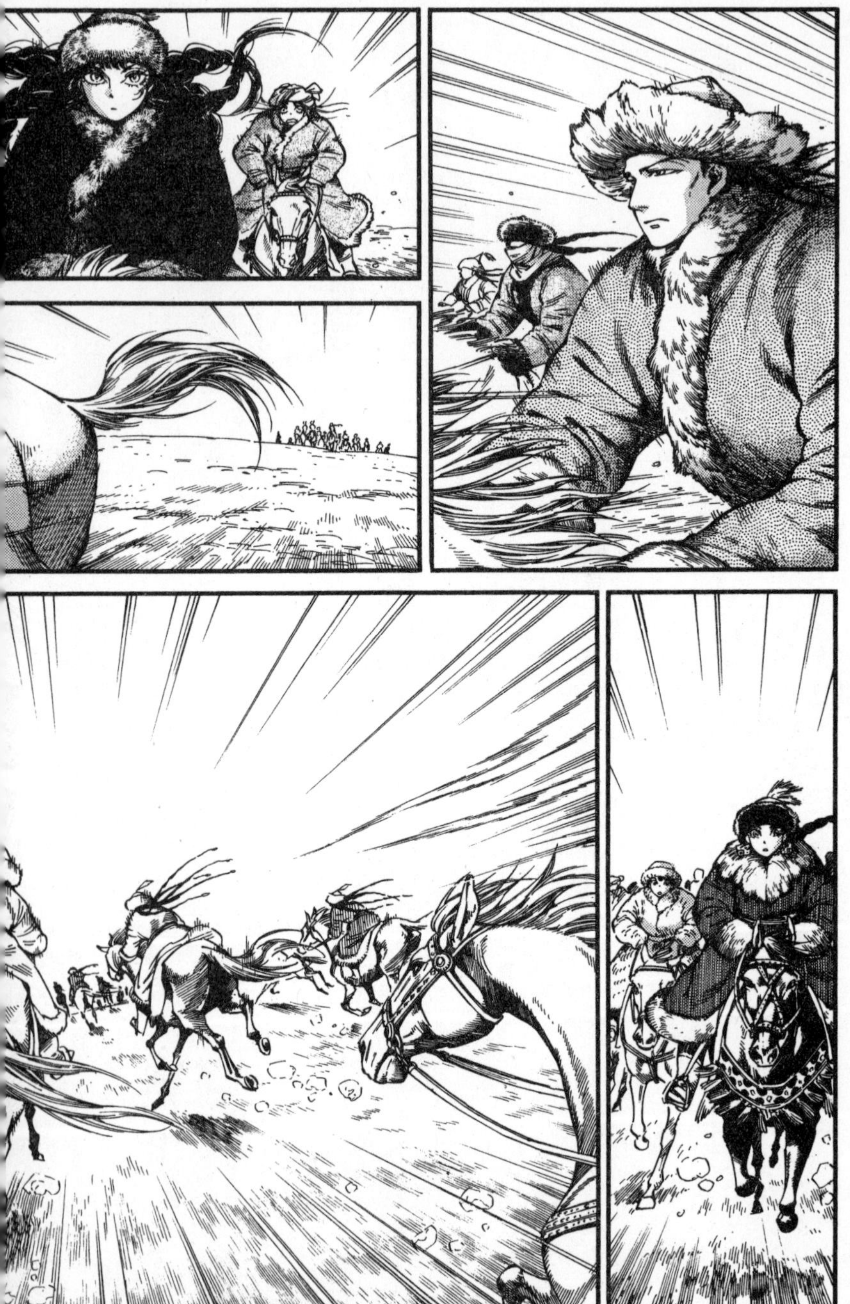

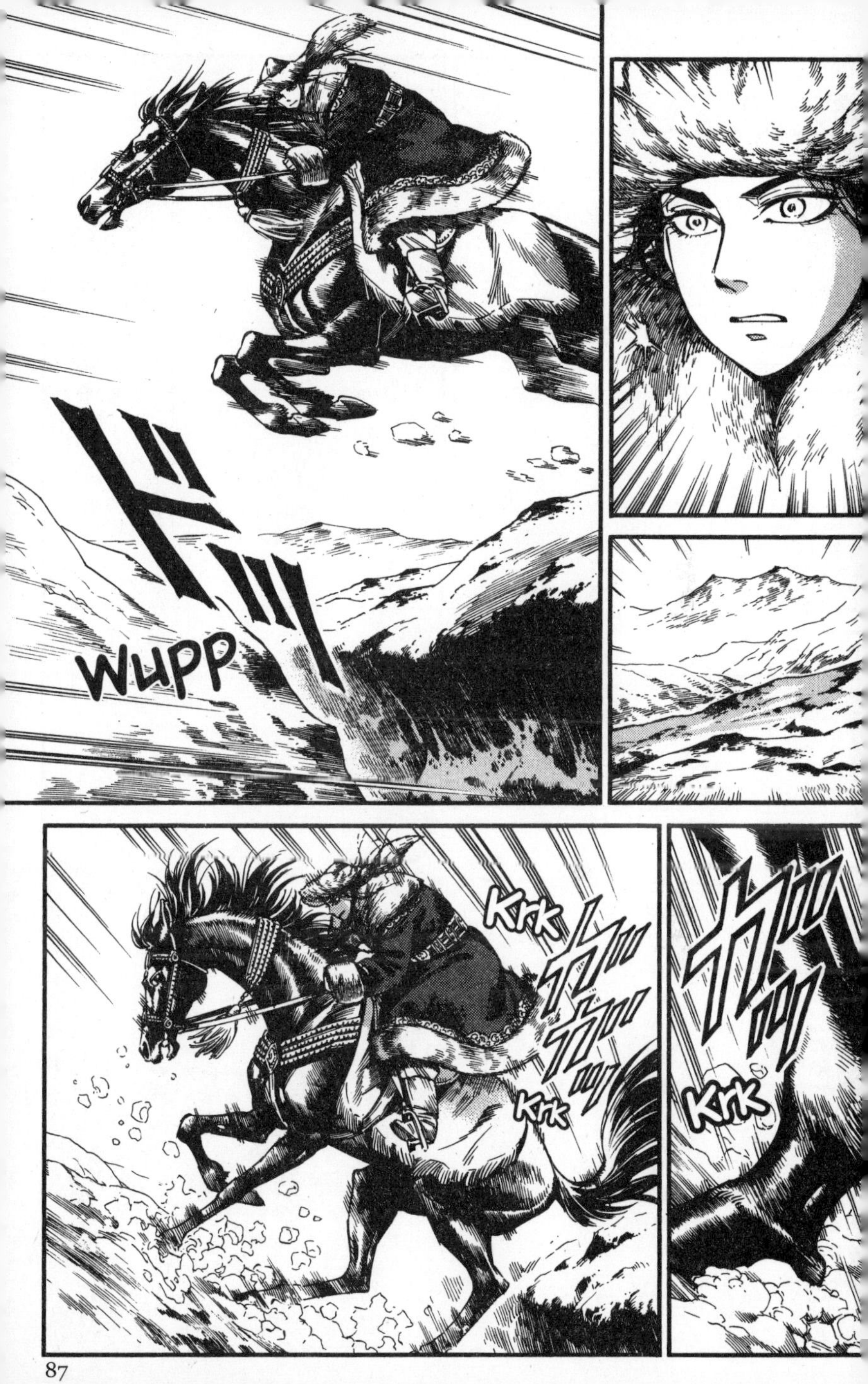

WUPP
Krk
Krk
Krk

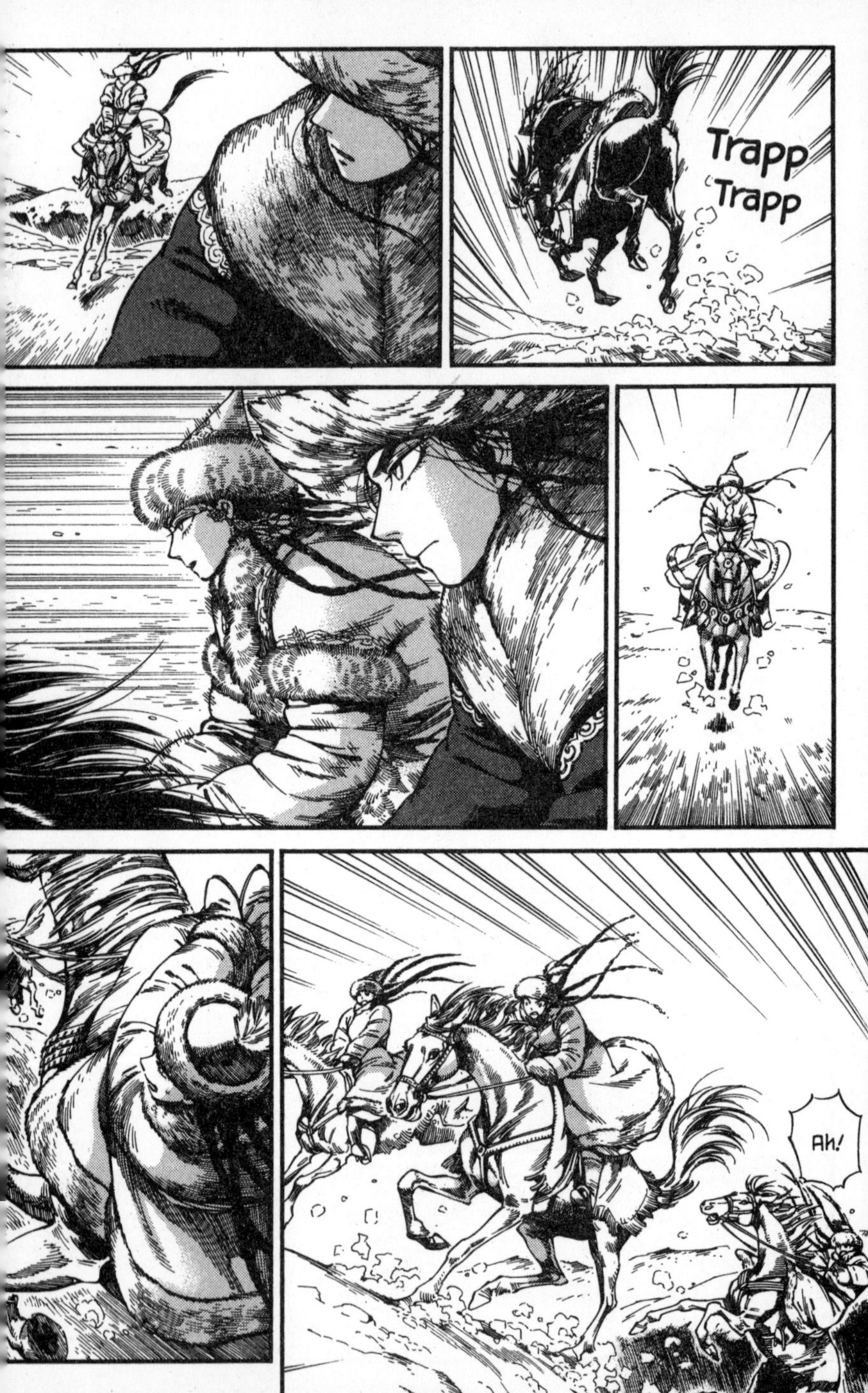
Trapp
Trapp
Ah!

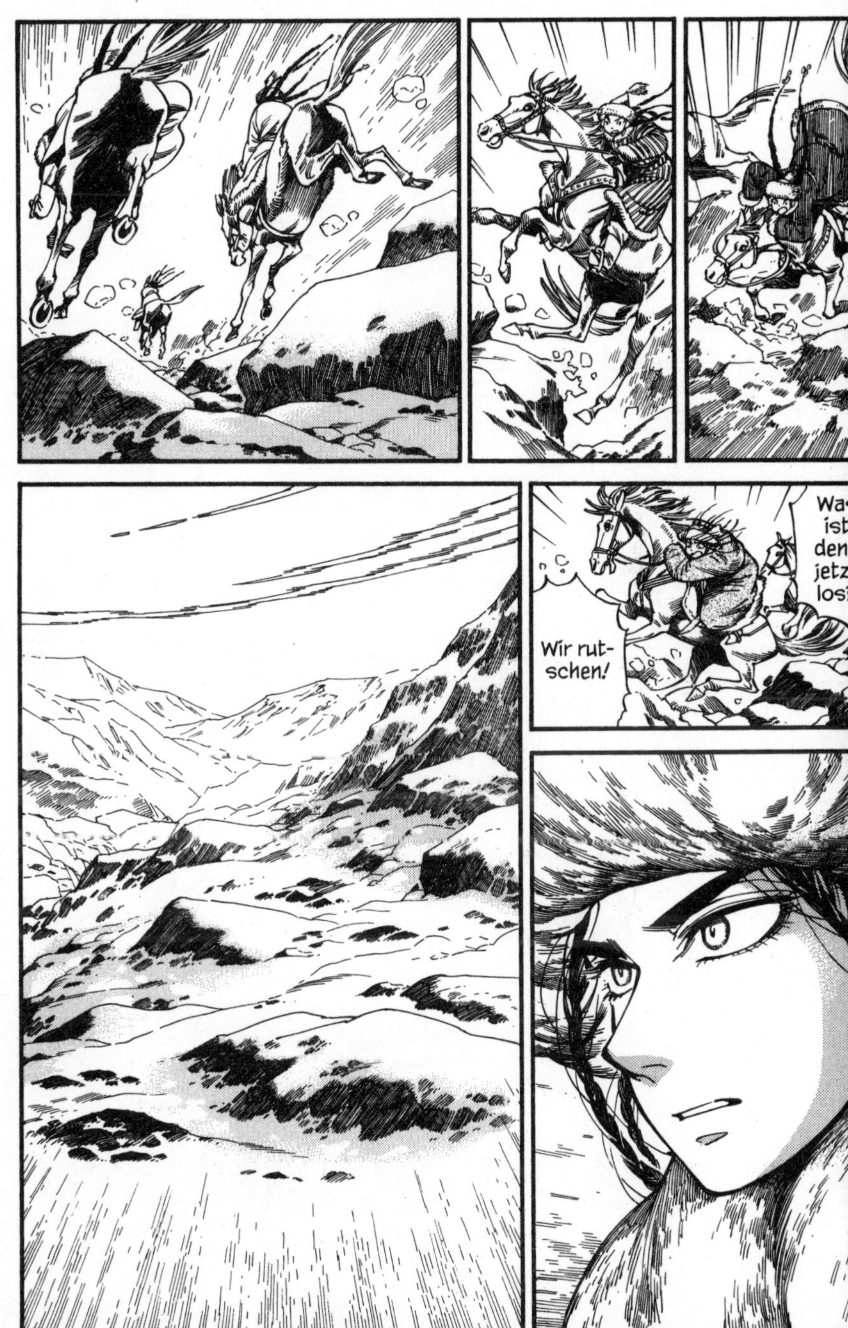
Wir rut-
schen!
Was
ist
denn
jetz
los?

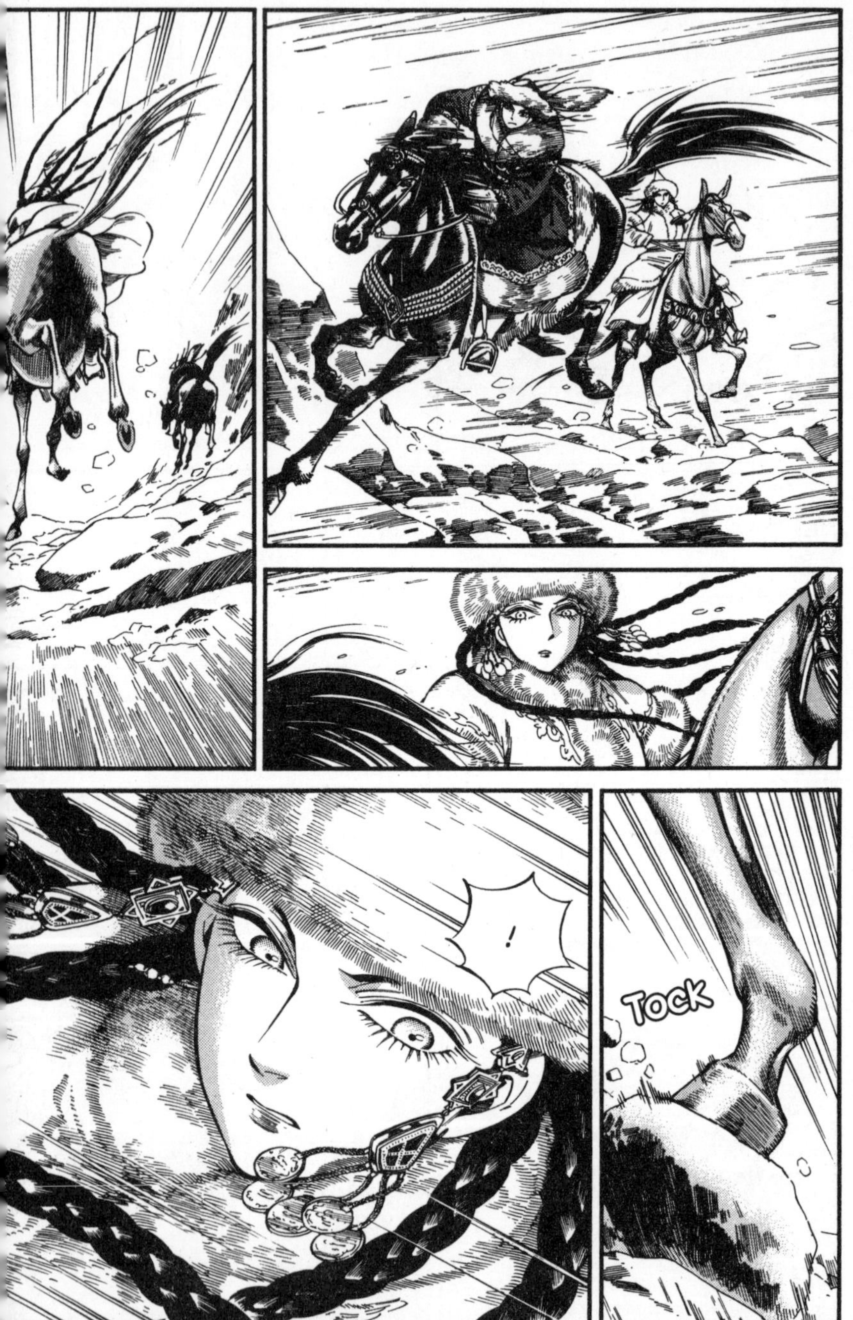
!
Tock

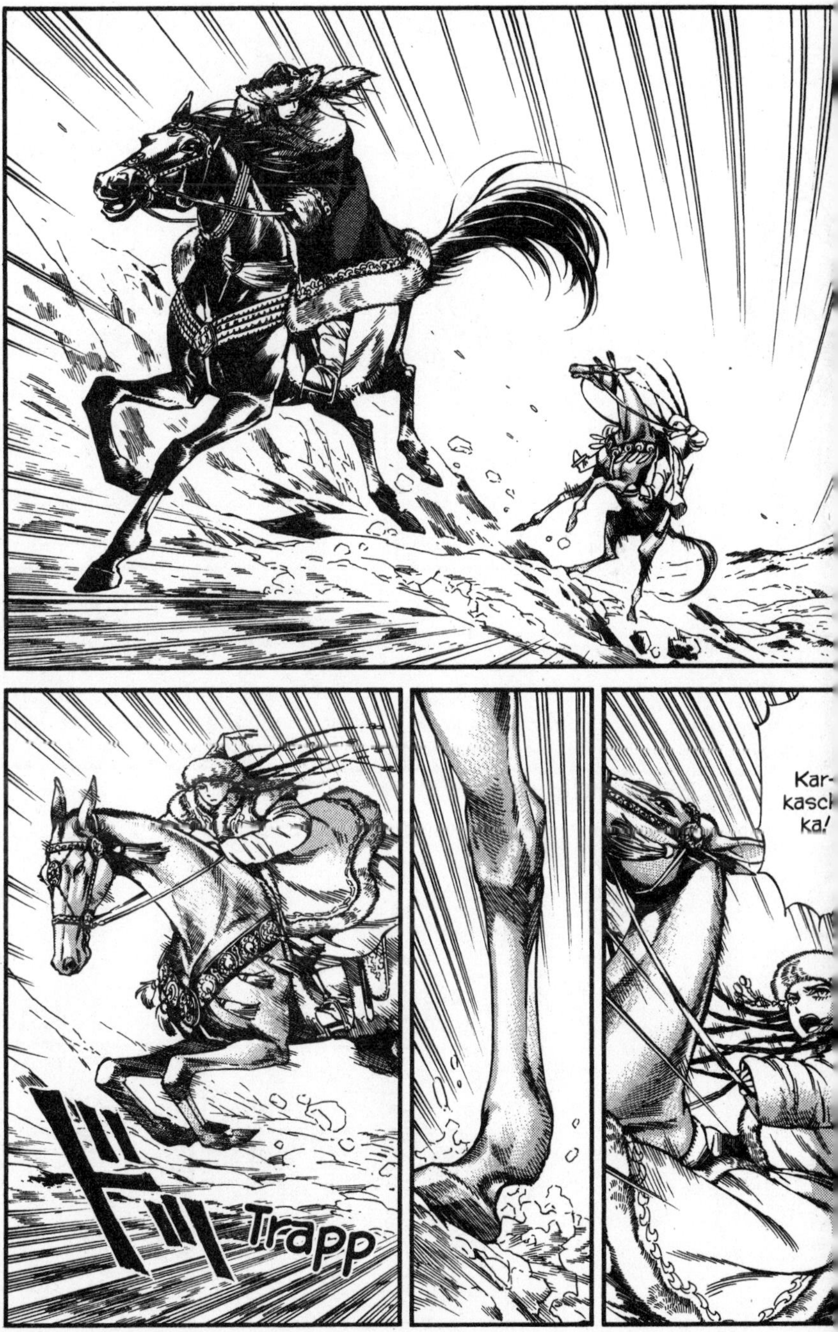

Kar-
kasc
ka!
Trapp

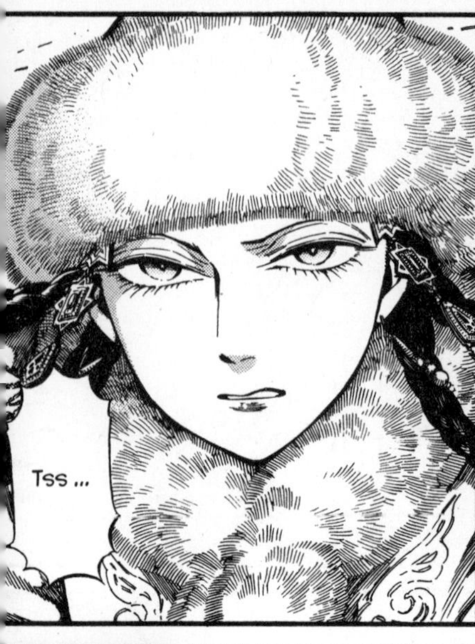
Tss ...
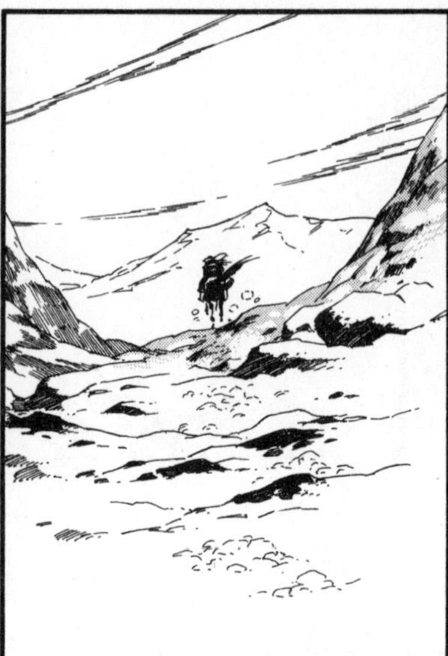
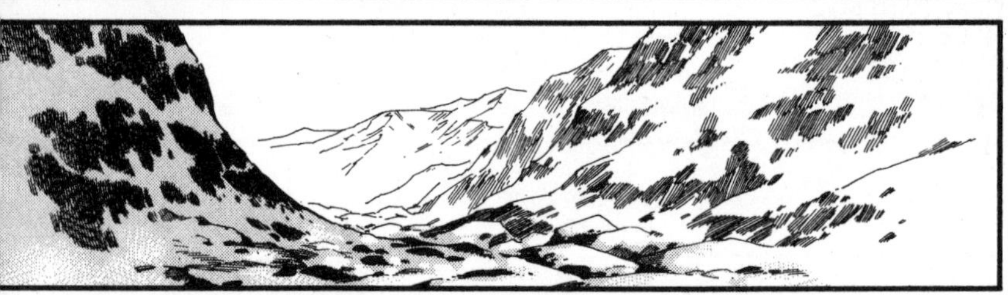
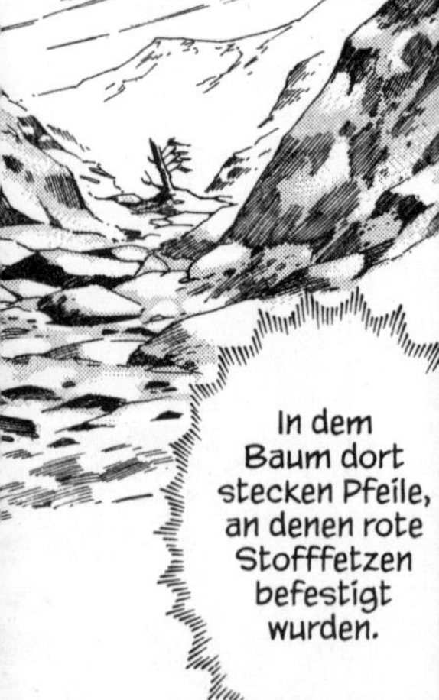
In dem Baum dort stecken Pfeile, an denen rote Stofffetzen befestigt wurden.
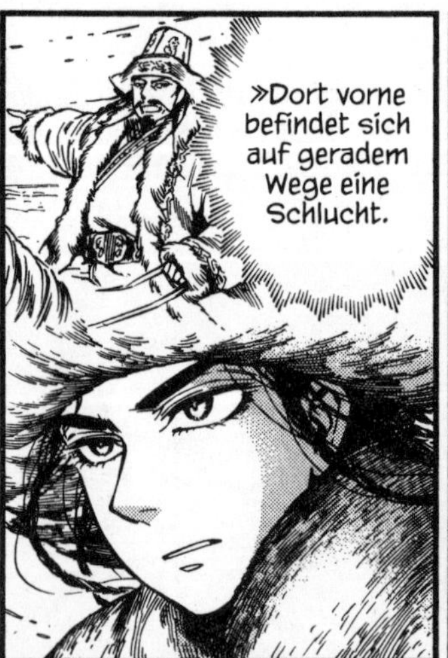
»Dort vorne befindet sich auf geradem Wege eine Schlucht.
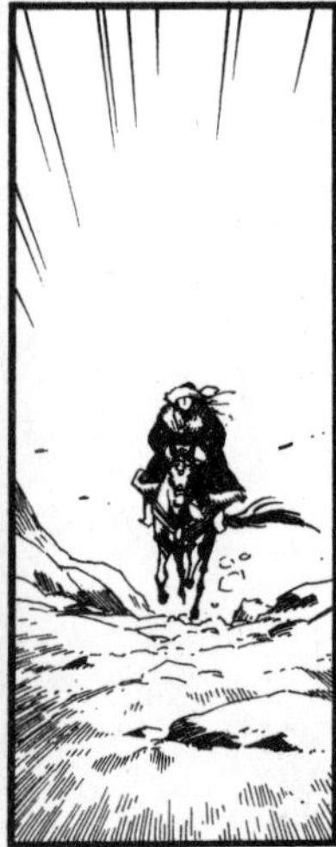

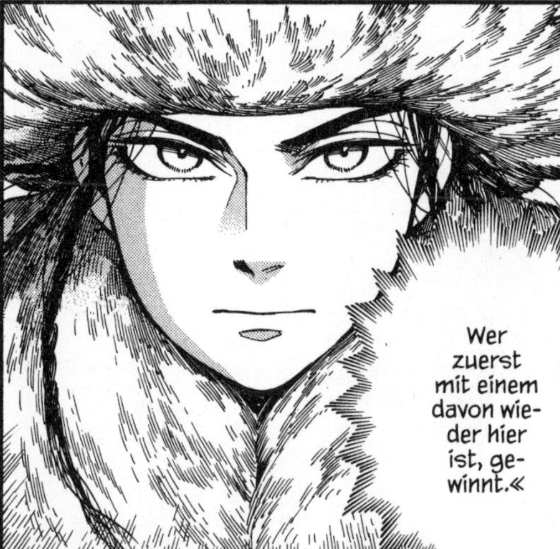
Wer
zuerst
mit einem
davon wie-
der hier
ist, ge-
winnt.«

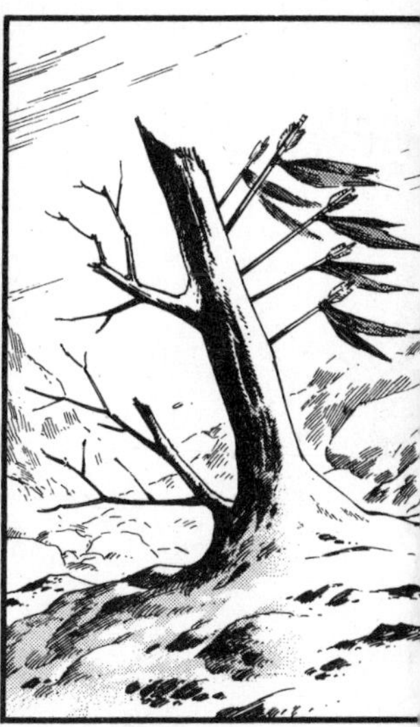

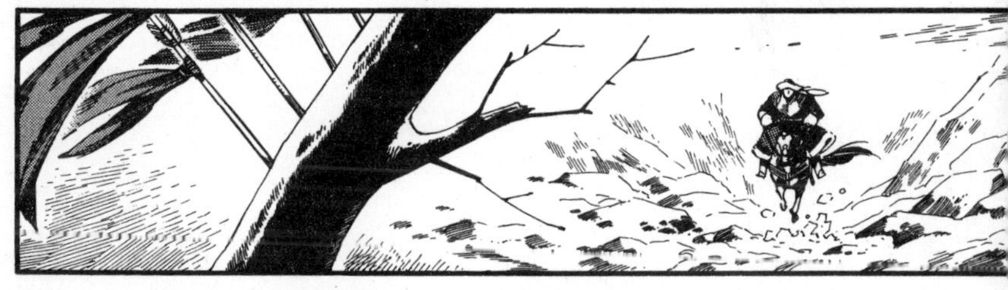

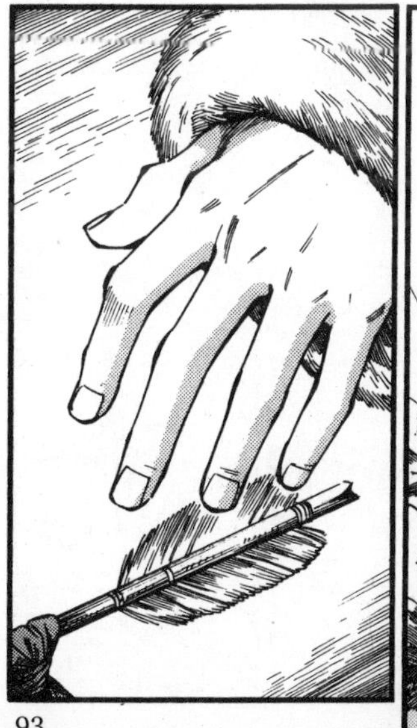

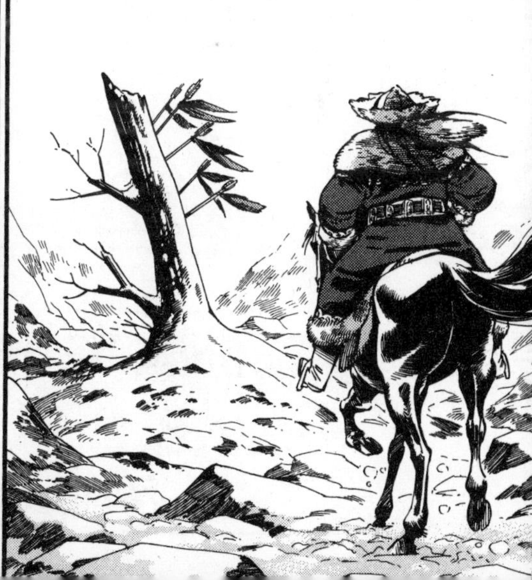

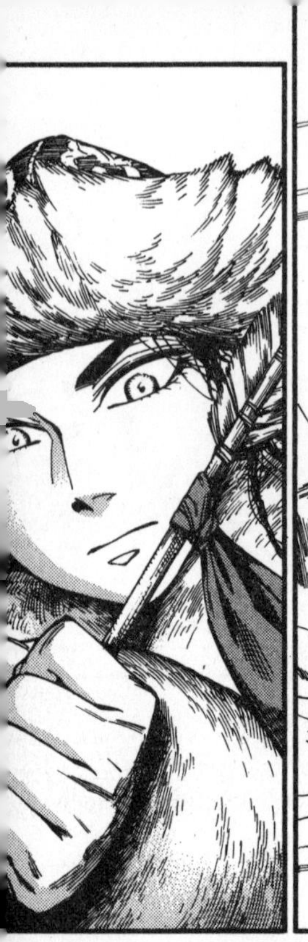

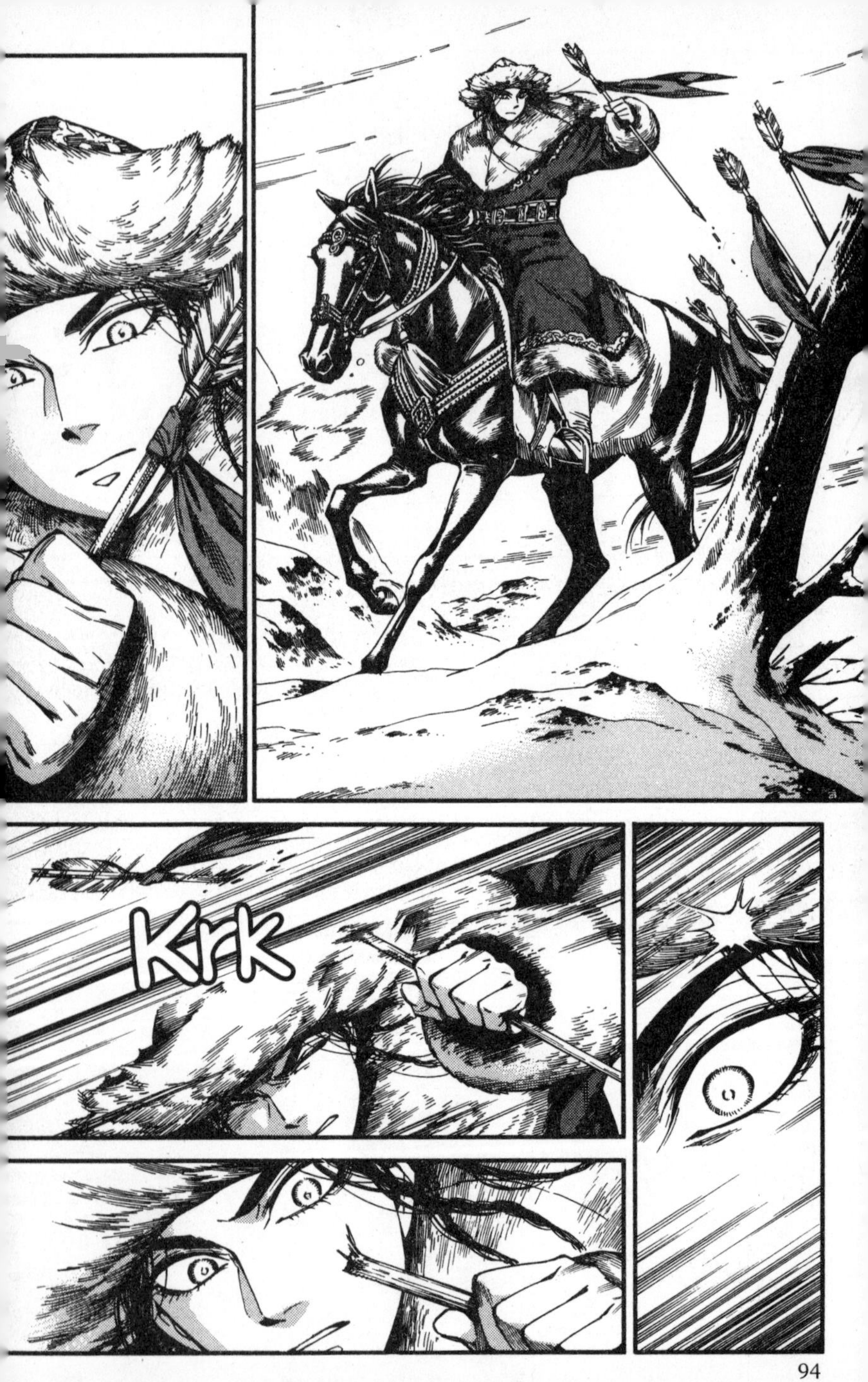

Krk

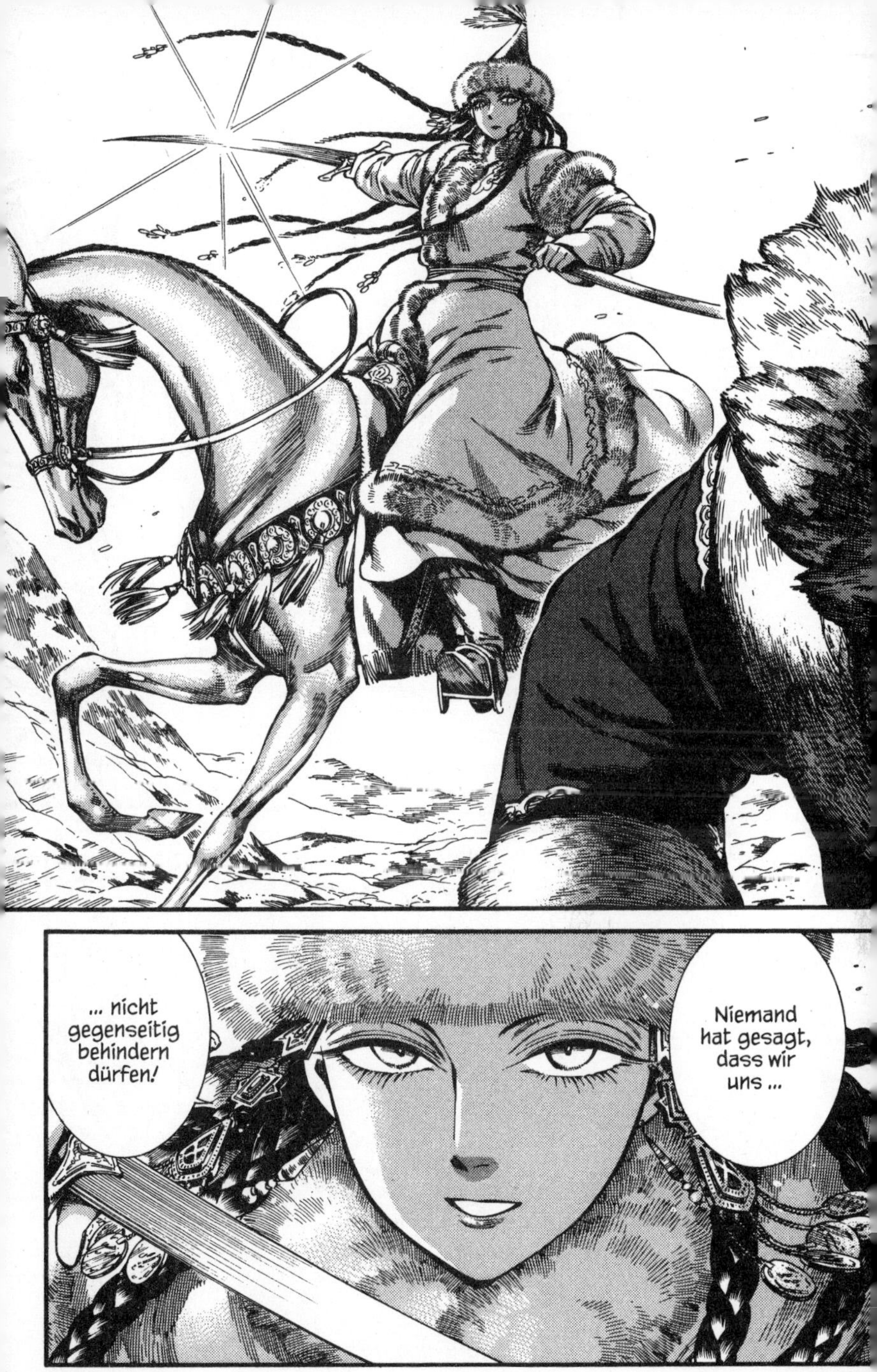

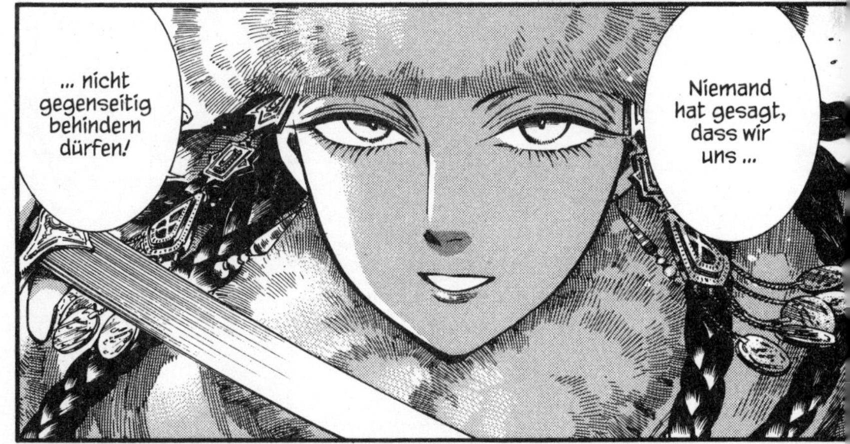
Niemand hat gesagt, dass wir uns ...
... nicht gegenseitig behindern dürfen!

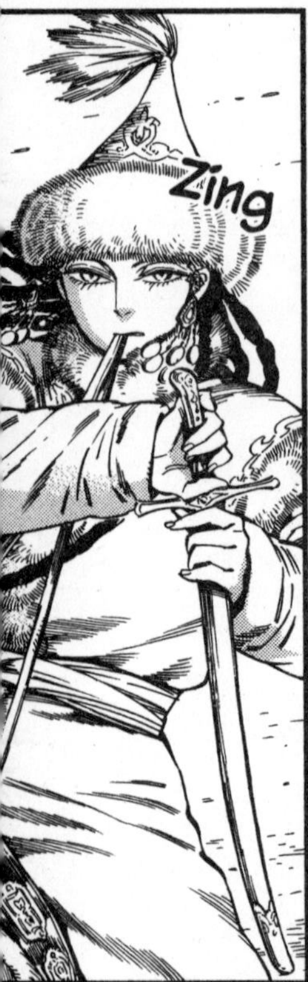
Zing

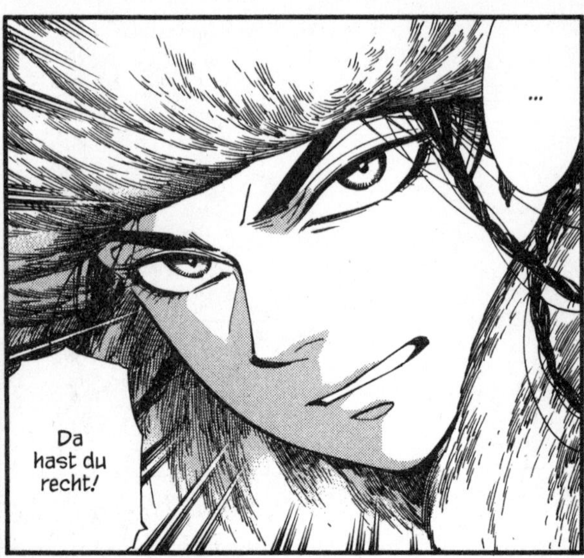
...
Da hast du recht!

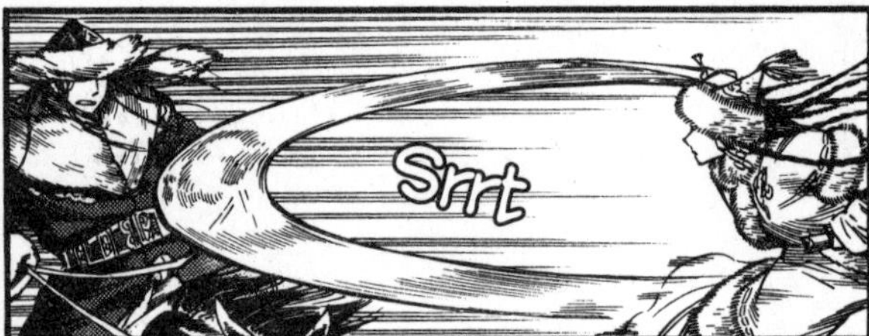
Srrt

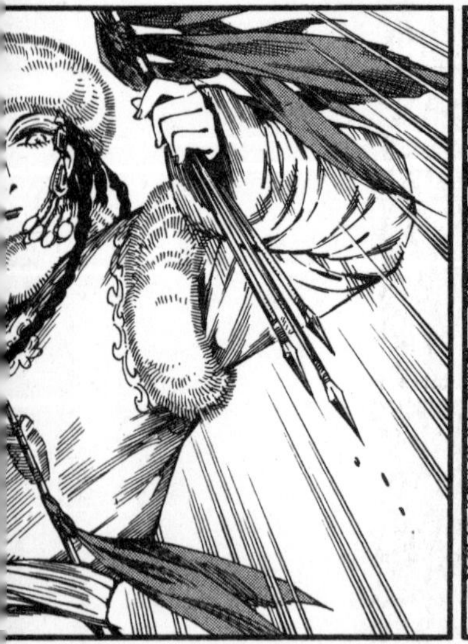

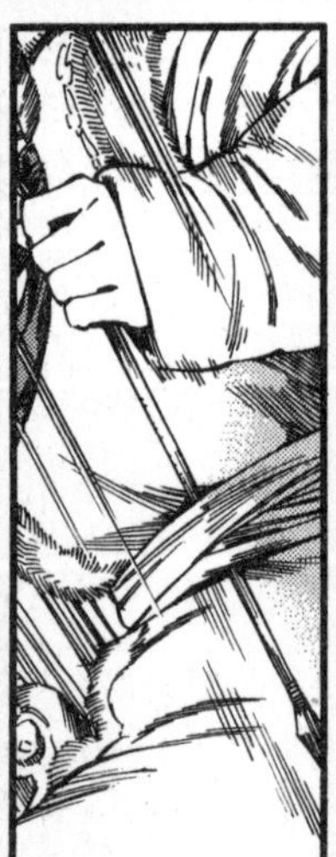

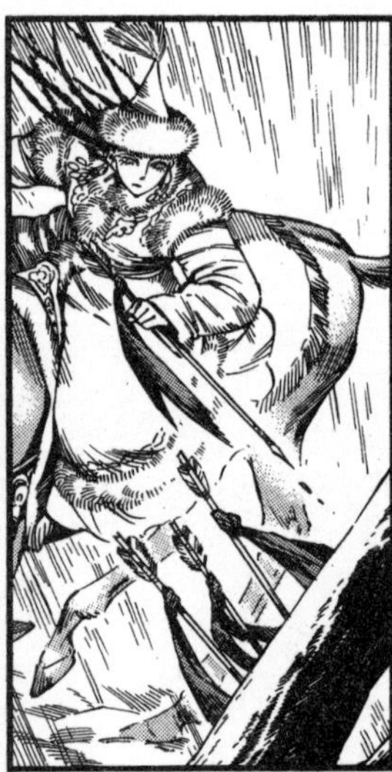

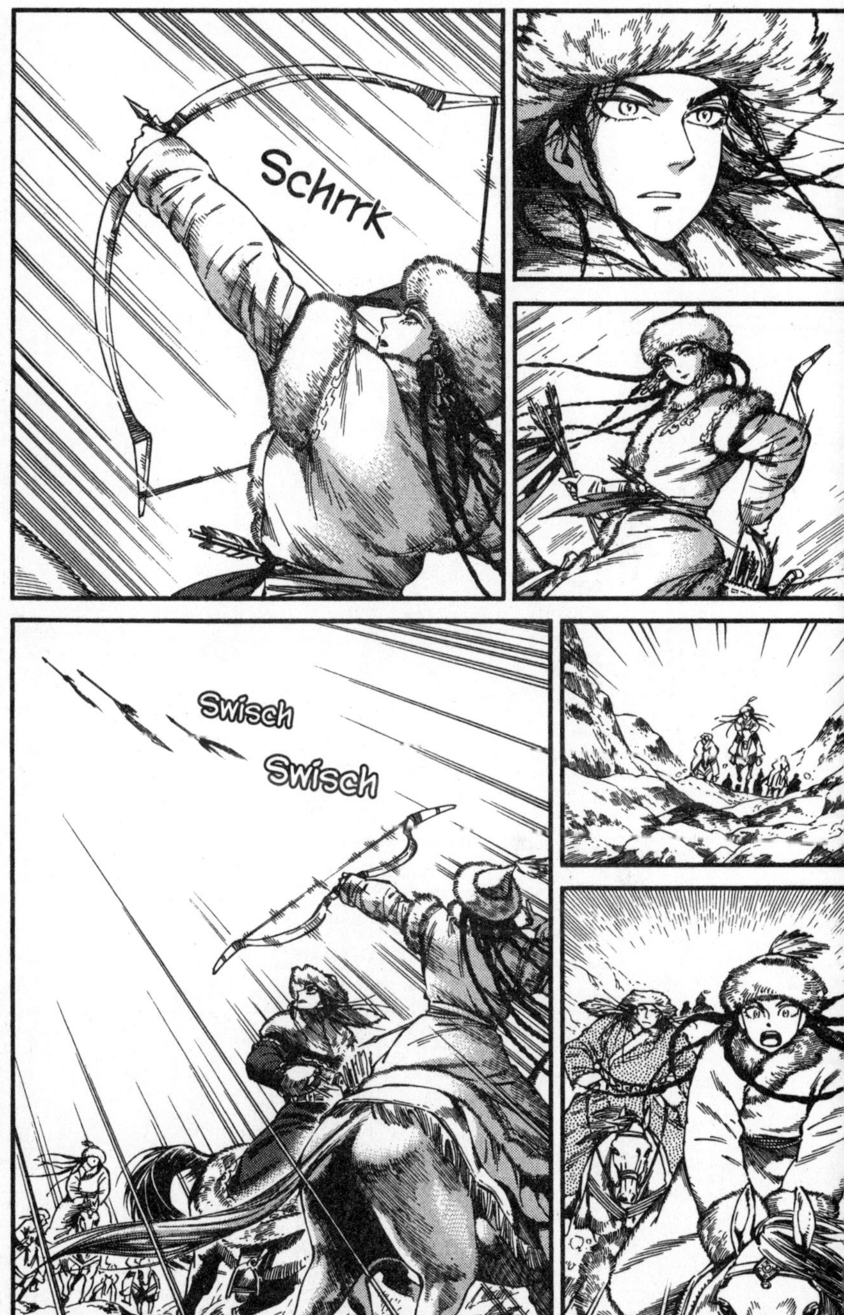
Schrrk
Swisch
Swisch

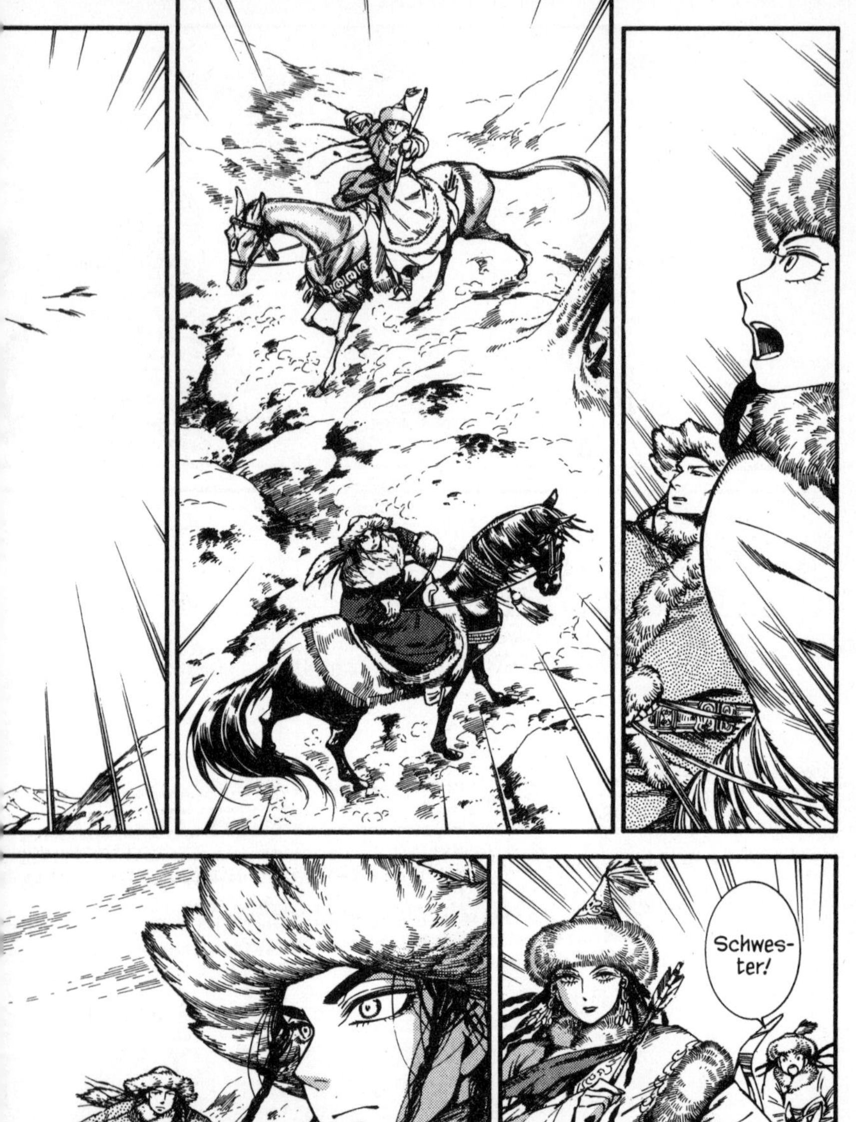
Schwester!
Keine Sorge.
Einen habe ich übrig gelassen.

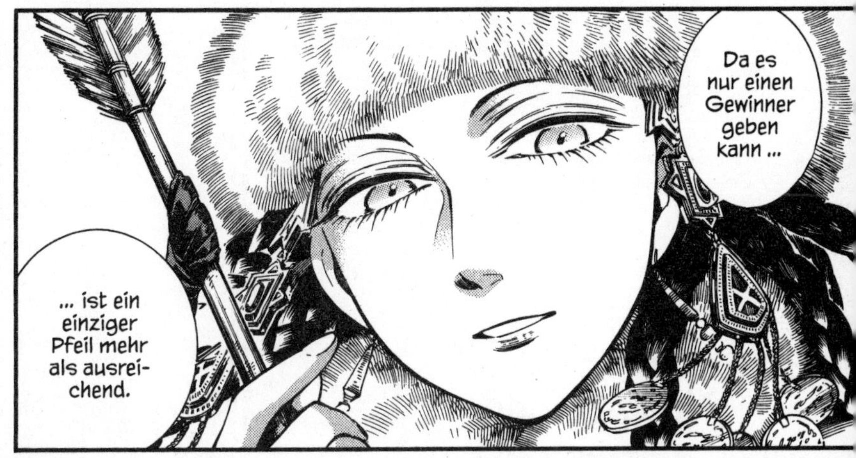

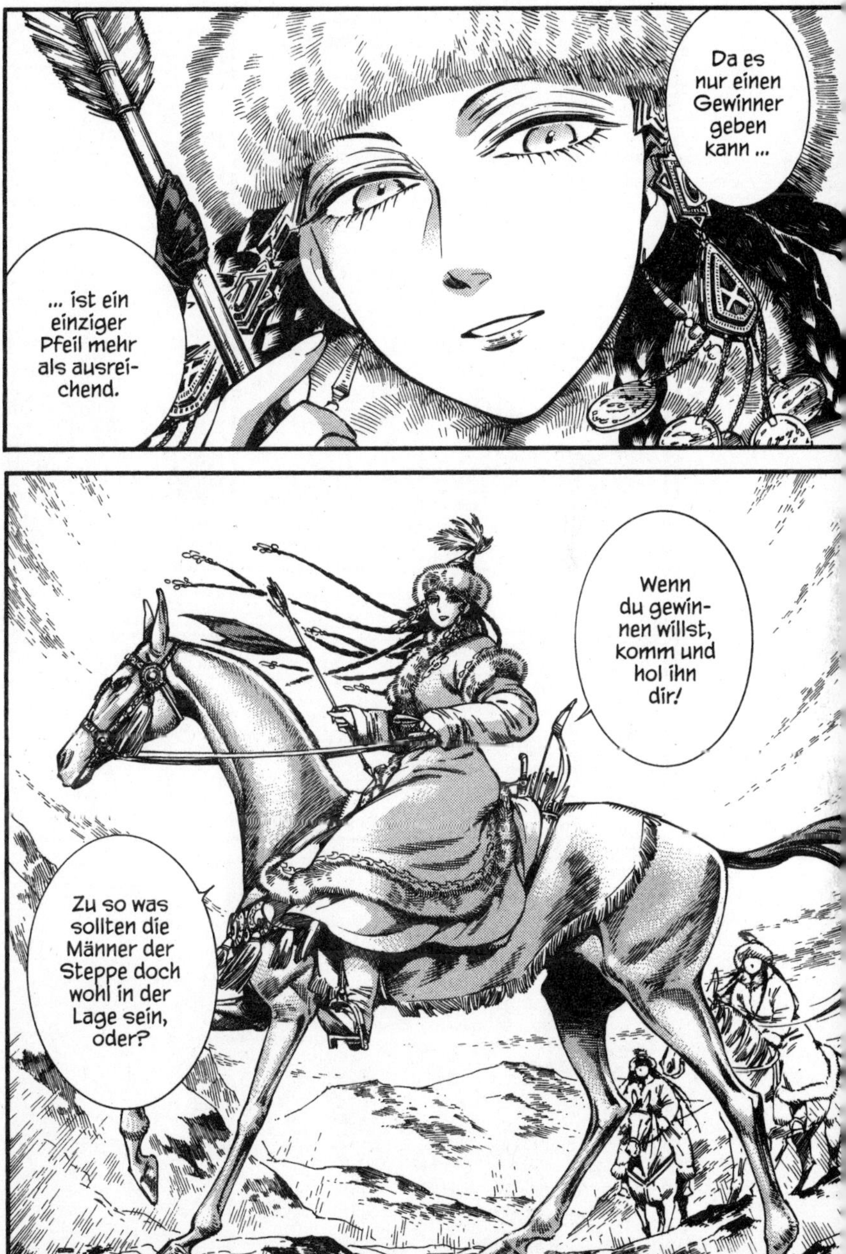

Wenn du gewinnen willst, komm und hol ihn dir!

Zu so was sollten die Männer der Steppe doch wohl in der Lage sein, oder?

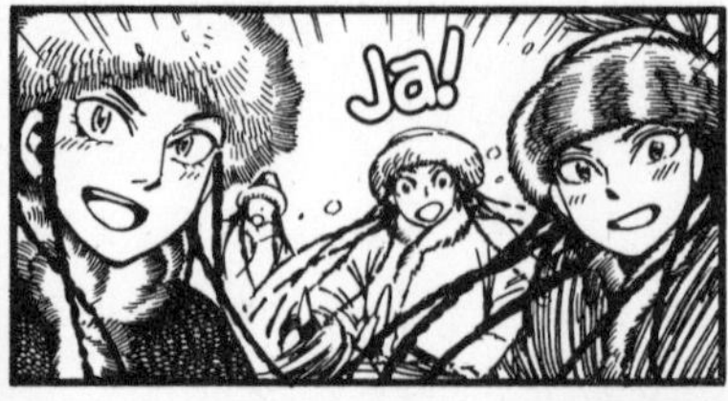
Ja!

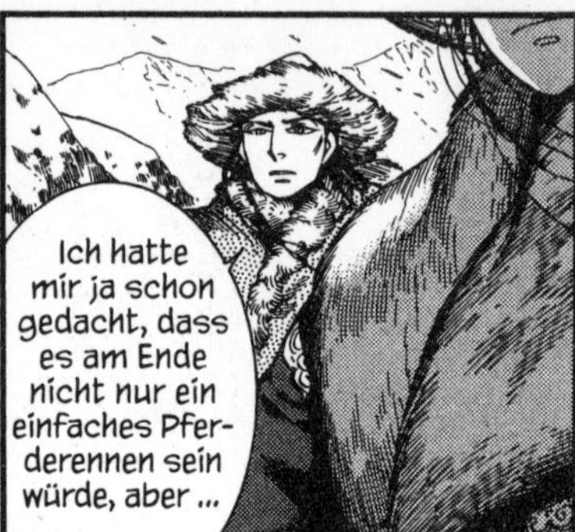
Ich hatte mir ja schon gedacht, dass es am Ende nicht nur ein einfaches Pferderennen sein würde, aber ...

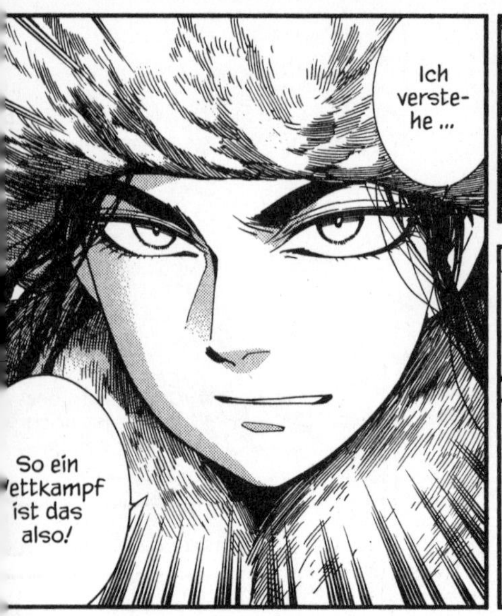
Ich verstehe ...
So ein ettkampf ist das also!

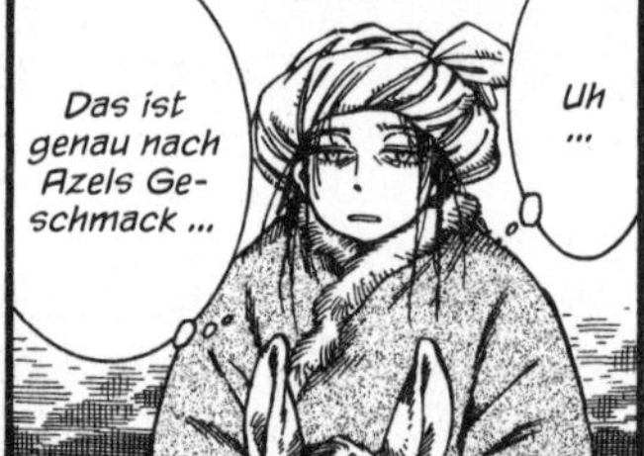
Uh ...
Das ist genau nach Azels Geschmack ...

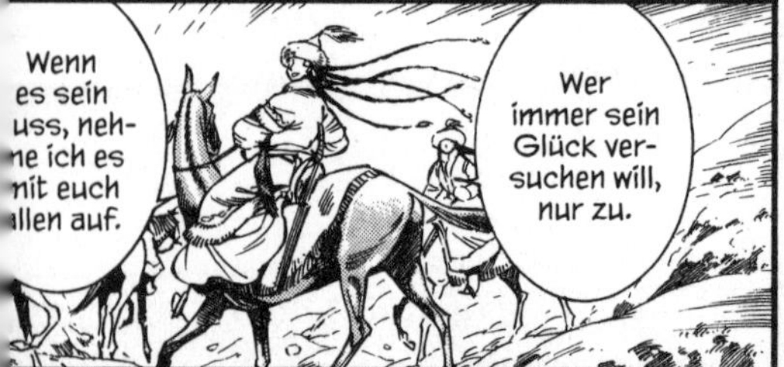
Wer immer sein Glück versuchen will, nur zu.
Wenn es sein uss, neh- ne ich es nit euch llen auf.

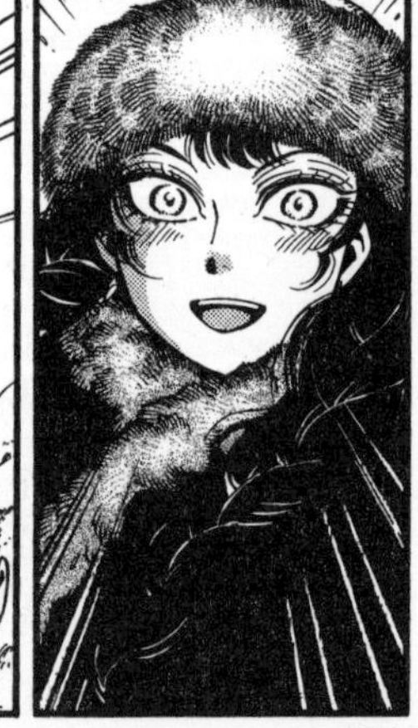

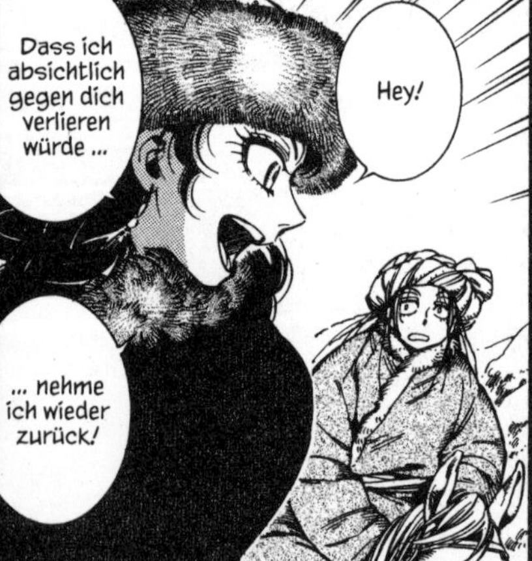
Hey!
Dass ich absichtlich gegen dich verlieren würde ...
... nehme ich wieder zurück!

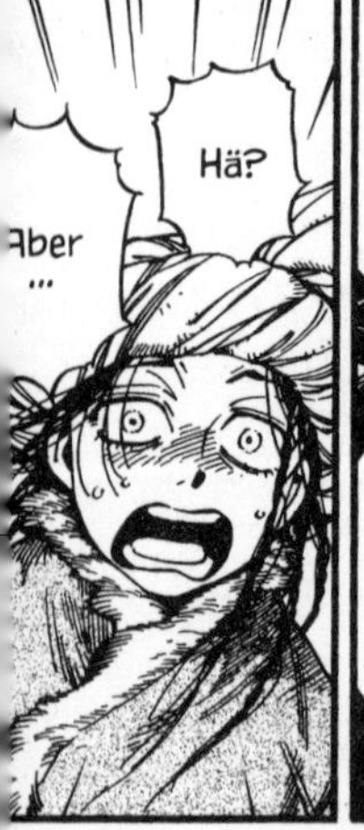
Hä?
Aber ...

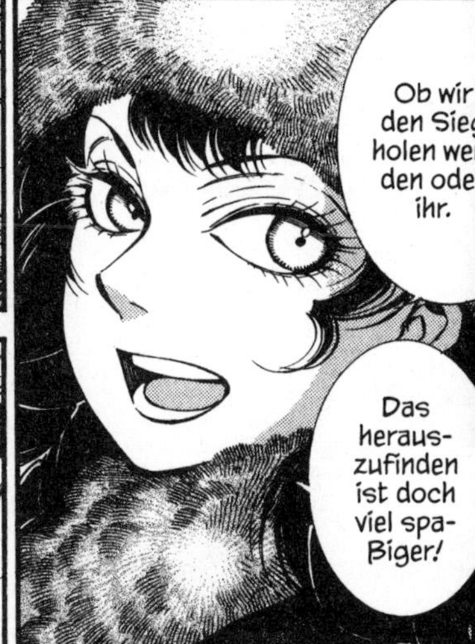
Ob wir
den Sieg
holen wer
den oder
ihr.
Das
heraus-
zufinden
ist doch
viel spa-
ßiger!

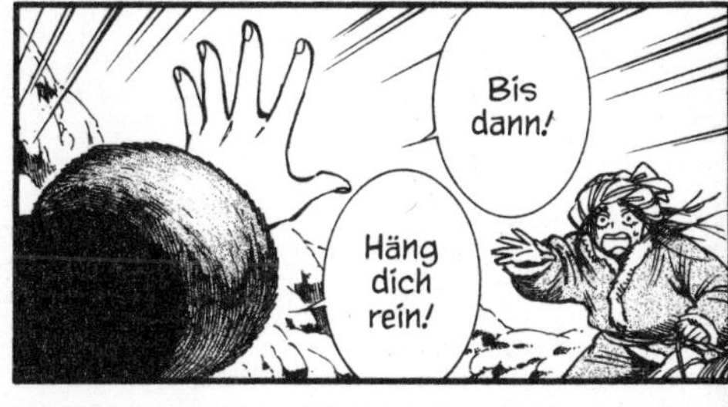
Bis
dann!
Häng
dich
rein!

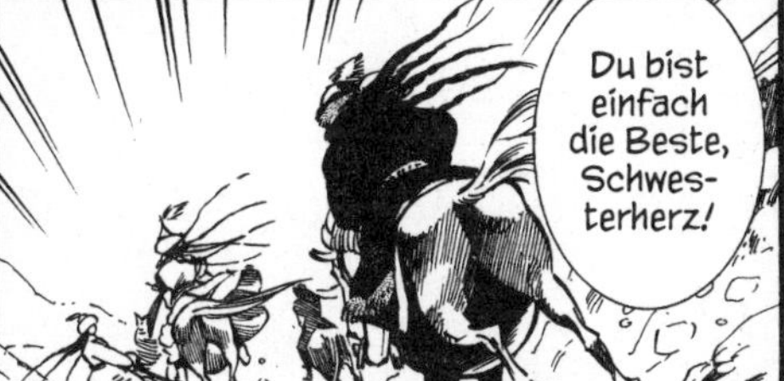
Du bist
einfach
die Beste,
Schwes-
terherz!

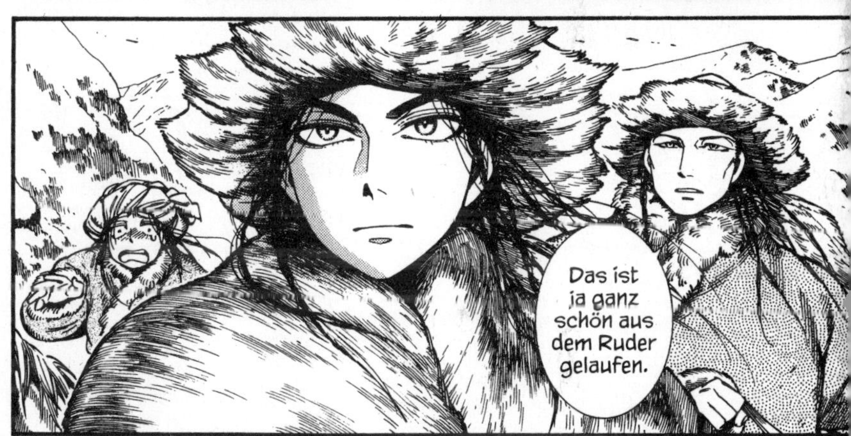
Das ist
ja ganz
schön aus
dem Ruder
gelaufen.

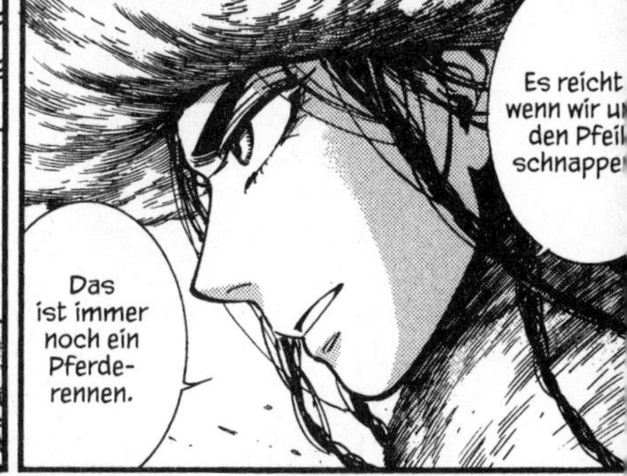
Es reicht
wenn wir u
den Pfeil
schnappe
Das
ist immer
noch ein
Pferde-
rennen.

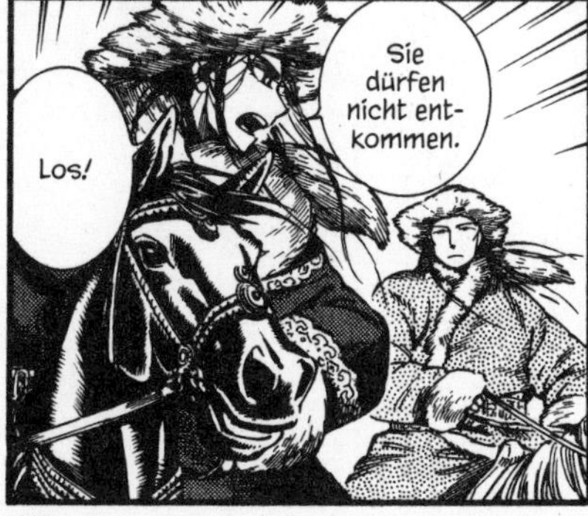
Sie
dürfen
nicht ent-
kommen.
Los!

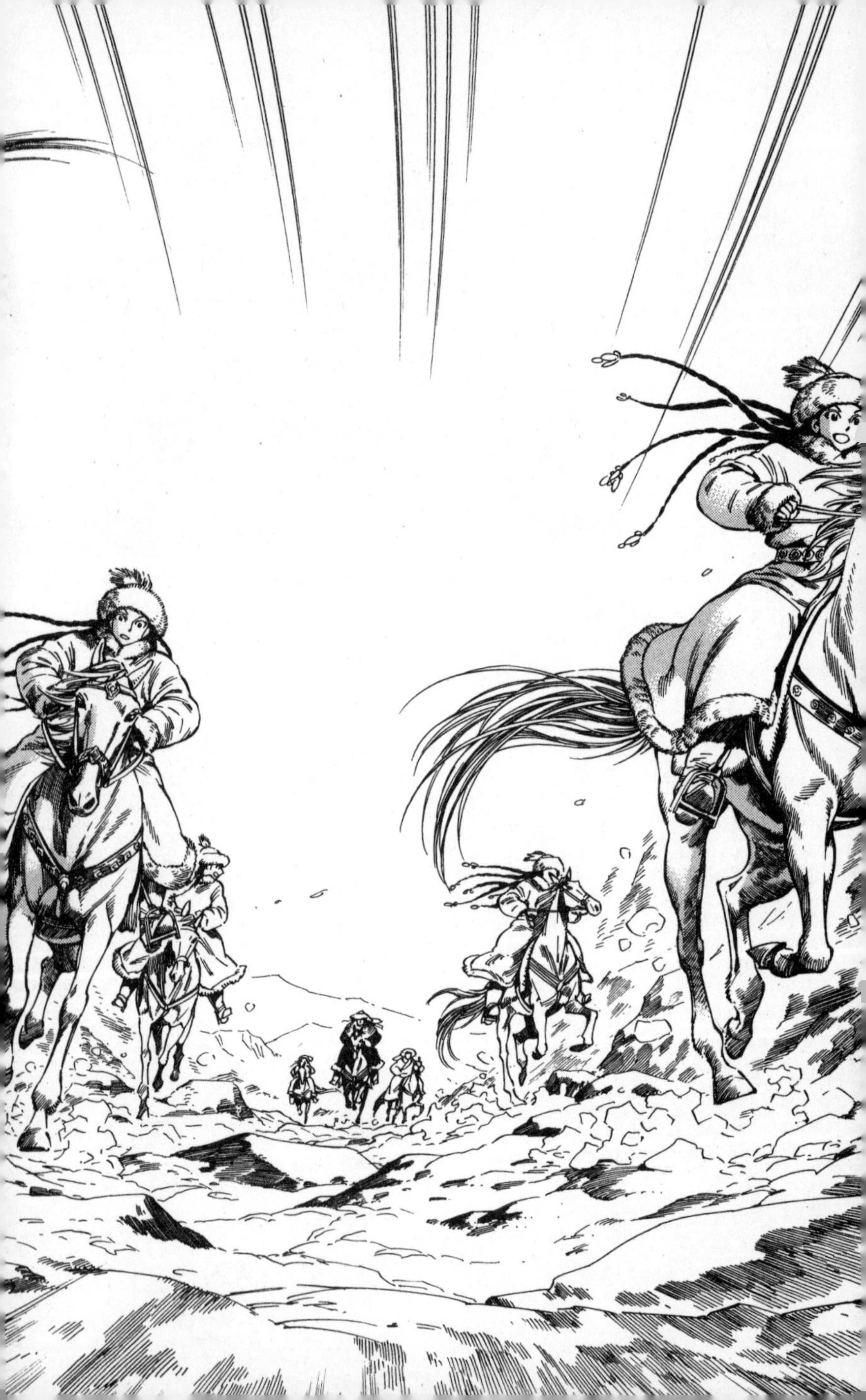

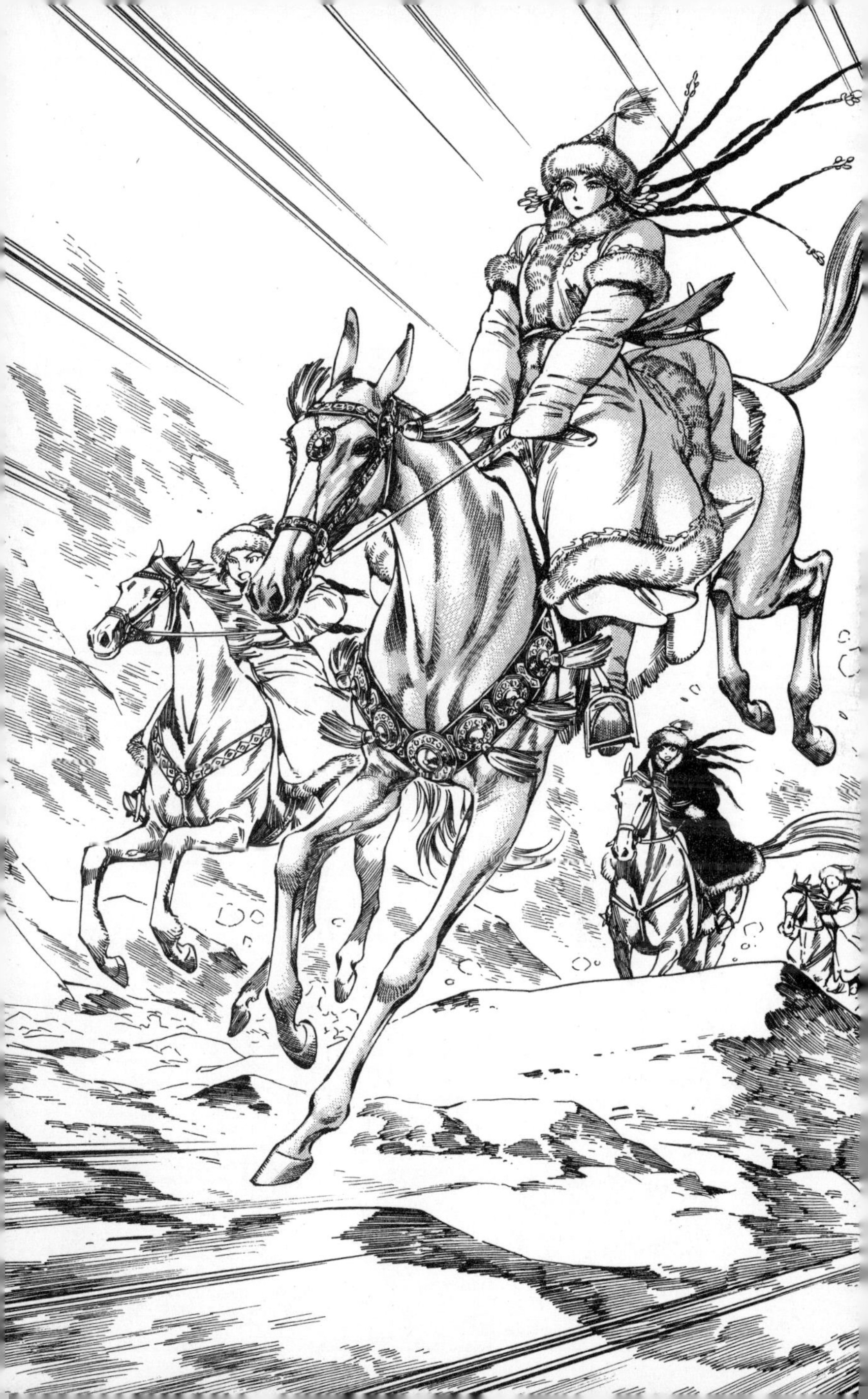

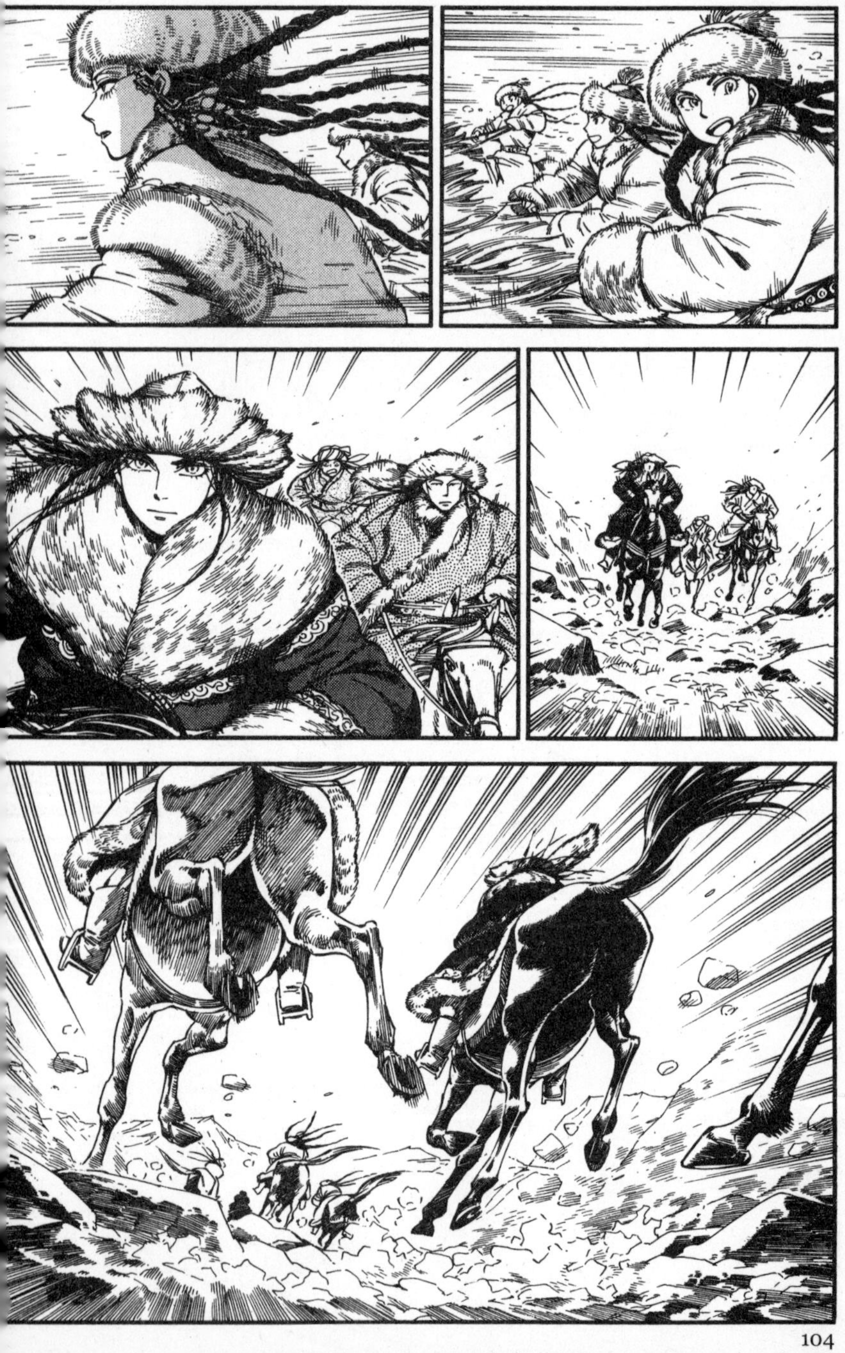

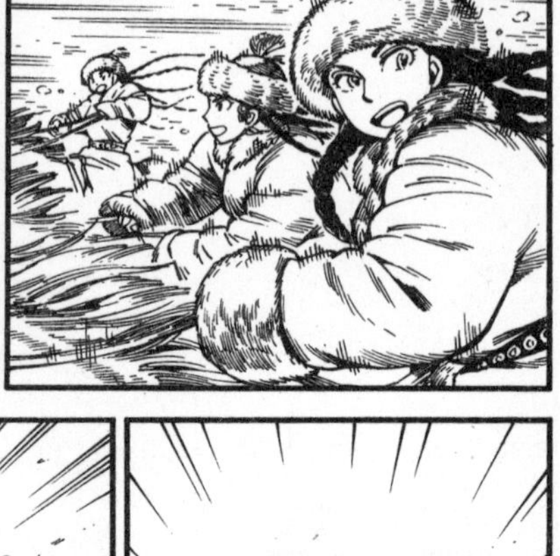

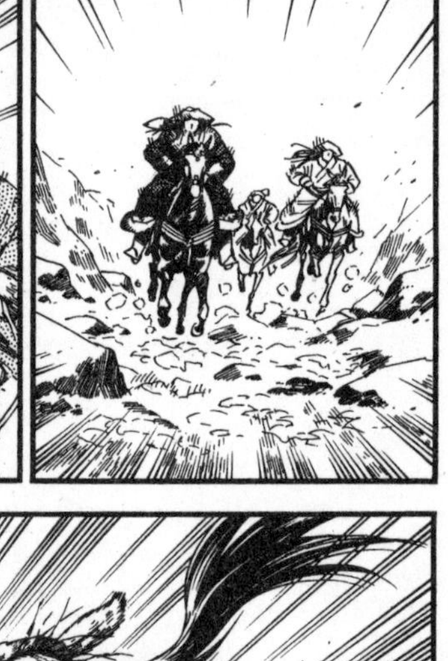

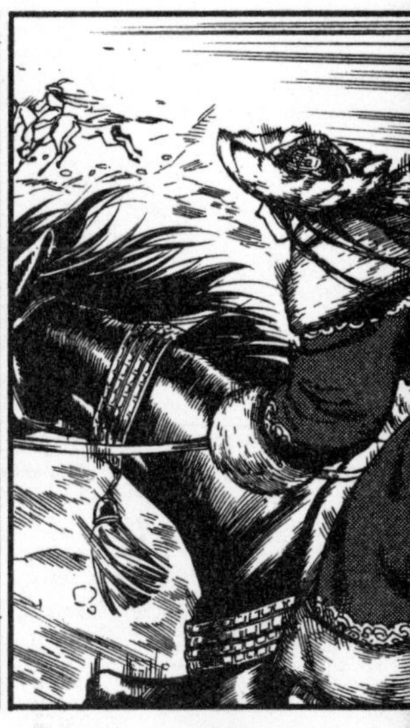

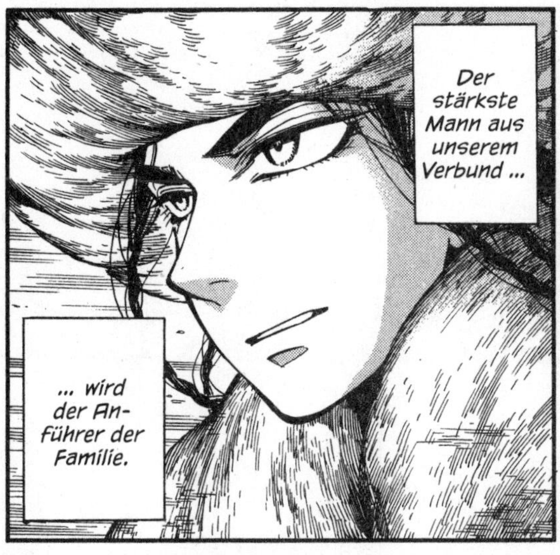

Der stärkste Mann aus unserem Verbund ...
... wird der Anführer der Familie.

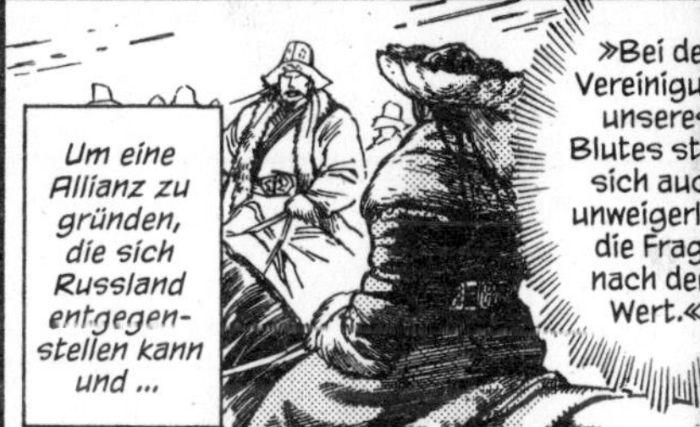

»Bei de Vereinigu unseres Blutes st sich auc unweigerl die Frag nach de Wert.«
Um eine Allianz zu gründen, die sich Russland entgegenstellen kann und ...

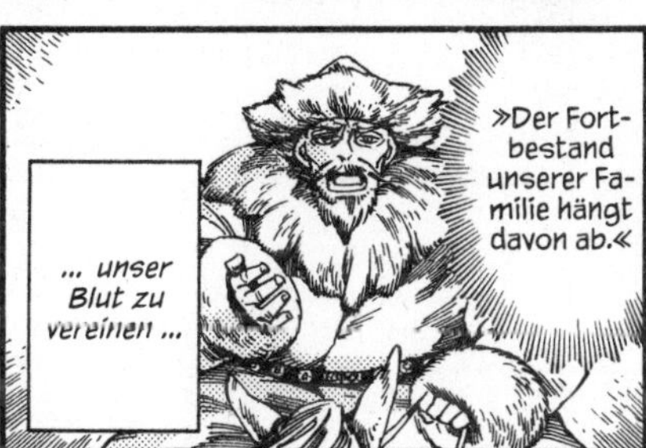

»Der Fortbestand unserer Familie hängt davon ab.«
... unser Blut zu vereinen ...

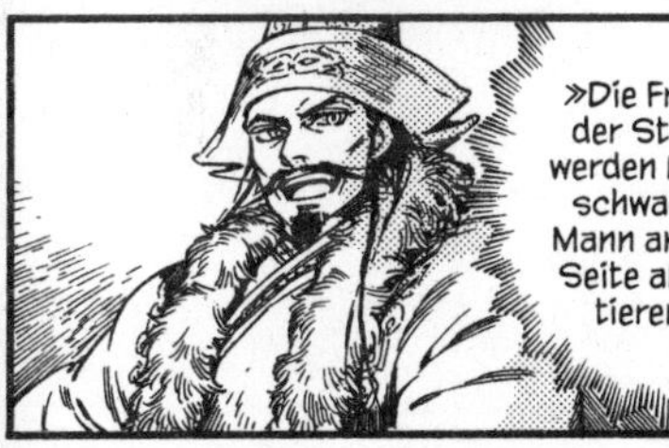

»Die Fraue der Stepp werden kein schwache Mann an ih Seite akze tieren!«

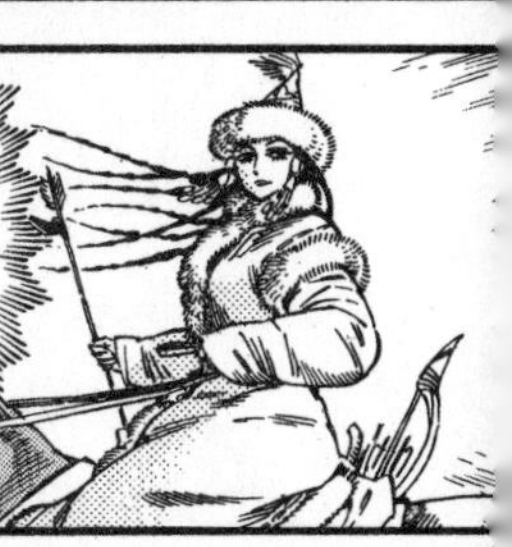

»Wenn du gewinnen willst, komm und hol ihn dir!«

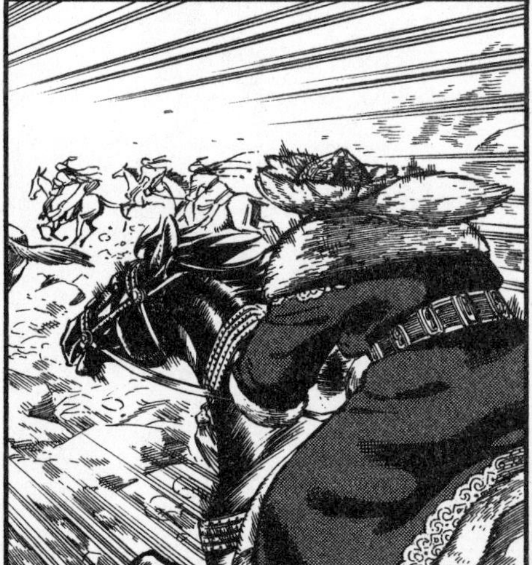

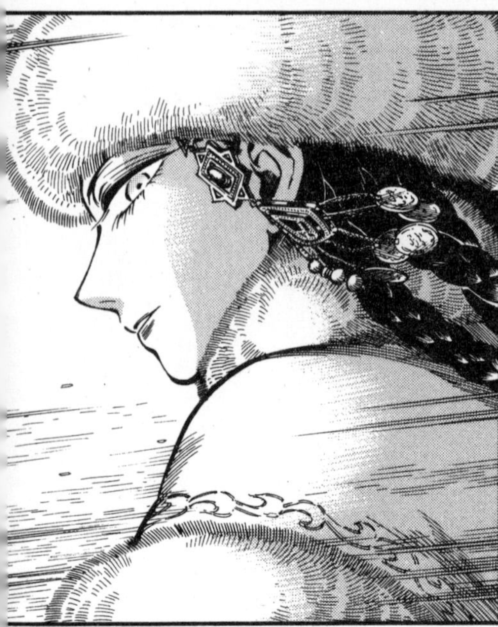

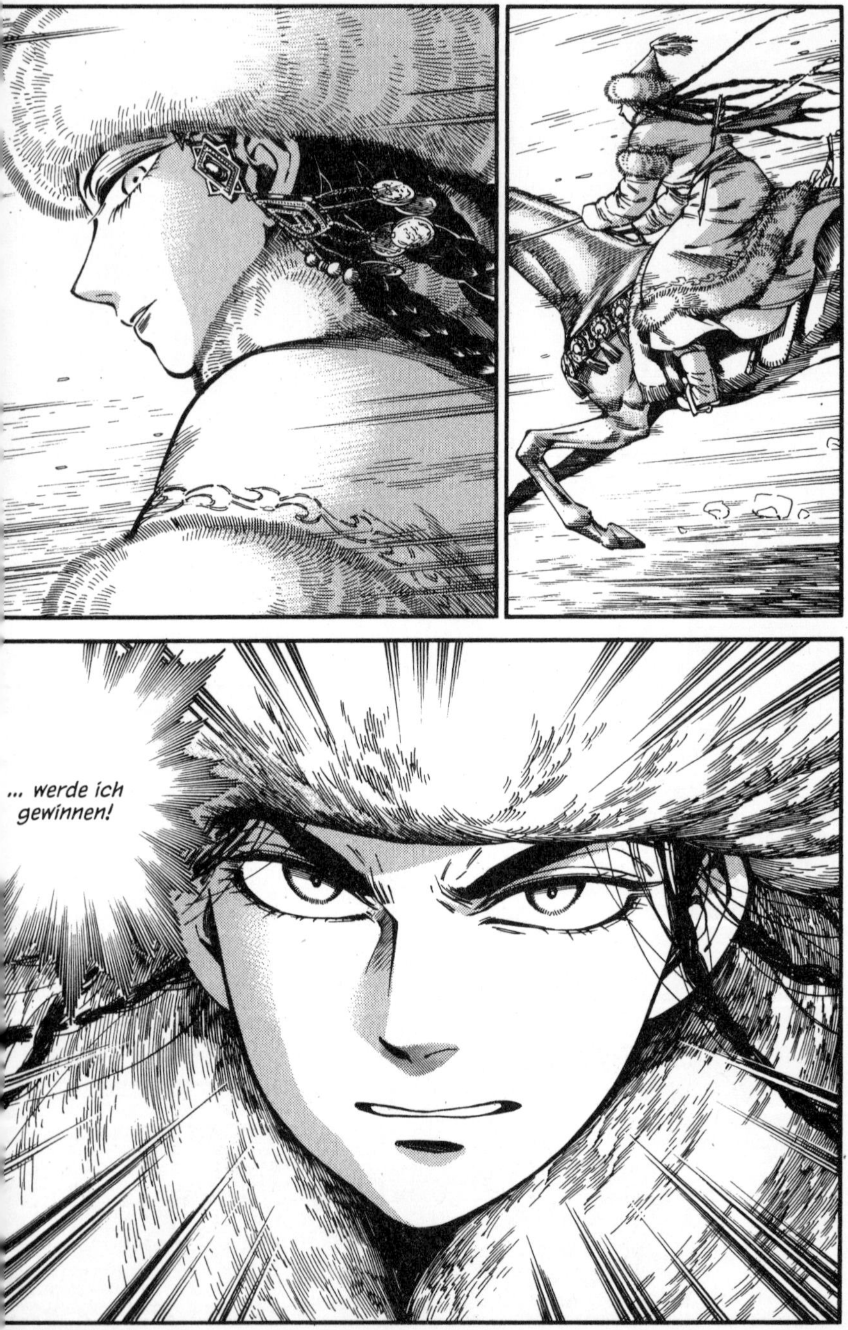

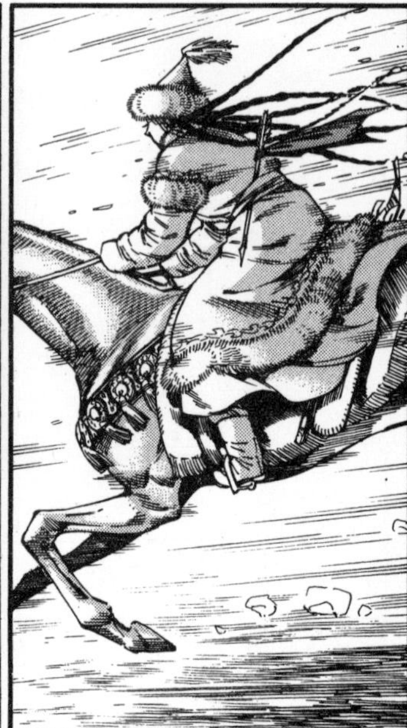

... werde ich gewinnen!

Kapitel 98 Ende ✦

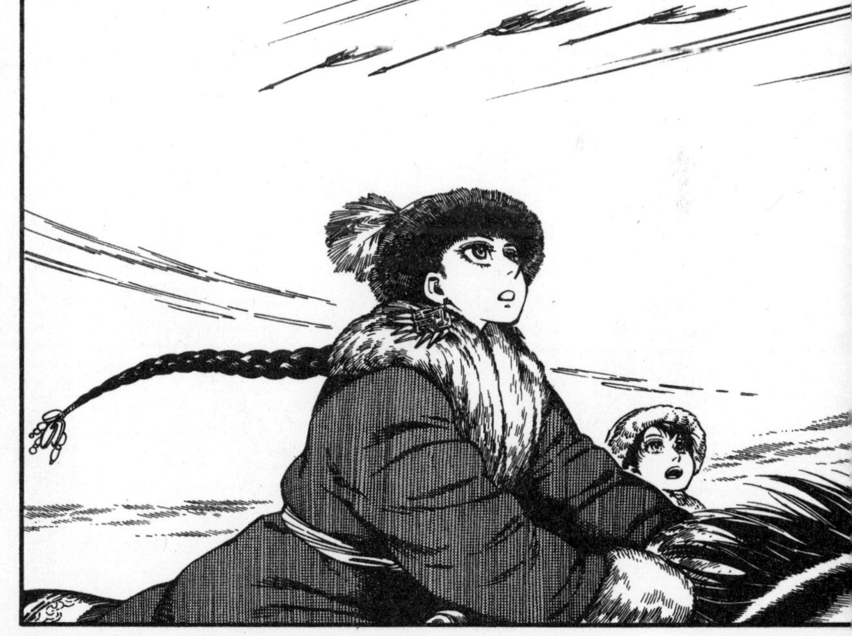

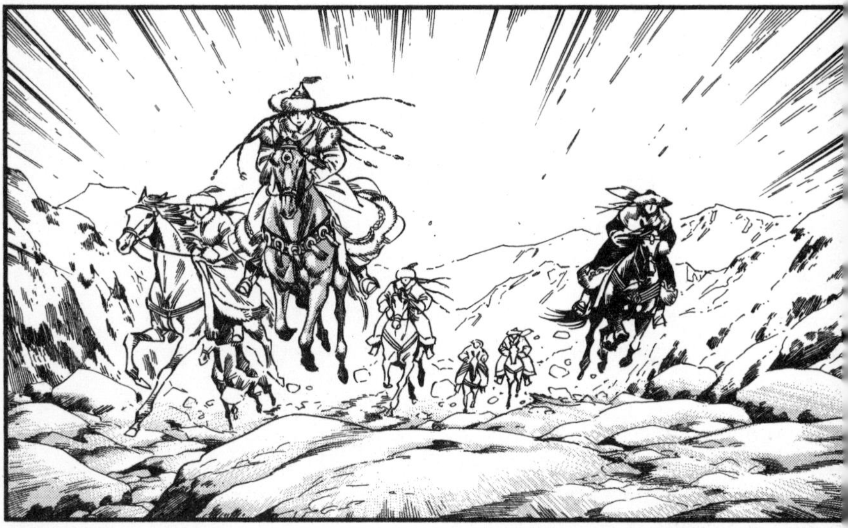

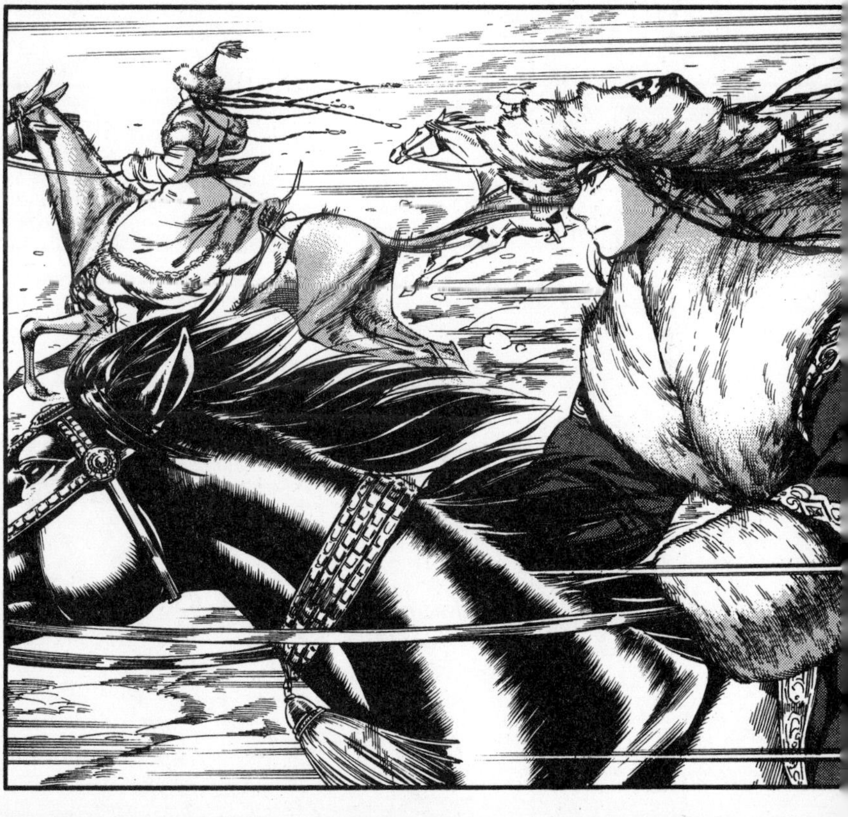

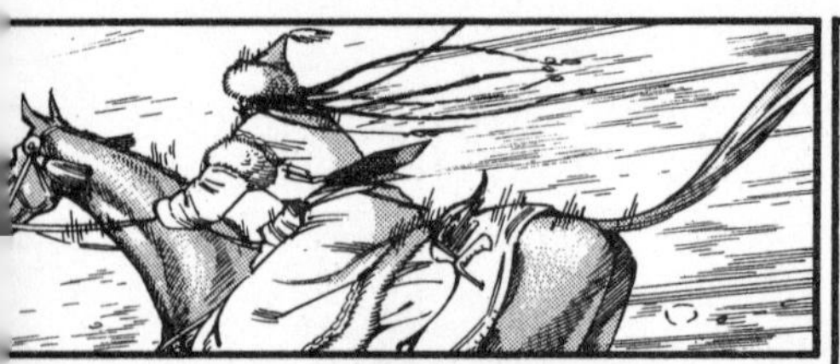
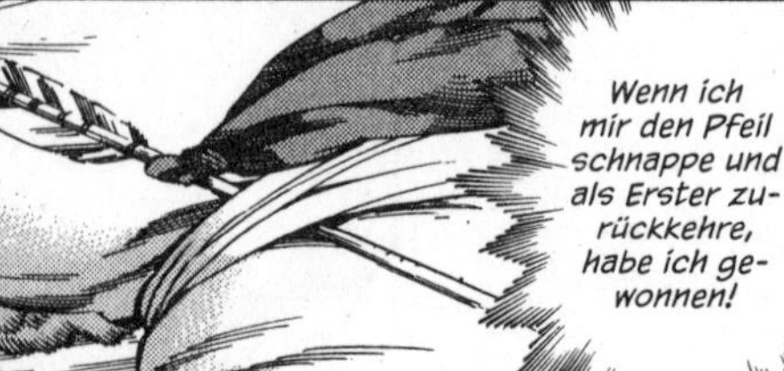
Wenn ich mir den Pfeil schnappe und als Erster zurückkehre, habe ich gewonnen!
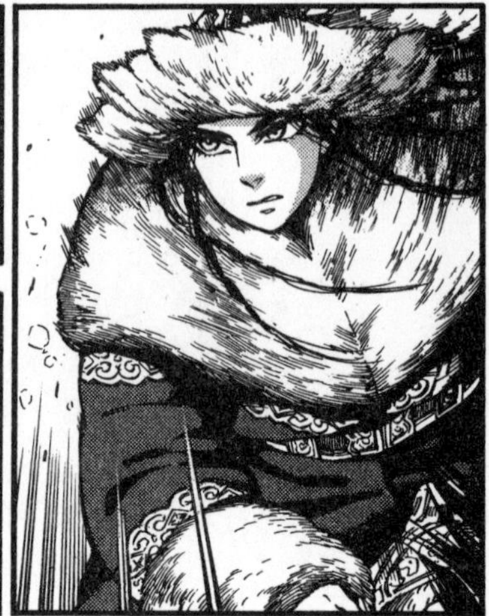
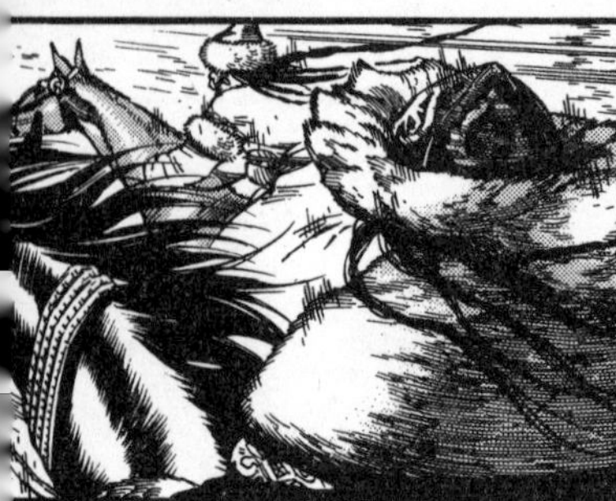
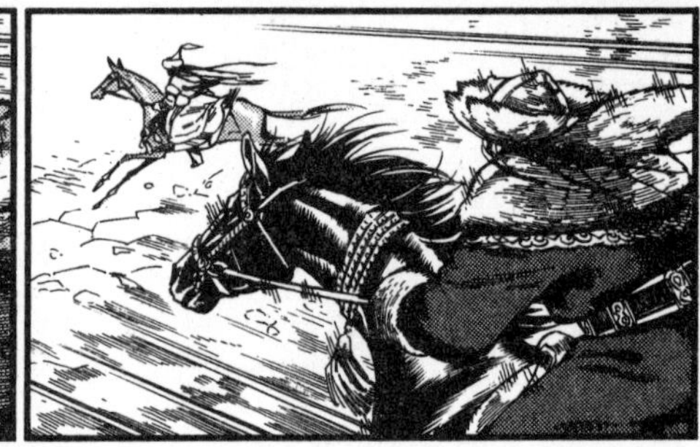
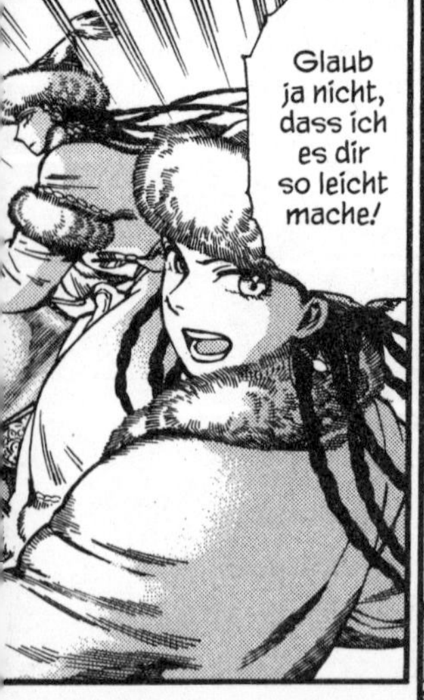
Glaub ja nicht, dass ich es dir so leicht mache!
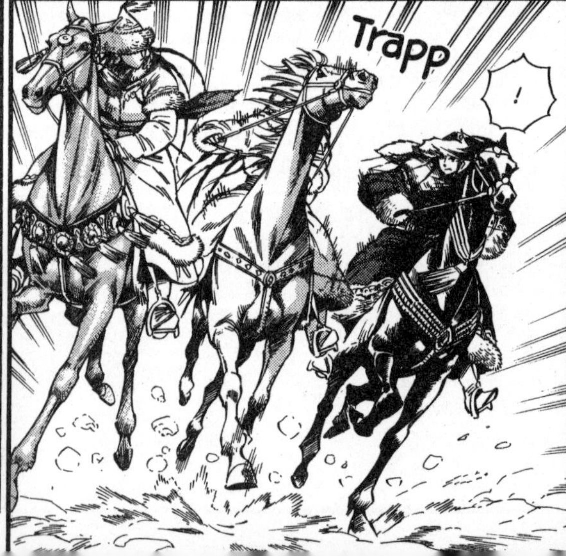
Trapp
!

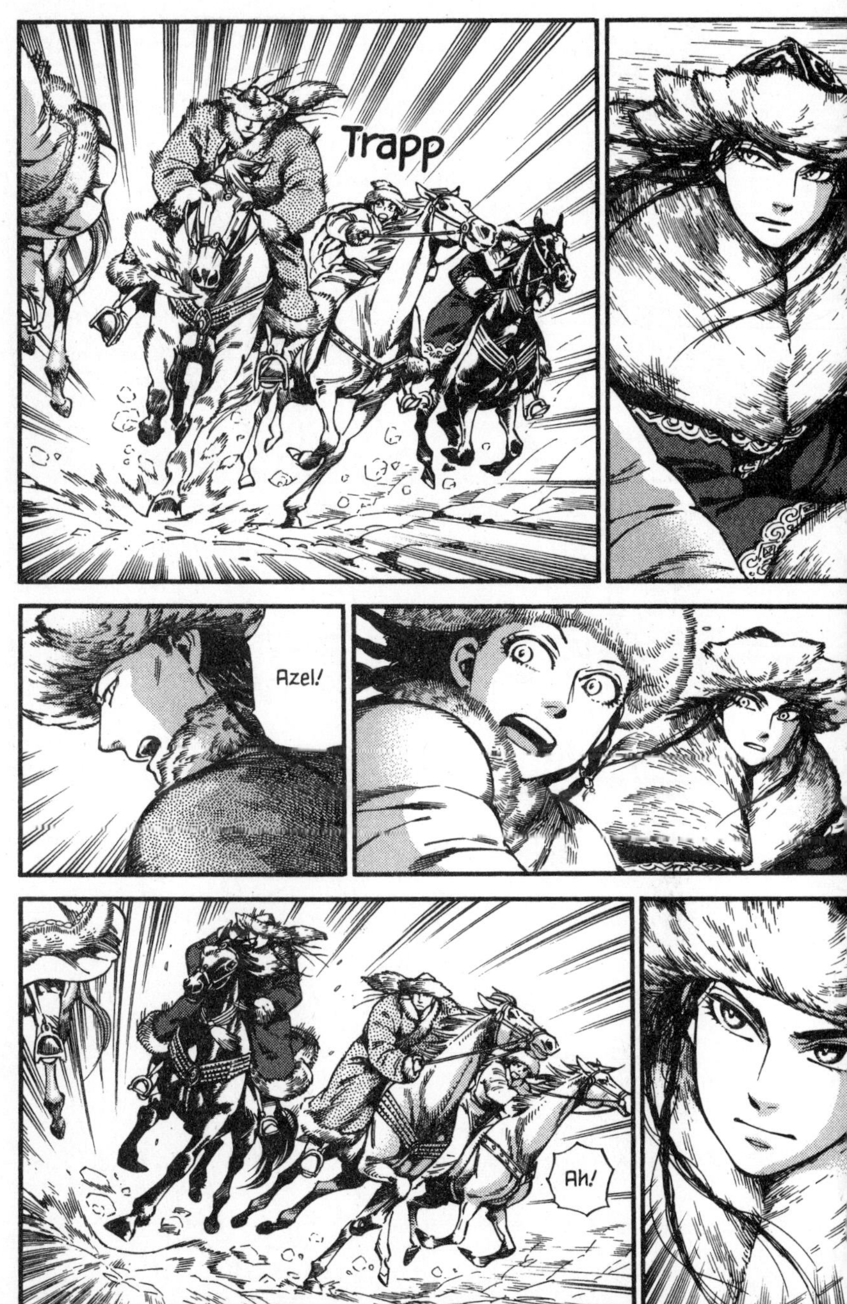
Trapp
Azel!
Ah!

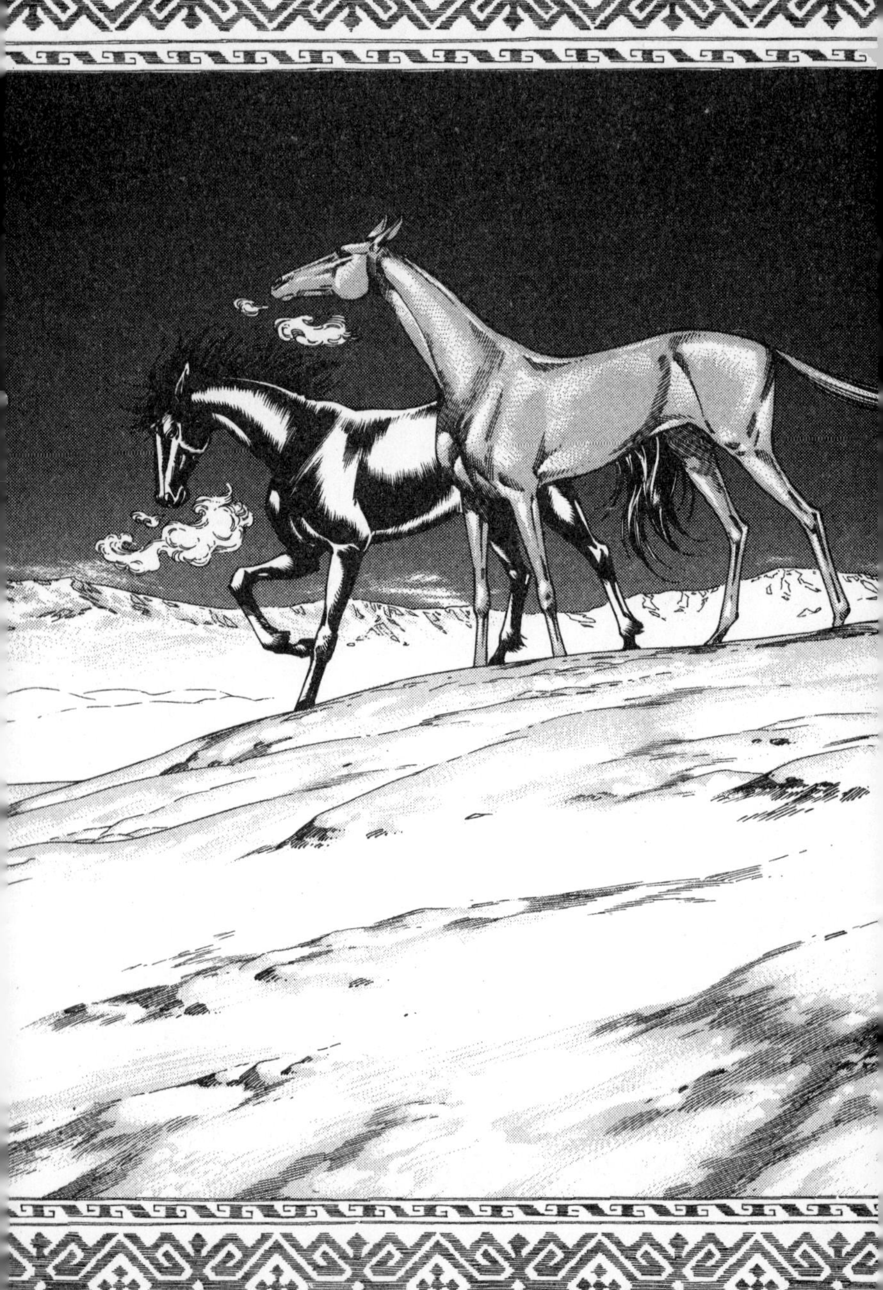

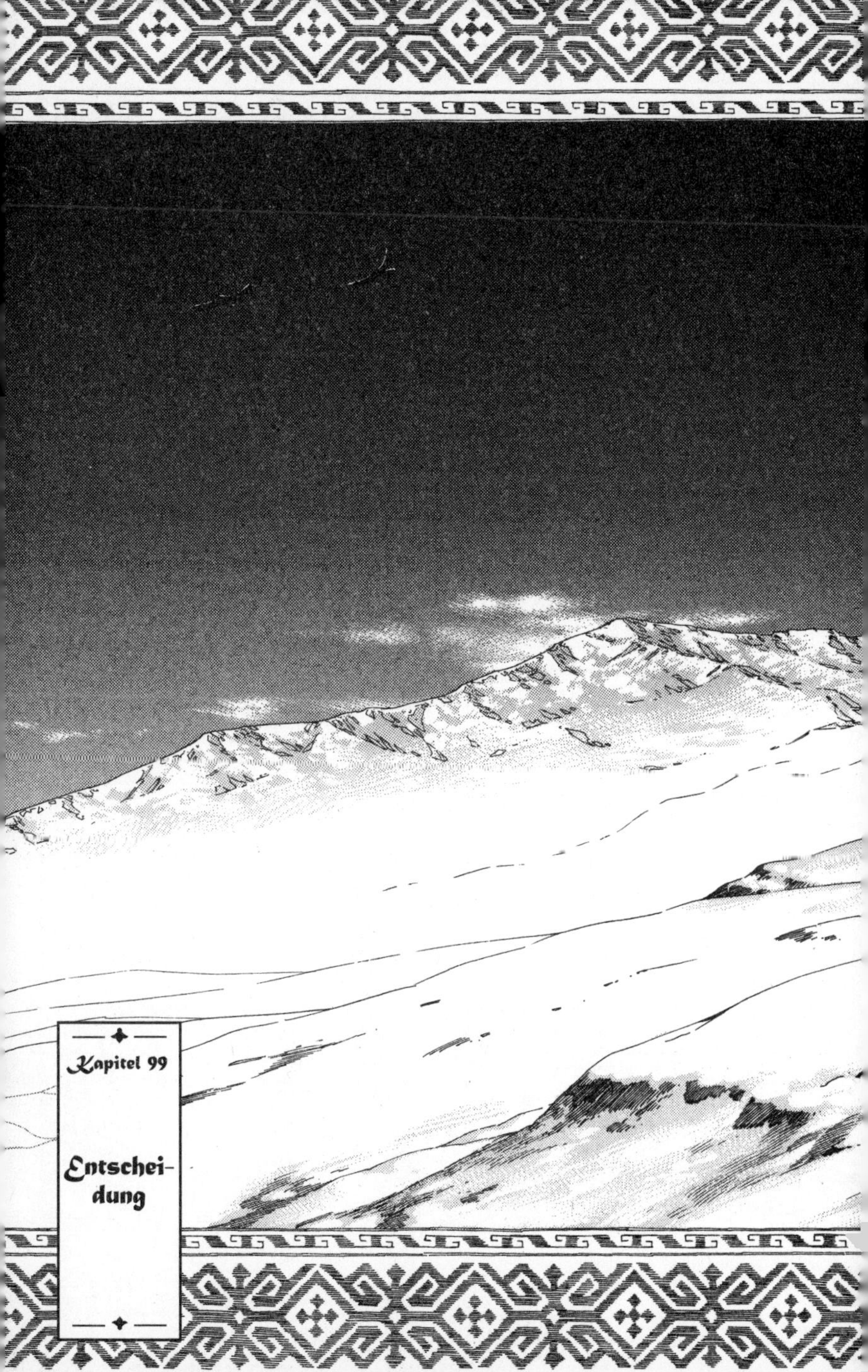
Kapitel 99
Entscheidung

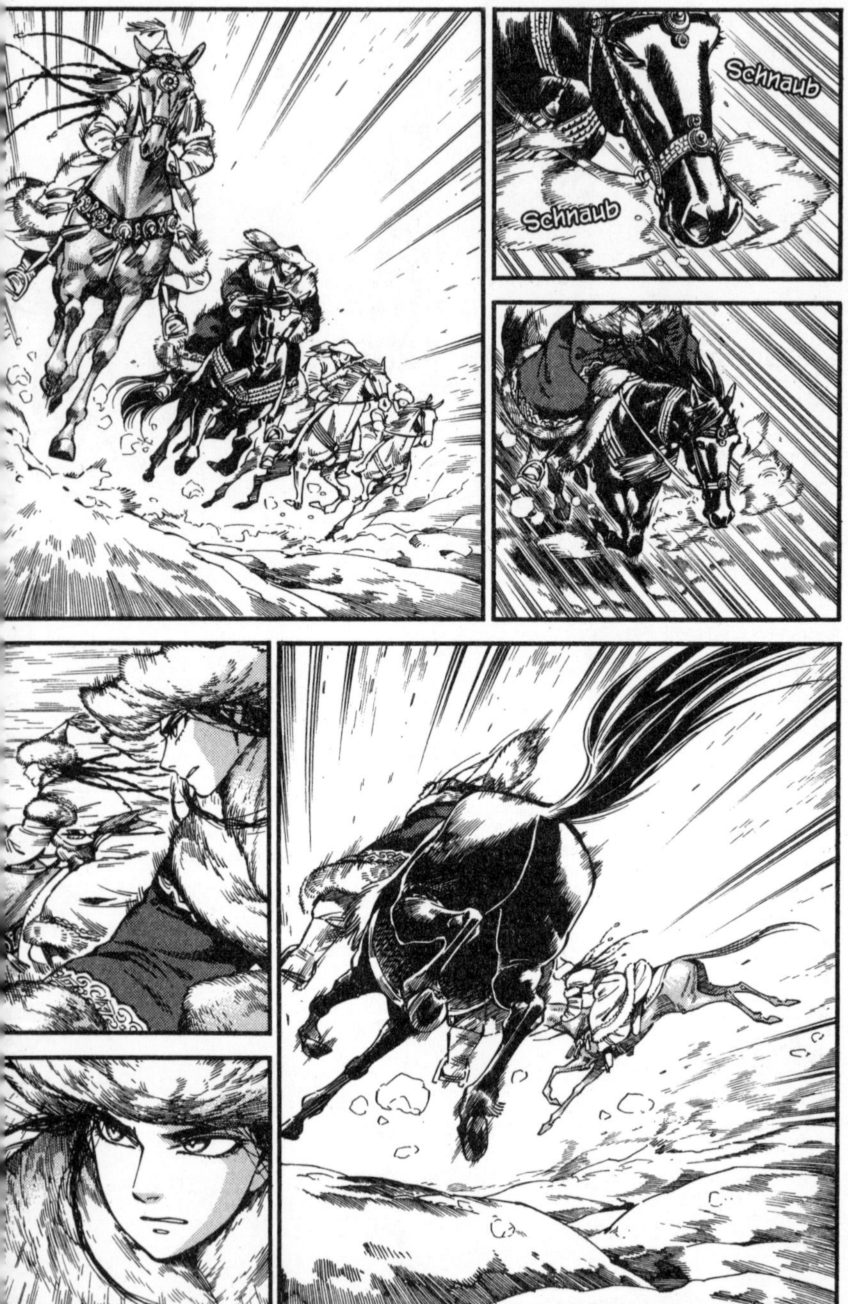
Schnaub
Schnaub

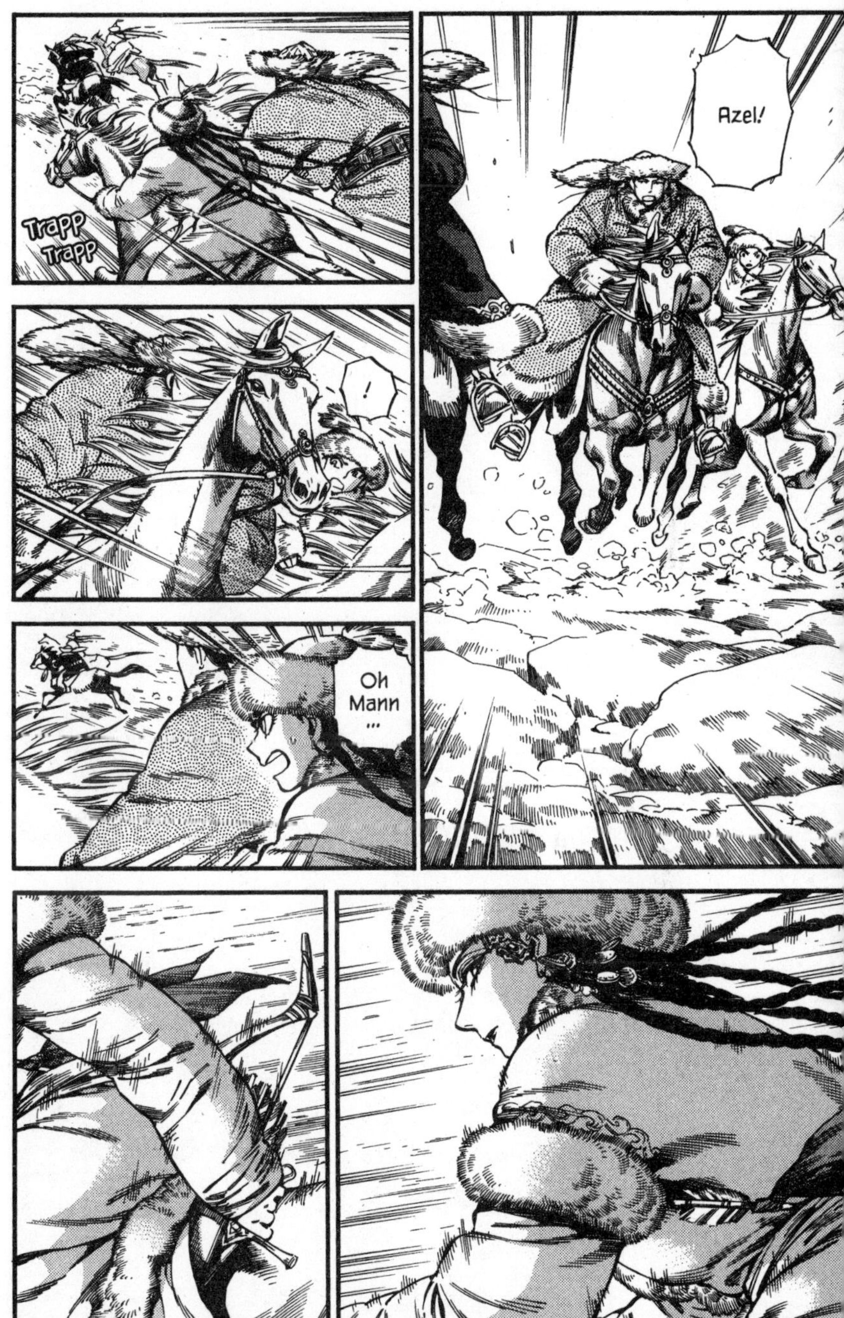

Trapp
Trapp
!
Oh Mann ...
Azel!

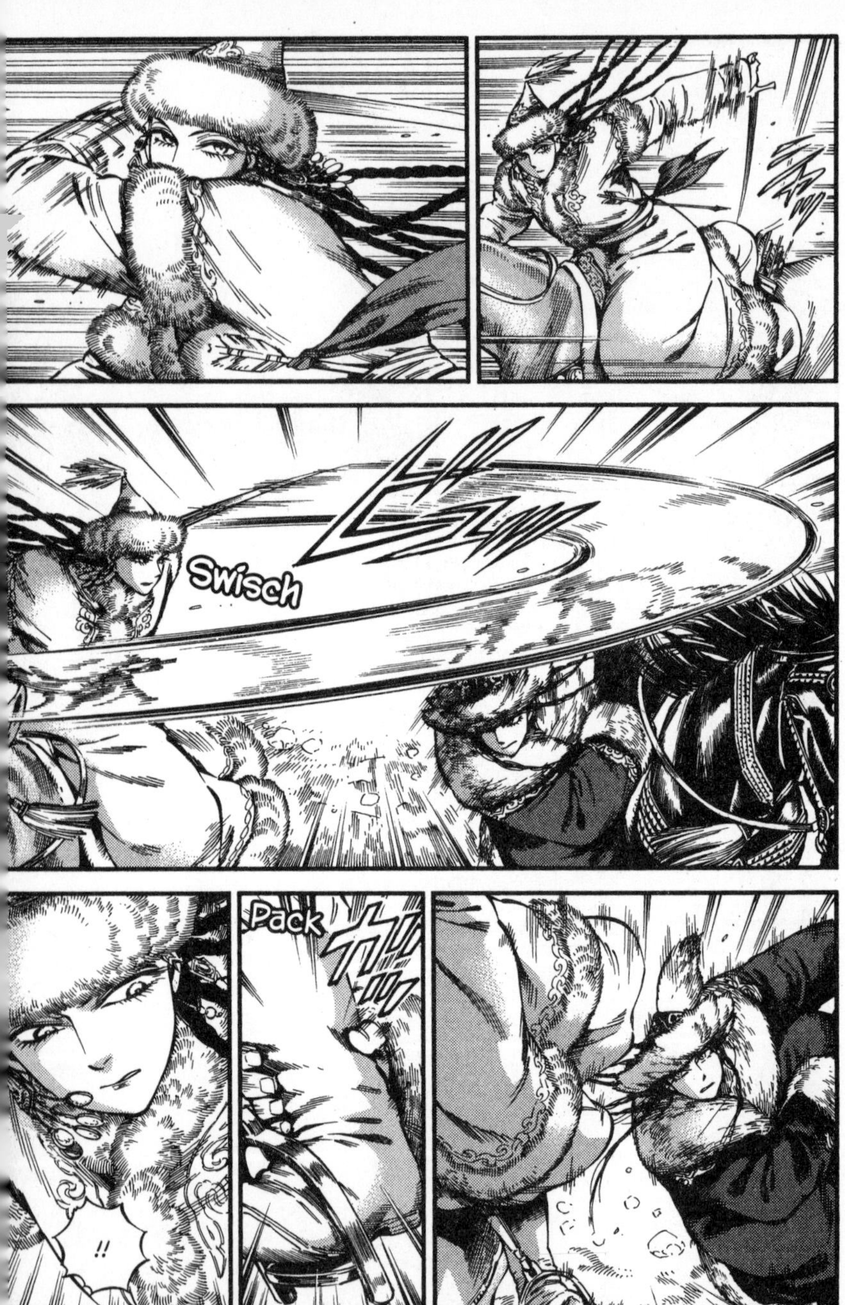
Swisch
Pack
!!

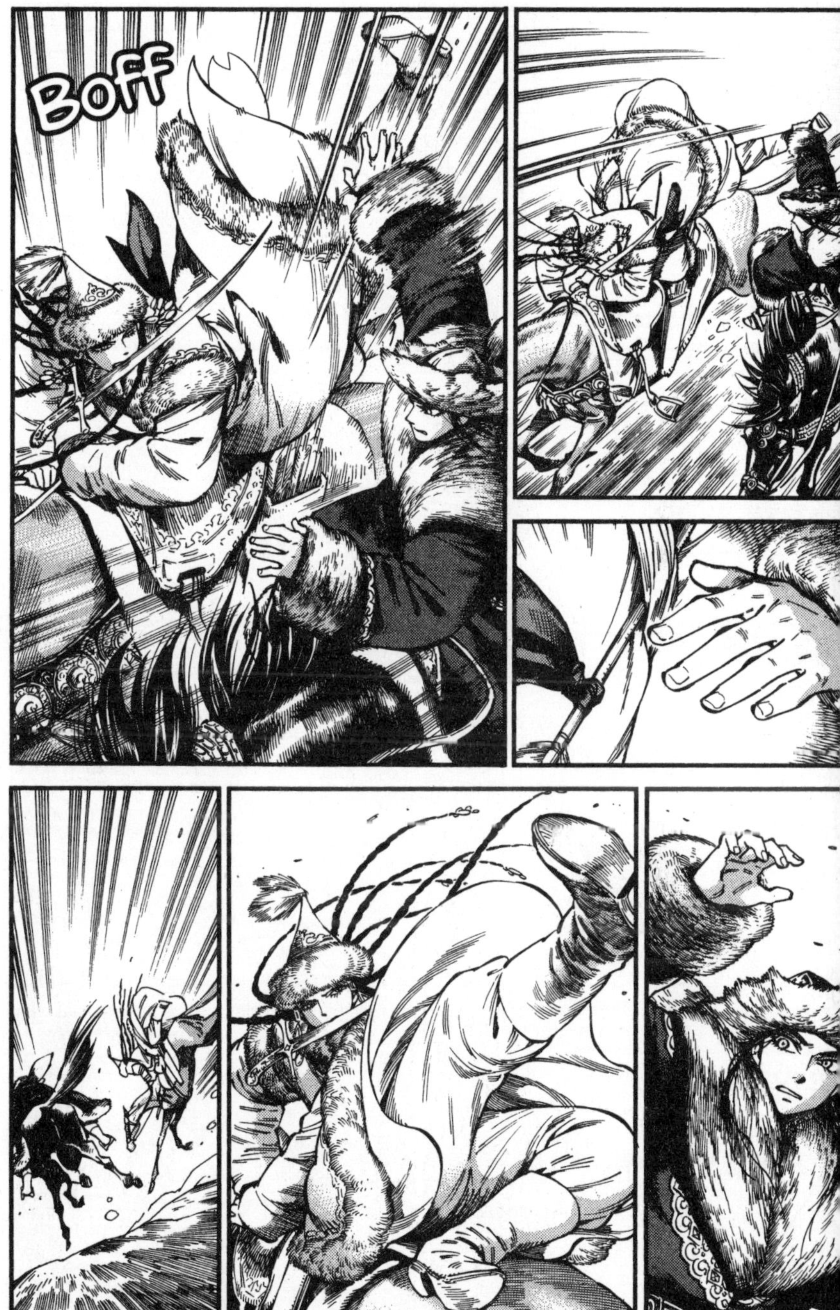
Boff

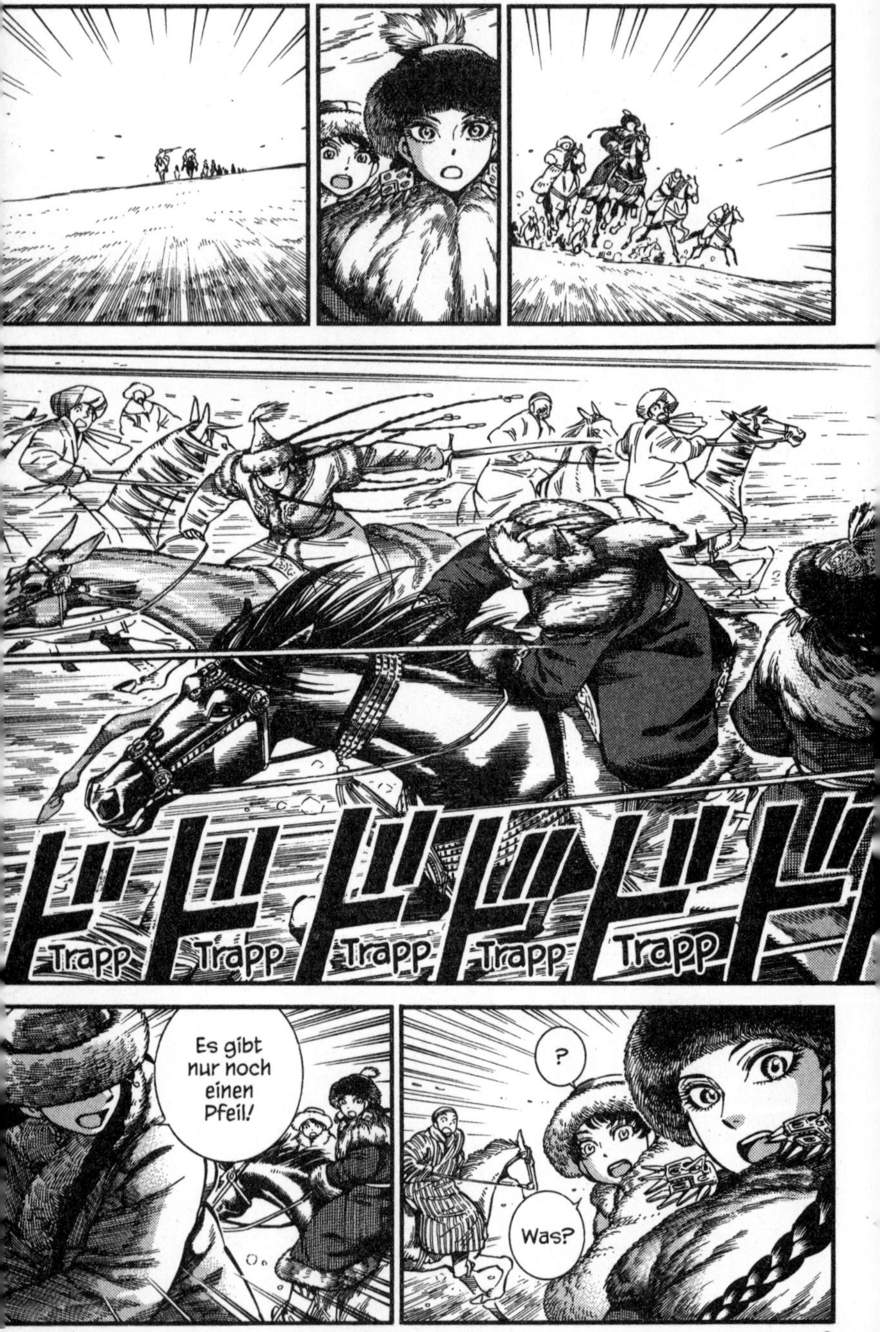

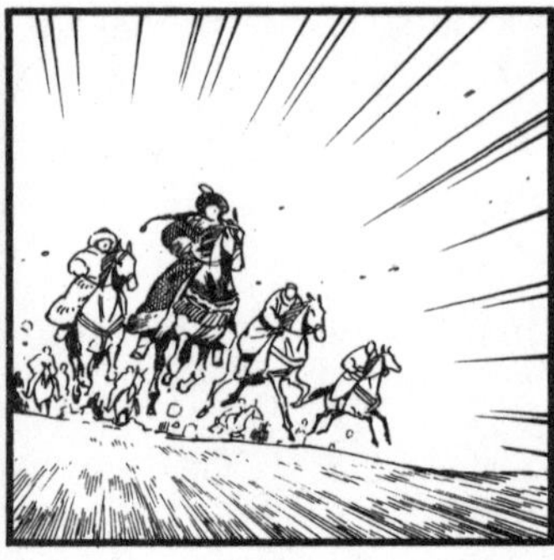

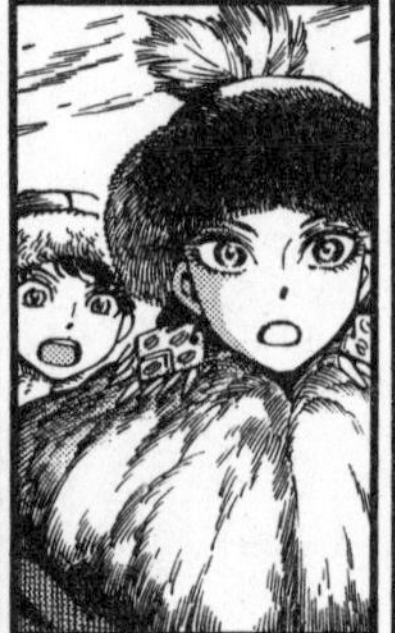

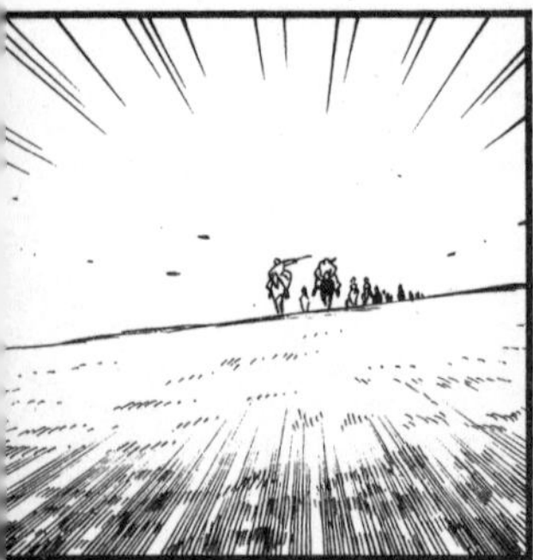

Trapp Trapp Trapp Trapp Trapp

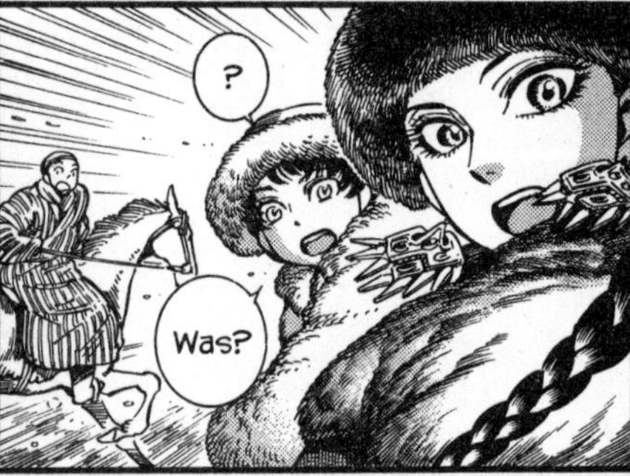

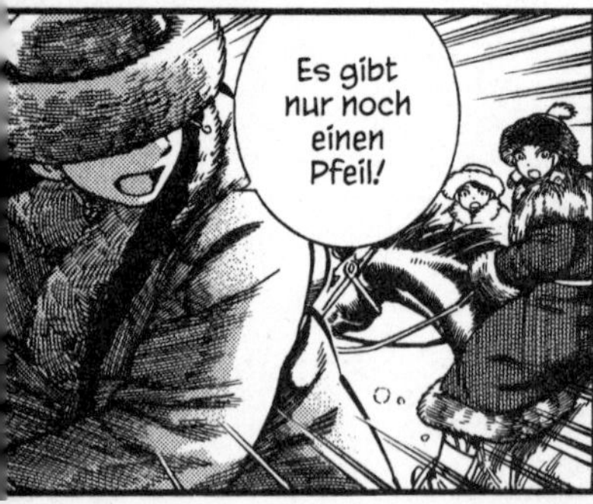

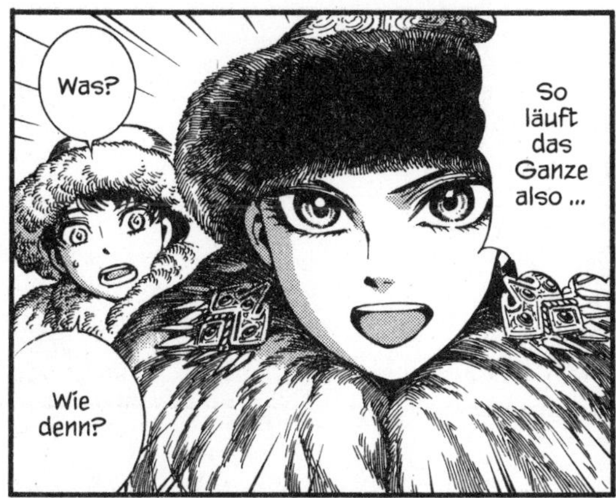
So läuft das Ganze also ...
Was?
Wie denn?

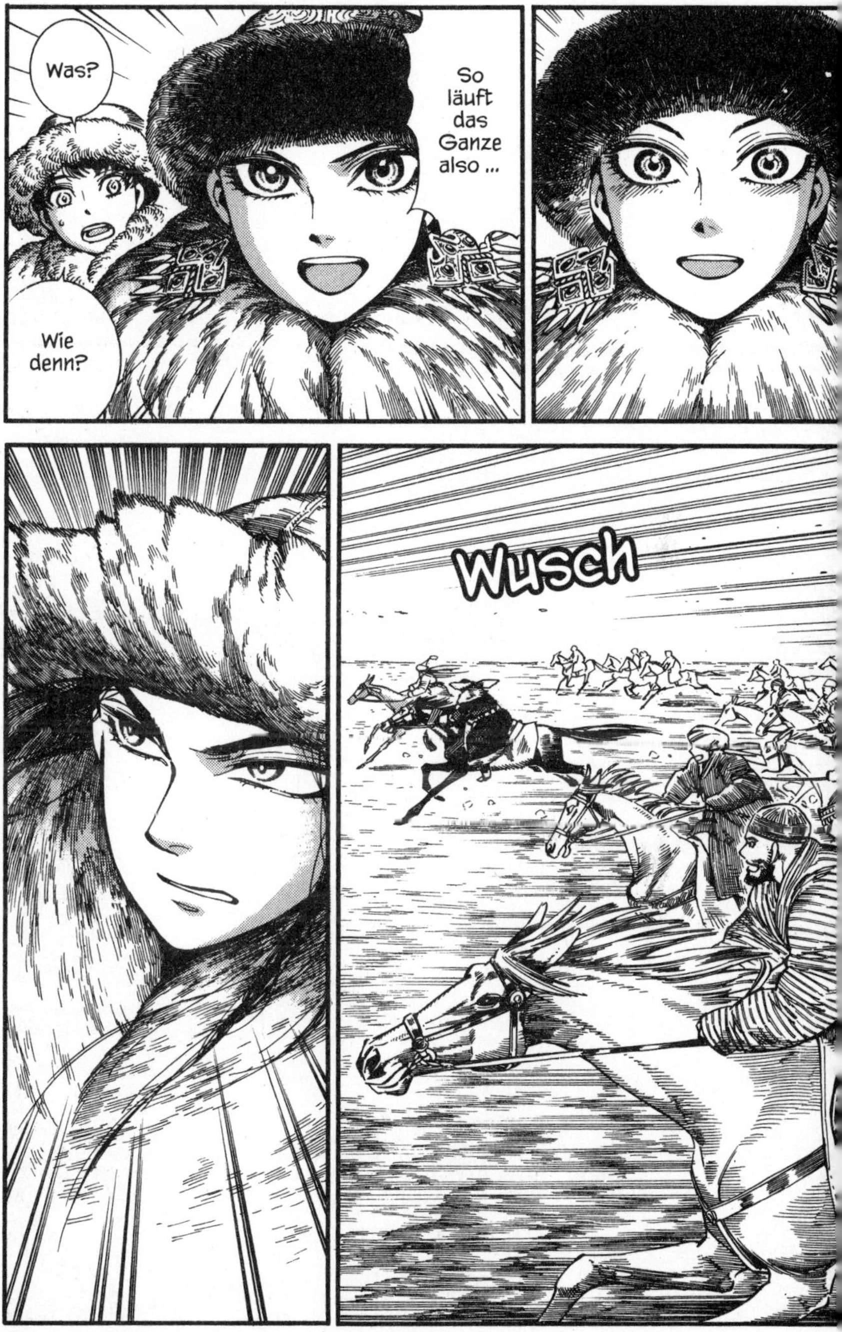

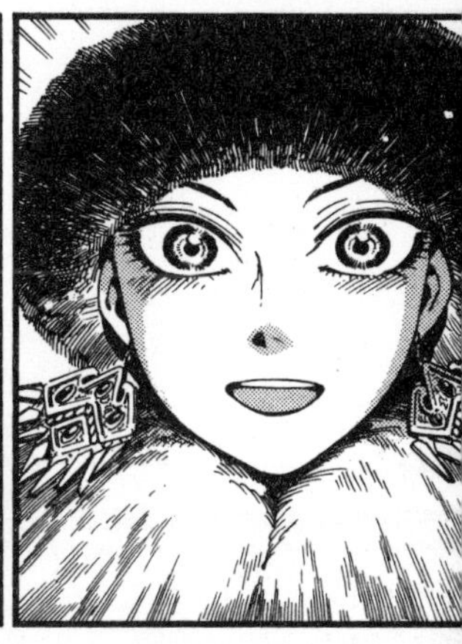

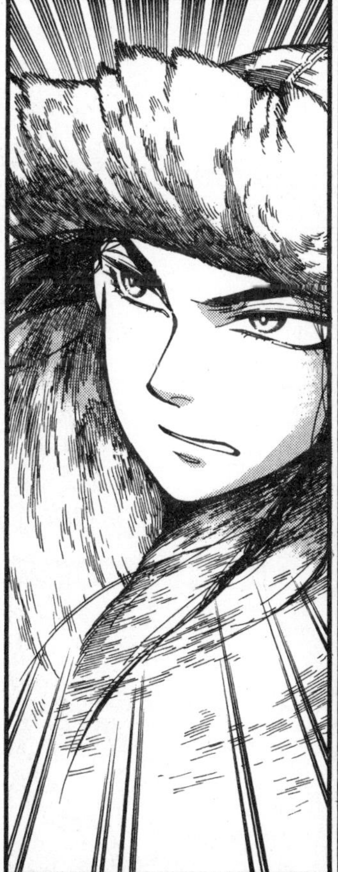

Wusch

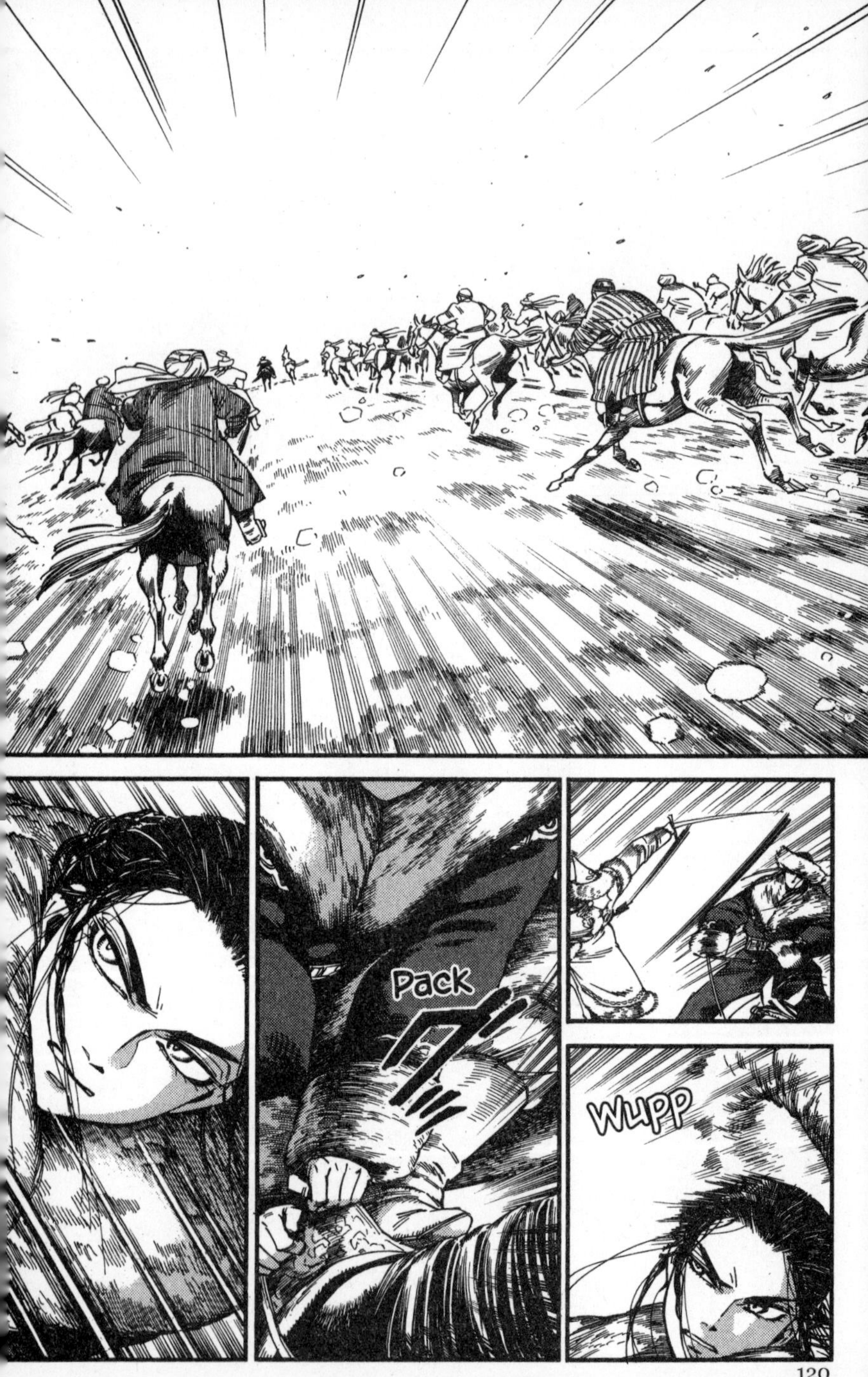
Pack
Wupp

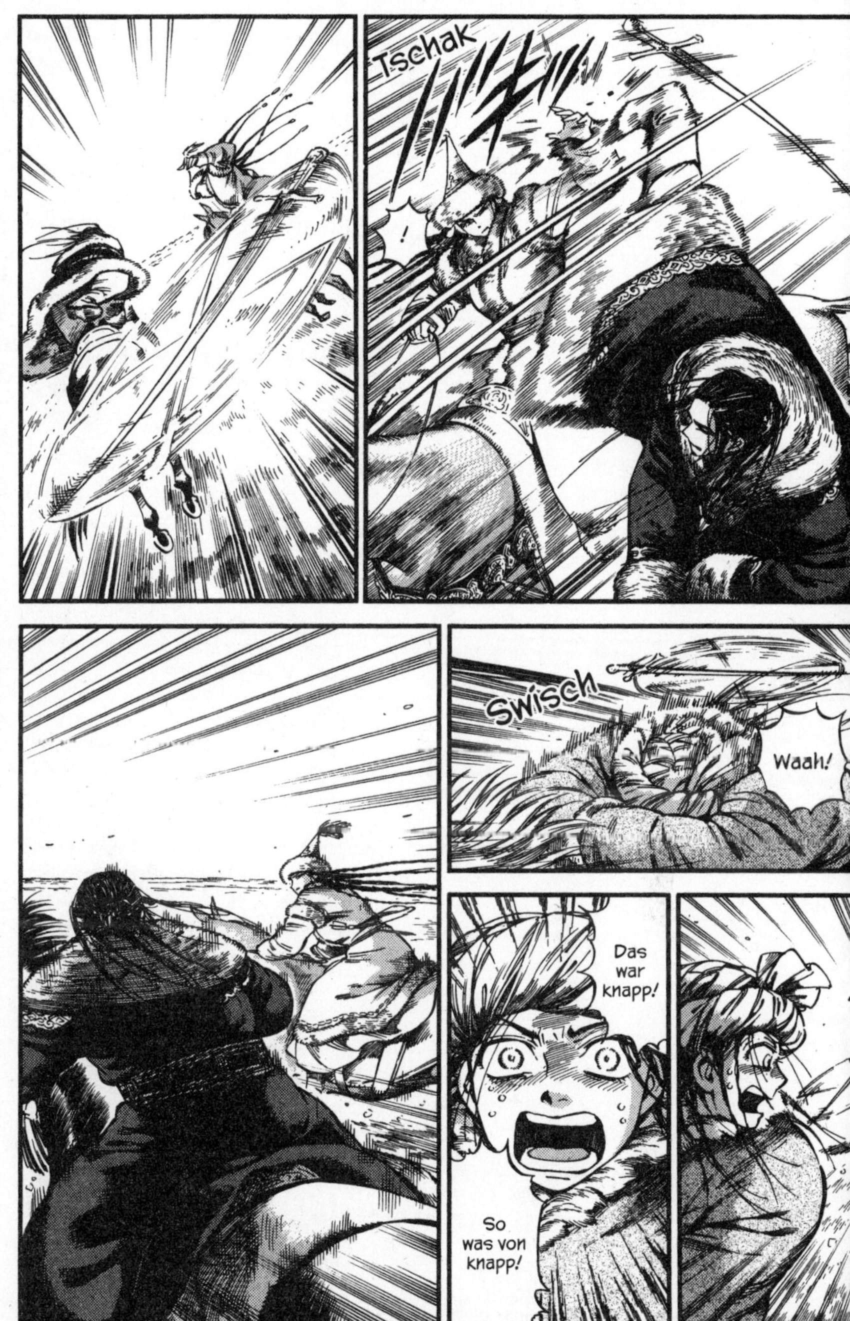
Tschak
!
Swisch
Waah!
Das war knapp!
So was von knapp!

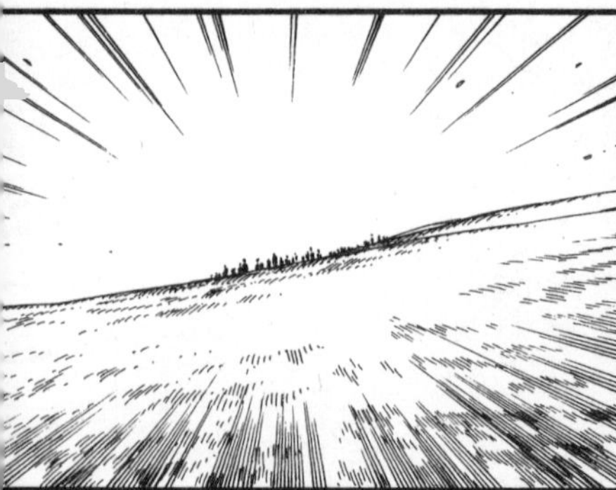

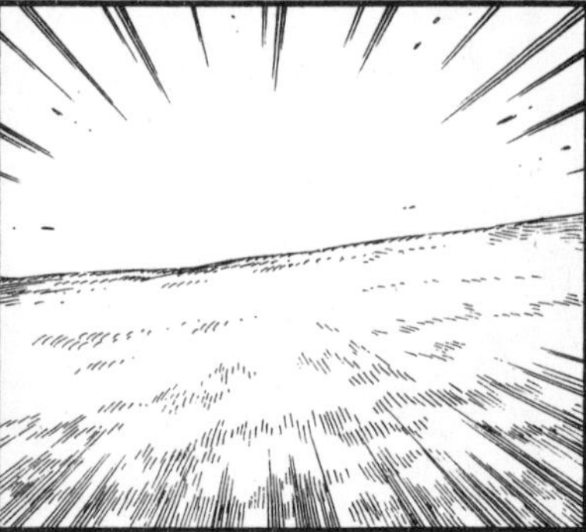

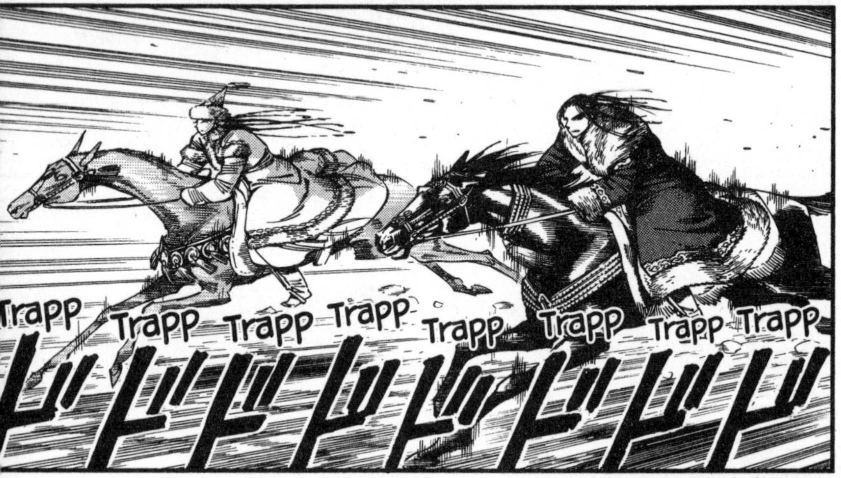
Trapp
Trapp
Trapp
Trapp
Trapp
Trapp
Trapp
Trapp

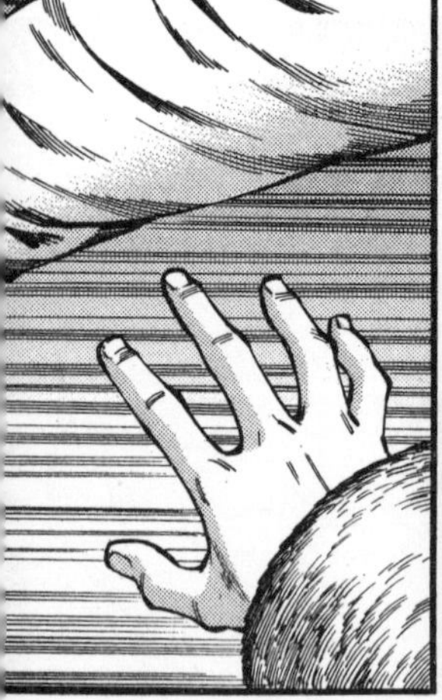

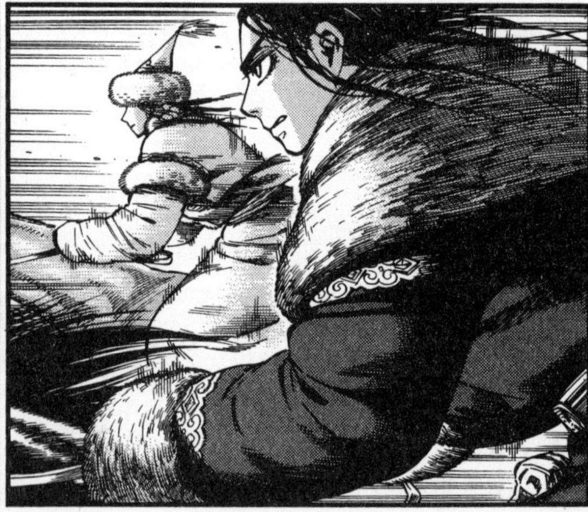

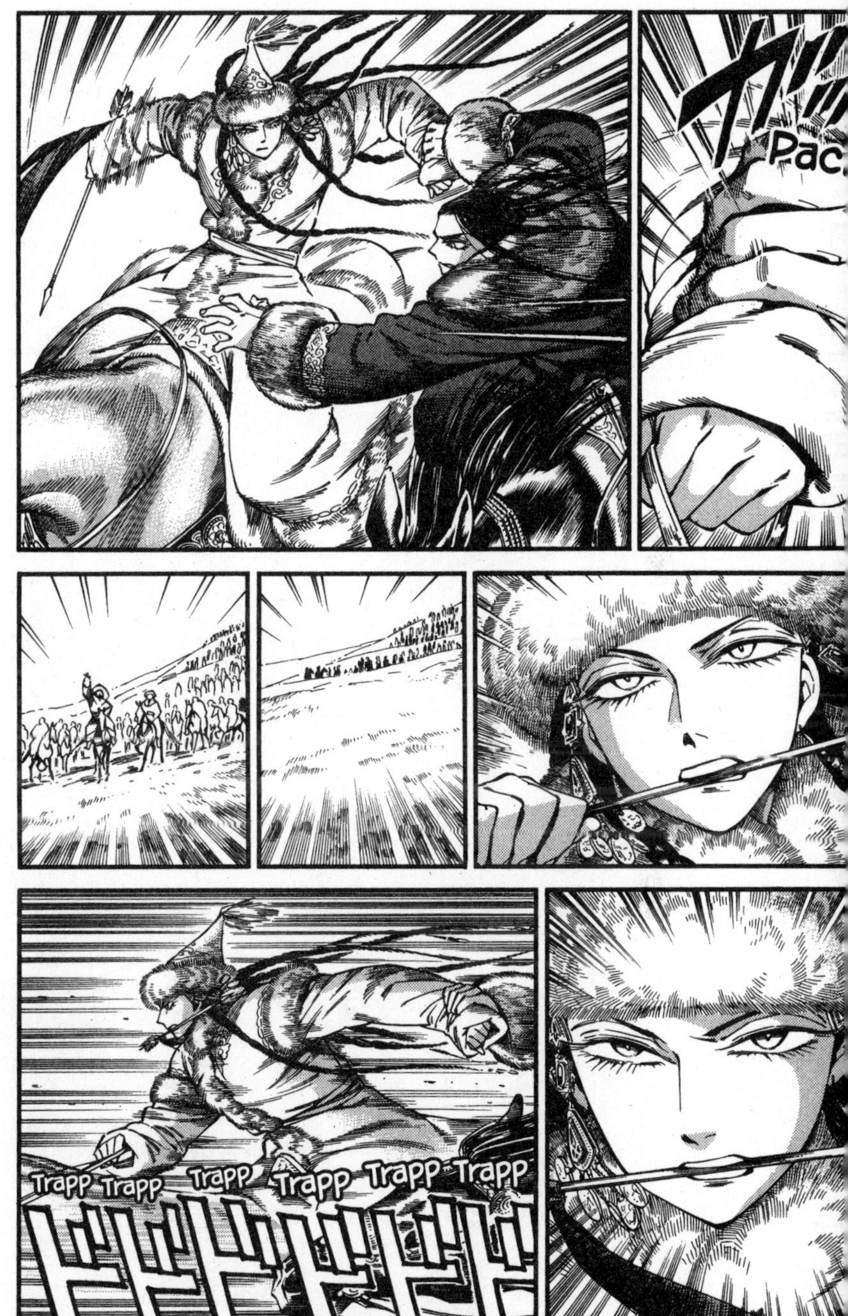
Pac
Trapp Trapp Trapp Trapp Trapp Trapp

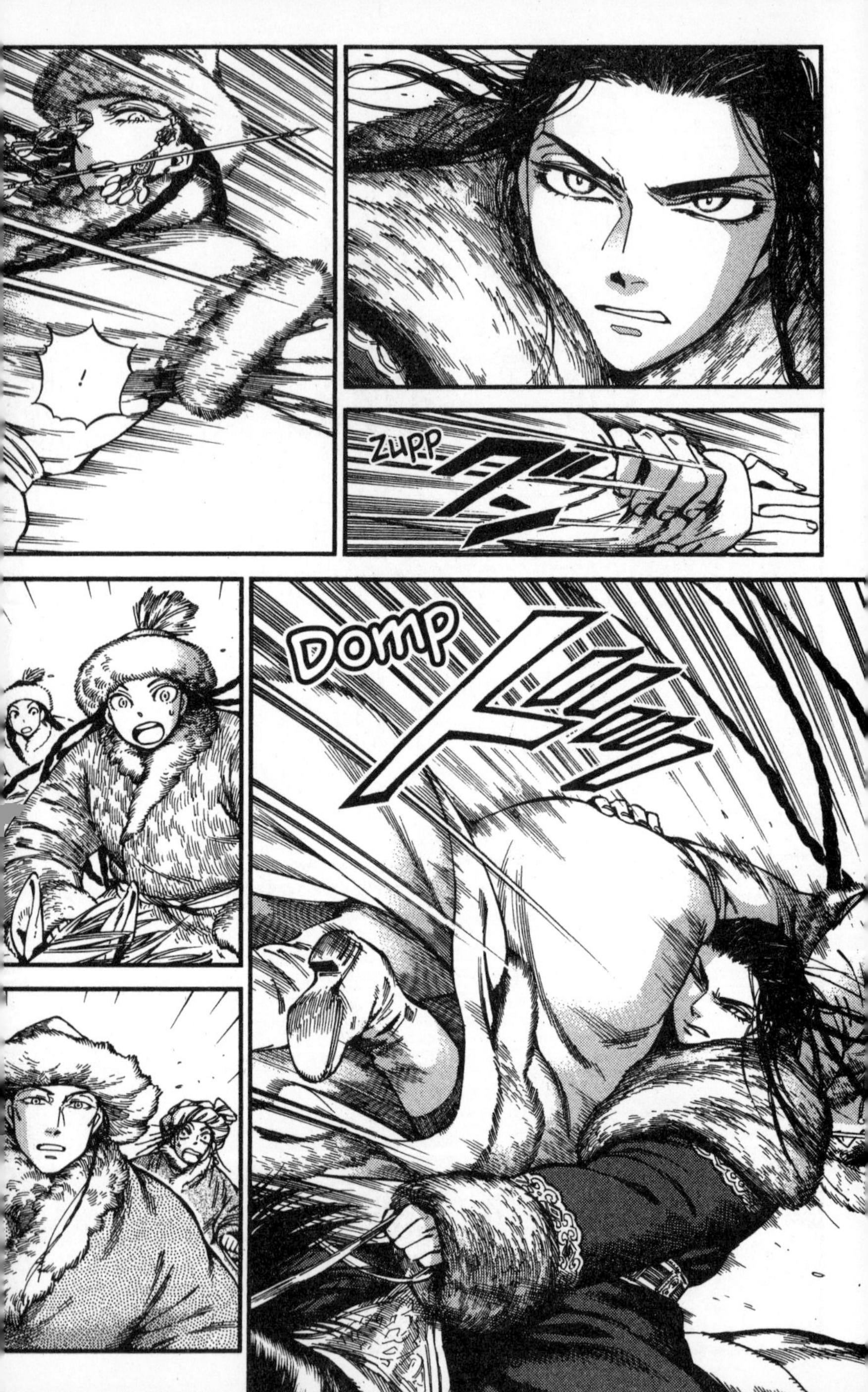

!
ZUPP
Domp

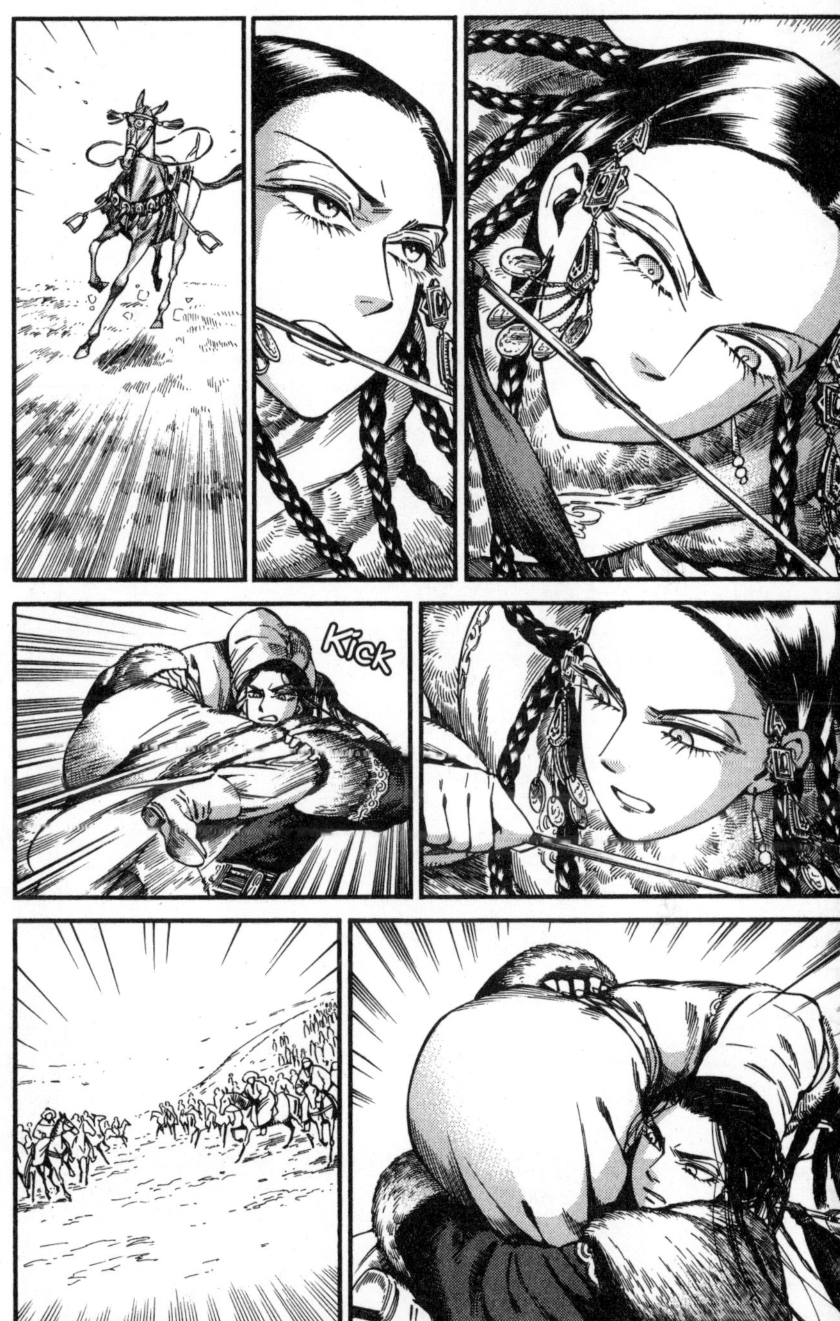
Kick

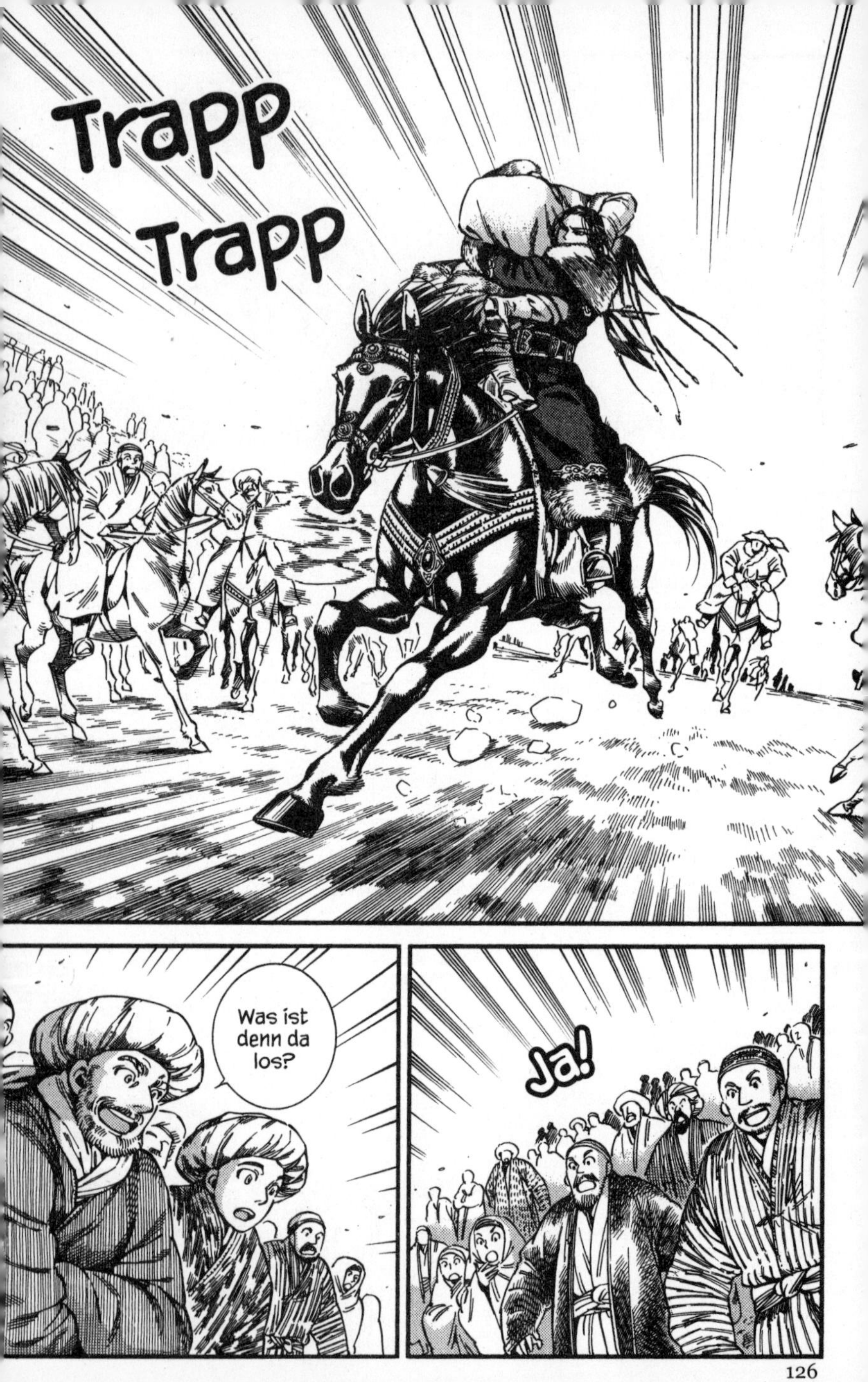

Trapp
Trapp

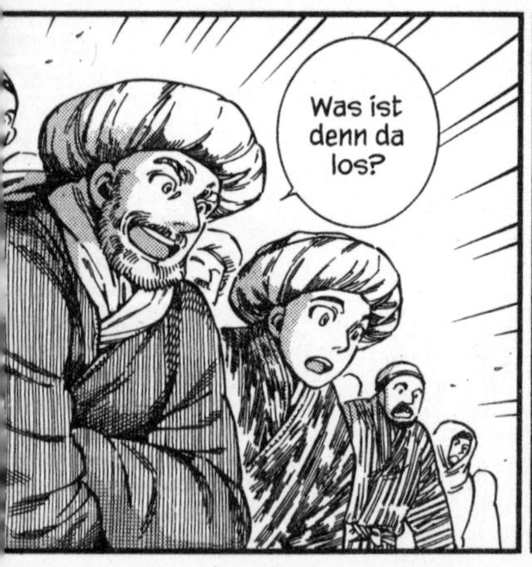
Was ist denn da los?

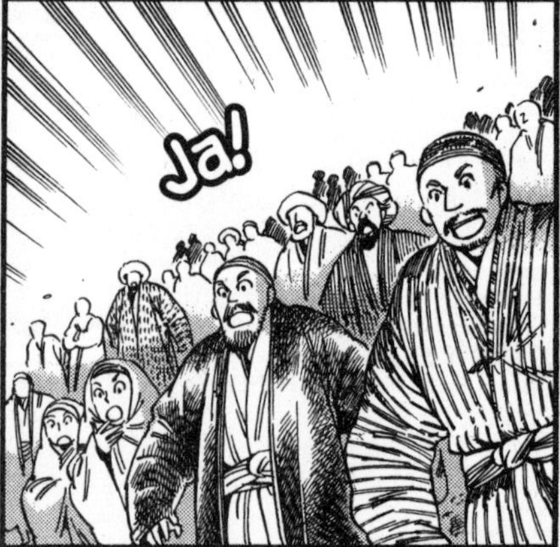
Ja!

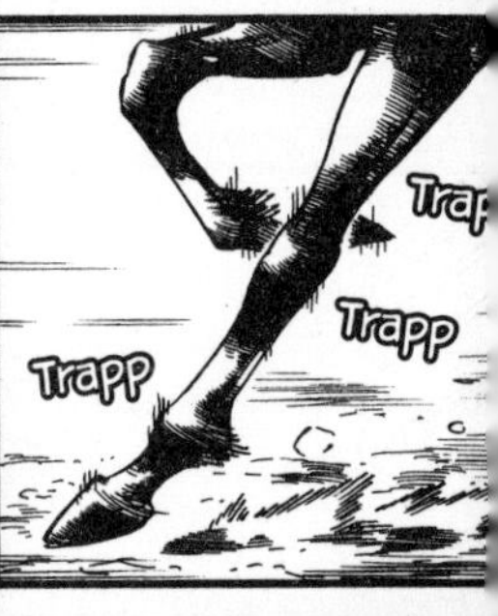
Trap
Trapp
Trapp

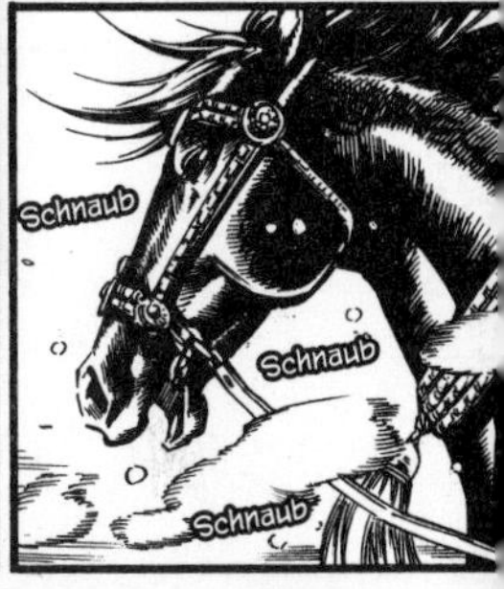
Schnaub
Schnaub
Schnaub

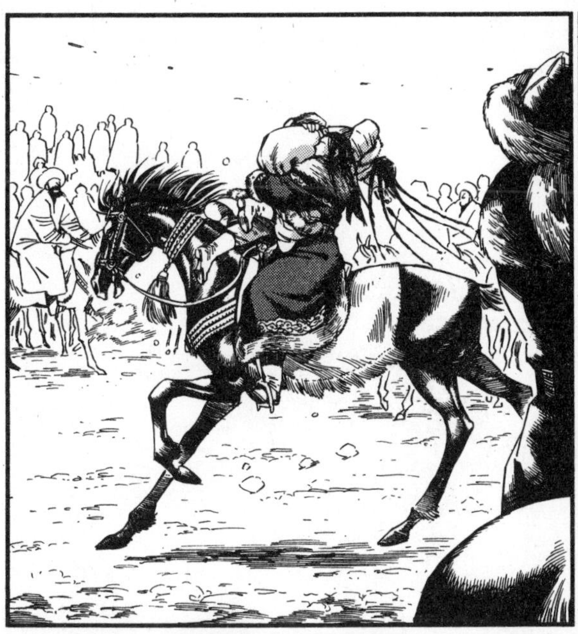

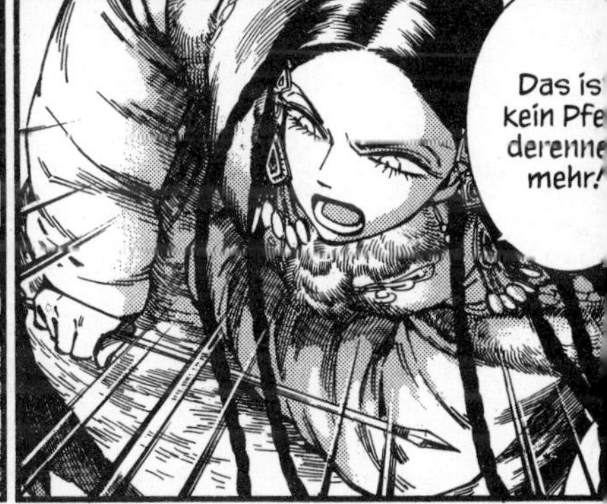
Das is
kein Pfe
derenne
mehr!

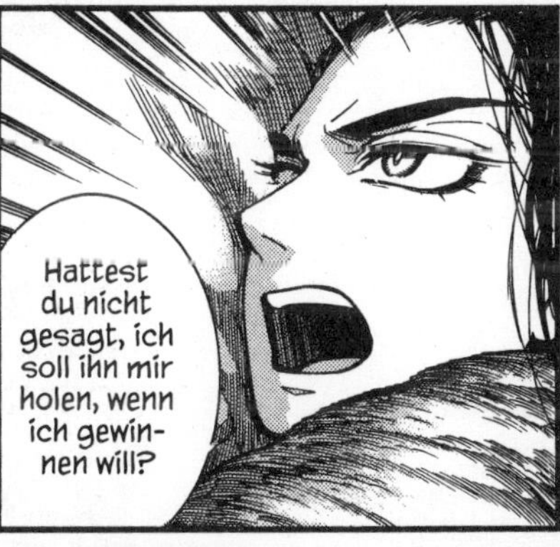
Hattest du nicht gesagt, ich soll ihn mir holen, wenn ich gewin-nen will?

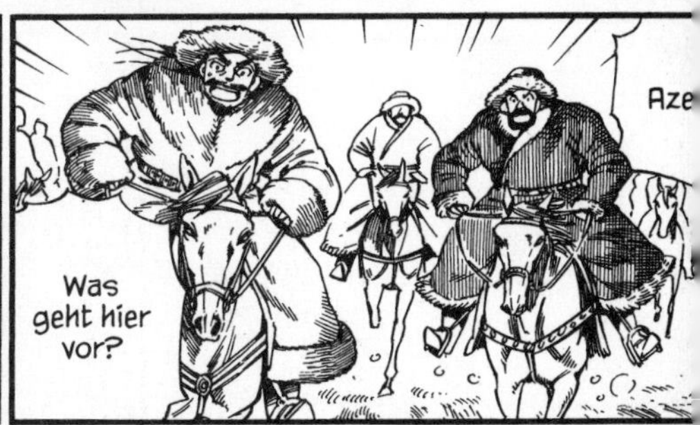
Aze
Was geht hier vor?

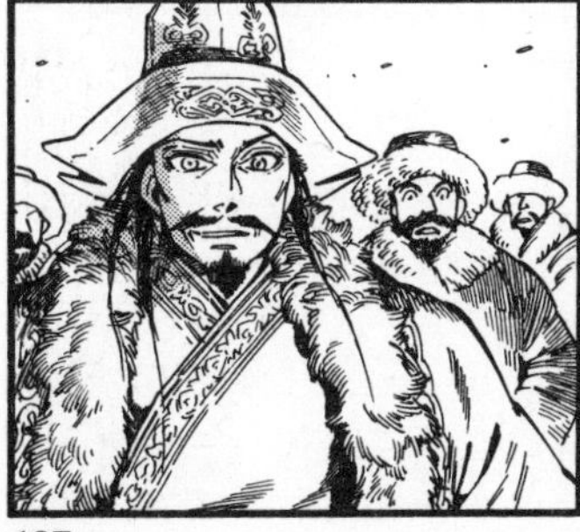

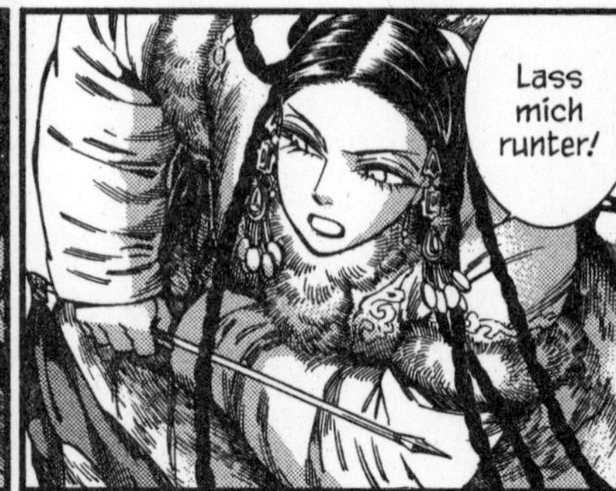
Lass mich runter!
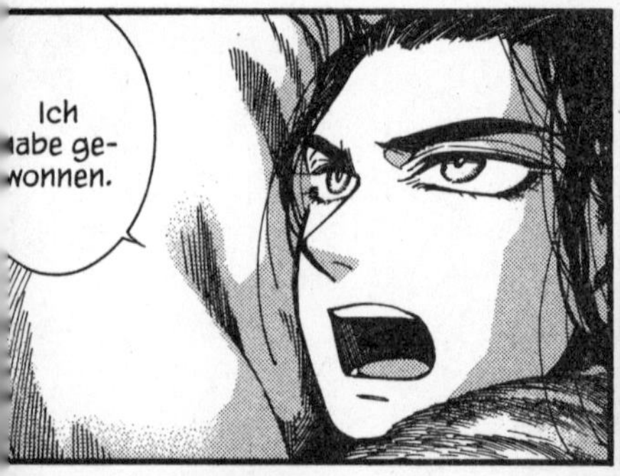
Ich habe gewonnen.
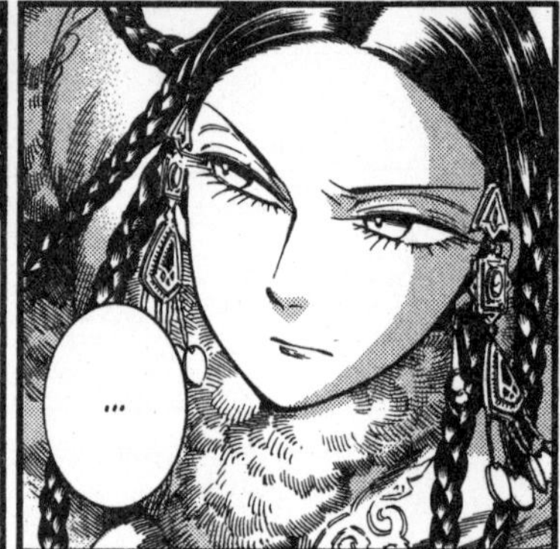
...
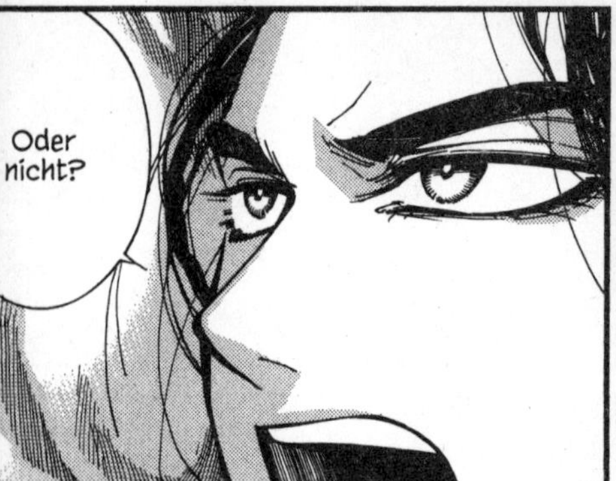
Oder nicht?
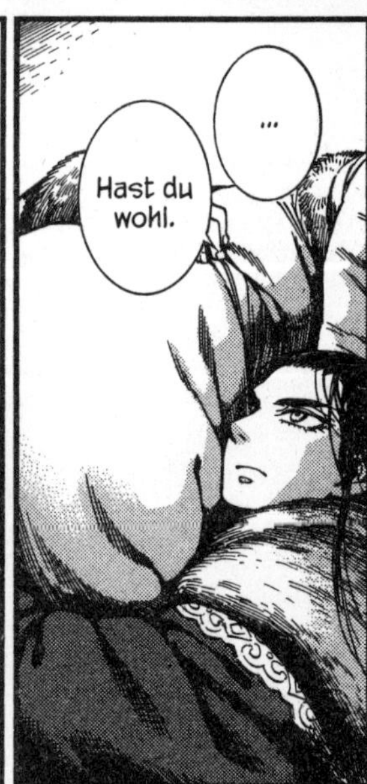
...
Hast du wohl.
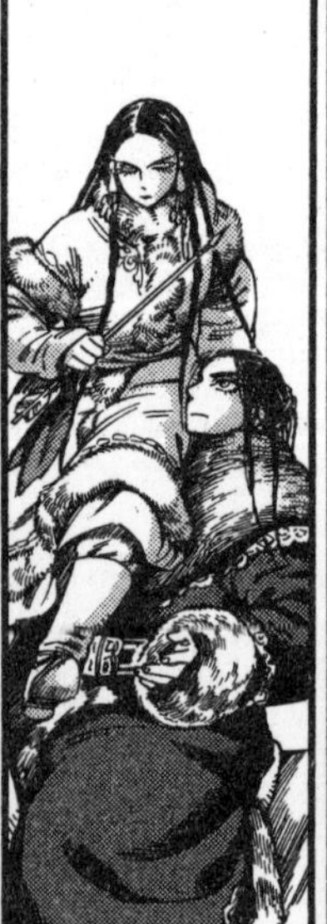
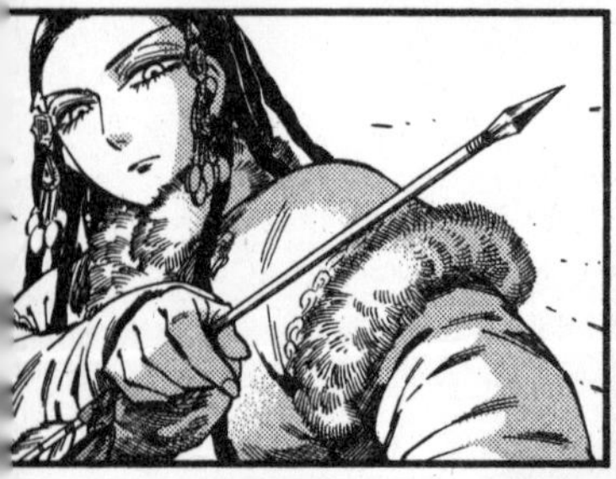
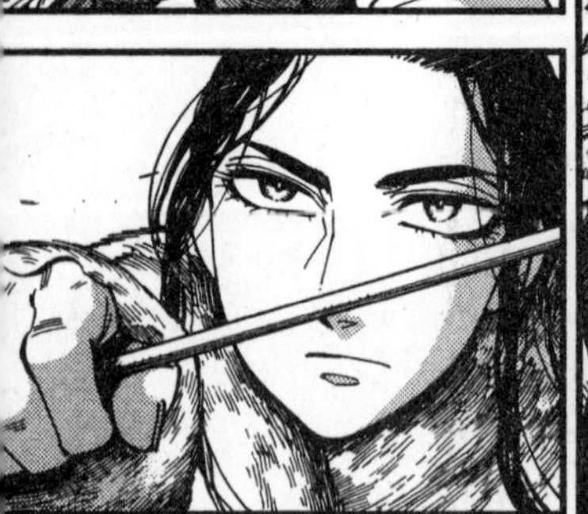

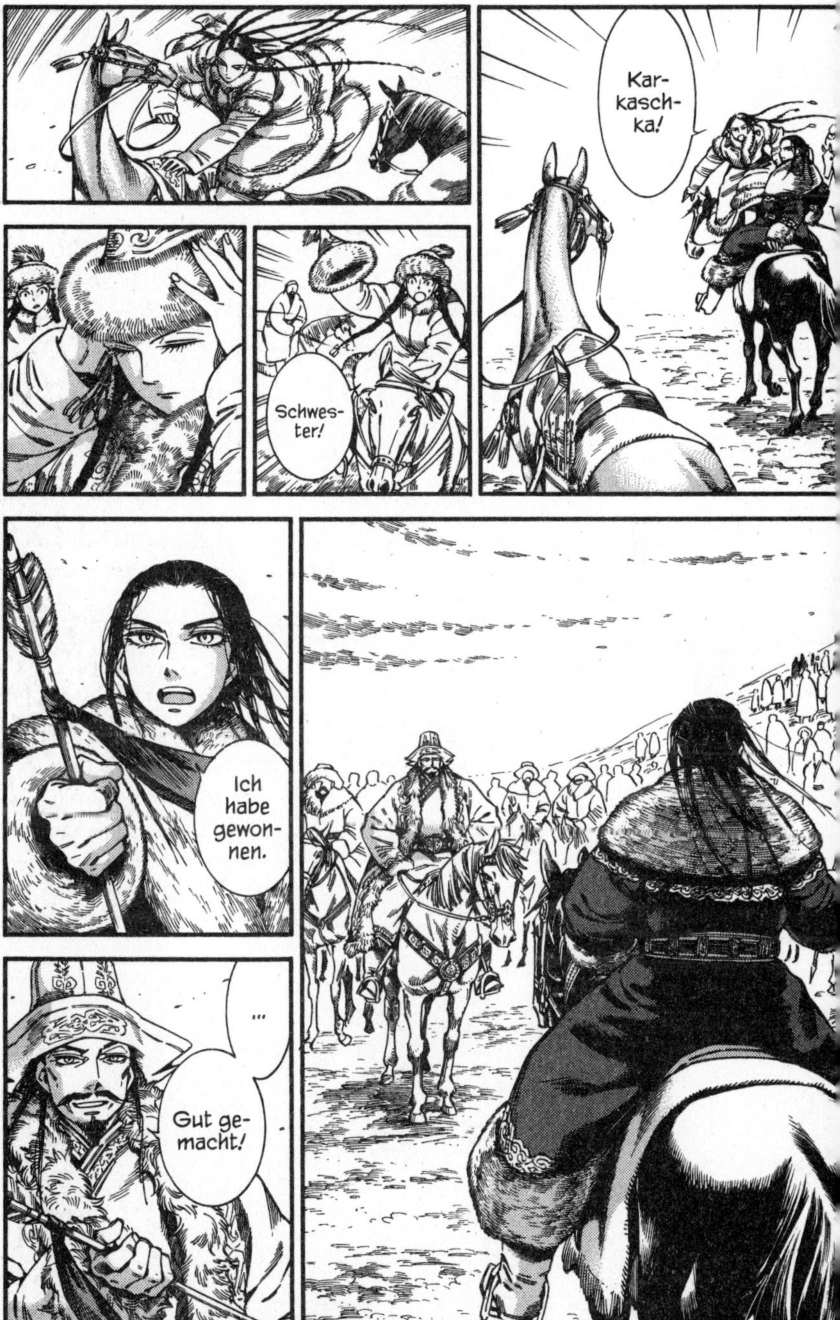

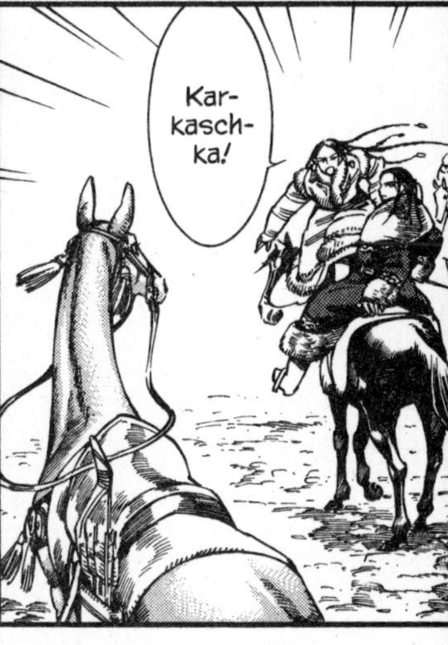
Kar-
kasch-
ka!

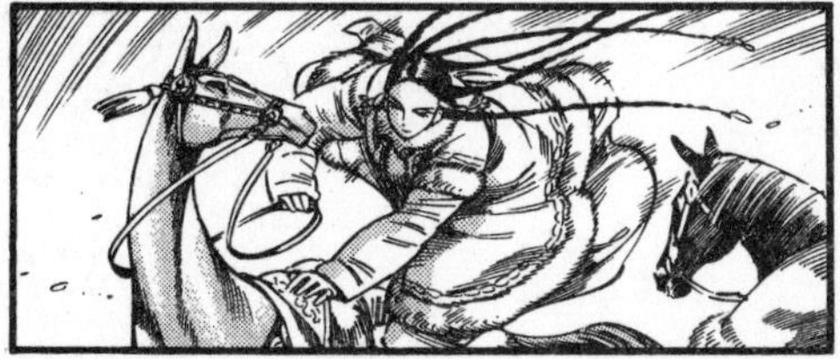

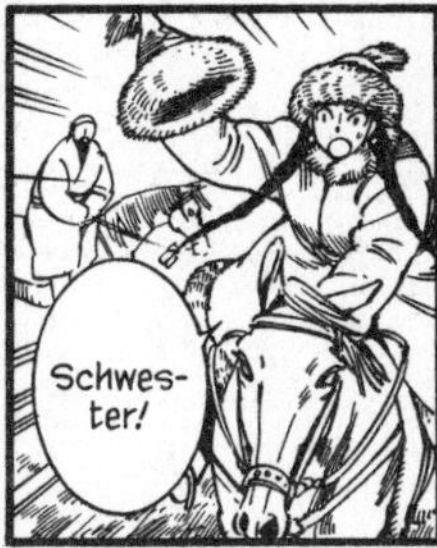
Schwes-
ter!

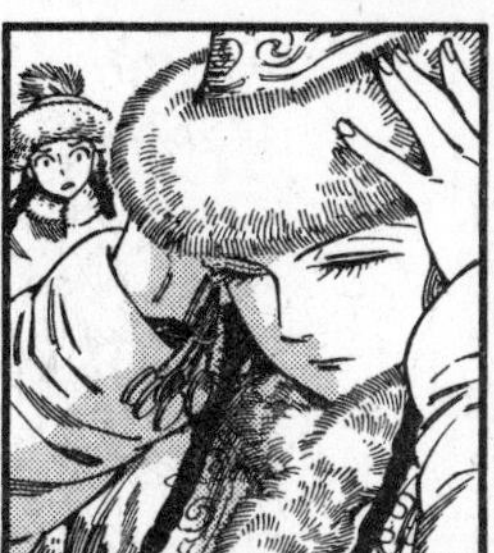

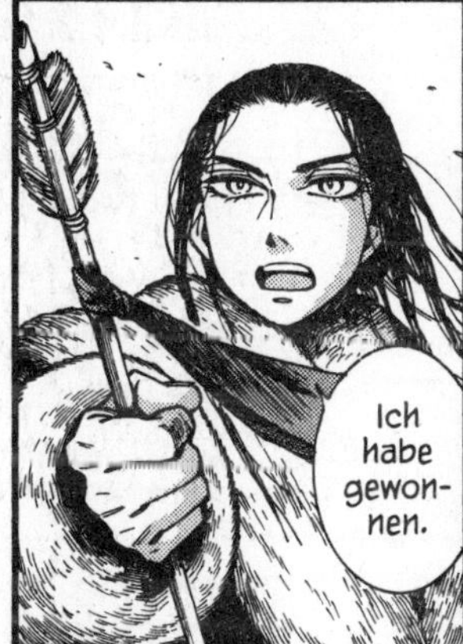
Ich
habe
gewon-
nen.

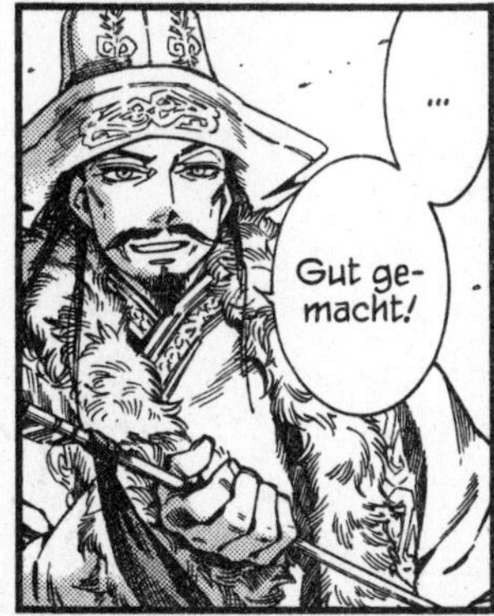
...
Gut ge-
macht!

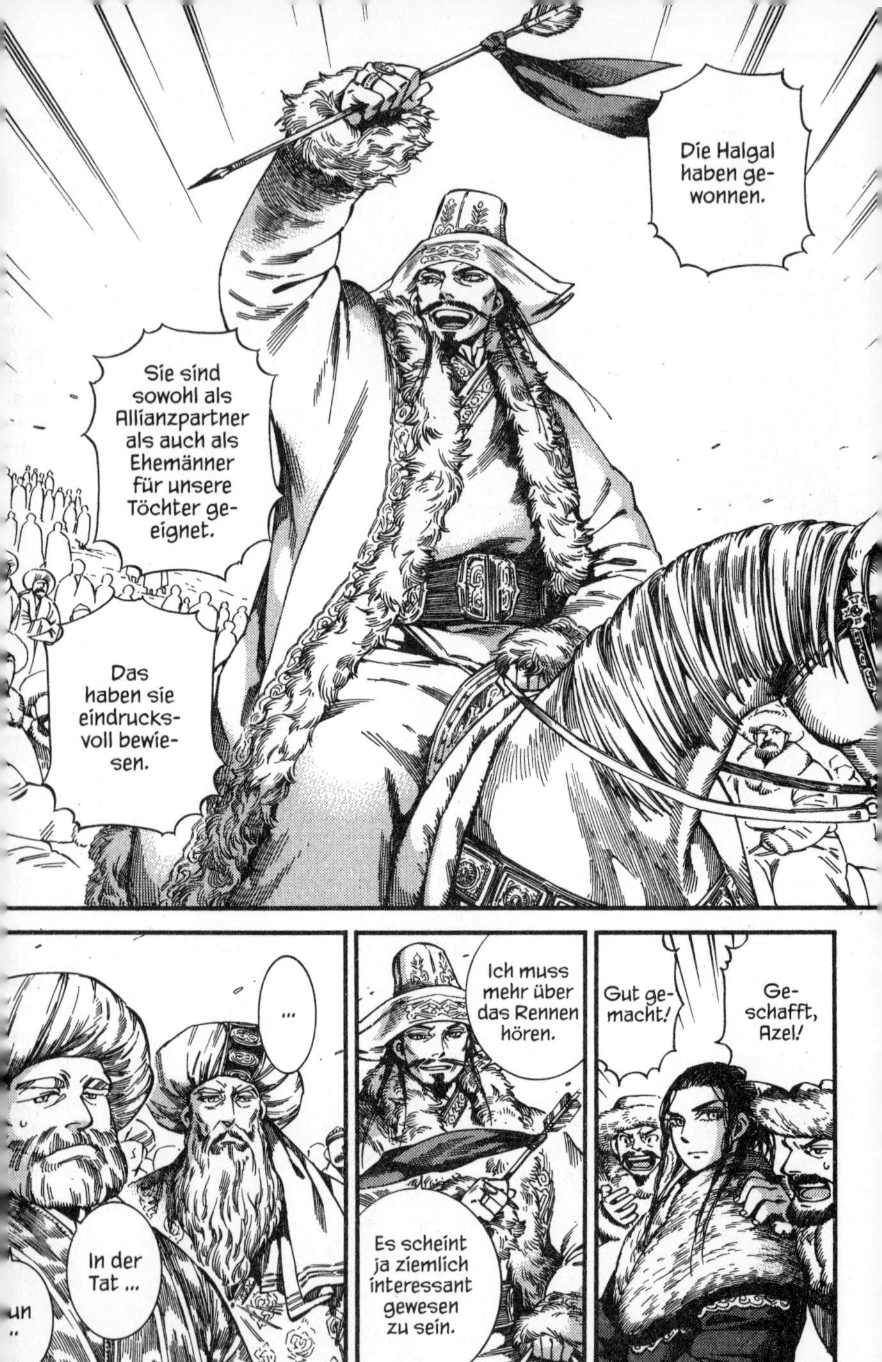

Die Halgal haben gewonnen.
Sie sind sowohl als Allianzpartner als auch als Ehemänner für unsere Töchter geeignet.
Das haben sie eindrucksvoll bewiesen.

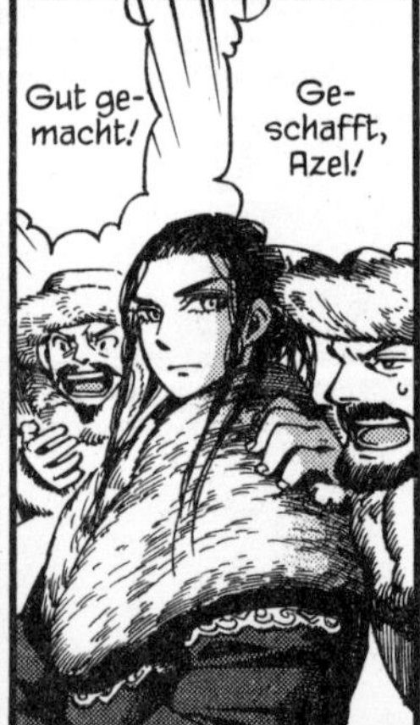
Geschafft, Azel!
Gut gemacht!

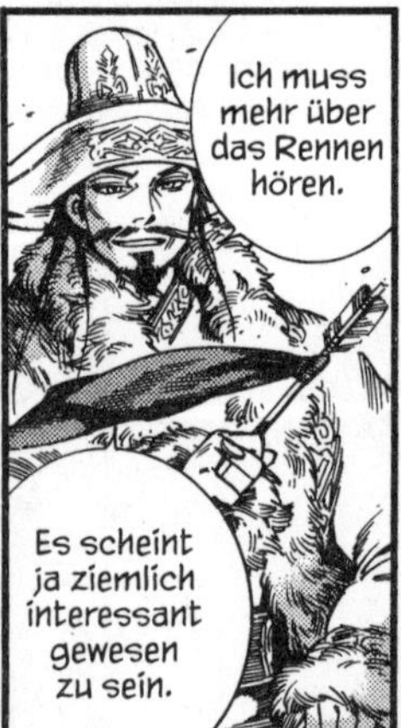
Ich muss mehr über das Rennen hören.
Es scheint ja ziemlich interessant gewesen zu sein.

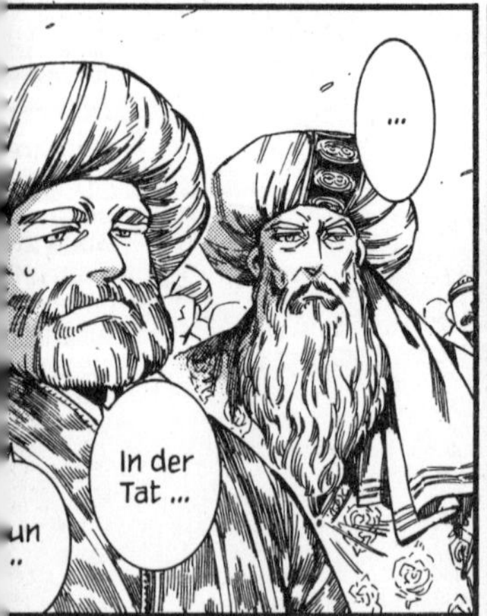
...
In der Tat ...

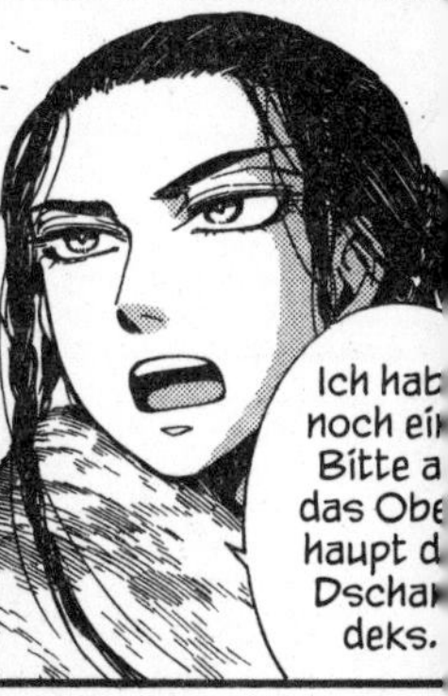
Ich hab
noch ei
Bitte a
das Obe
haupt d
Dschar
deks.

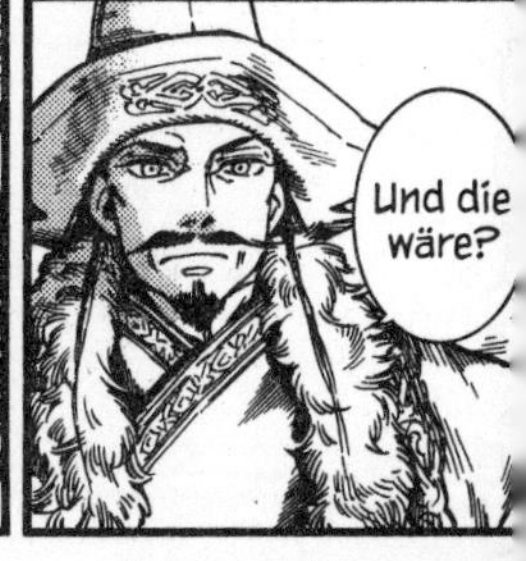
Und die
wäre?

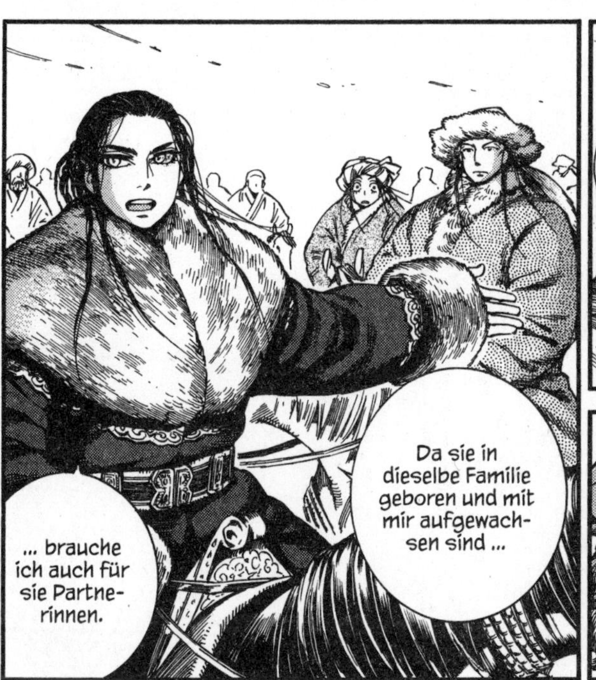
Da sie in dieselbe Familie geboren und mit mir aufgewachsen sind ...
... brauche ich auch für sie Partnerinnen.

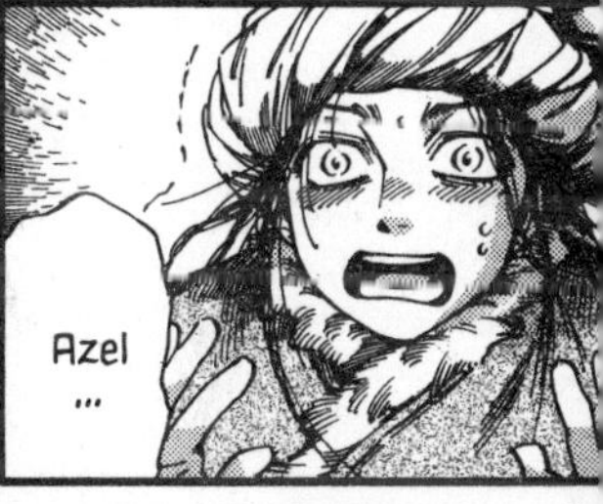
Azel ...

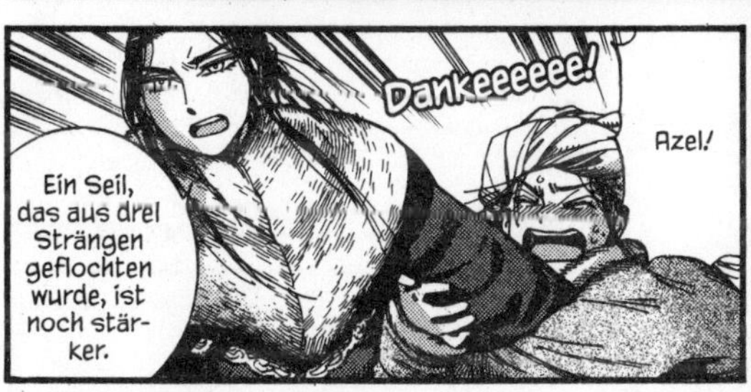
Azel!
Dankeeeeee!
Ein Seil, das aus drei Strängen geflochten wurde, ist noch stärker.

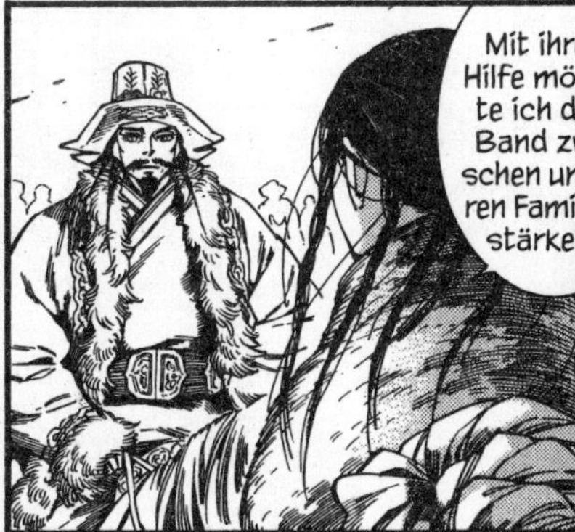
Mit ihre
Hilfe möc
te ich da
Band zw
schen un-
ren Famil
stärker

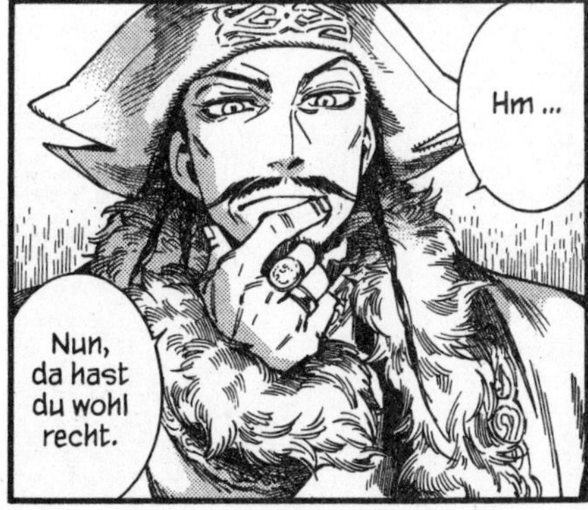
Hm ...
Nun, da hast du wohl recht.

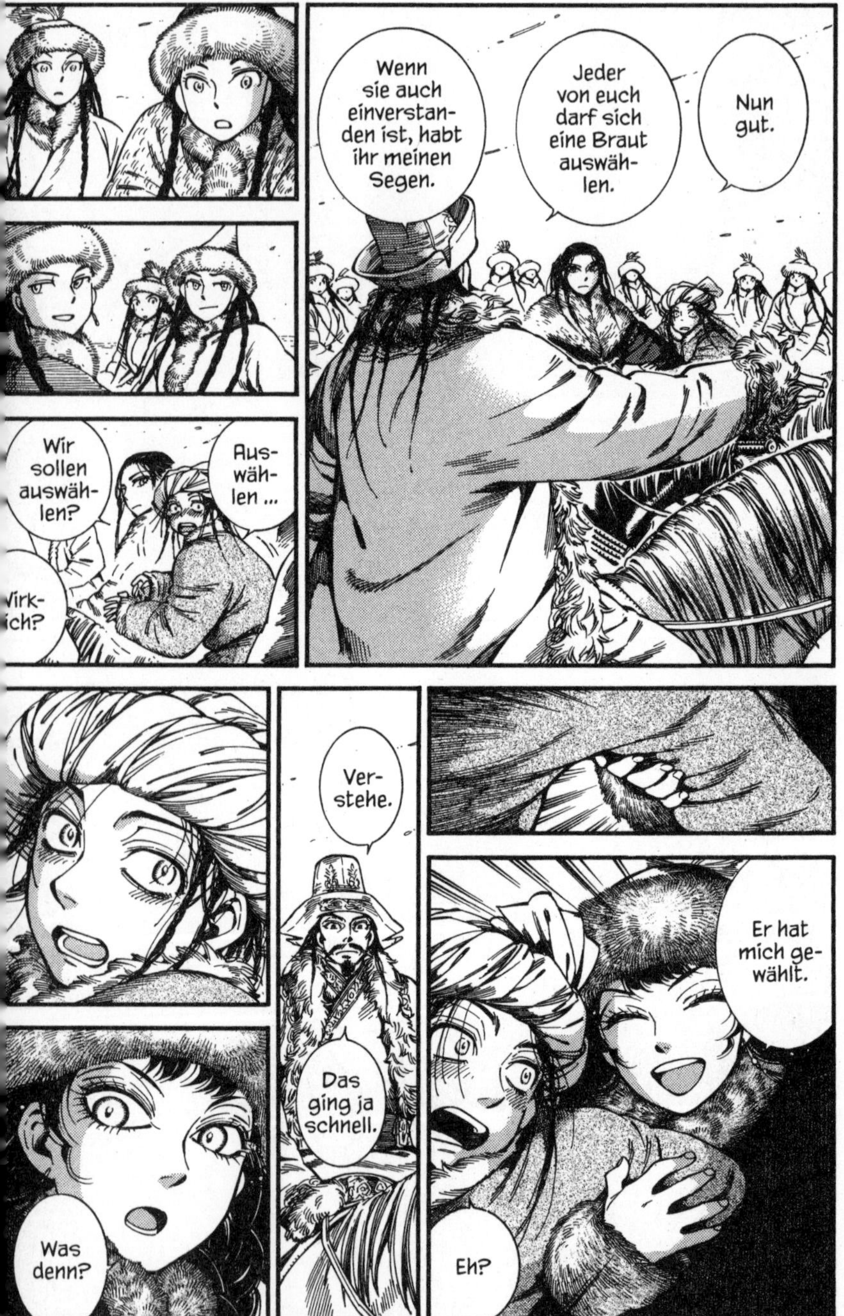

Nun gut.
Jeder von euch darf sich eine Braut auswählen.
Wenn sie auch einverstanden ist, habt ihr meinen Segen.
Auswählen ...
Wir sollen auswählen?
Virk-ich?
Er hat mich gewählt.
Eh?
Verstehe.
Das ging ja schnell.
Was denn?

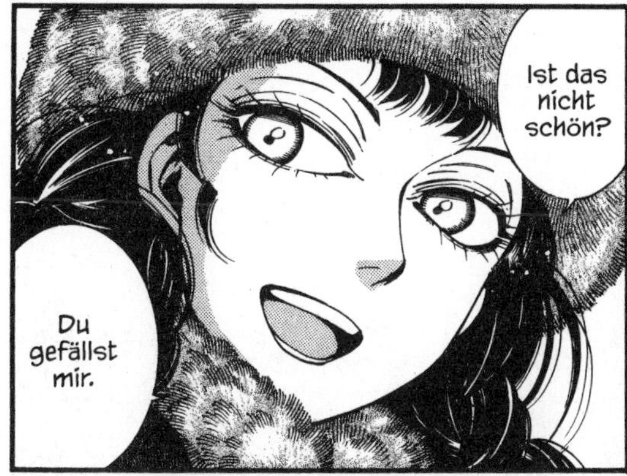
Ist das nicht schön?
Du gefällst mir.

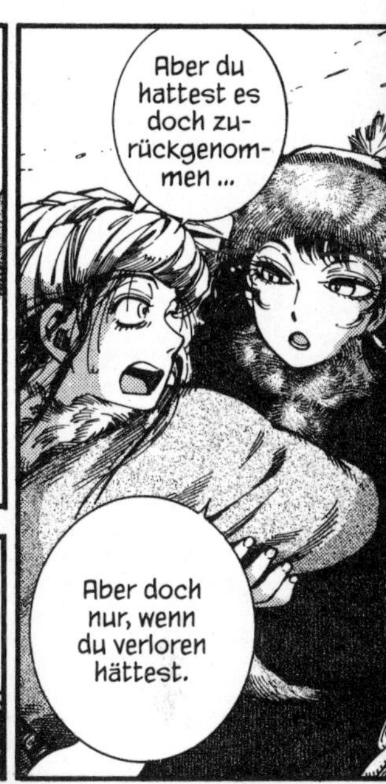
Aber du hattest es doch zurückgenommen ...
Aber doch nur, wenn du verloren hättest.

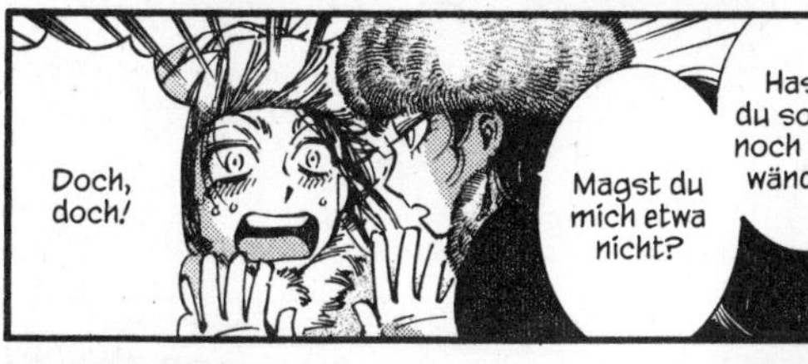
Hast du sonst noch Einwände?
Magst du mich etwa nicht?
Doch, doch!

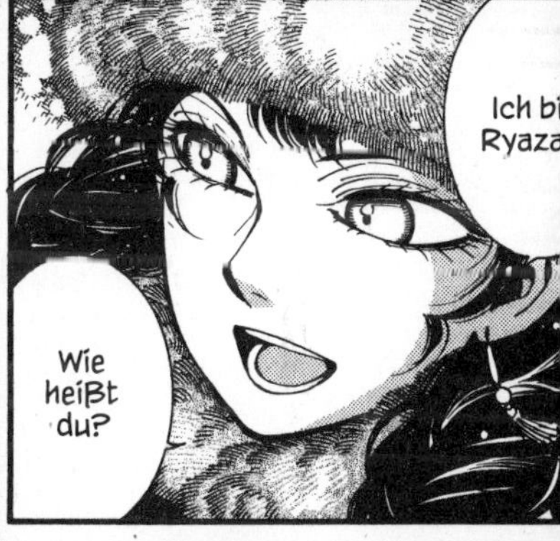
Ich bi
Ryaza
Wie heißt du?

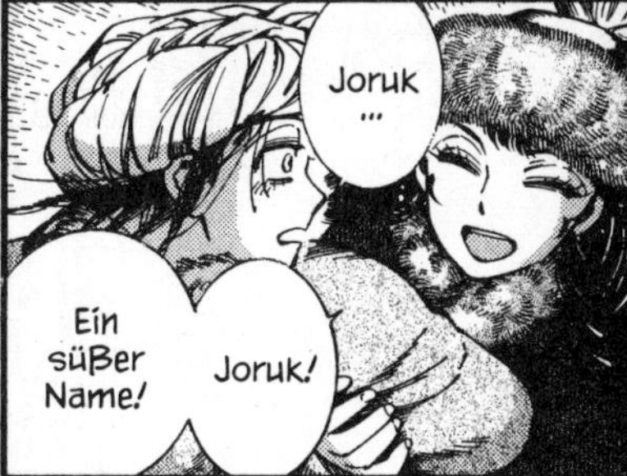
Joruk ...
Joruk!
Ein süßer Name!

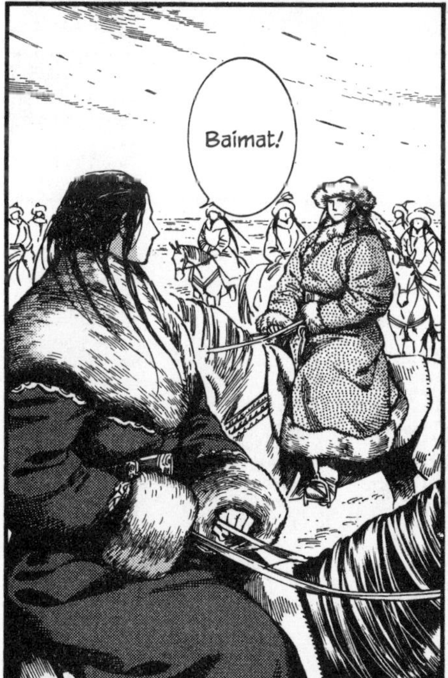
Baimat!

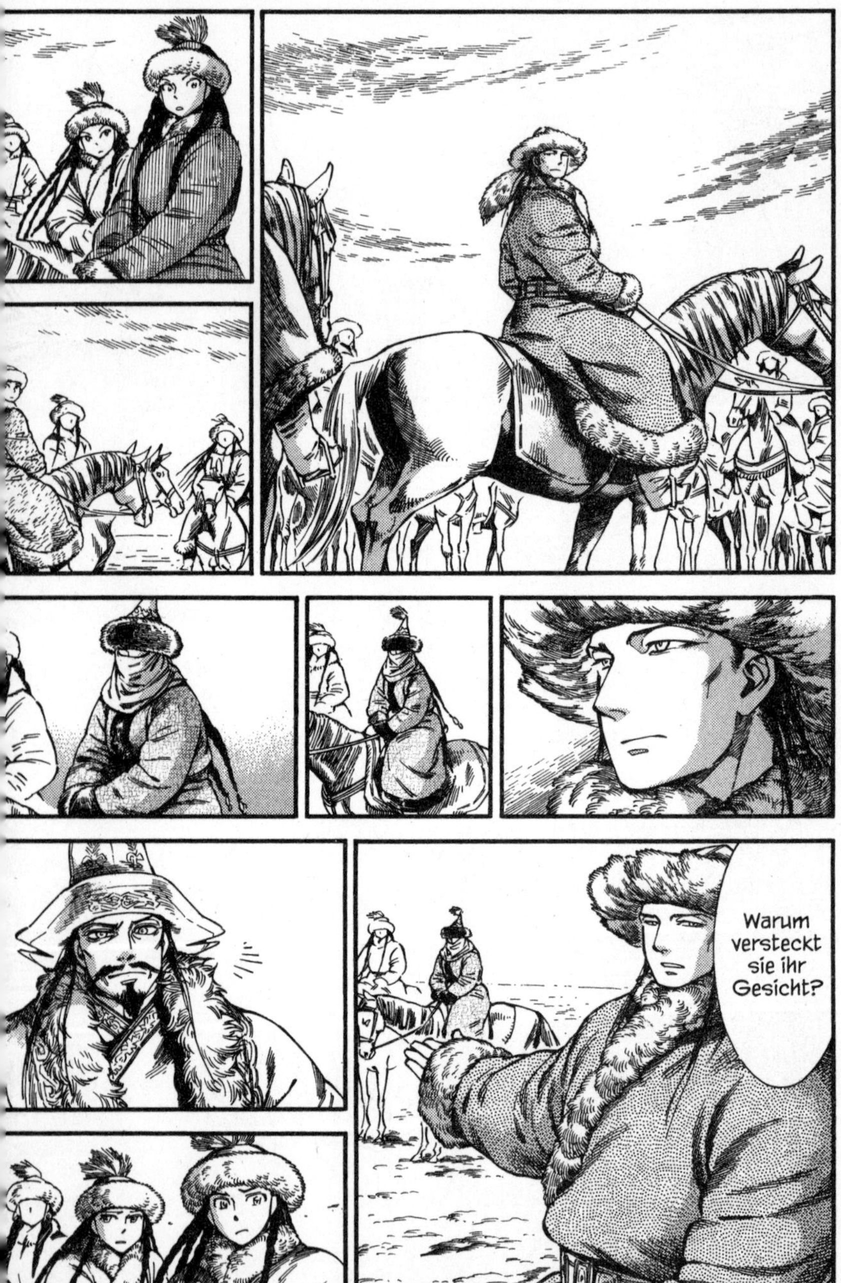
Warum versteckt sie ihr Gesicht?

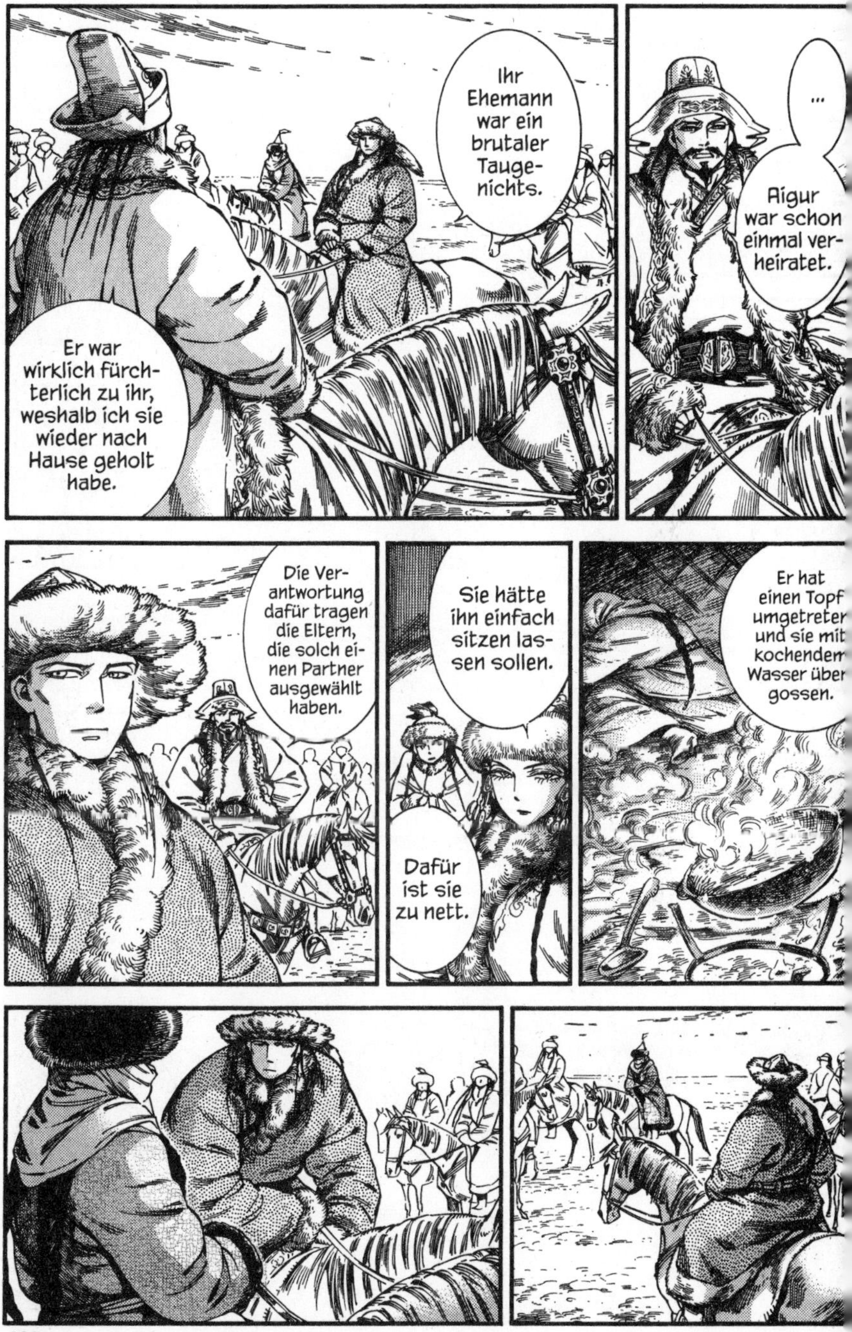

…
Aigur war schon einmal verheiratet.
Ihr Ehemann war ein brutaler Taugenichts.
Er war wirklich fürchterlich zu ihr, weshalb ich sie wieder nach Hause geholt habe.

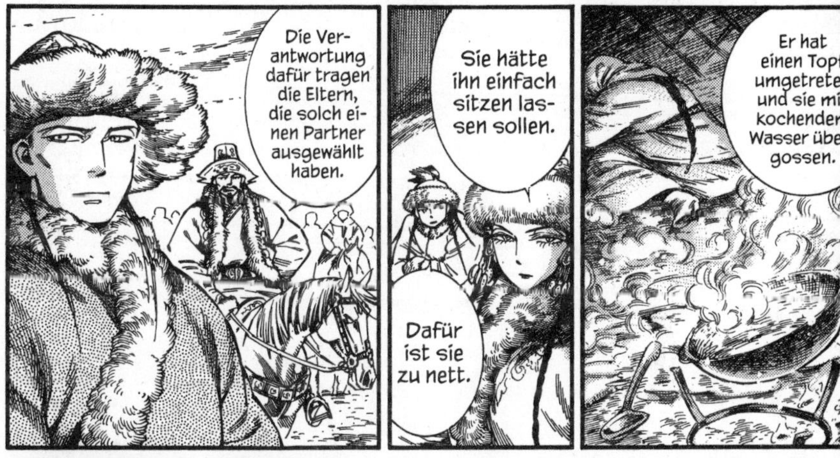

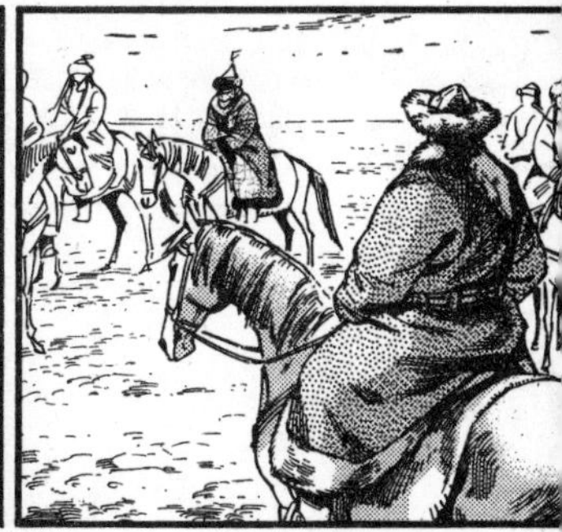

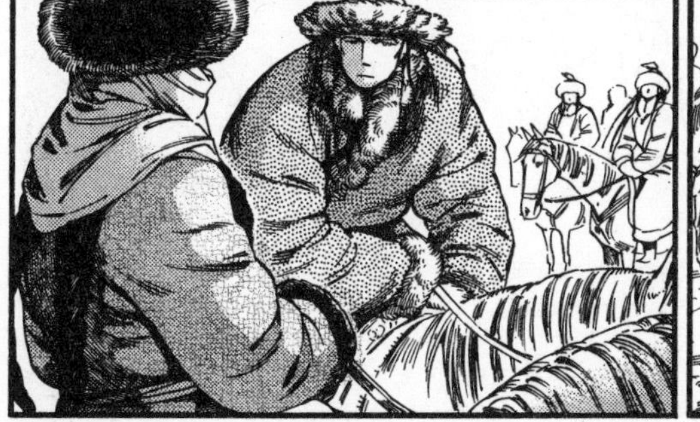

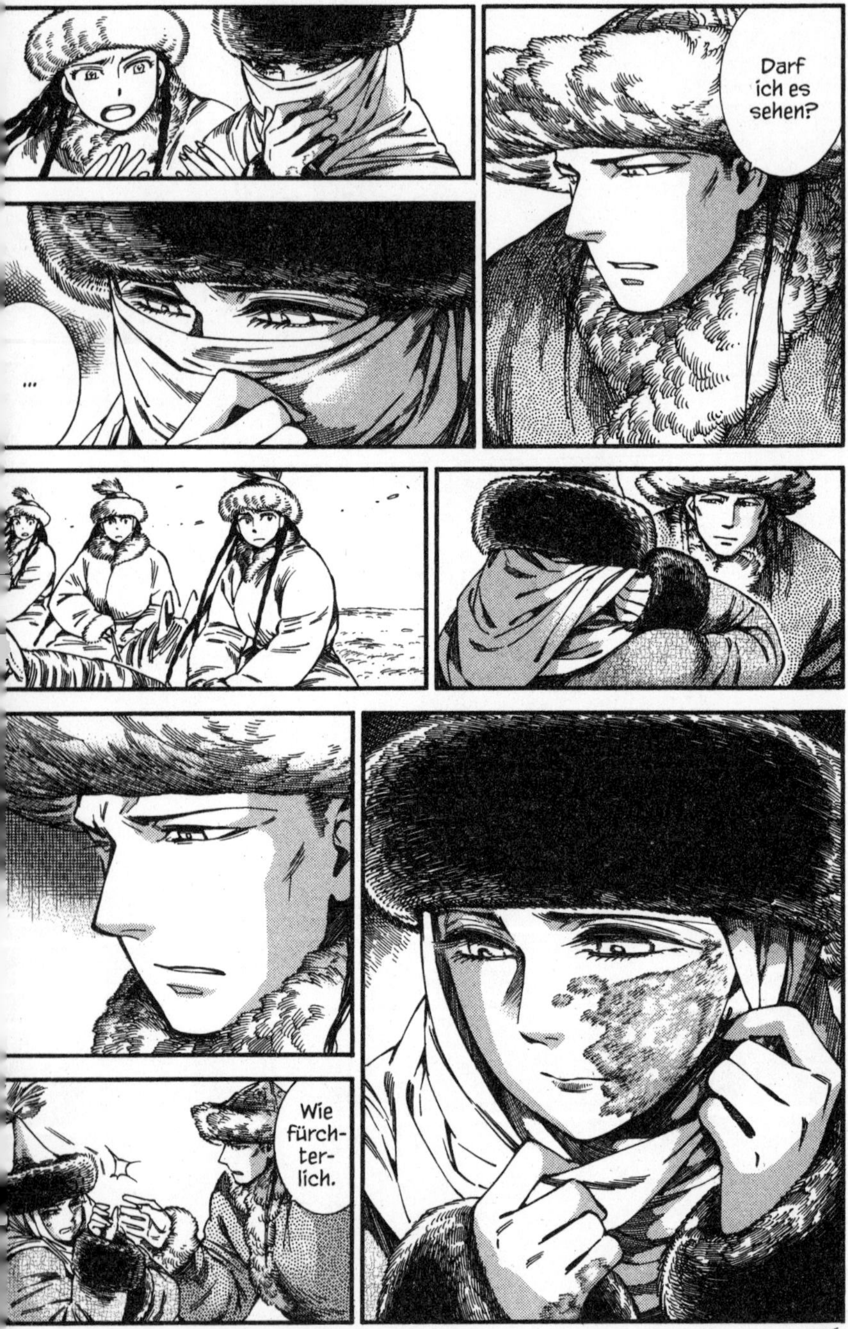

Darf ich es sehen?

...

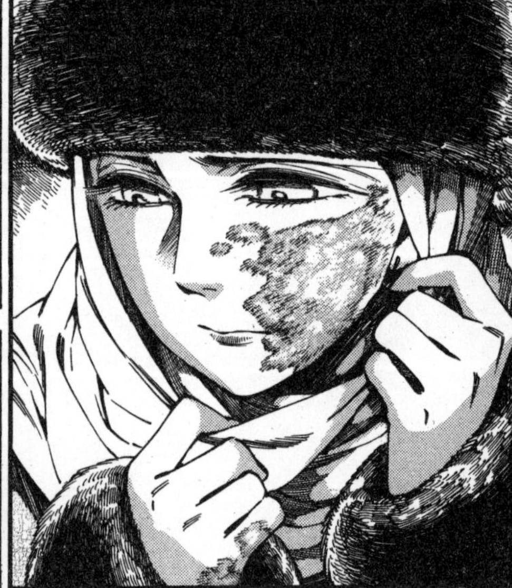

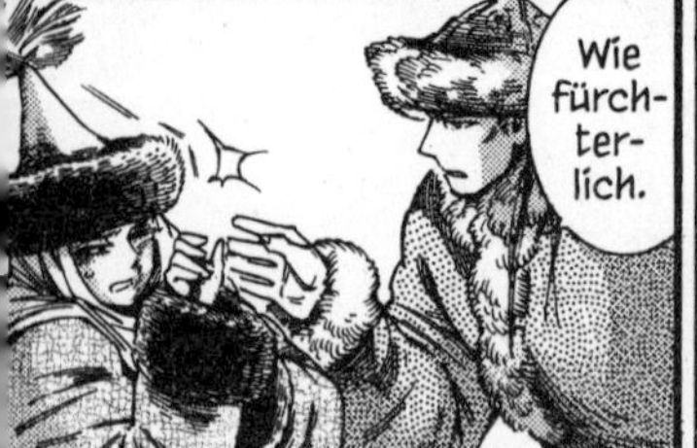

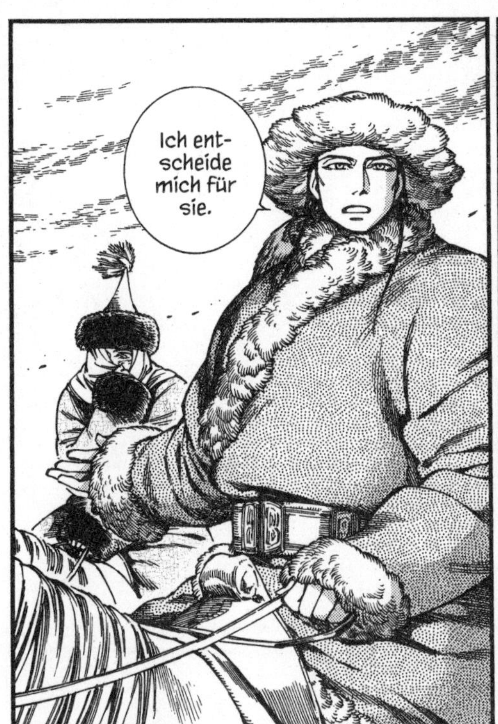
Ich ent-
scheide
mich für
sie.
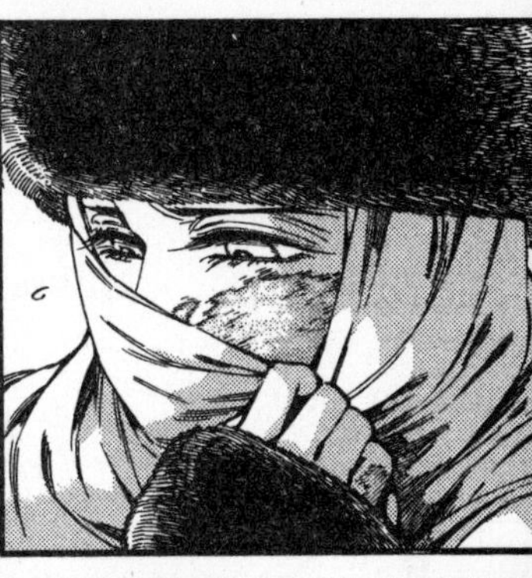
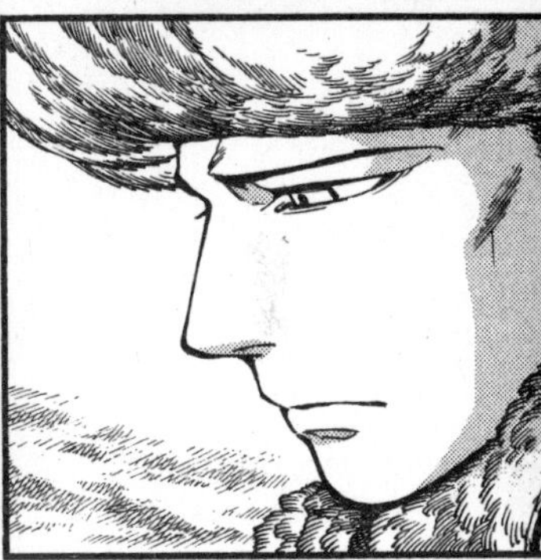
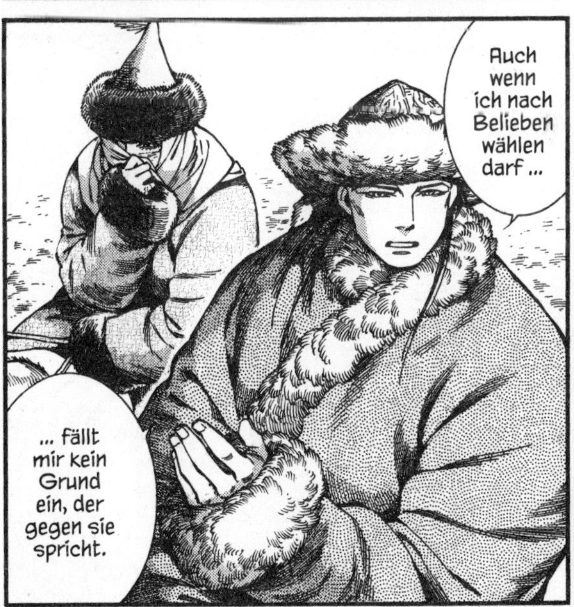
Auch
wenn
ich nach
Belieben
wählen
darf ...
... fällt
mir kein
Grund
ein, der
gegen sie
spricht.
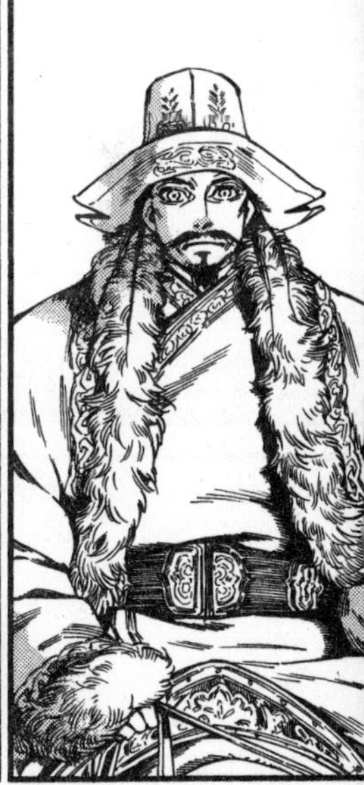

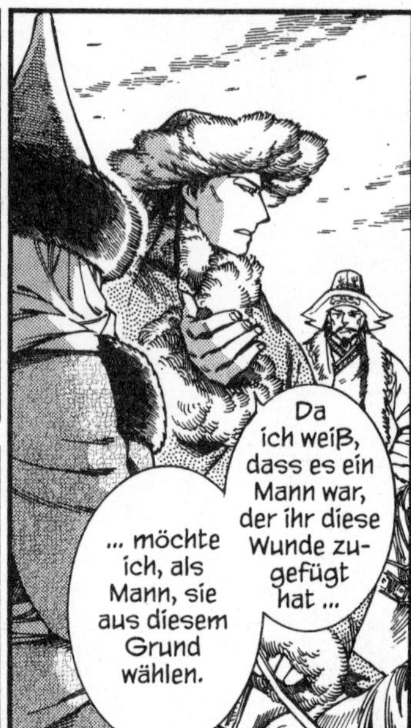
Da ich weiß, dass es ein Mann war, der ihr diese Wunde zugefügt hat ...
... möchte ich, als Mann, sie aus diesem Grund wählen.

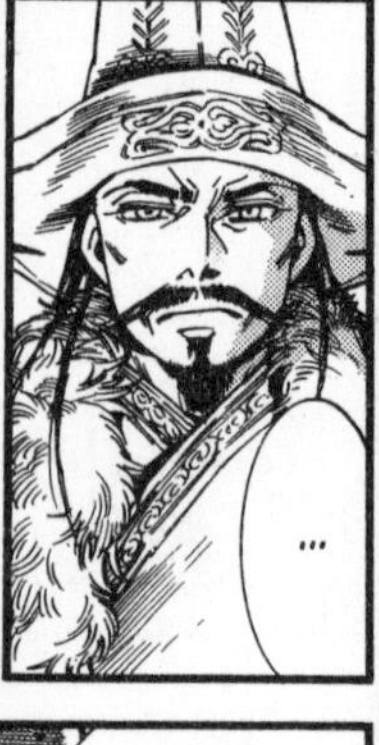
...

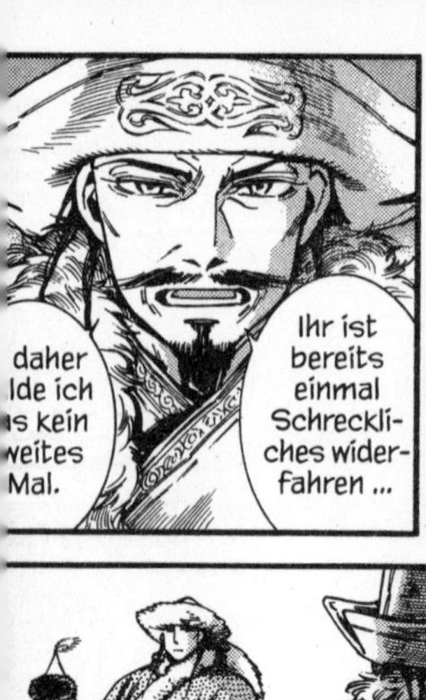
Ihr ist bereits einmal Schreckliches widerfahren ...
daher lde ich s kein weites Mal.

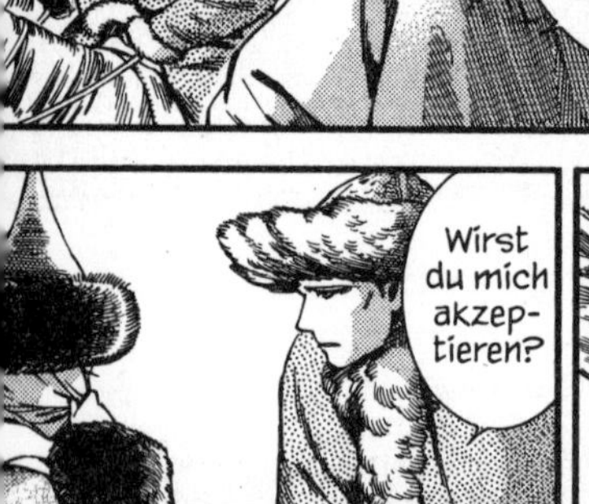
Wenn du mir also nicht versprechen kannst, ihr kein Leid zuzufügen, dann kann ich sie dir nicht geben.

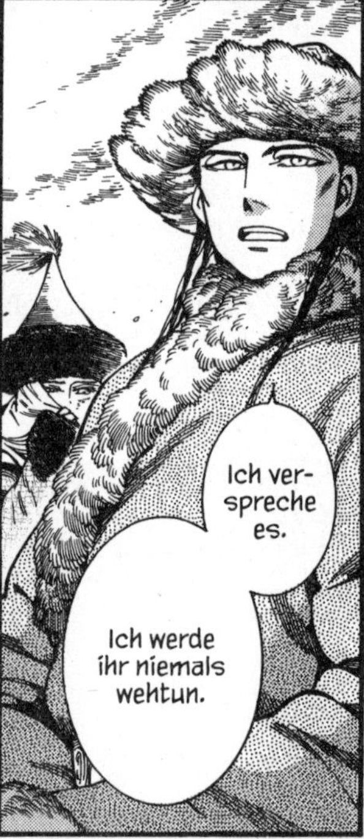
Ich verspreche es.
Ich werde ihr niemals wehtun.

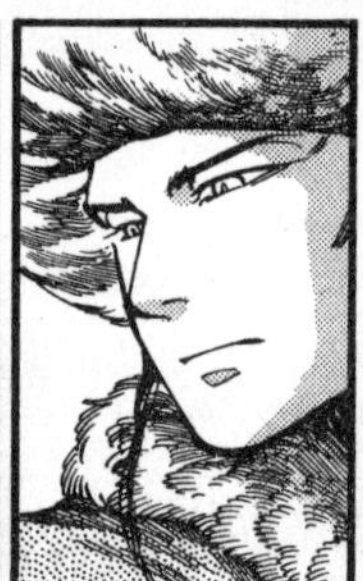

Wirst du mich akzeptieren?

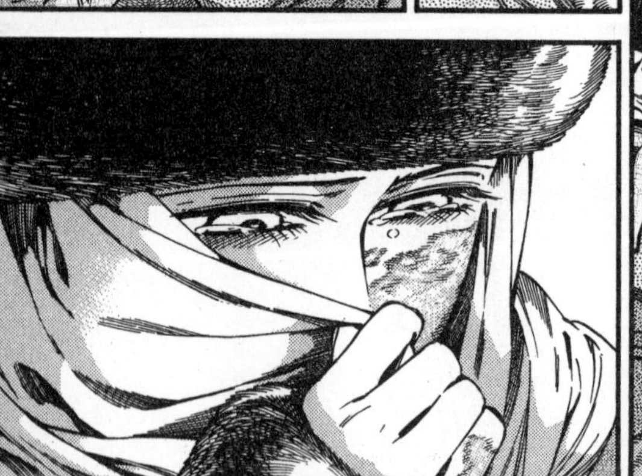

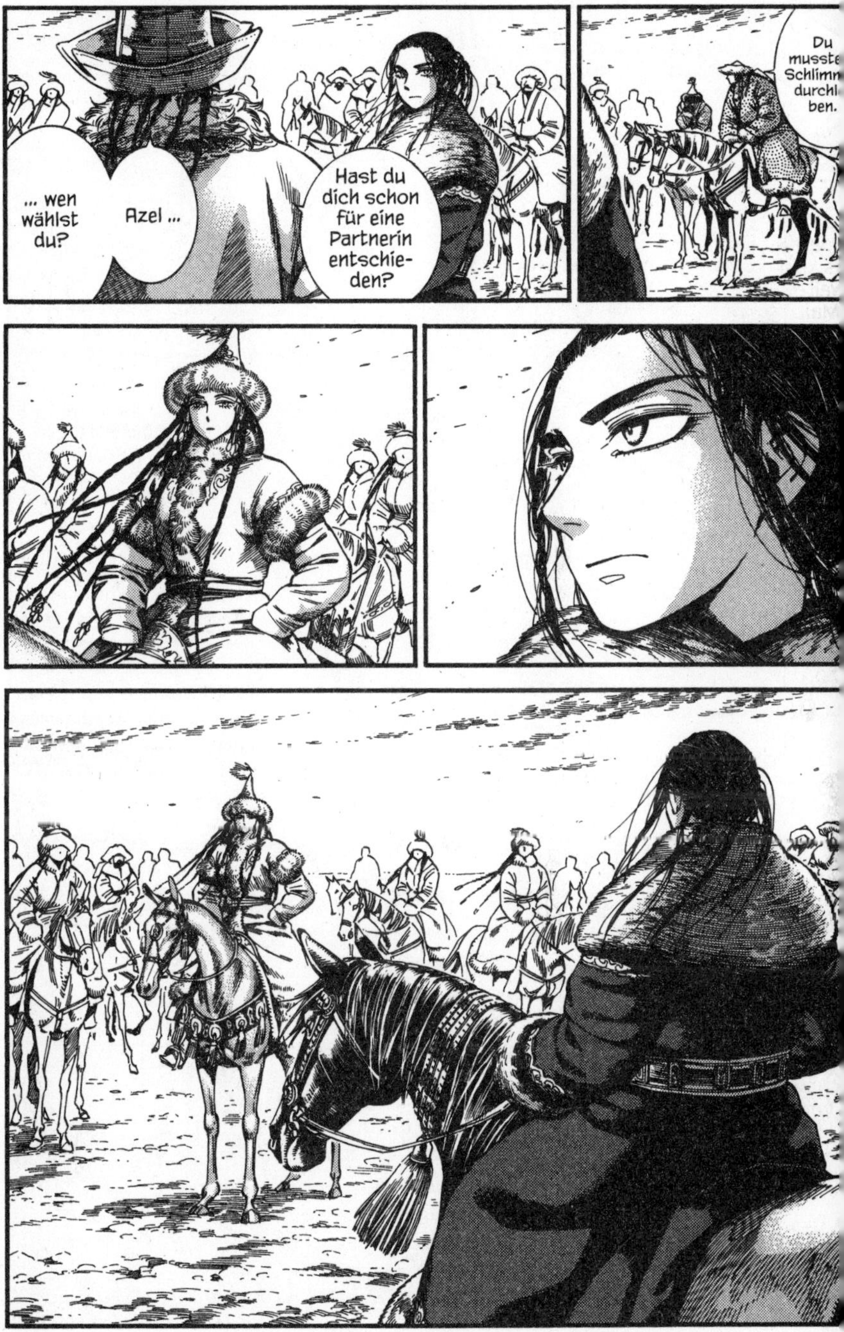

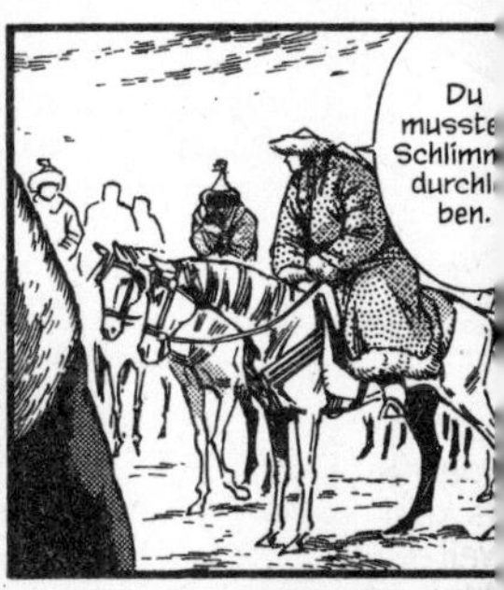
Du musste Schlimm durchl ben.

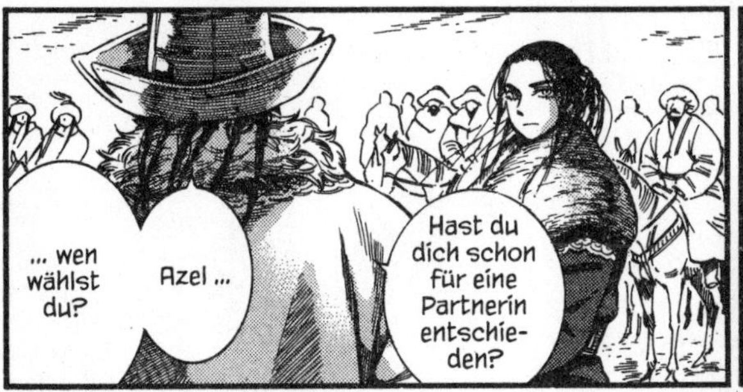
Hast du dich schon für eine Partnerin entschieden?
Azel ...
... wen wählst du?

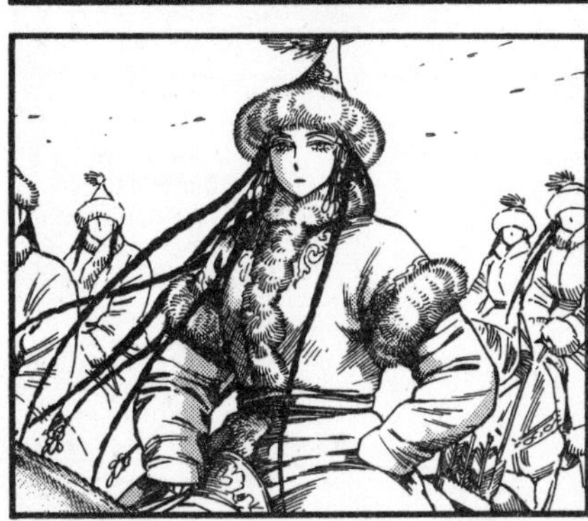

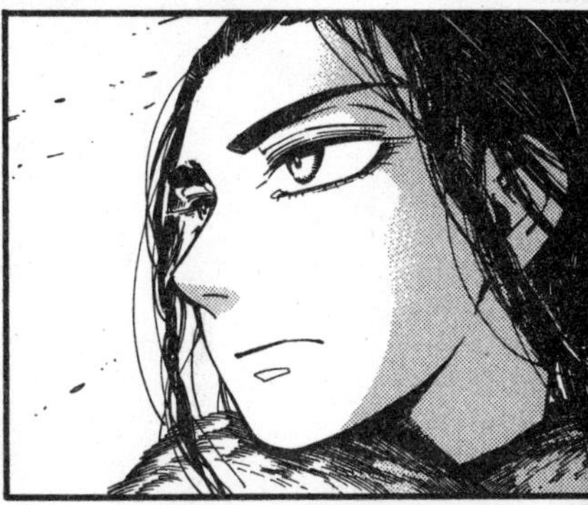

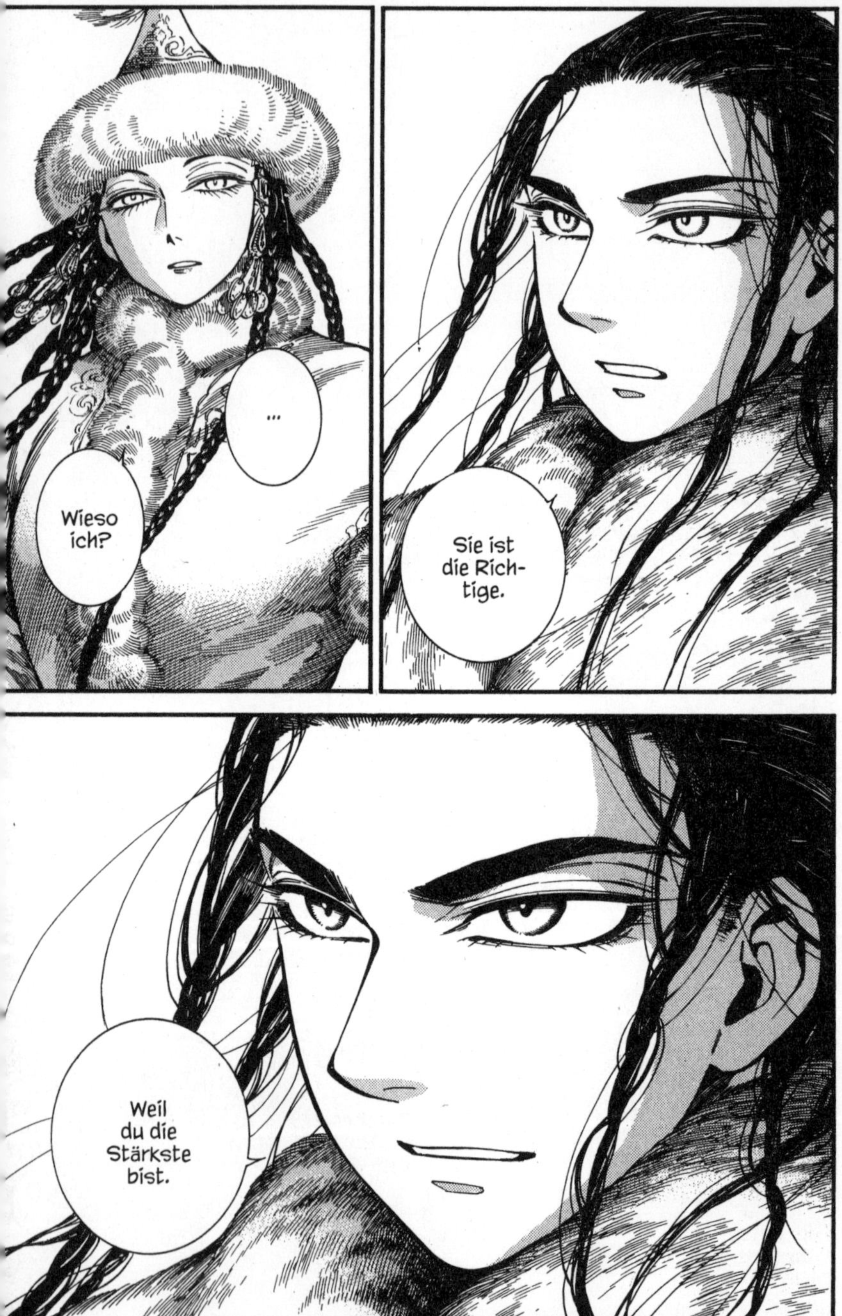

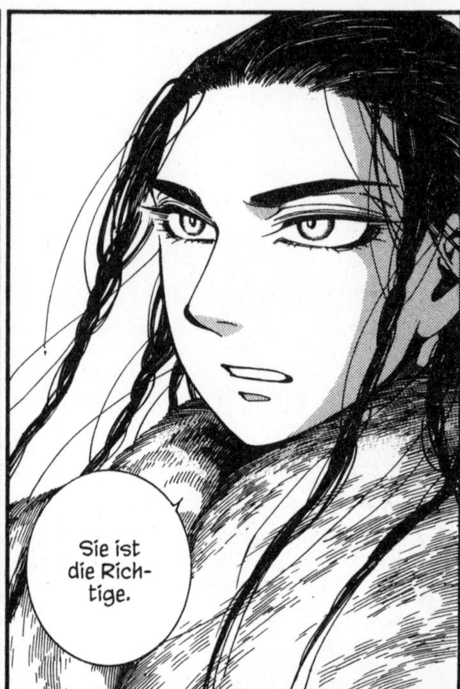
Sie ist die Rich-
tige.

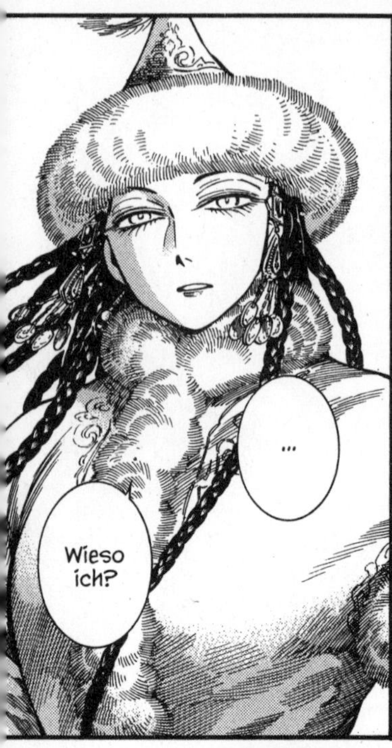
...
Wieso ich?

Weil du die Stärkste bist.

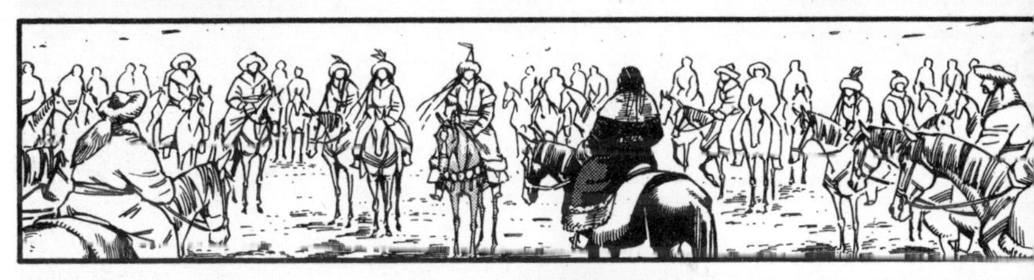

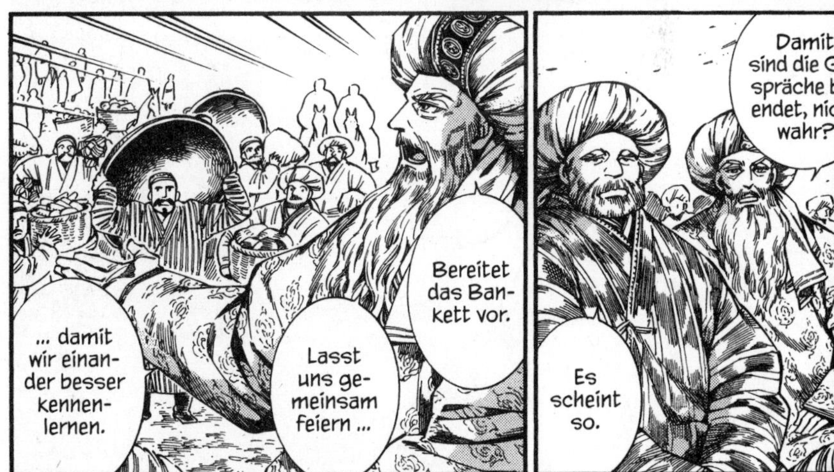
Damit
sind die G
spräche b
endet, nic
wahr?
Es scheint so.
Bereitet das Bankett vor.
Lasst uns gemeinsam feiern ...
... damit wir einander besser kennenlernen.

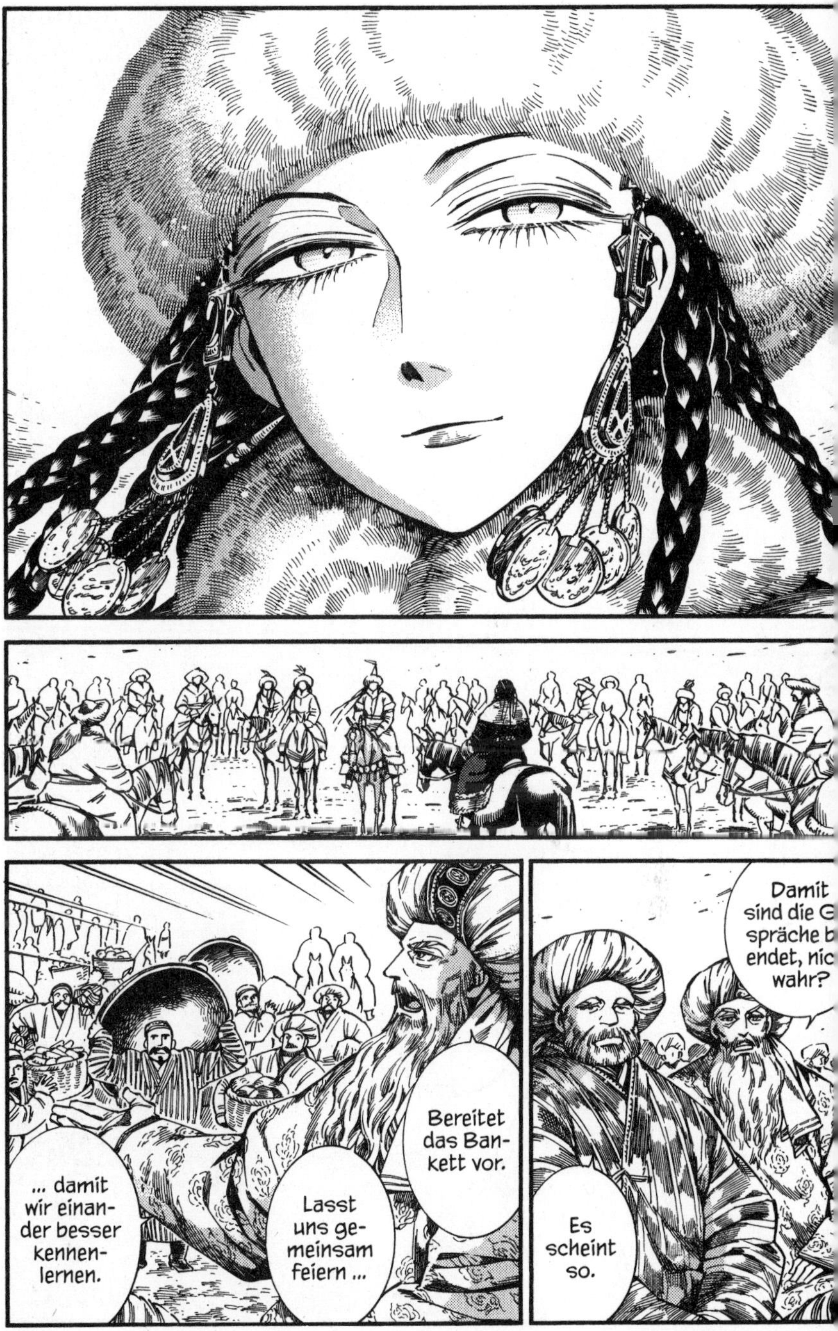

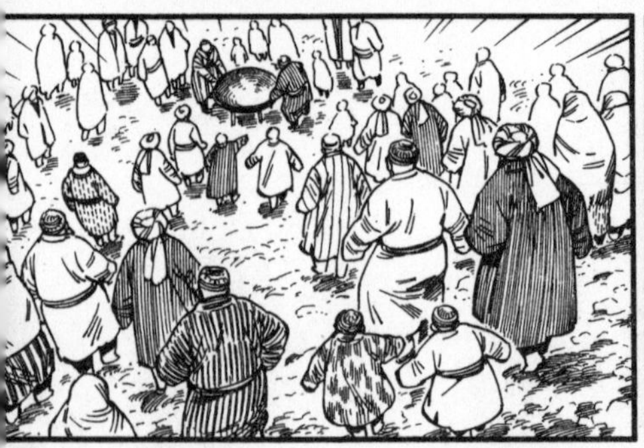
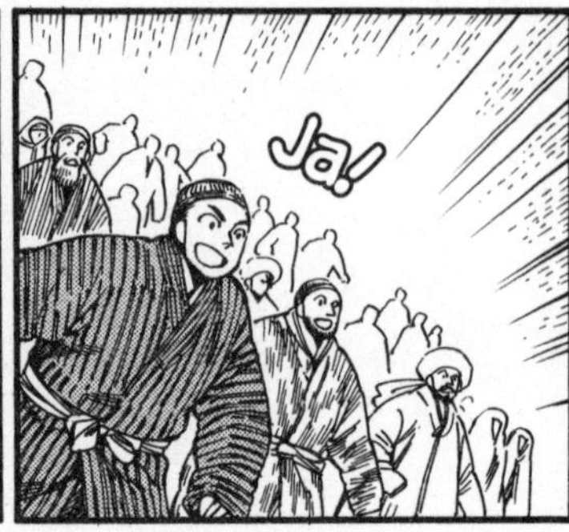
Ja!
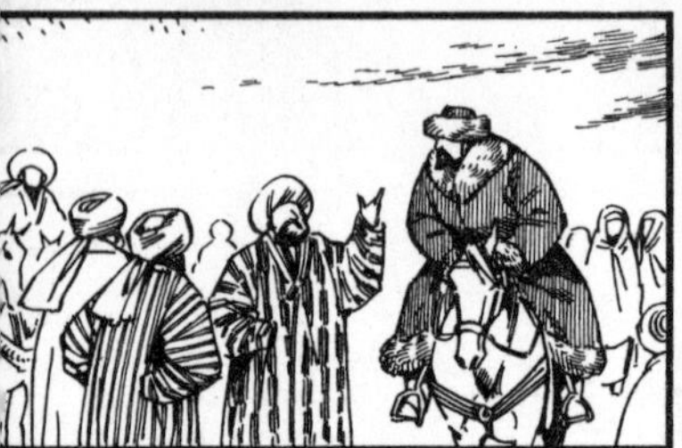
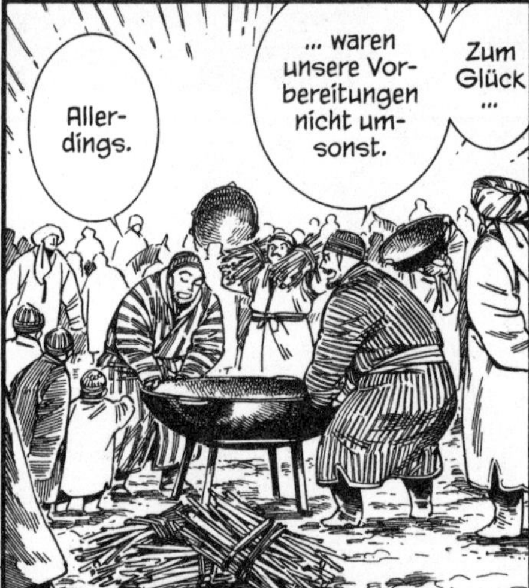
Zum Glück ...
... waren unsere Vorbereitungen nicht umsonst.
Allerdings.
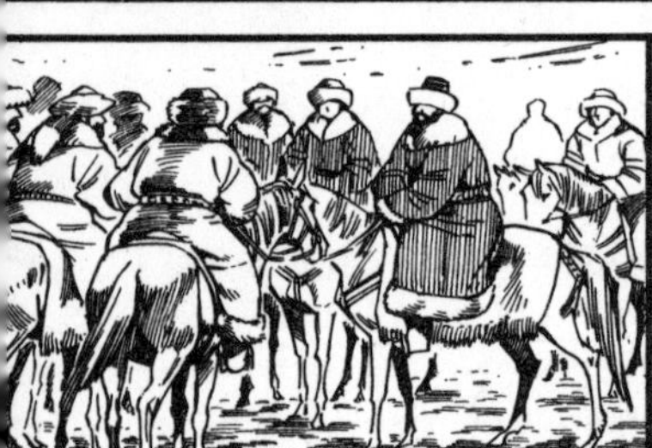
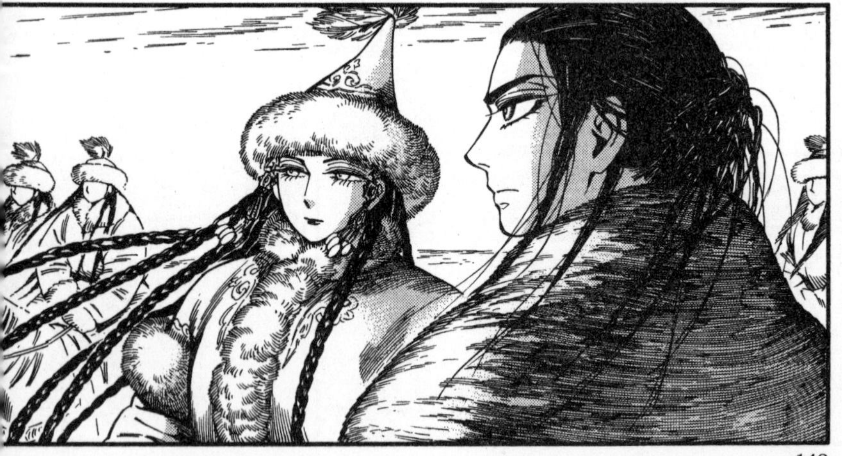

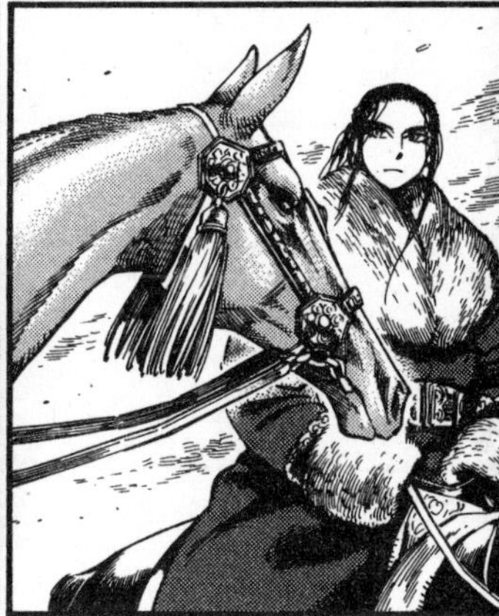

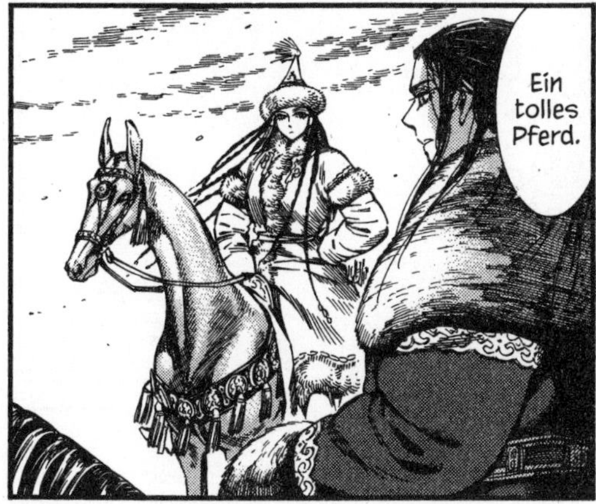
Ein tolles Pferd.

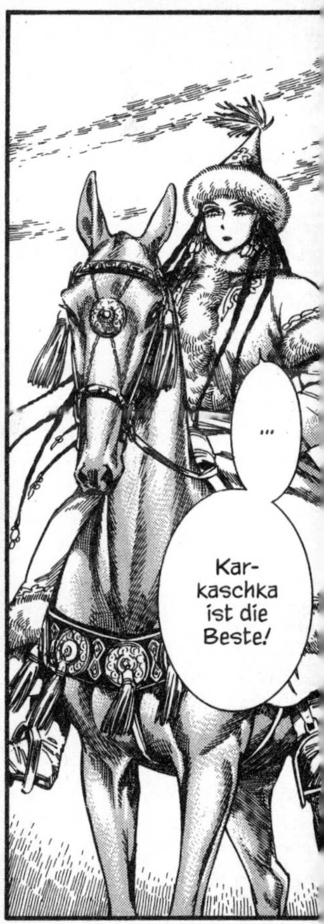
...
Karkaschka ist die Beste!

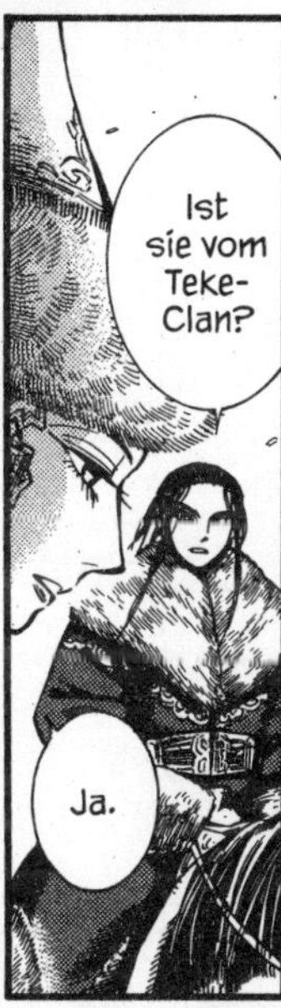
Ist sie vom Teke-Clan?
Ja.

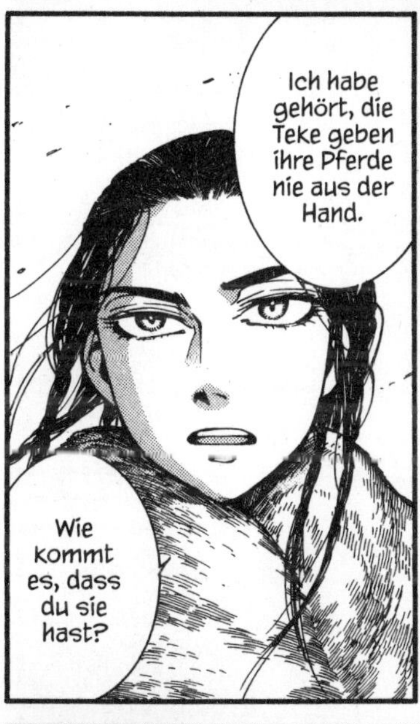
Ich habe gehört, die Teke geben ihre Pferde nie aus der Hand.
Wie kommt es, dass du sie hast?

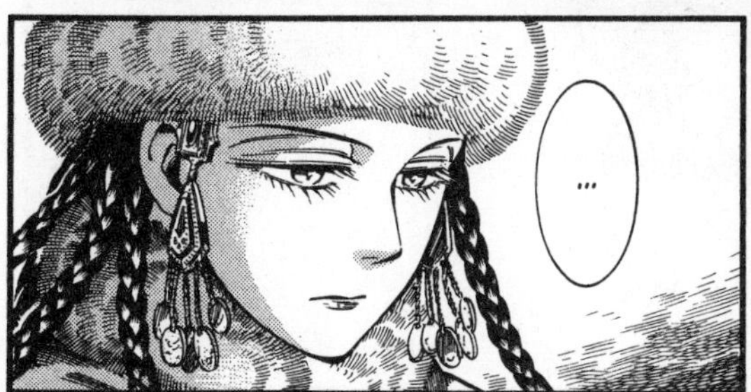
...

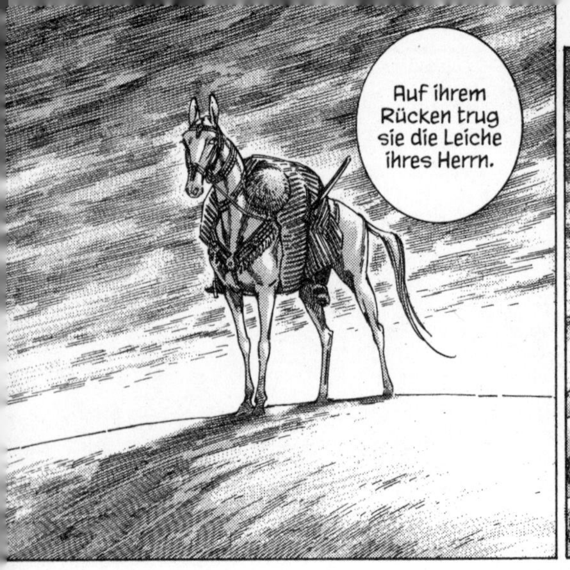
Auf ihrem Rücken trug sie die Leiche ihres Herrn.

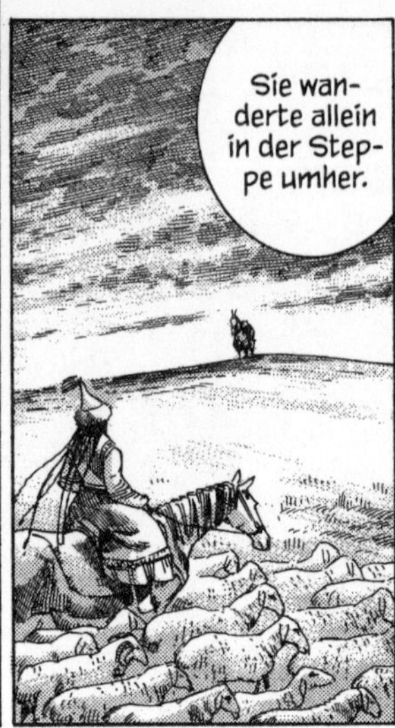
Sie wanderte allein in der Steppe umher.

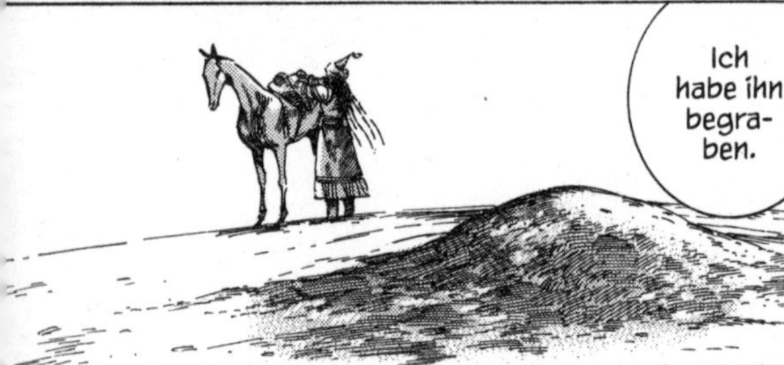
Ich habe ihn begraben.

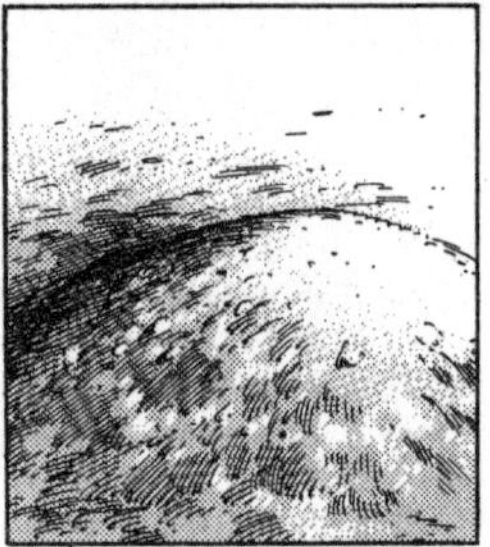

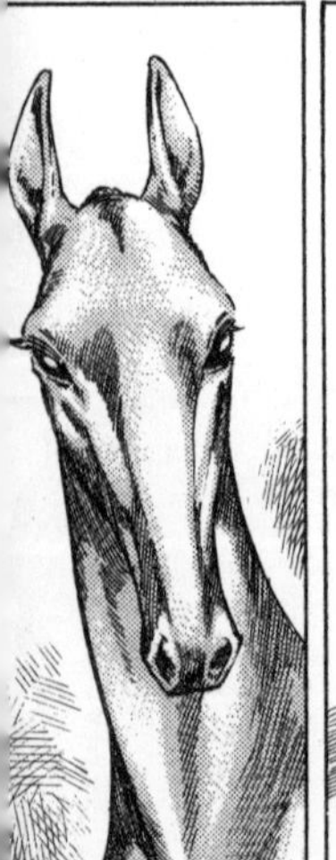

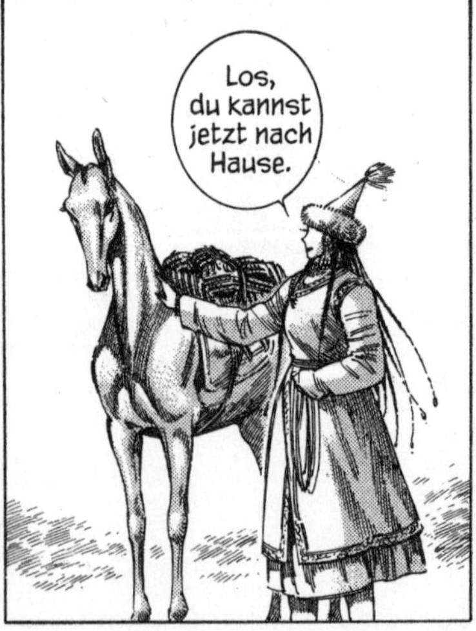
Los, du kannst jetzt nach Hause.

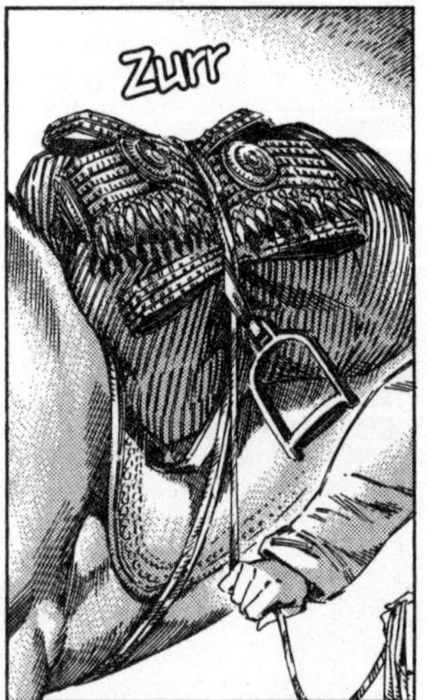
Zurr

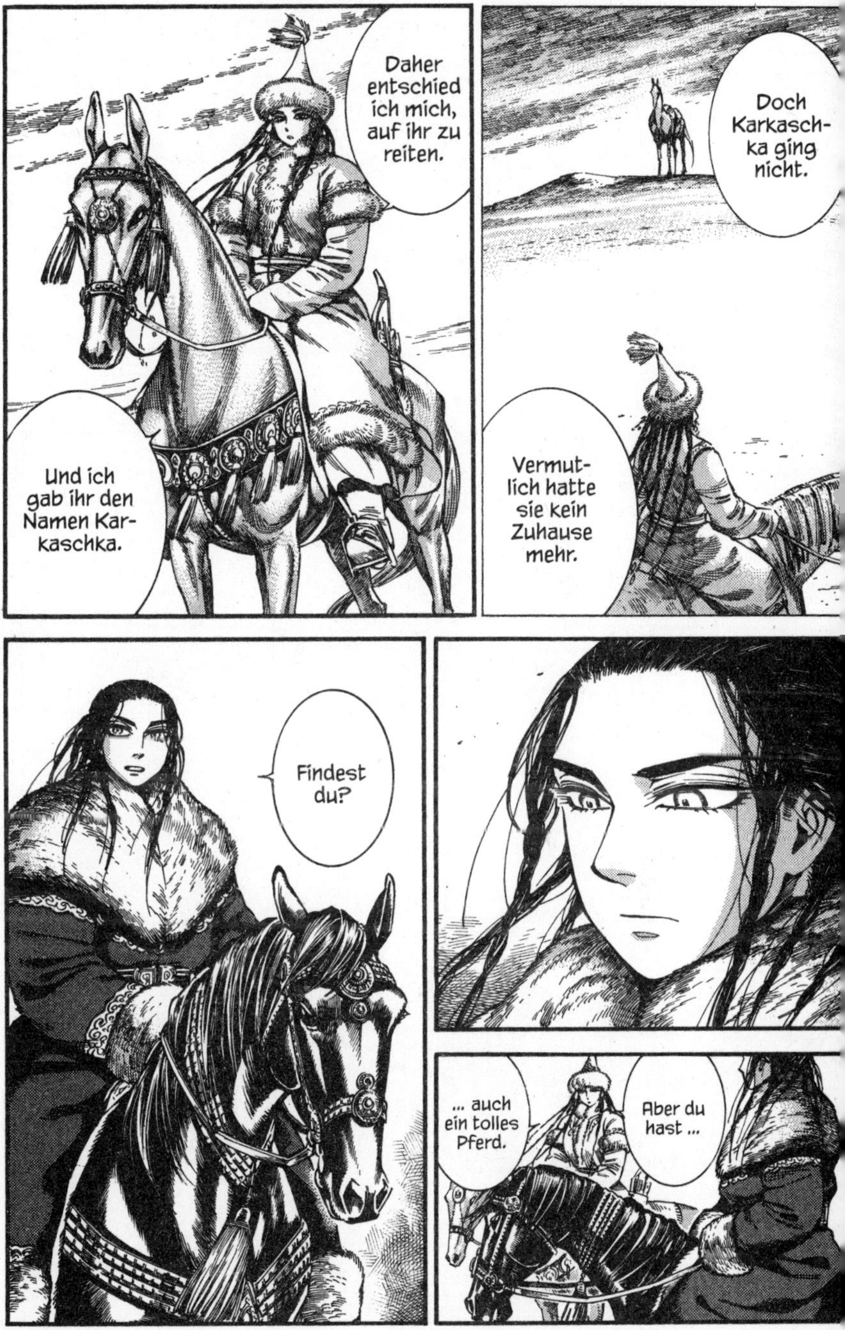

Doch Karkaschka ging nicht.
Vermutlich hatte sie kein Zuhause mehr.
Daher entschied ich mich, auf ihr zu reiten.
Und ich gab ihr den Namen Karkaschka.

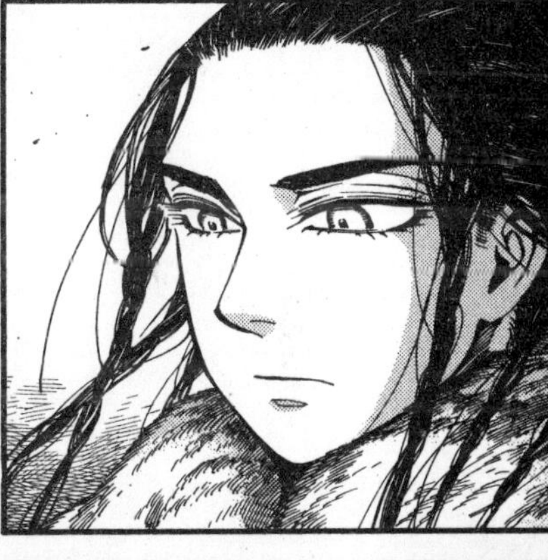

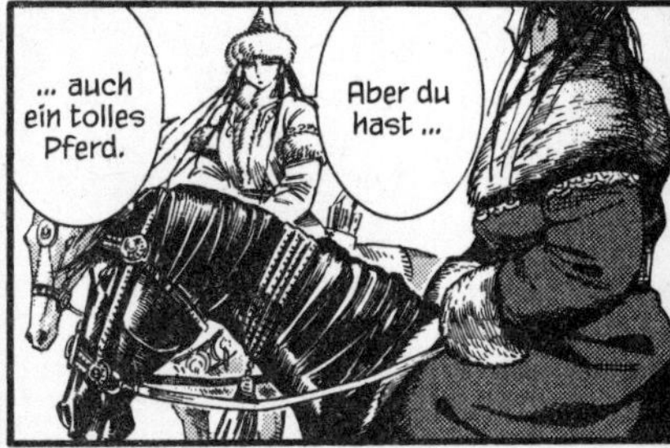

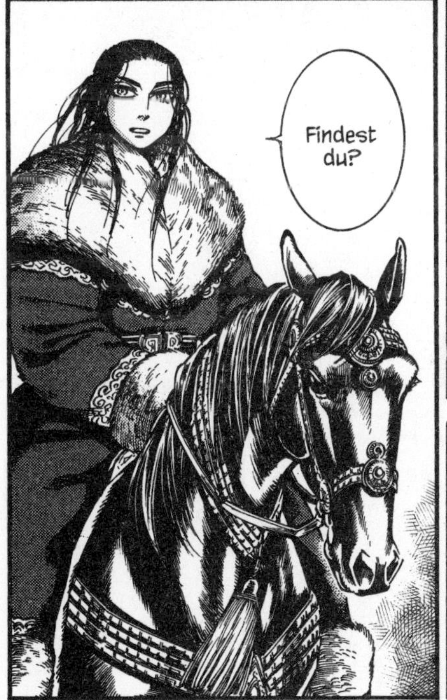

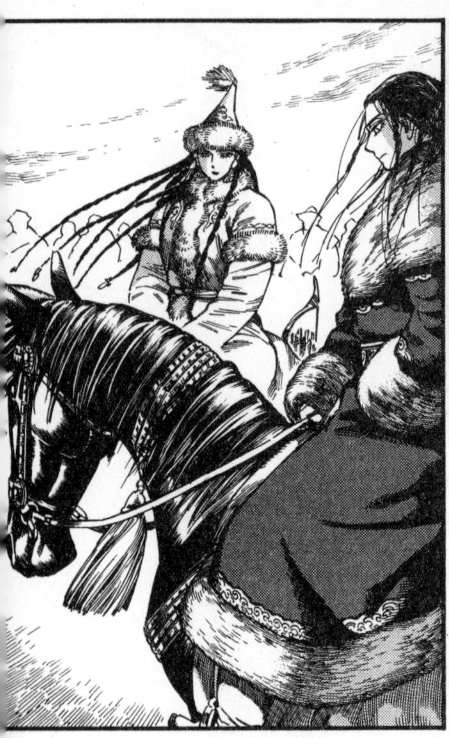
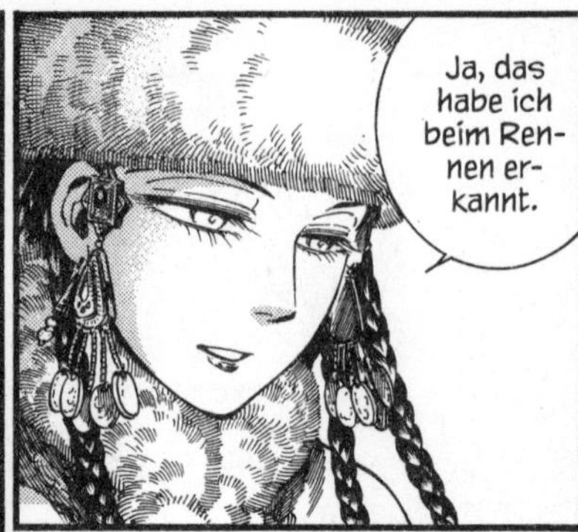
Ja, das habe ich beim Rennen erkannt.
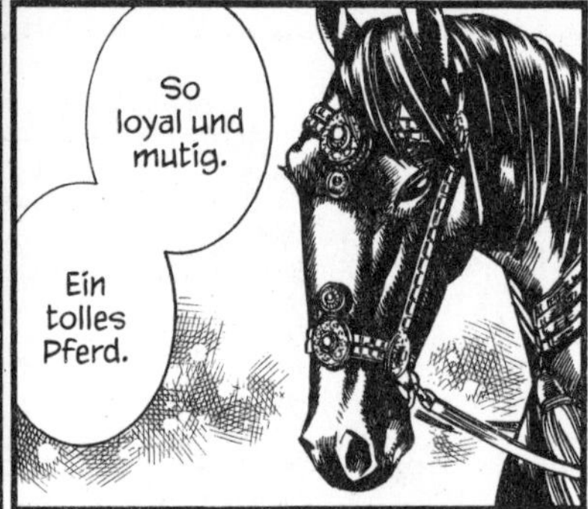
So loyal und mutig.
Ein tolles Pferd.
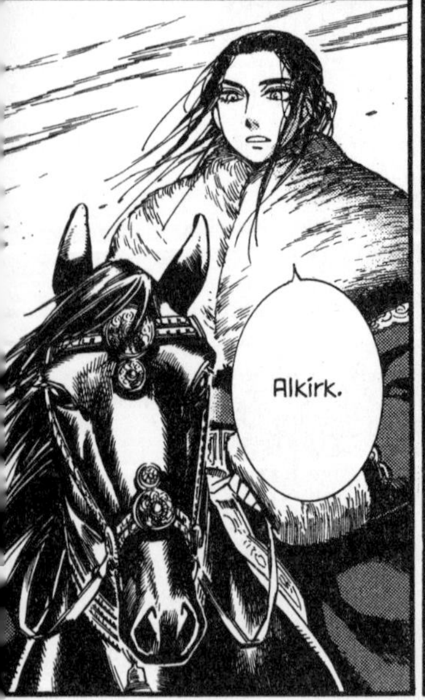
Alkirk.
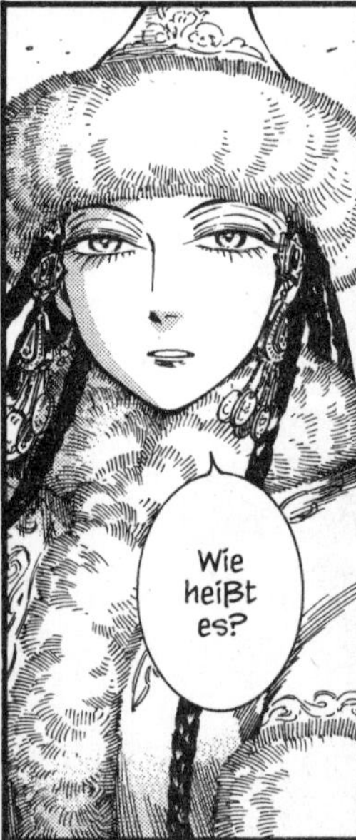
Wie heißt es?
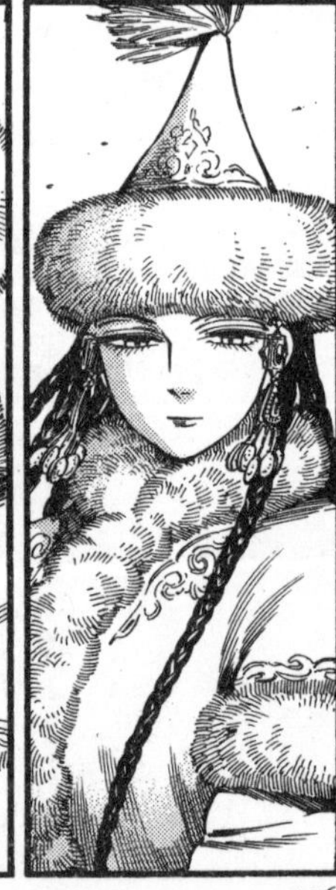

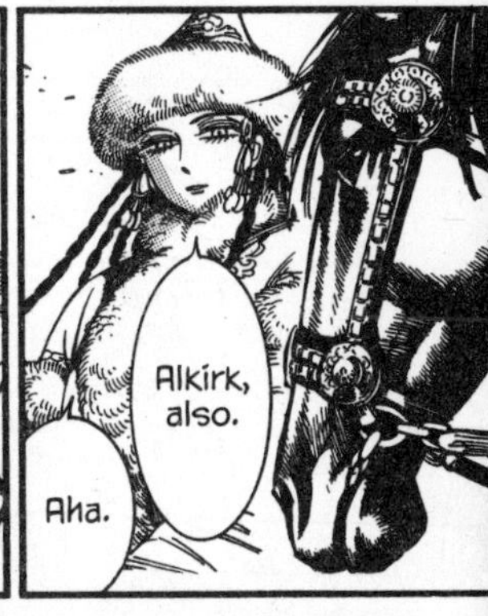
Alkirk, also.
Aha.

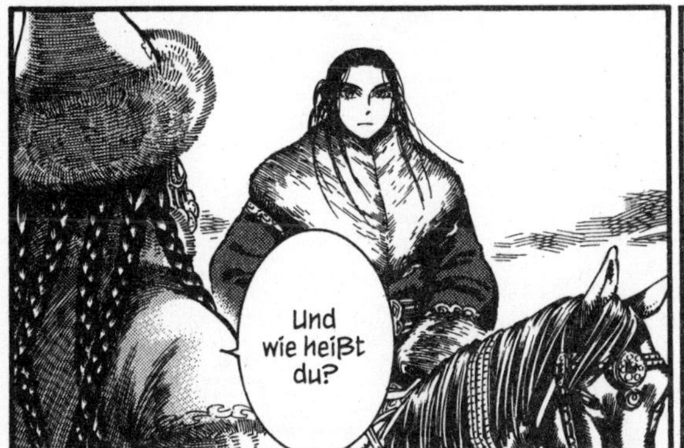
Und wie heißt du?

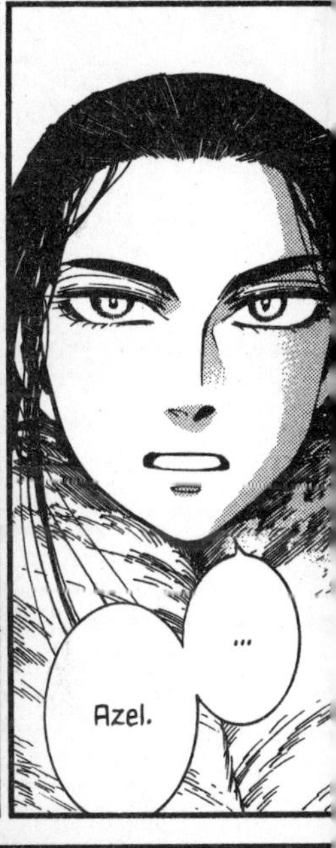
...
Azel.

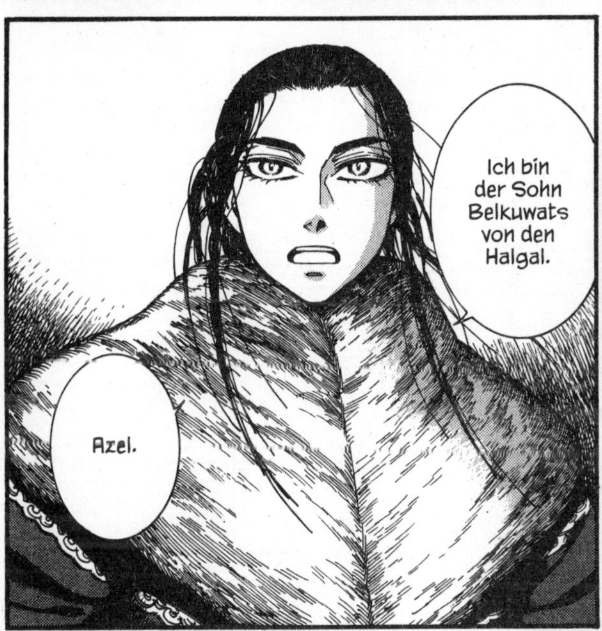
Azel.
Ich bin der Sohn Belkuwats von den Halgal.

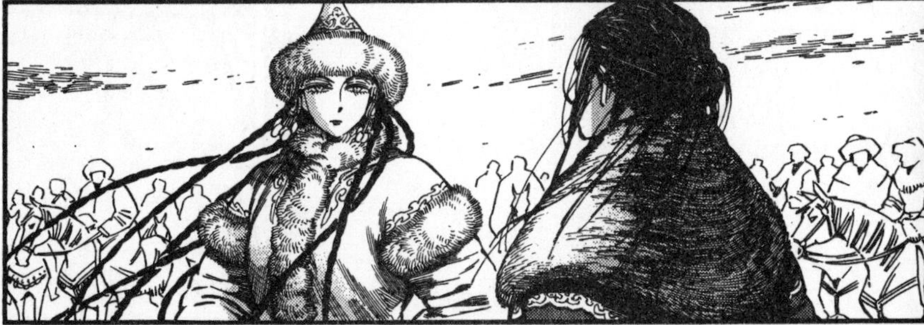

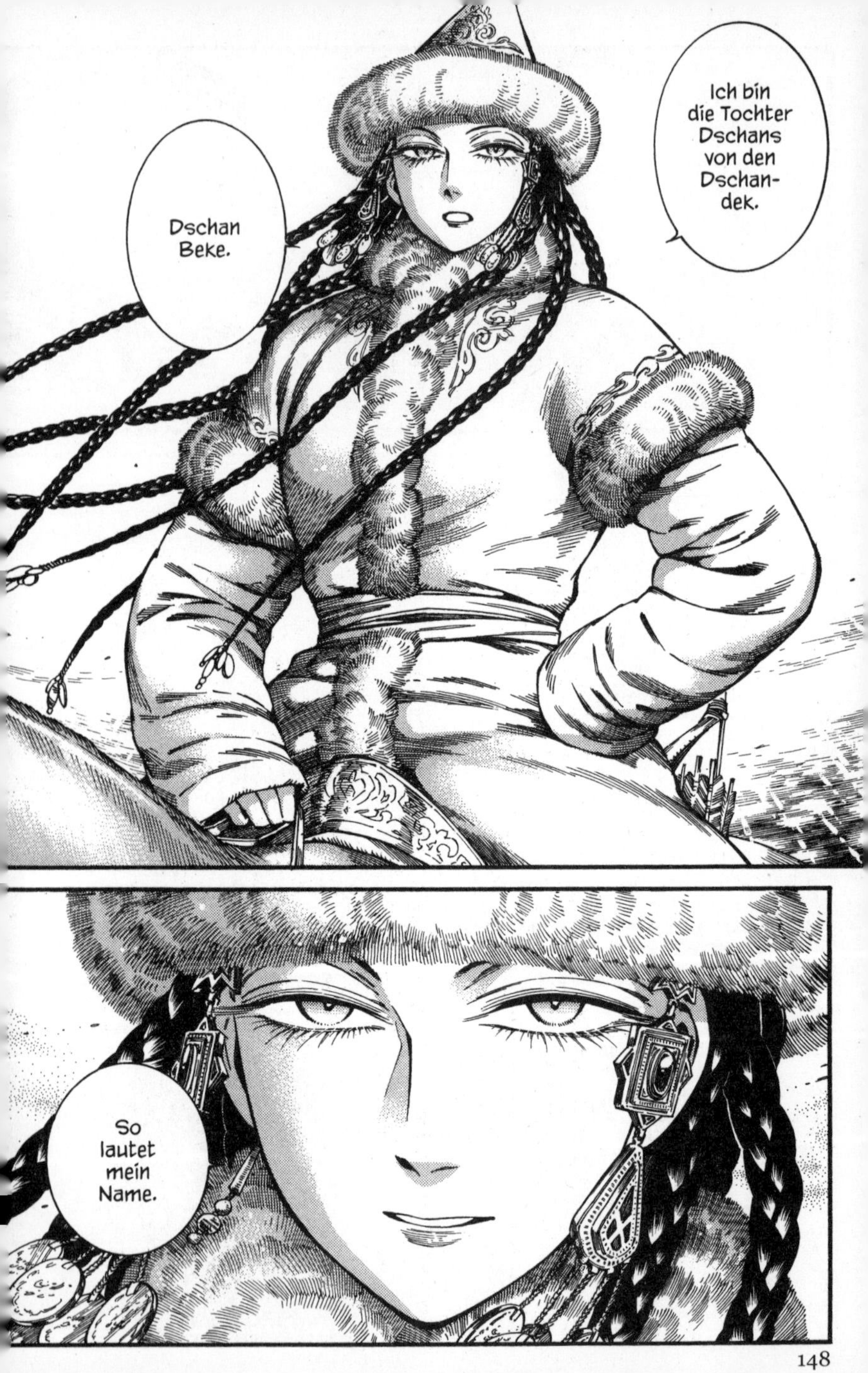

Ich bin die Tochter Dschans von den Dschandek.
Dschan Beke.

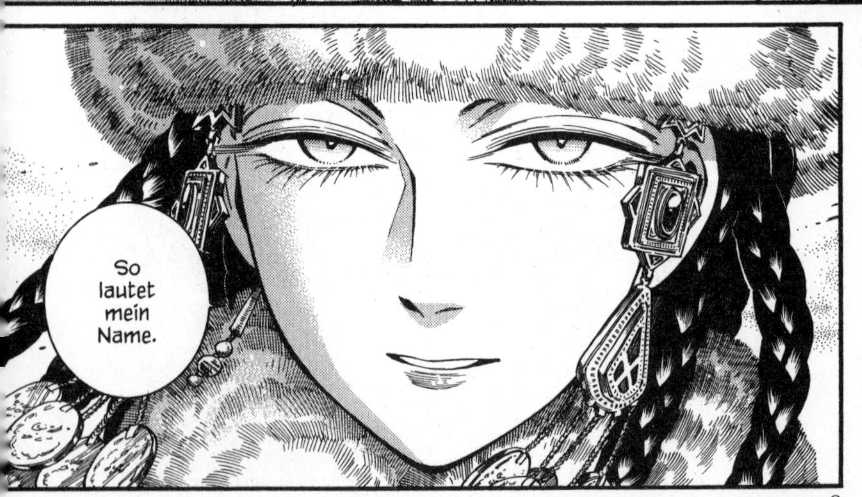

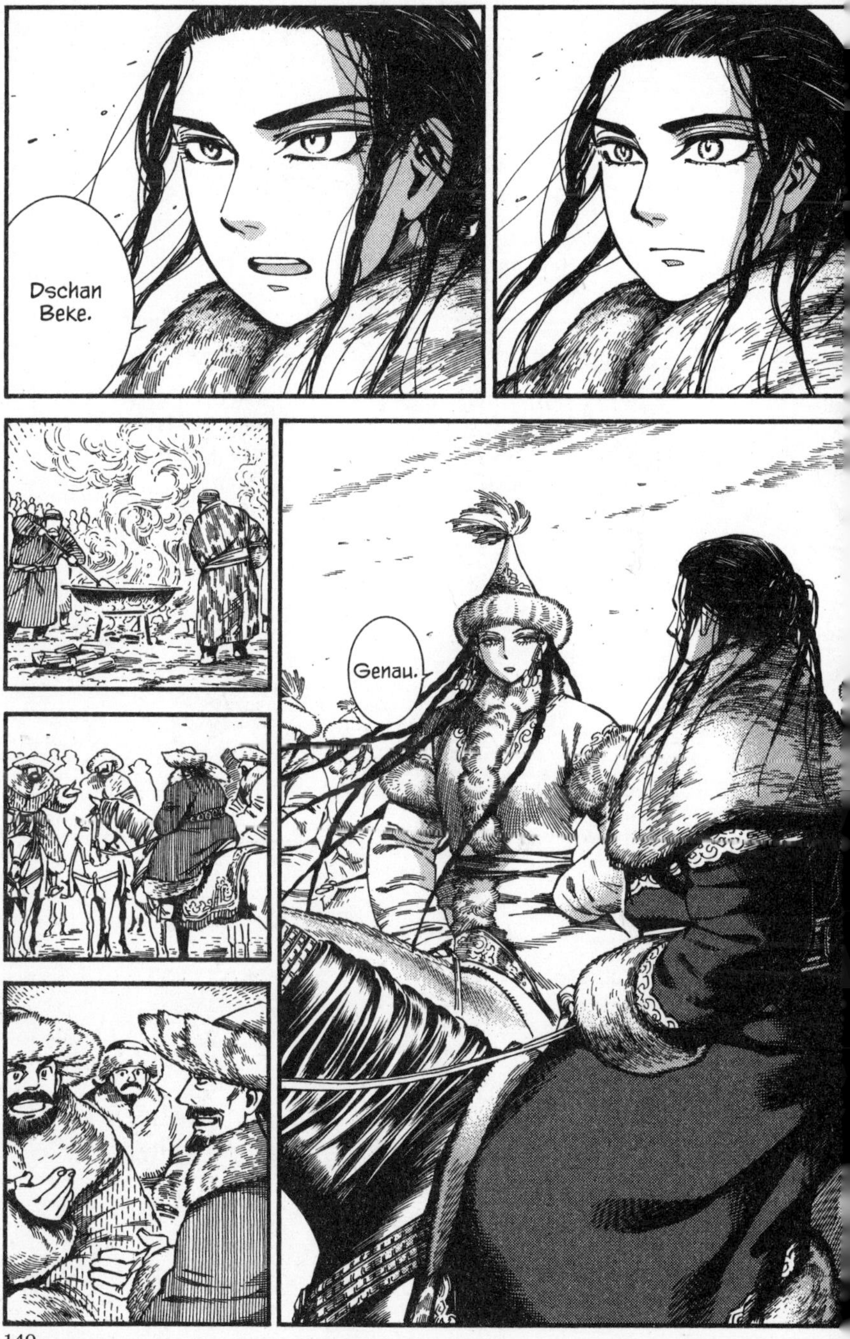

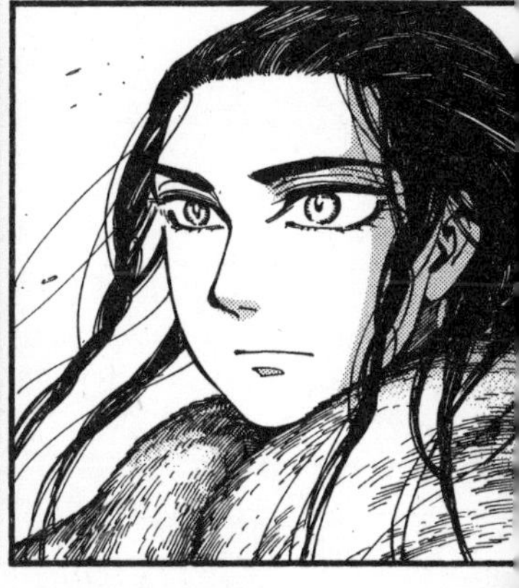

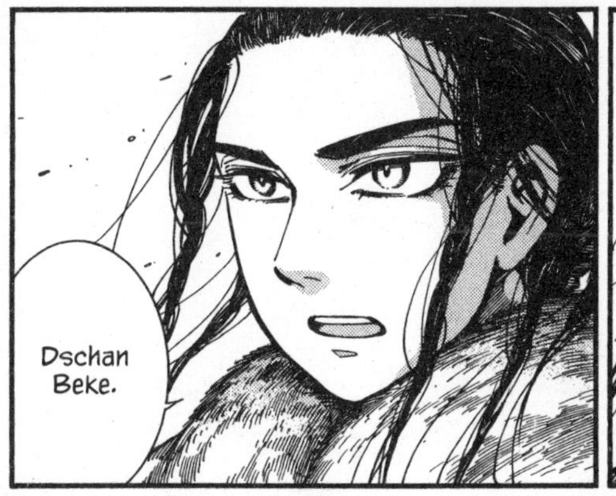

Genau.

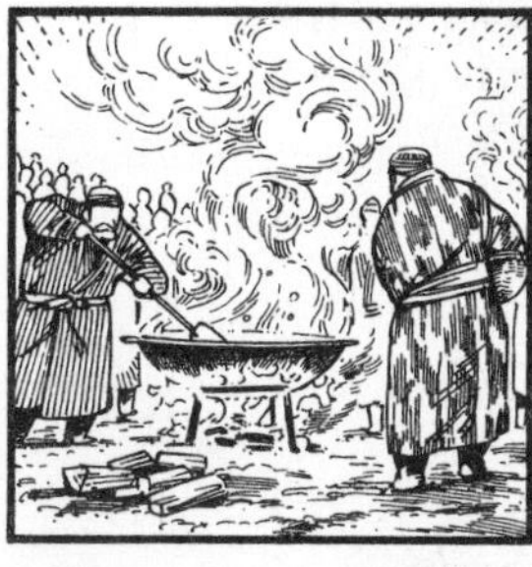

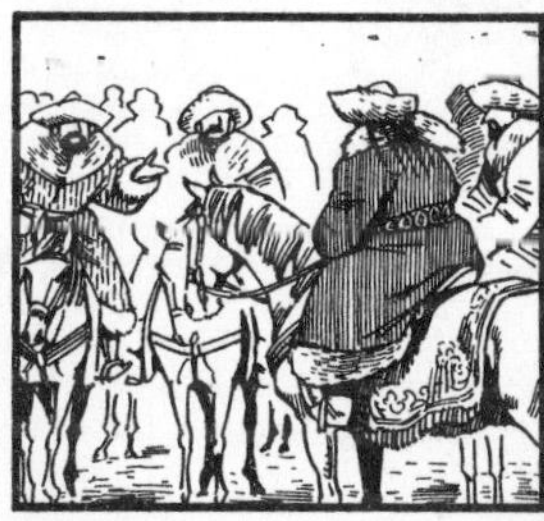

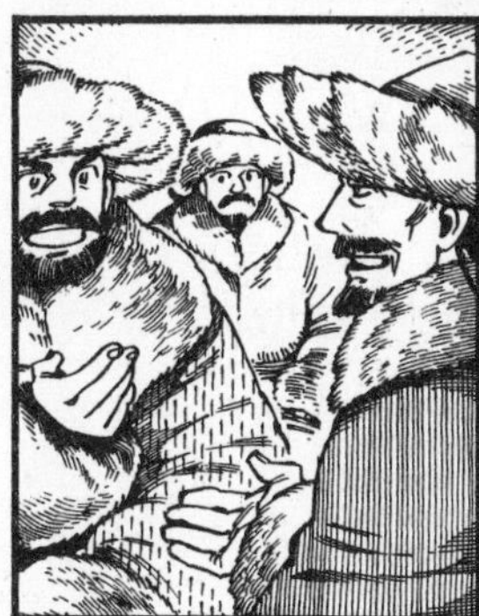

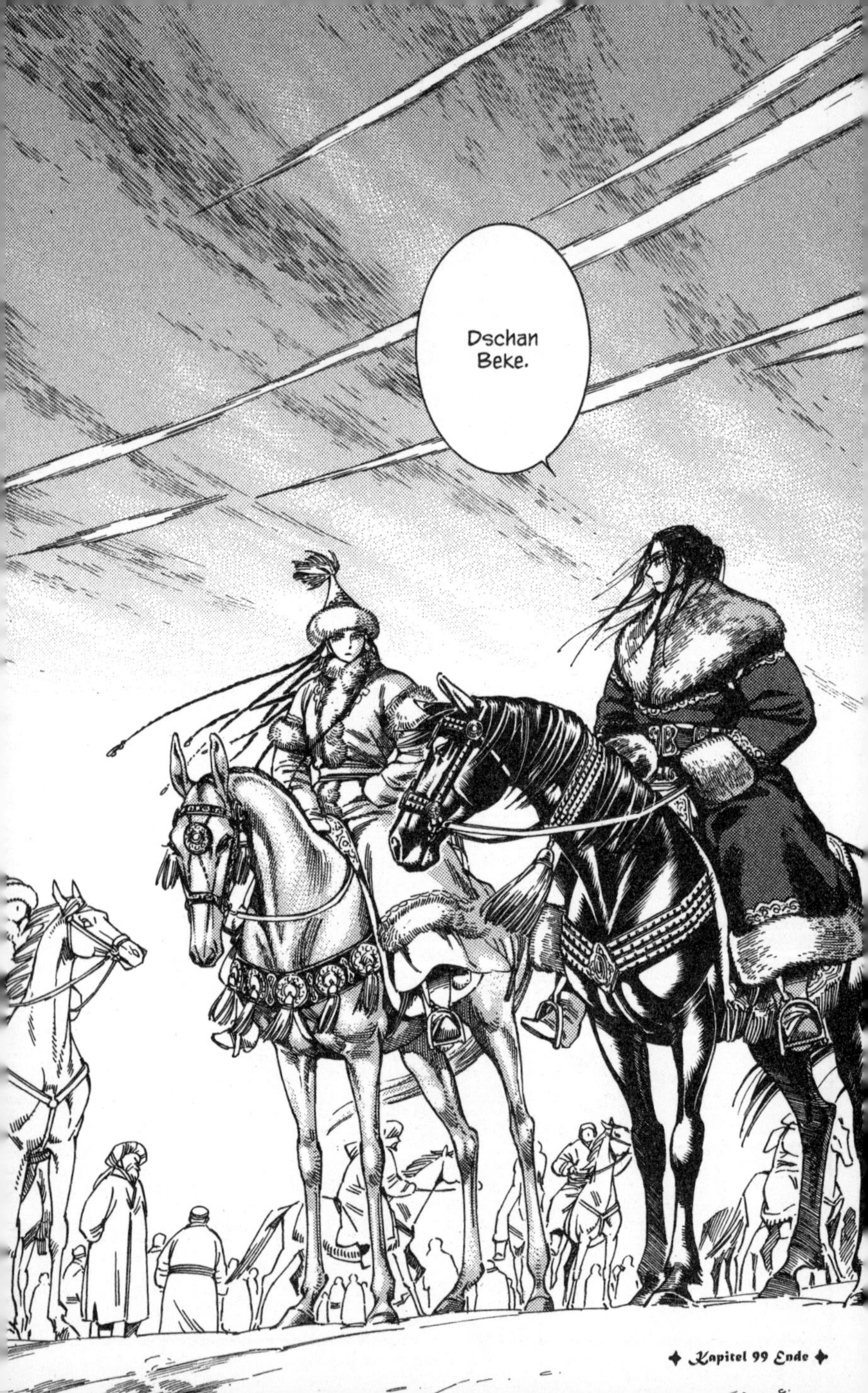
Dschan Beke.
Kapitel 99 Ende

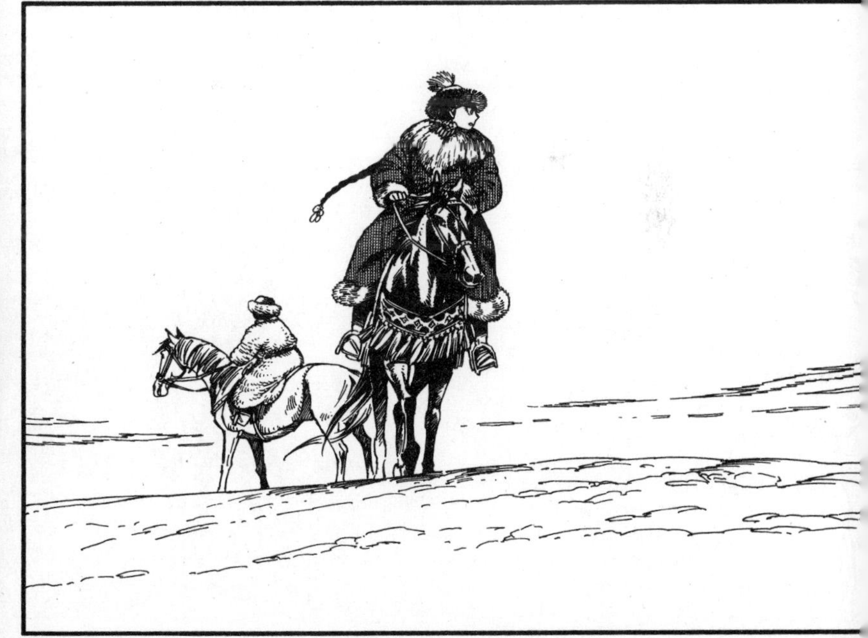

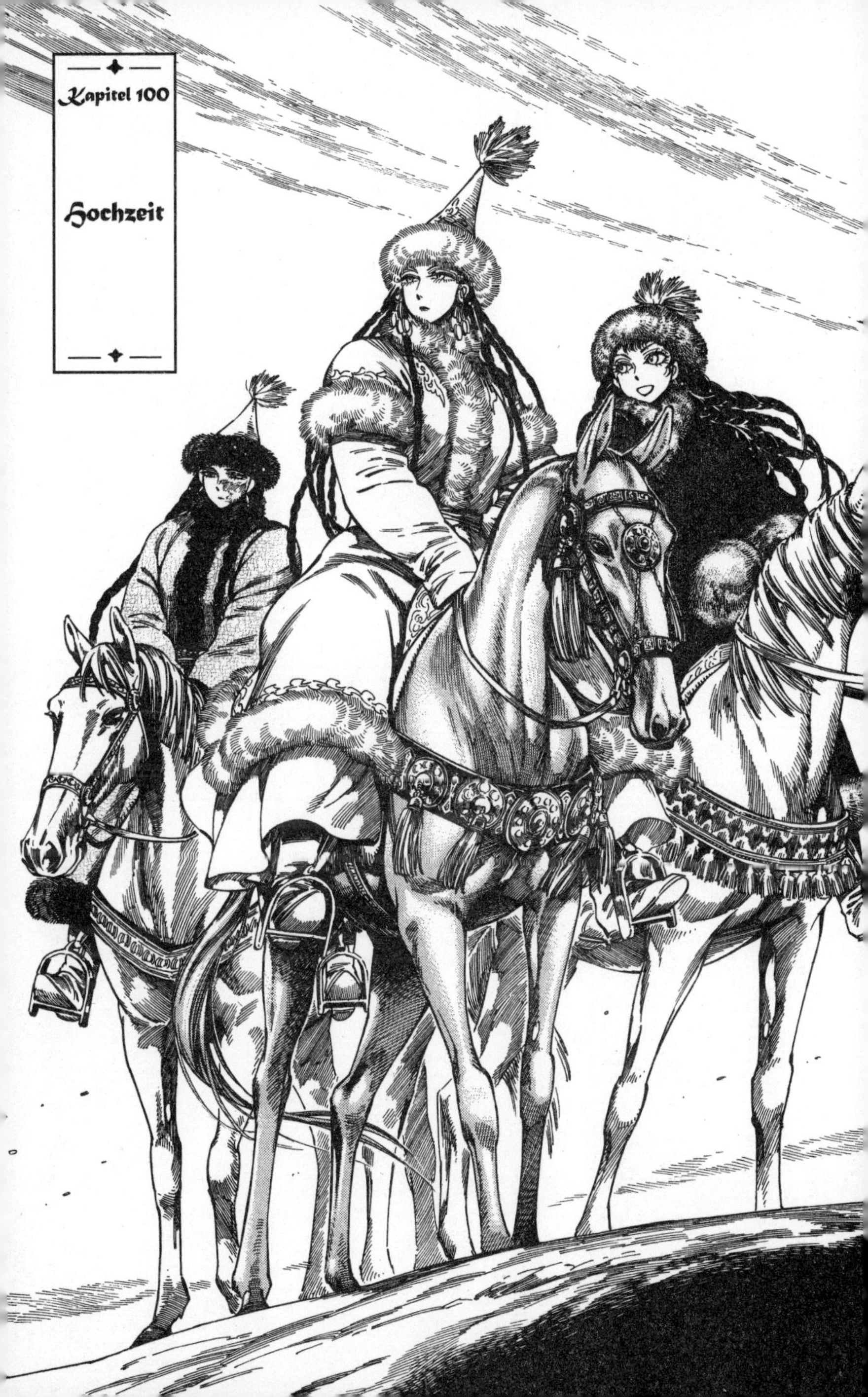
Kapitel 100
Hochzeit

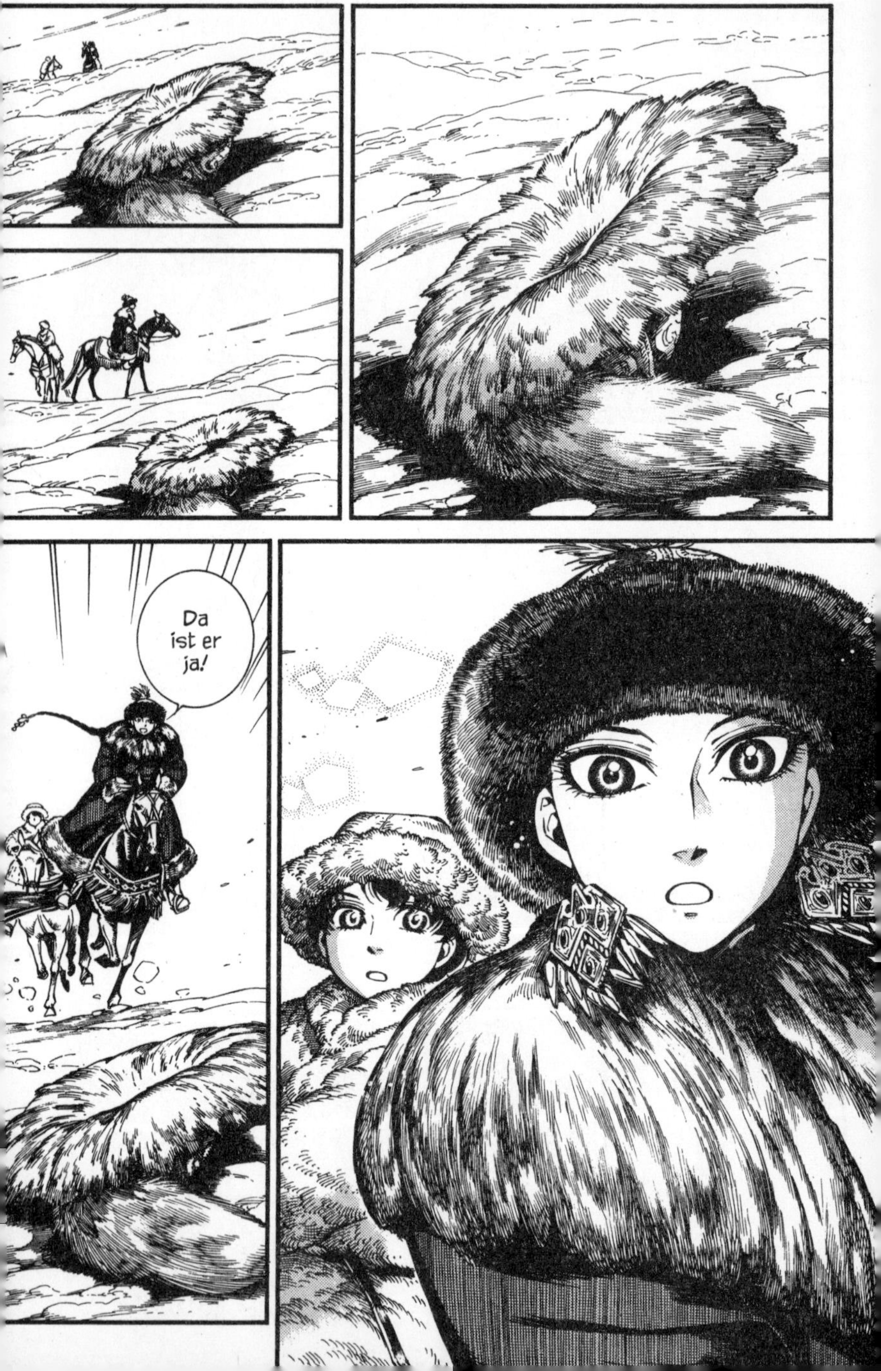

Da ist er ja!

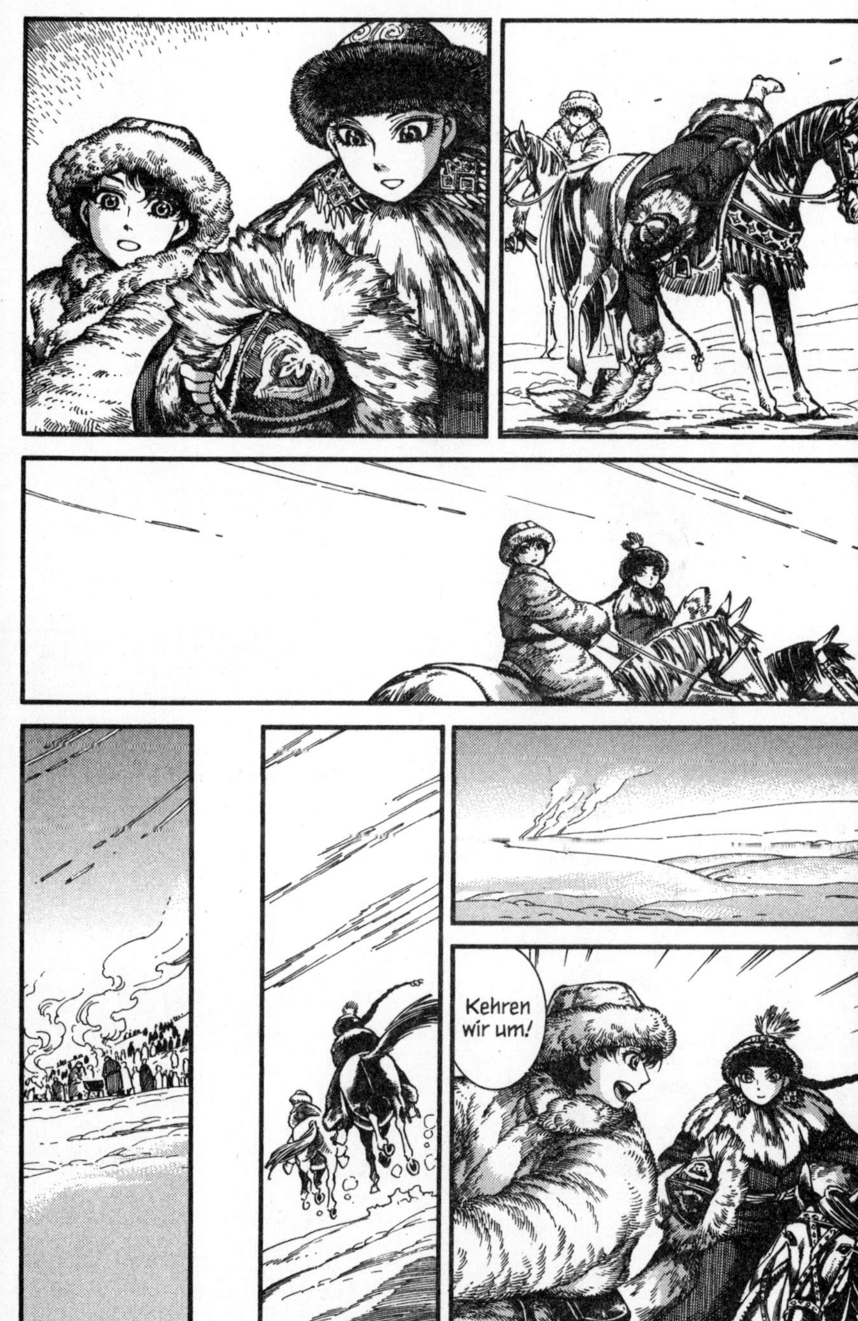
Kehren
wir um!

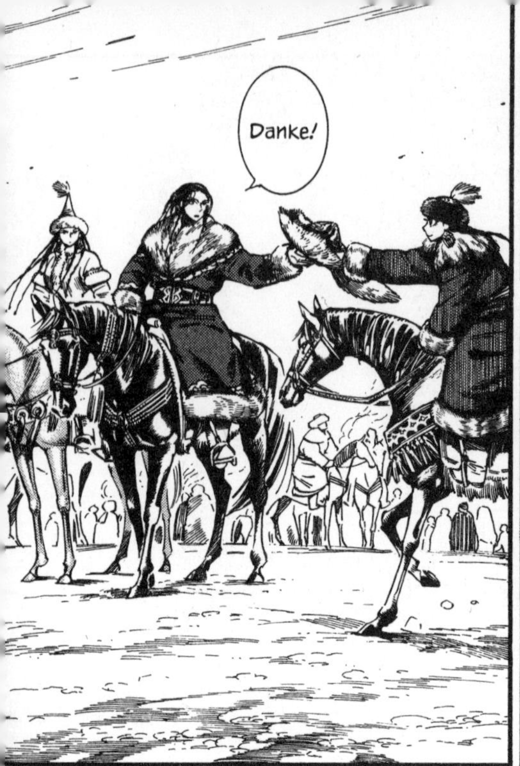
Danke!
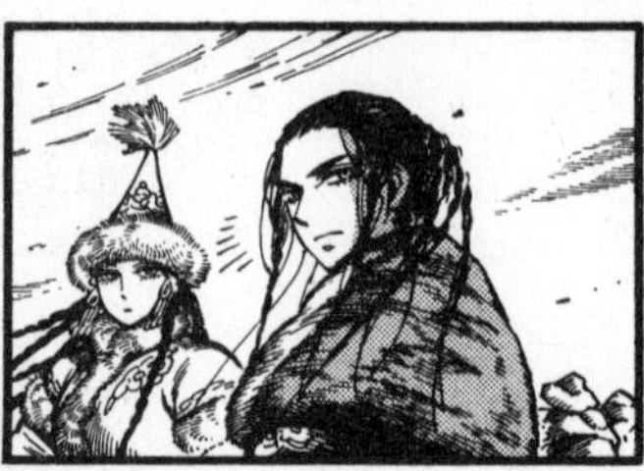
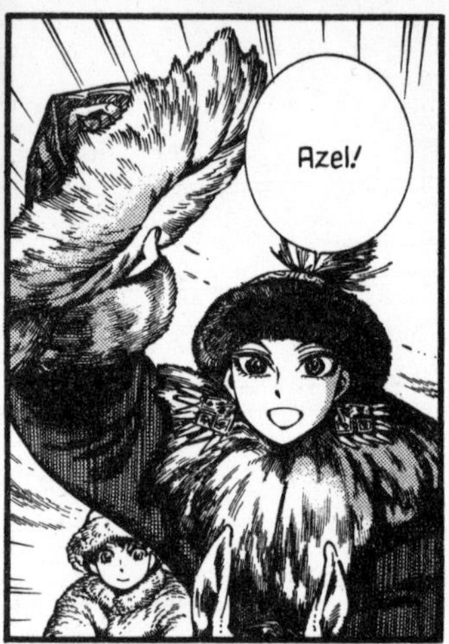
Azel!
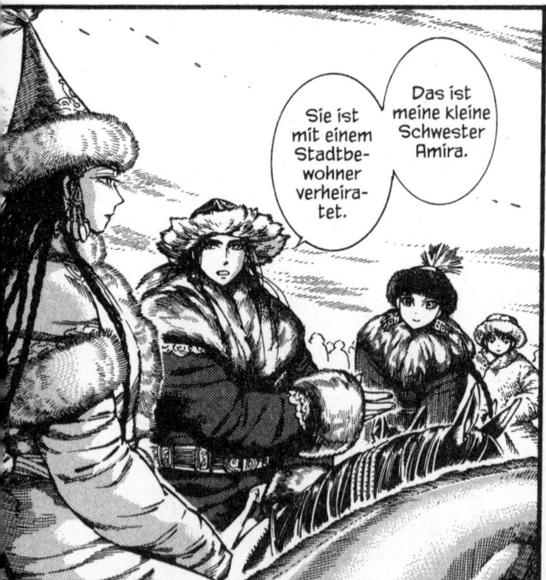
Das ist meine kleine Schwester Amira.
Sie ist mit einem Stadtbe-wohner verheira-tet.
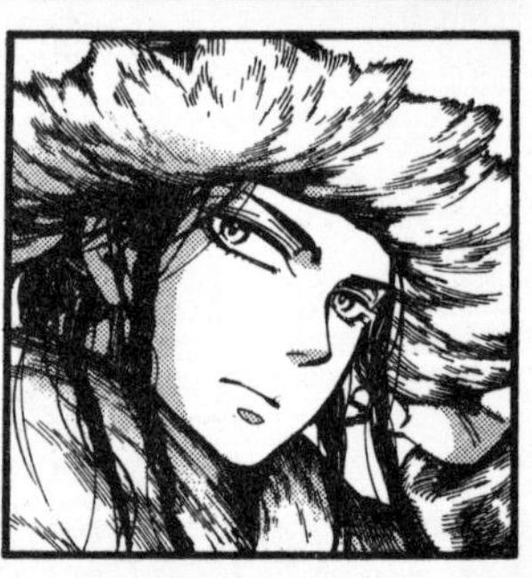
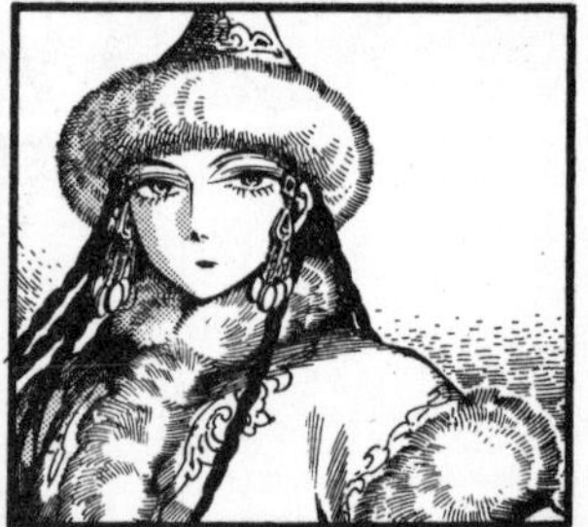

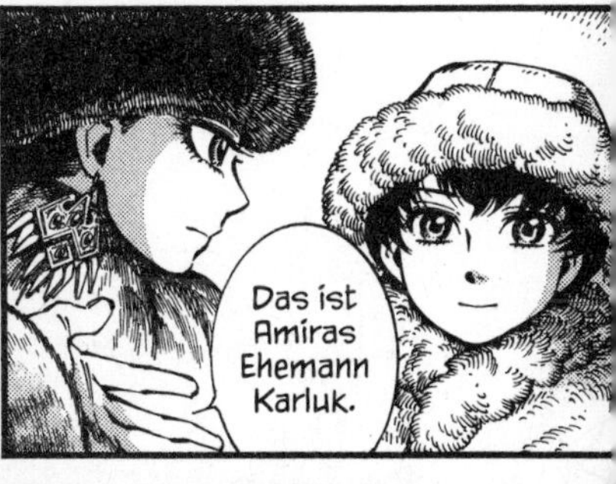
Das ist Amiras Ehemann Karluk.

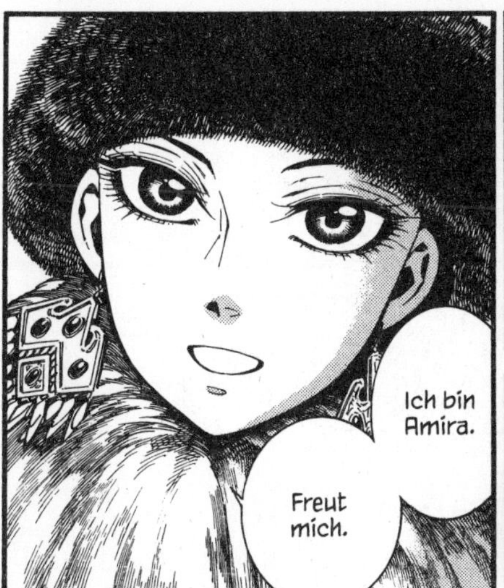
Ich bin Amira.
Freut mich.

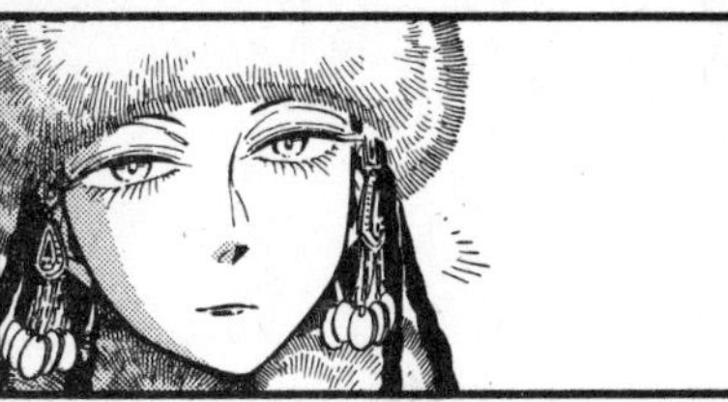

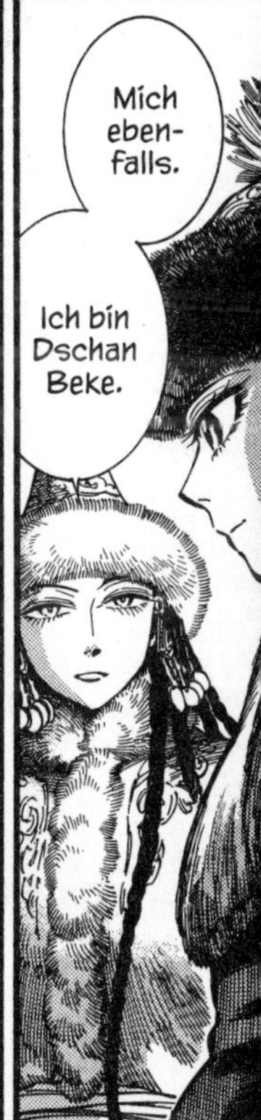
Mich ebenfalls.
Ich bin Dschan Beke.

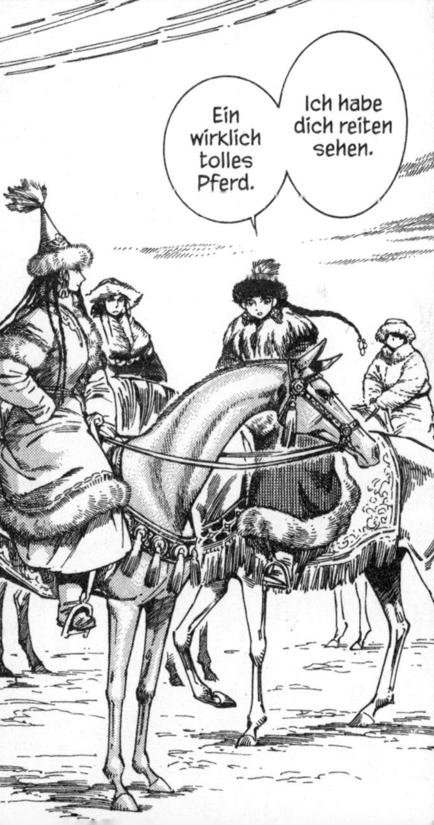
Ich habe dich reiten sehen.
Ein wirklich tolles Pferd.

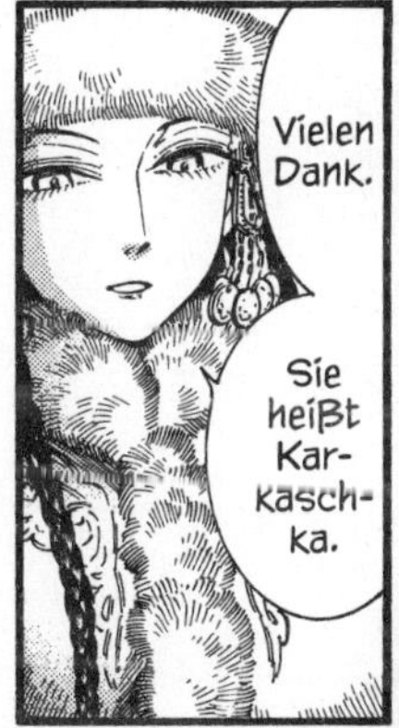
Vielen Dank.
Sie heißt Karkaschka.

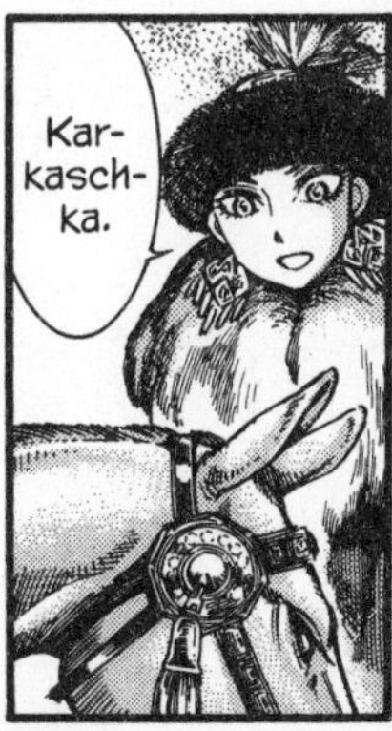
Karkaschka.

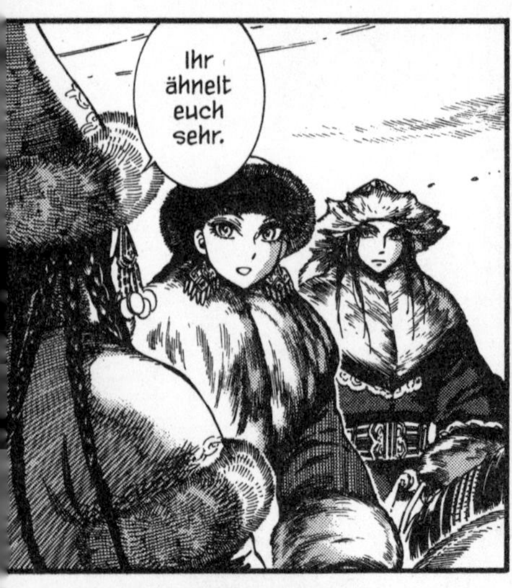
Ihr ähnelt euch sehr.
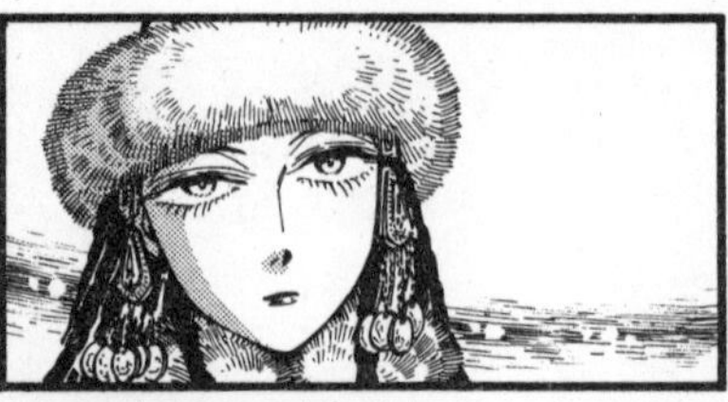
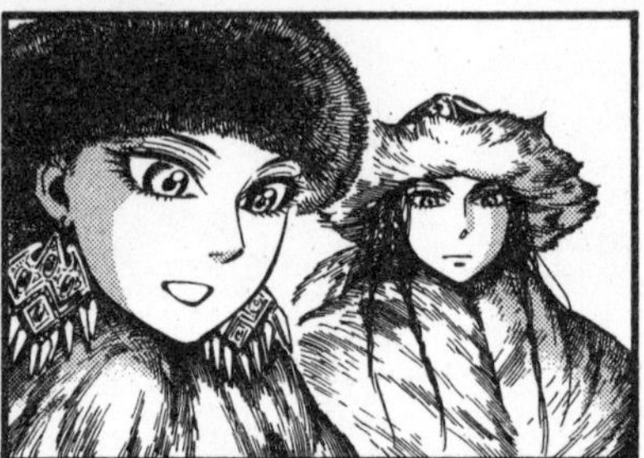
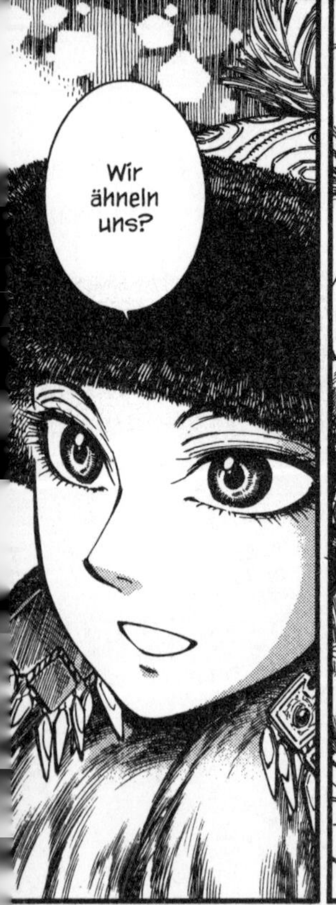
Wir ähneln uns?
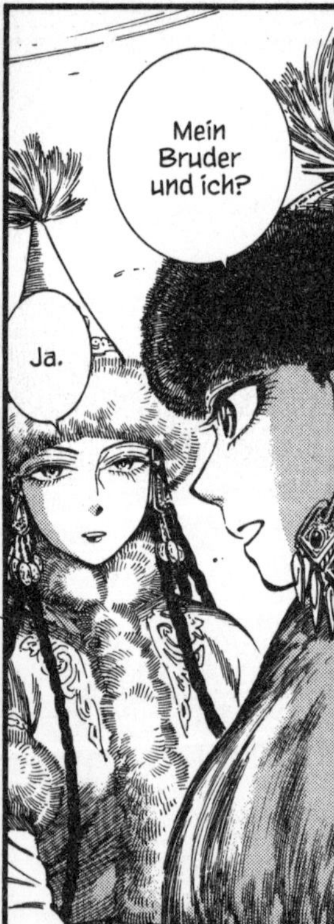
Mein Bruder und ich?
Ja.
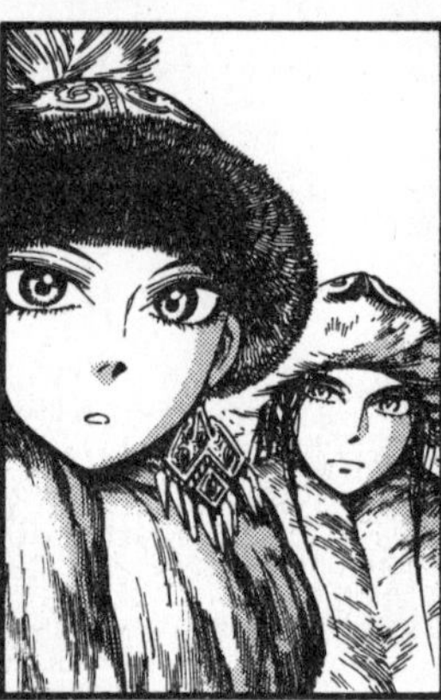
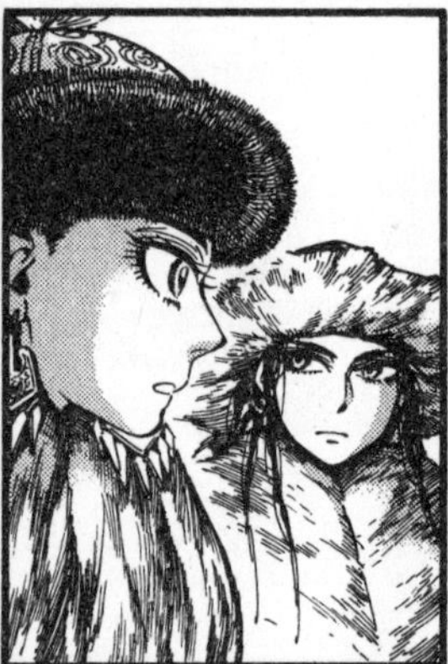

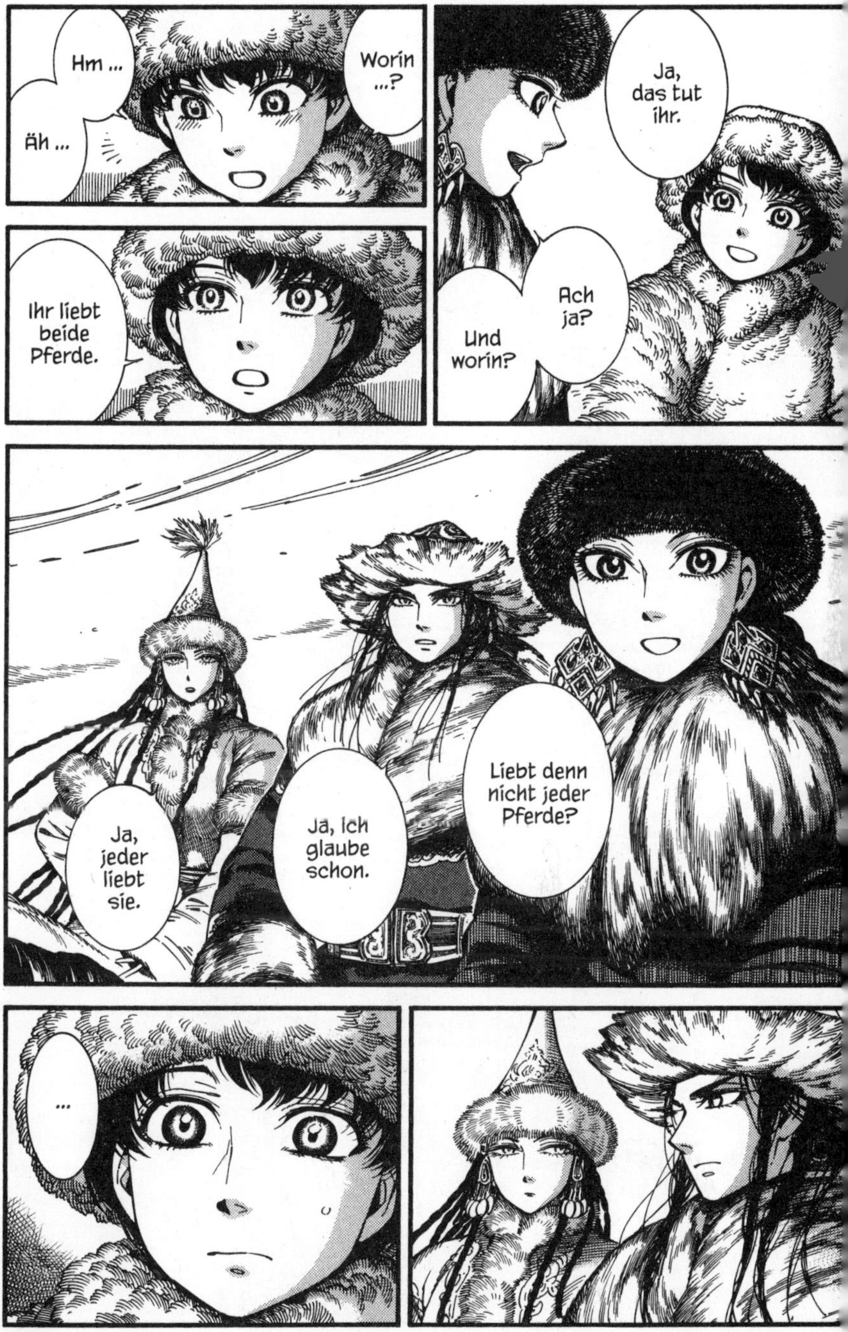

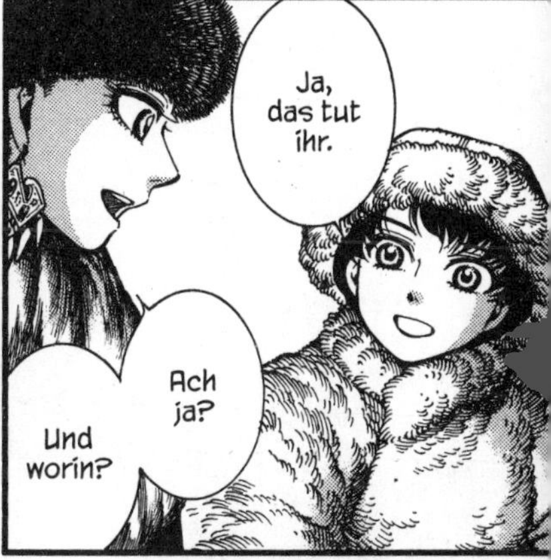
Ja, das tut ihr.
Ach ja?
Und worin?

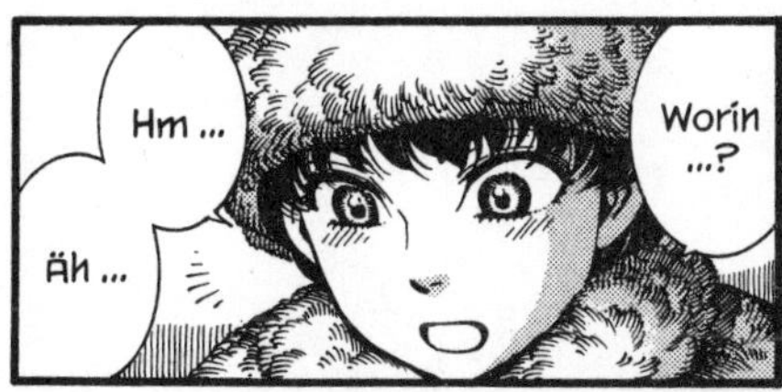
Worin ...?
Hm ...
Äh ...

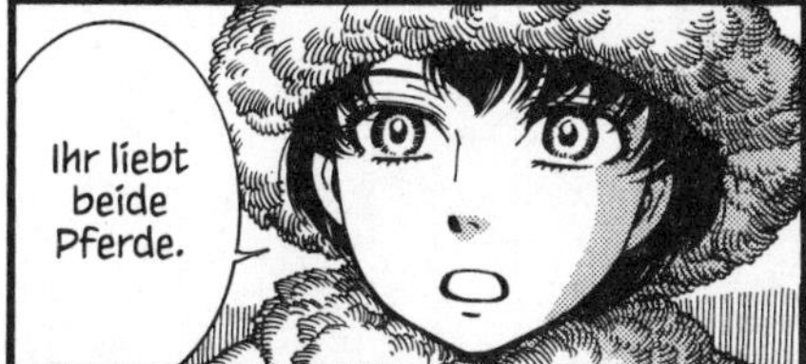
Ihr liebt beide Pferde.

Liebt denn nicht jeder Pferde?
Ja, ich glaube schon.
Ja, jeder liebt sie.

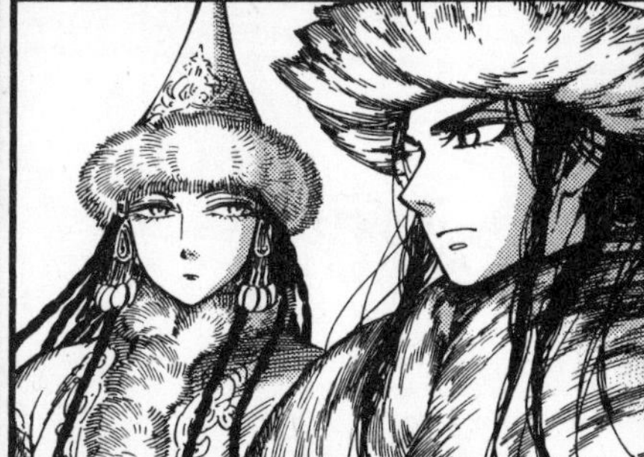

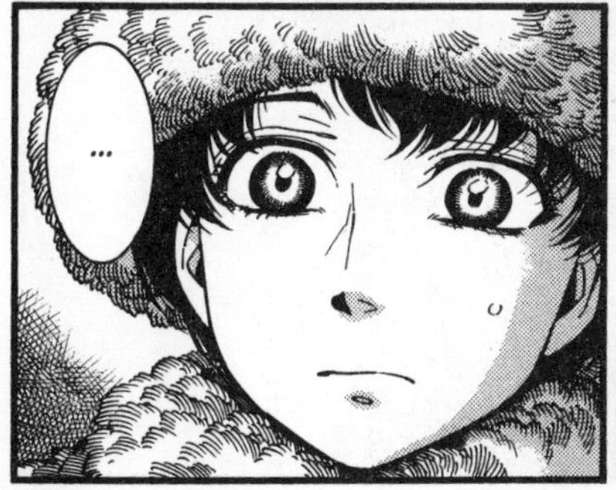
...

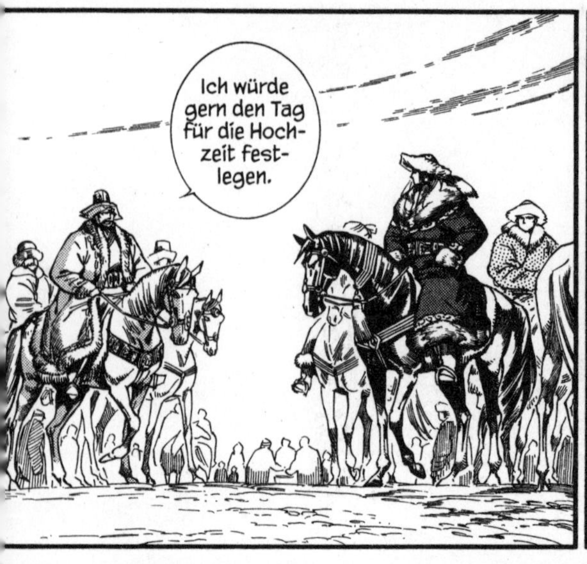
Ich würde gern den Tag für die Hoch-zeit fest-legen.

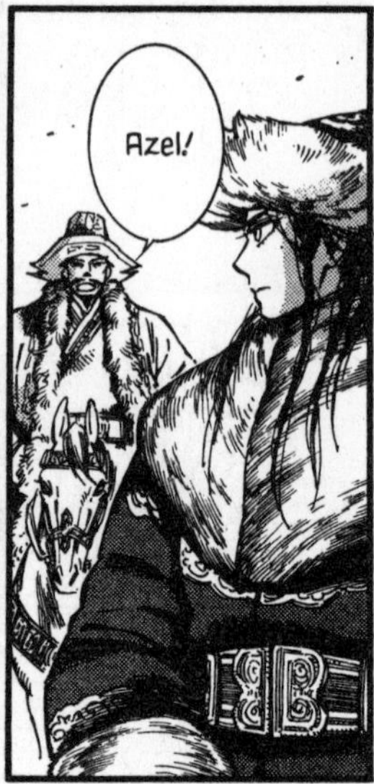
Azel!

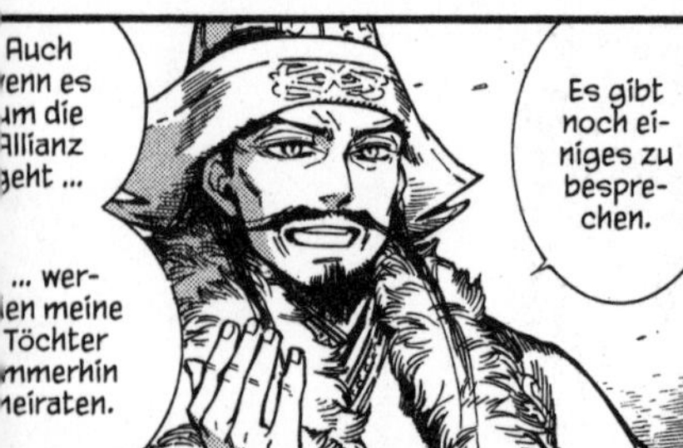
Auch enn es m die llianz geht ...
... wer- en meine Töchter mmerhin eiraten.
Es gibt noch ei-niges zu bespre-chen.

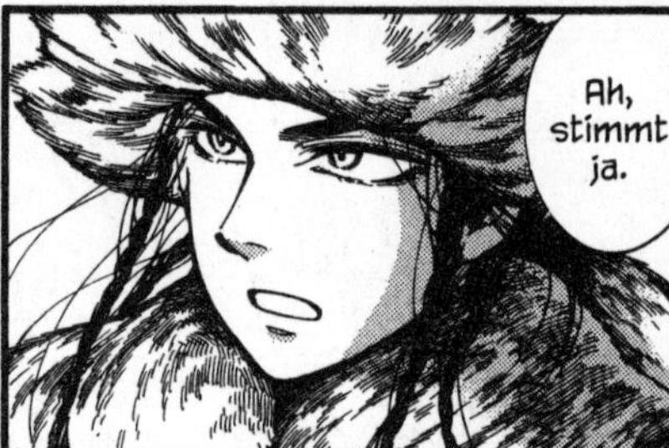
Ah, stimmt ja.

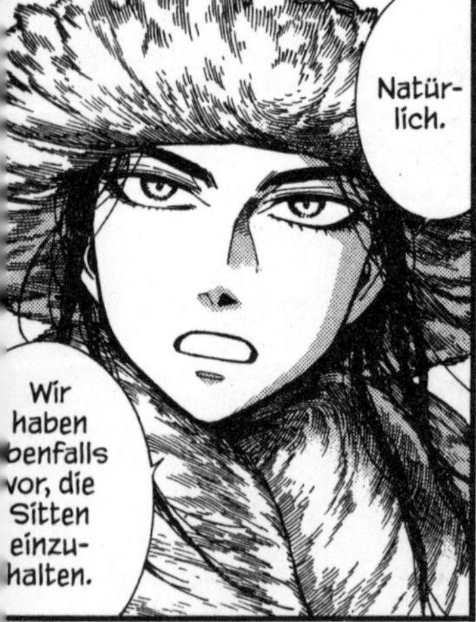
Natür-lich.
Wir haben benfalls vor, die Sitten einzu-halten.

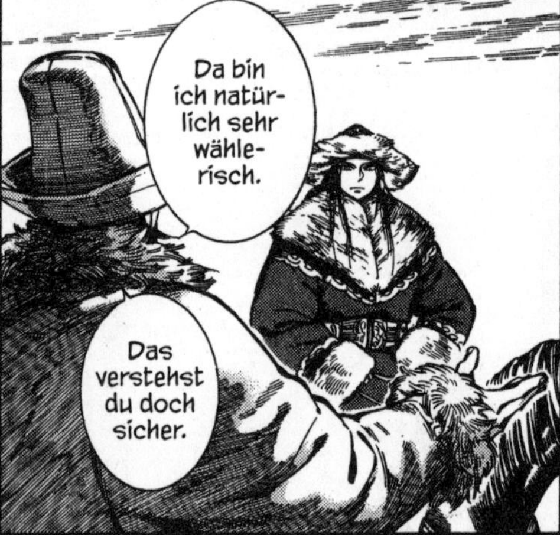
Da bin ich natür-lich sehr wähle-risch.
Das verstehst du doch sicher.

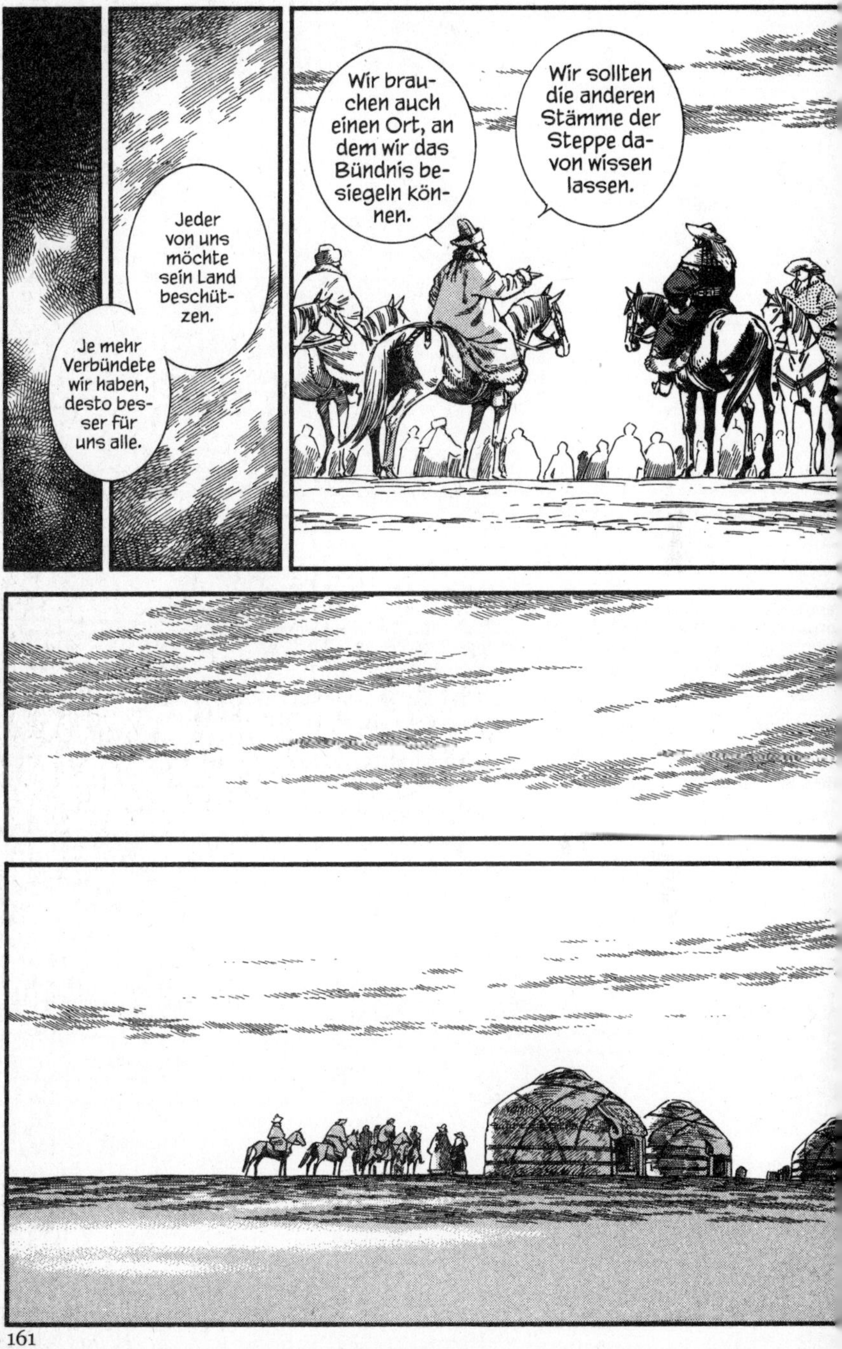

Wir sollten die anderen Stämme der Steppe davon wissen lassen.
Wir brauchen auch einen Ort, an dem wir das Bündnis besiegeln können.
Jeder von uns möchte sein Land beschützen.
Je mehr Verbündete wir haben, desto besser für uns alle.

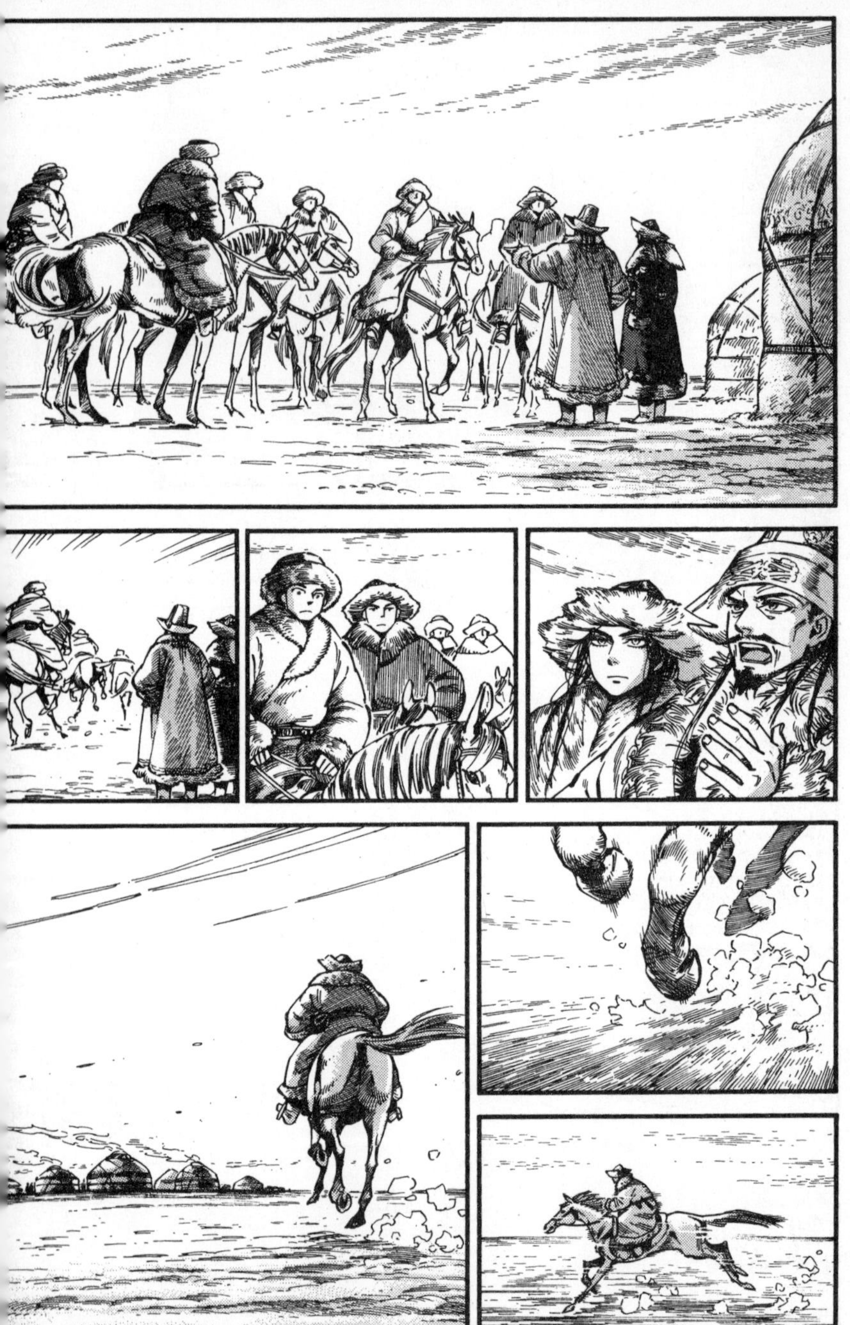

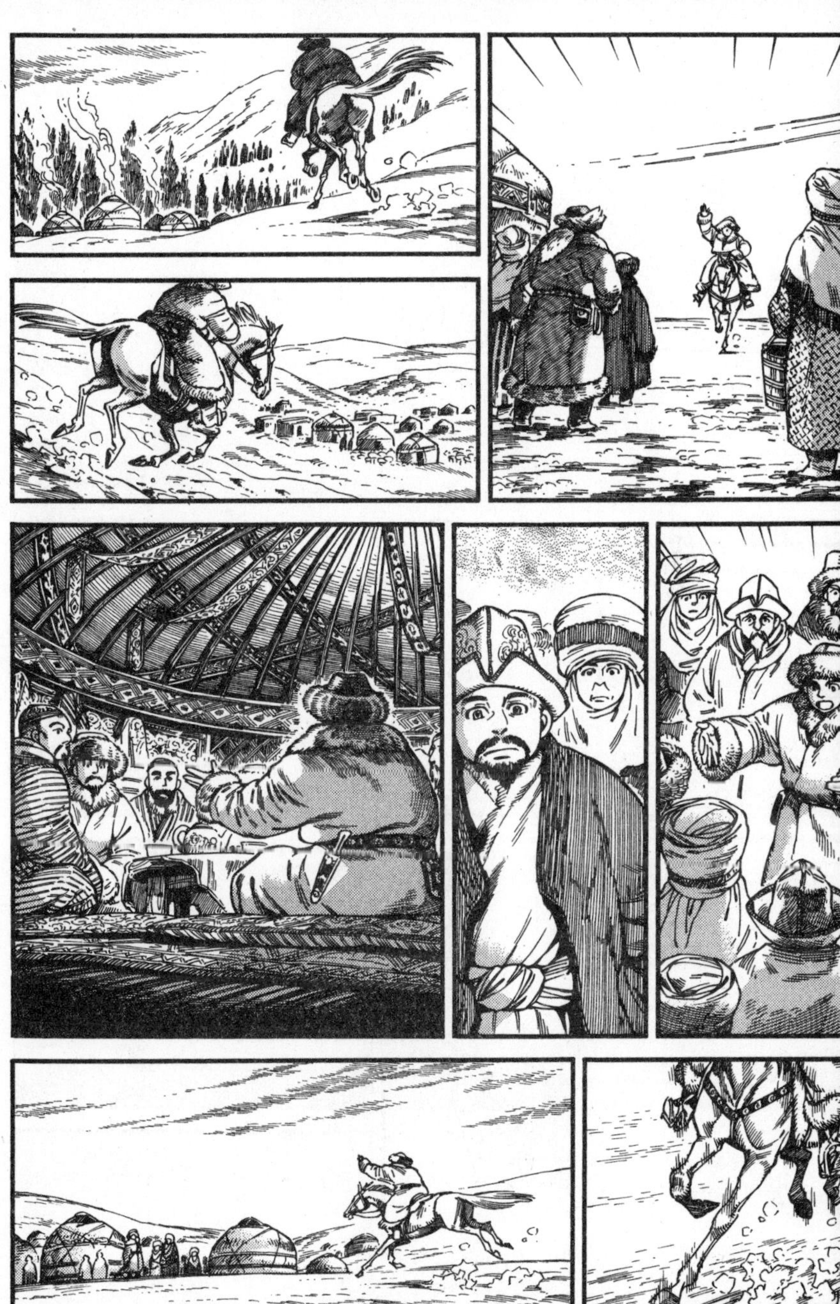

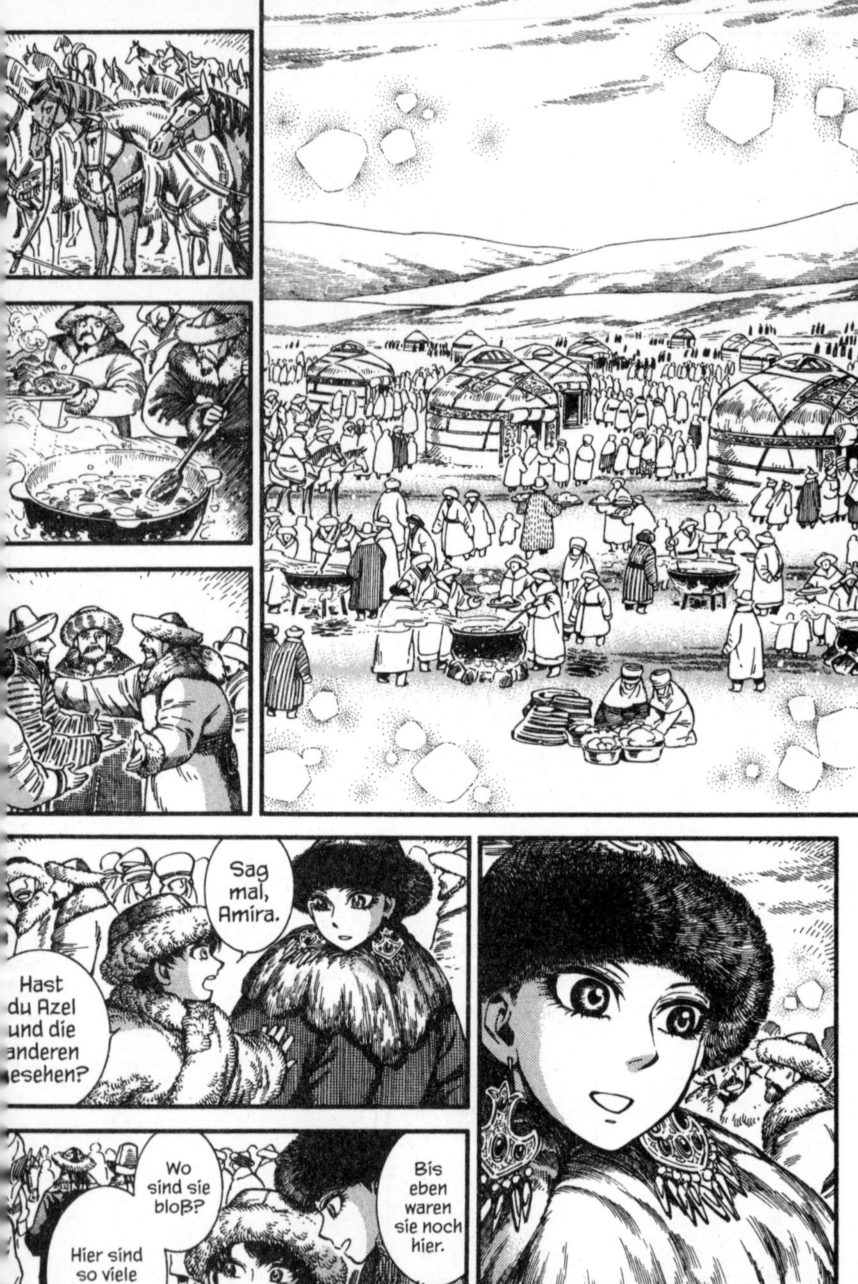
Sag mal, Amira.
Hast du Azel und die anderen esehen?
Bis eben waren sie noch hier.
Wo sind sie bloß?
Hier sind so viele Fremde.

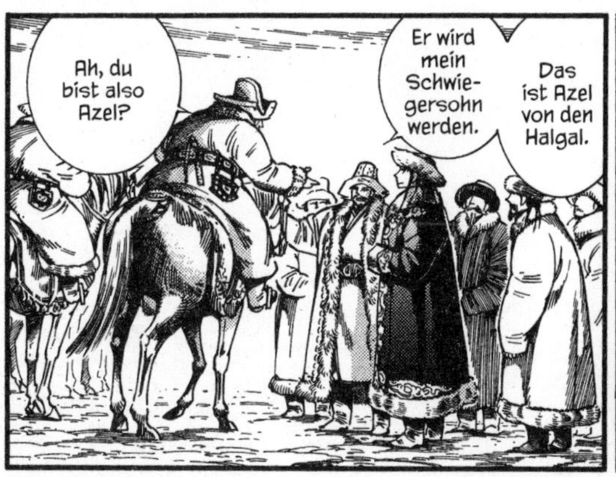
Das ist Azel von den Halgal.
Er wird mein Schwiegersohn werden.
Ah, du bist also Azel?

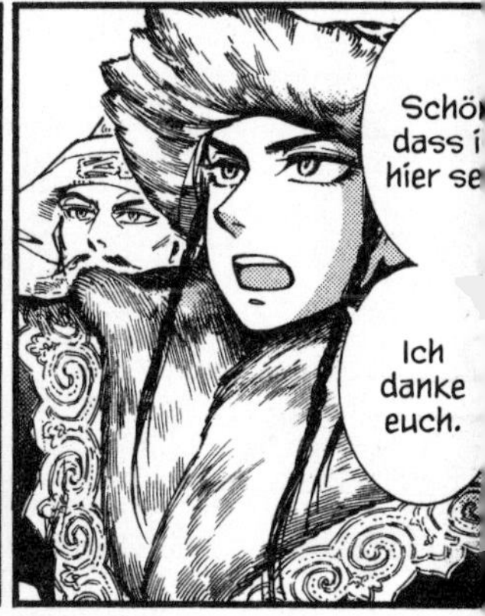
Ich danke euch.

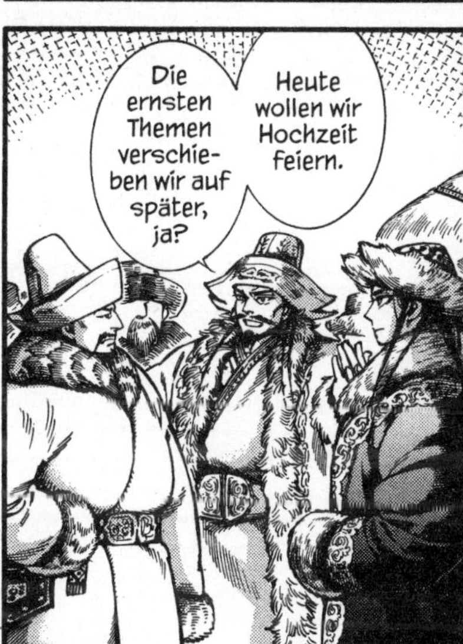
Heute wollen wir Hochzeit feiern.
Die ernsten Themen verschieben wir auf später, ja?

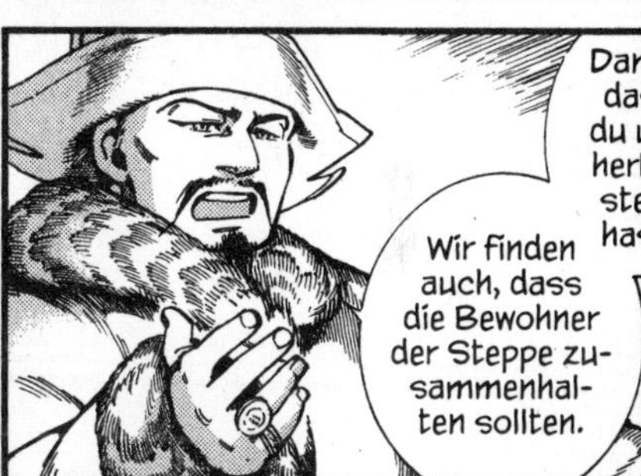
Wir finden auch, dass die Bewohner der Steppe zusammenhalten sollten.

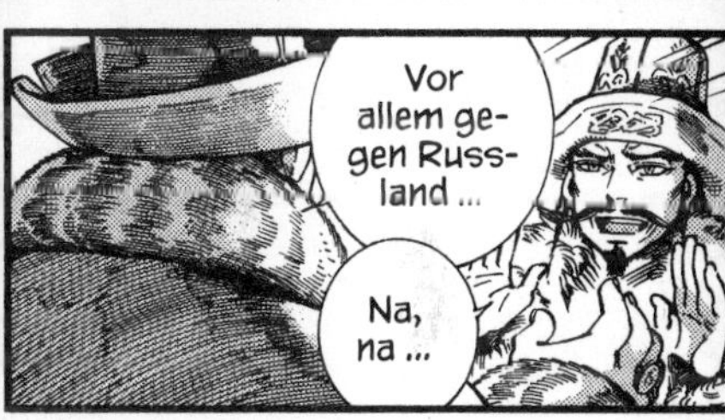
Vor allem gegen Russland …
Na, na …

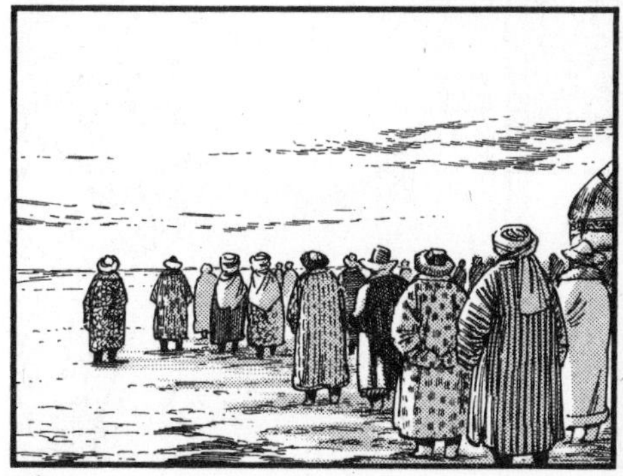

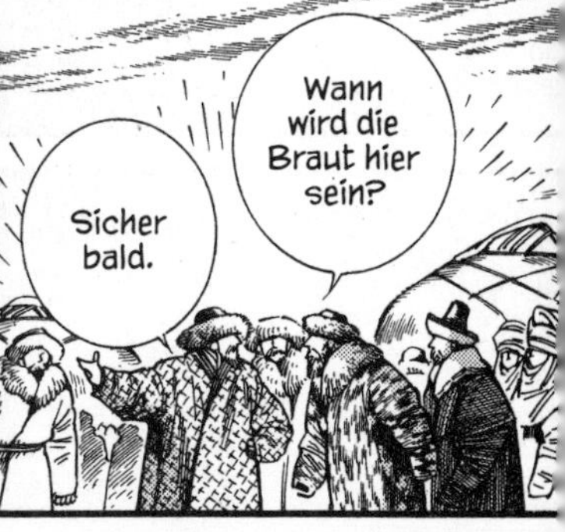
Wann wird die Braut hier sein?
Sicher bald.

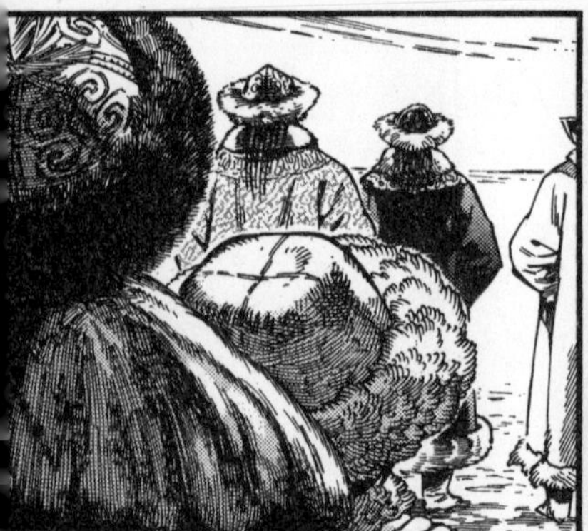
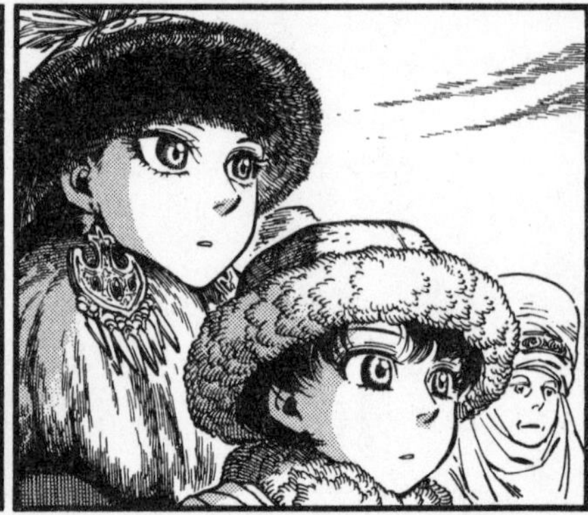
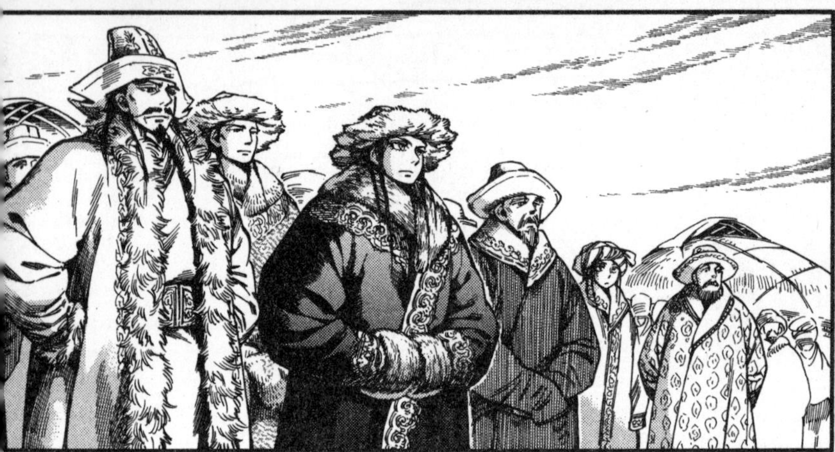
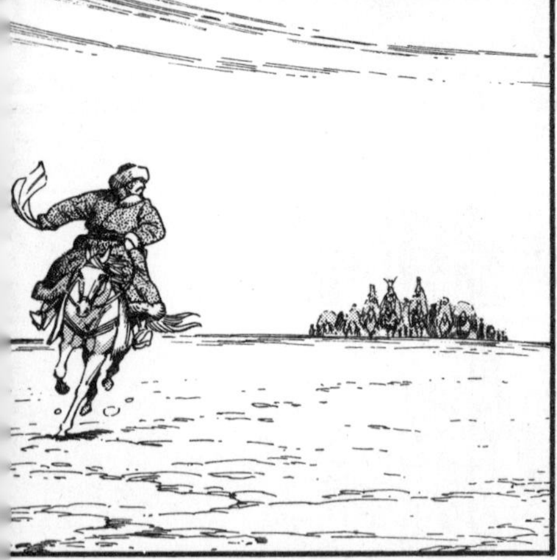
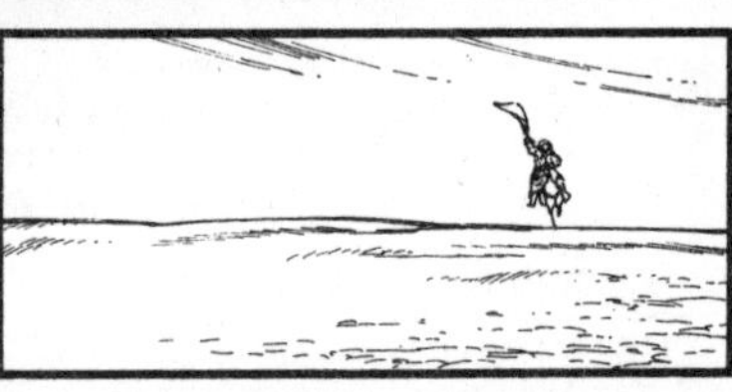
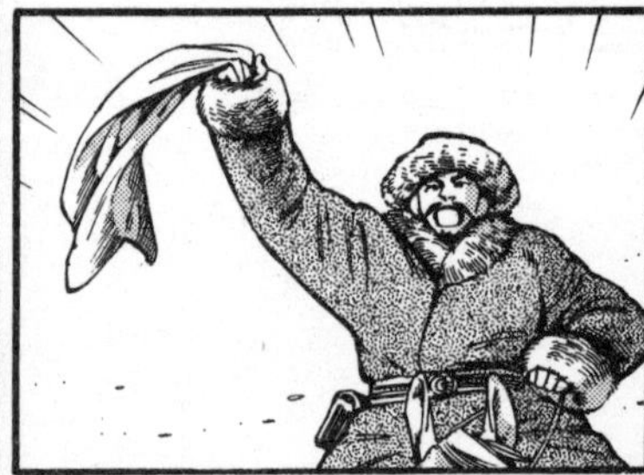

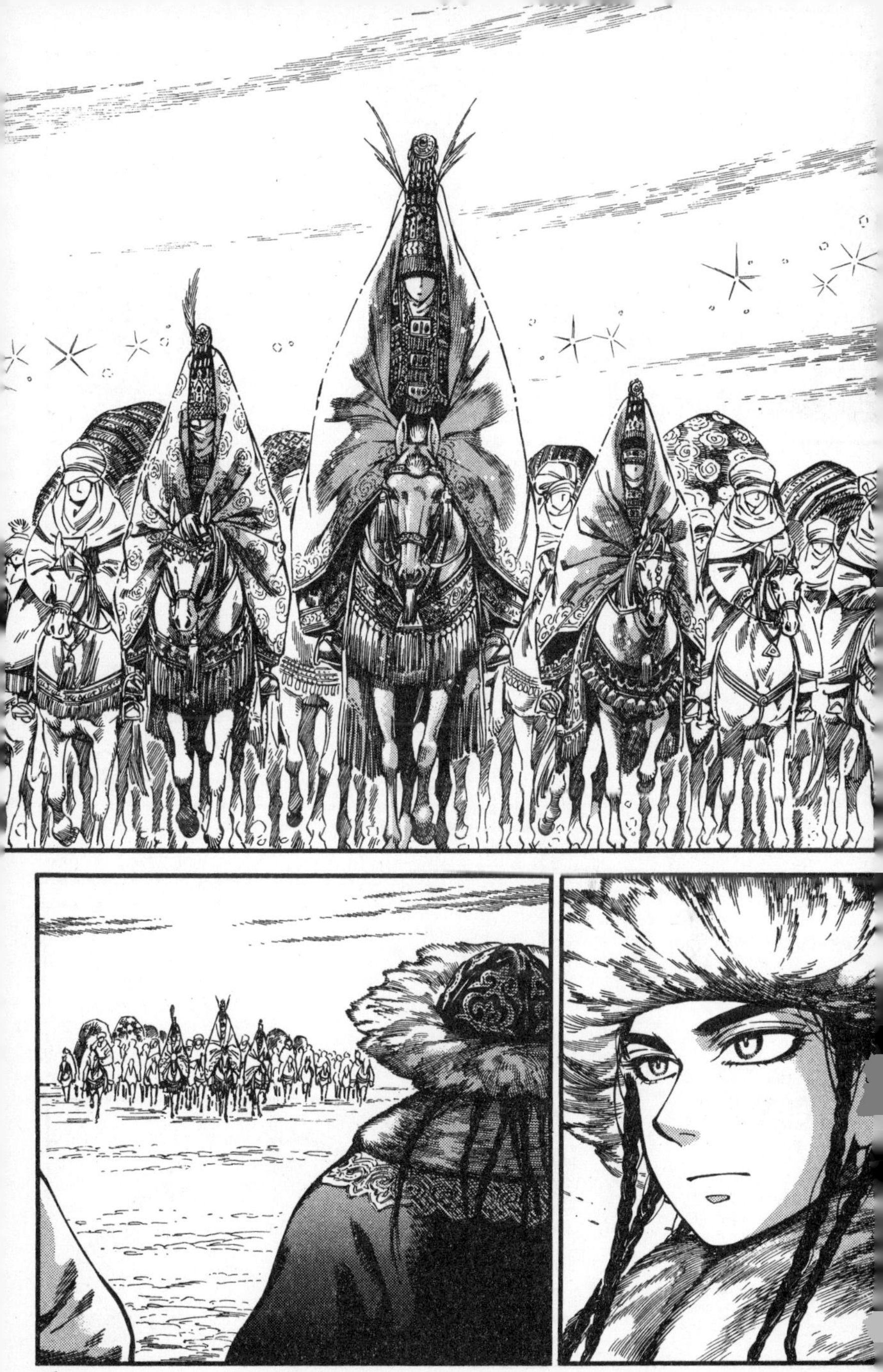

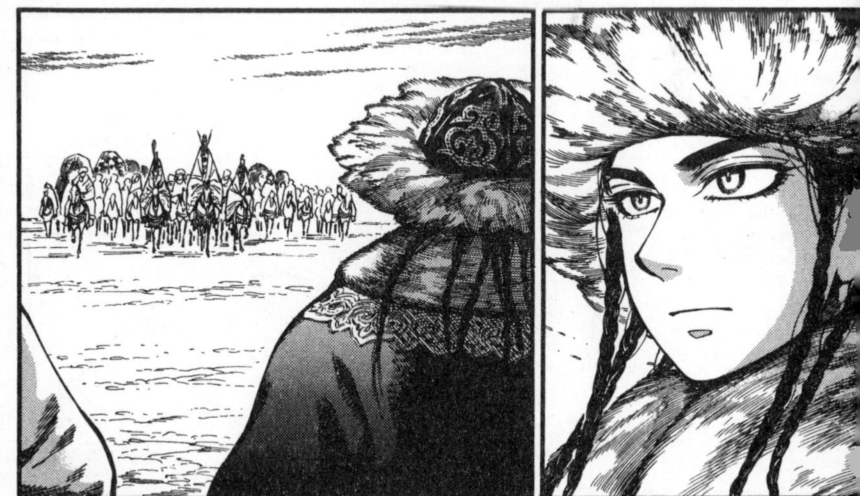

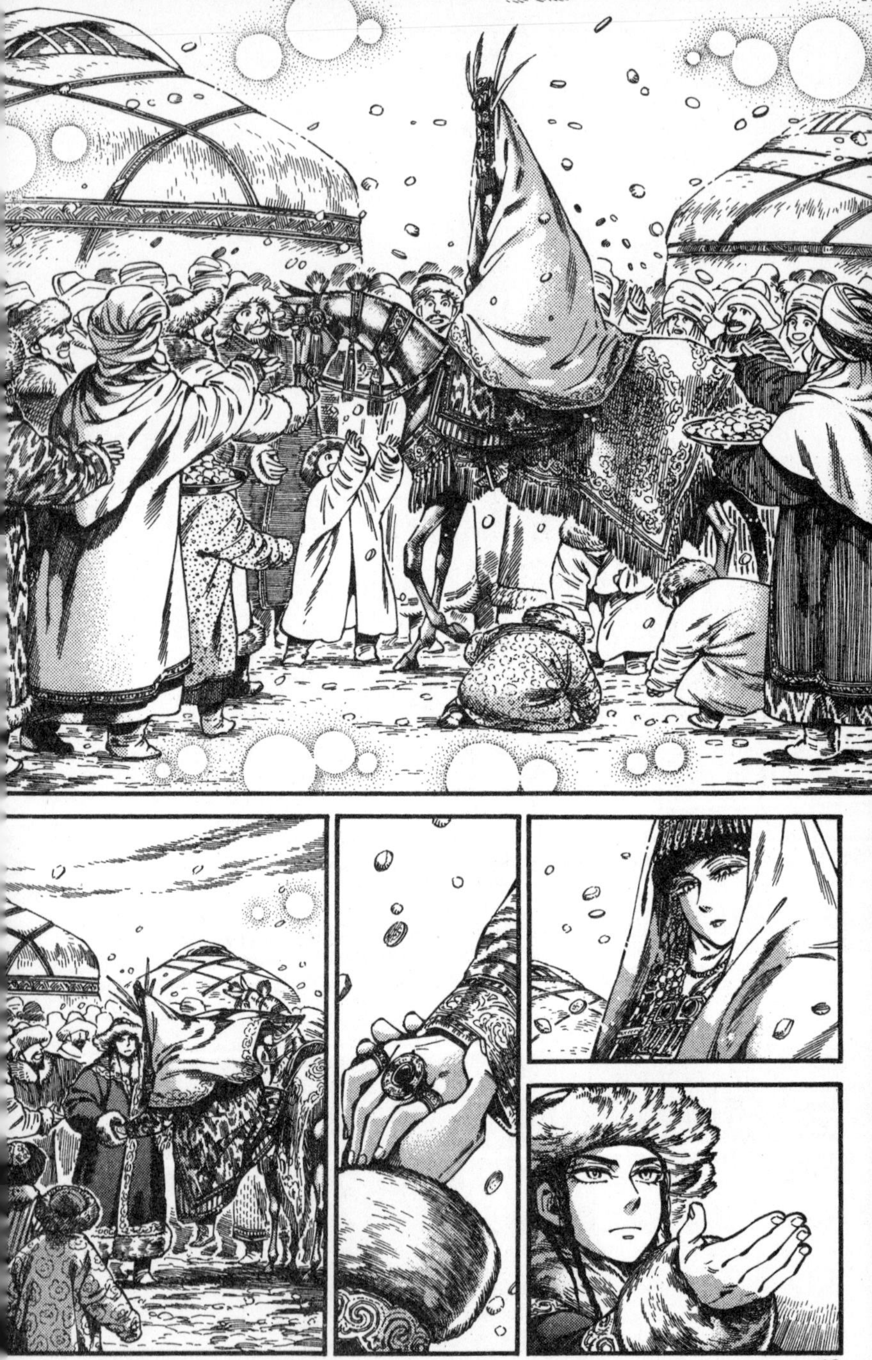

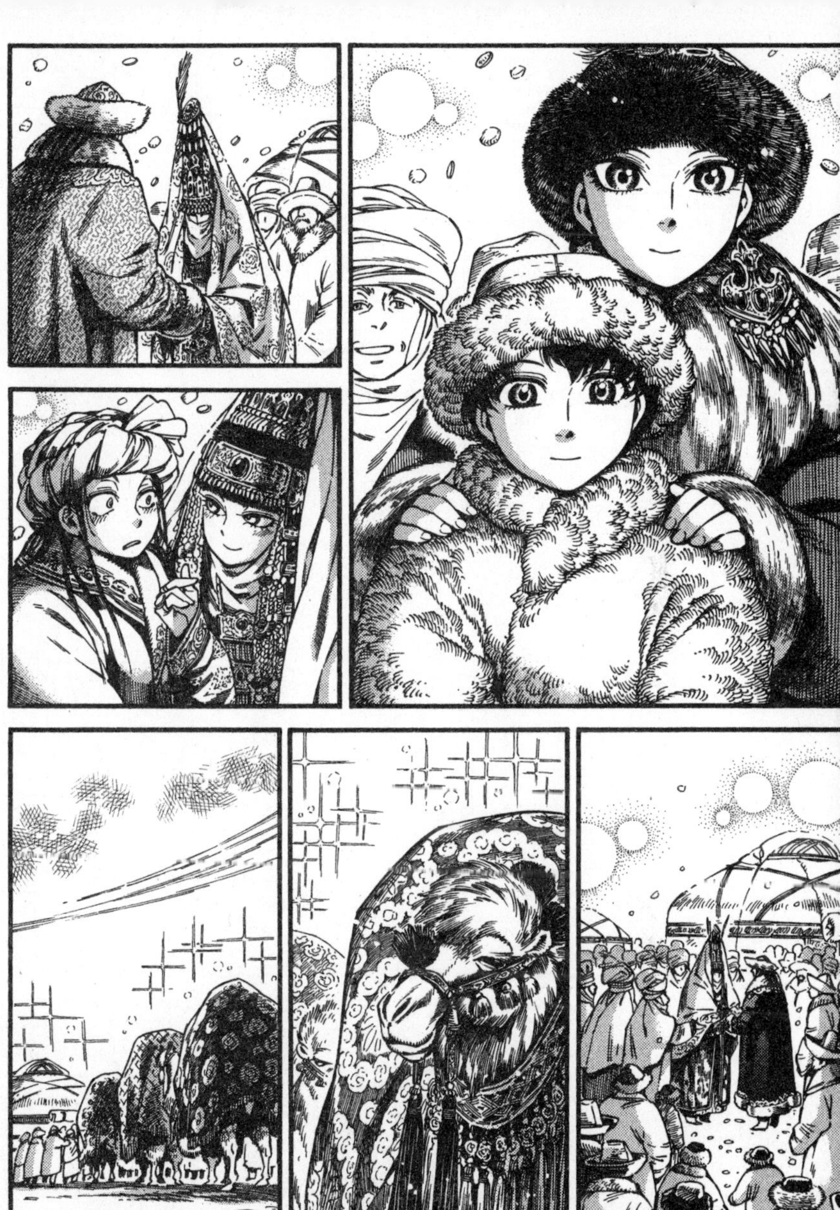

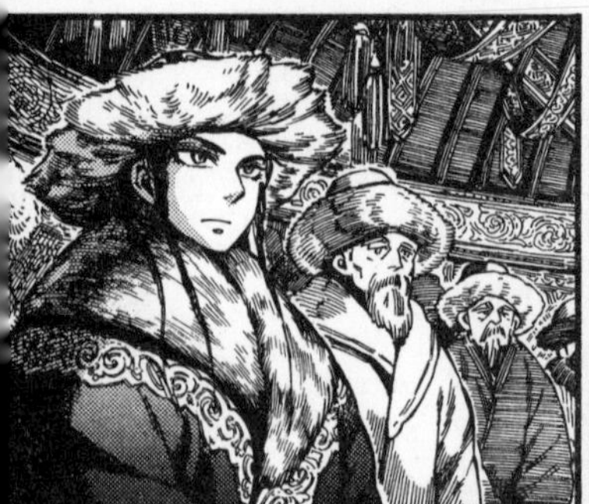

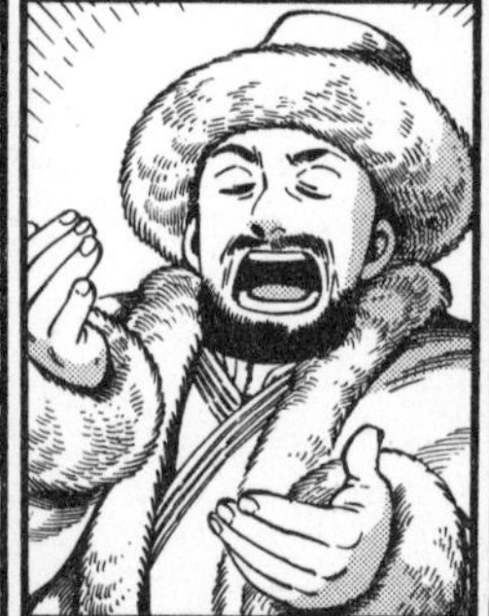

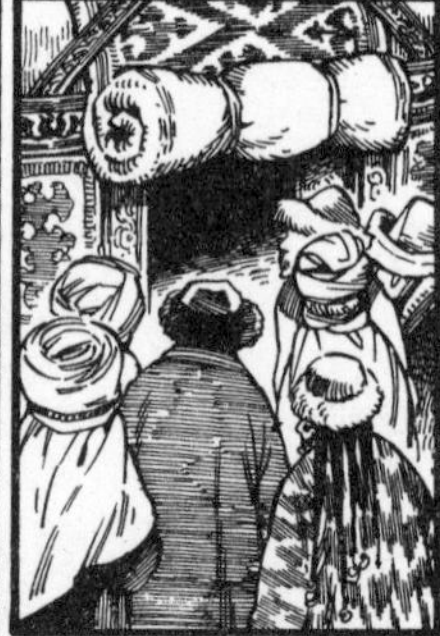

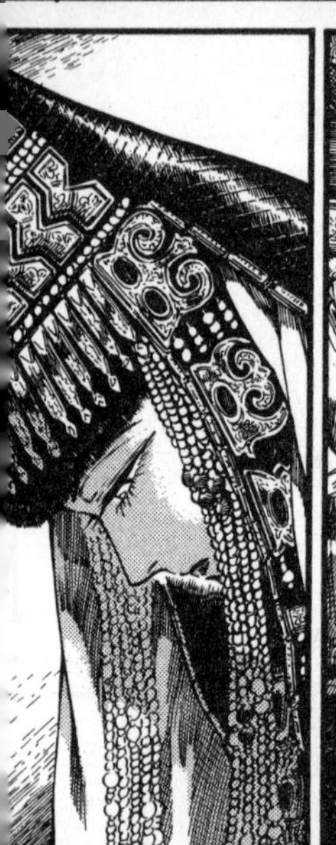

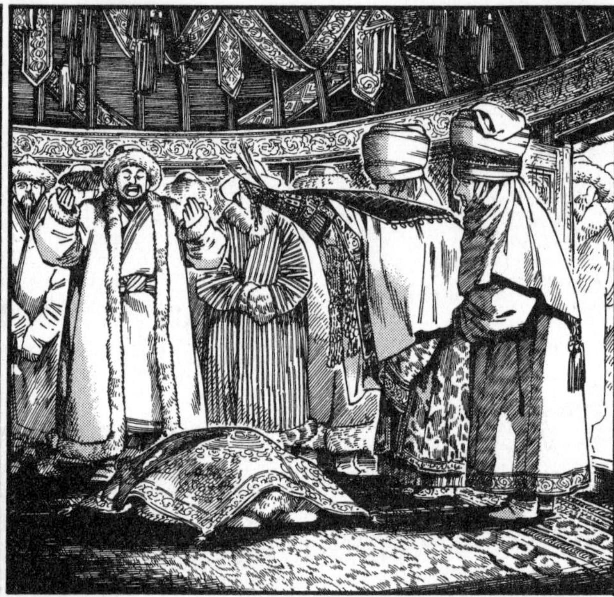

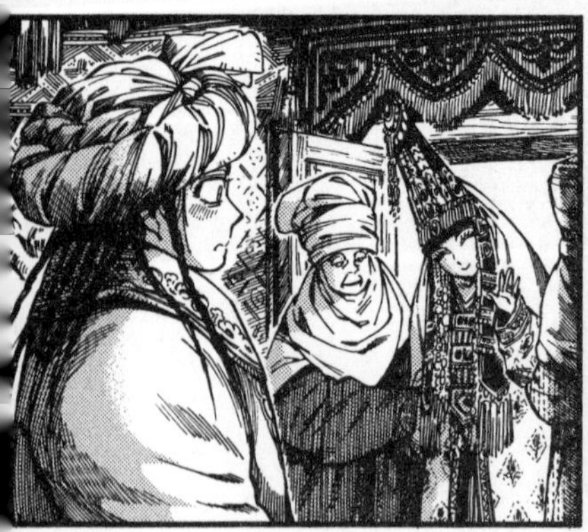

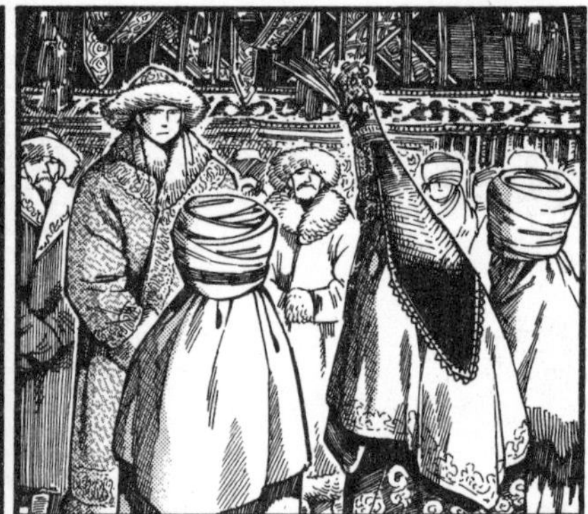

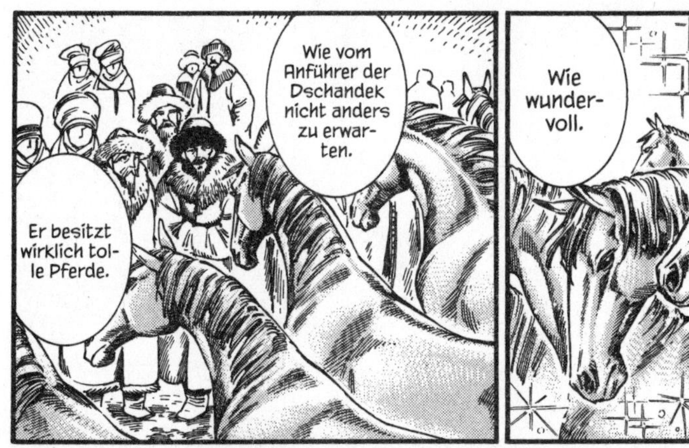
Diese Pferd schei nen di Mitgif zu sei
Wie wunder-voll.
Wie vom Anführer der Dschandek nicht anders zu erwar-ten.
Er besitzt wirklich tol-le Pferde.

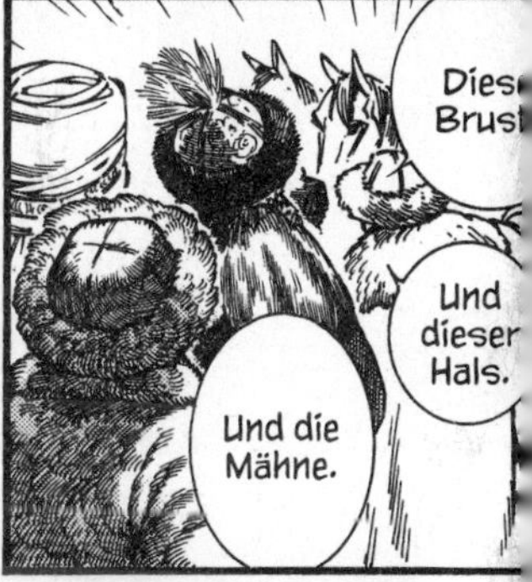
Diese Brus
Und dieser Hals.
Und die Mähne.

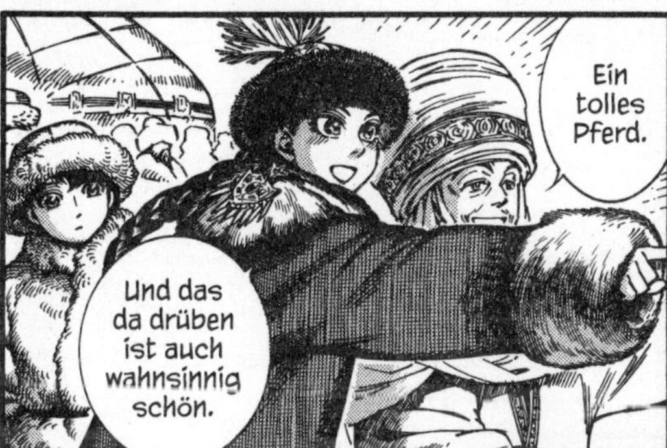
Ein tolles Pferd.
Und das da drüben ist auch wahnsinnig schön.

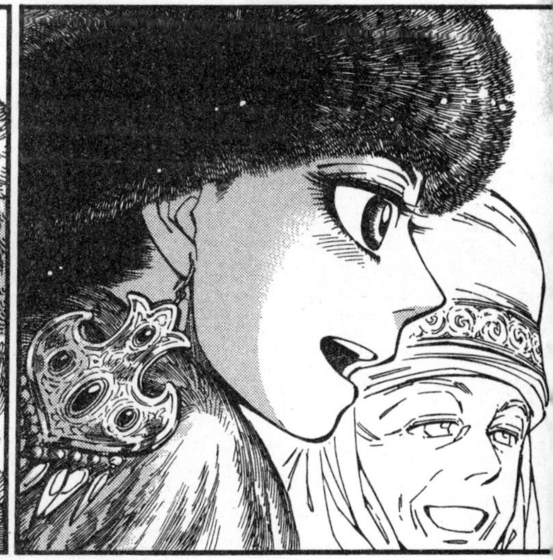

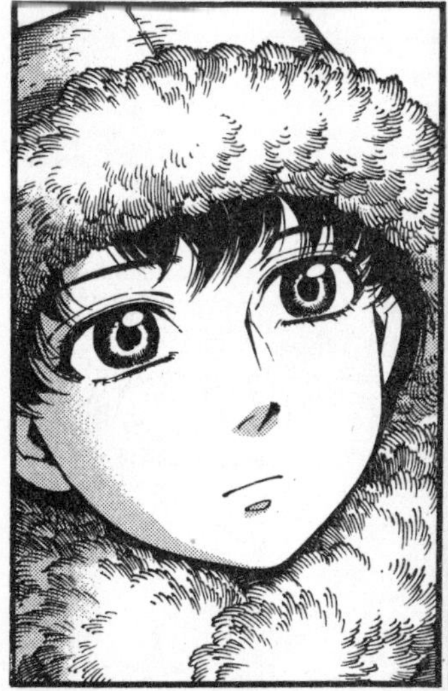

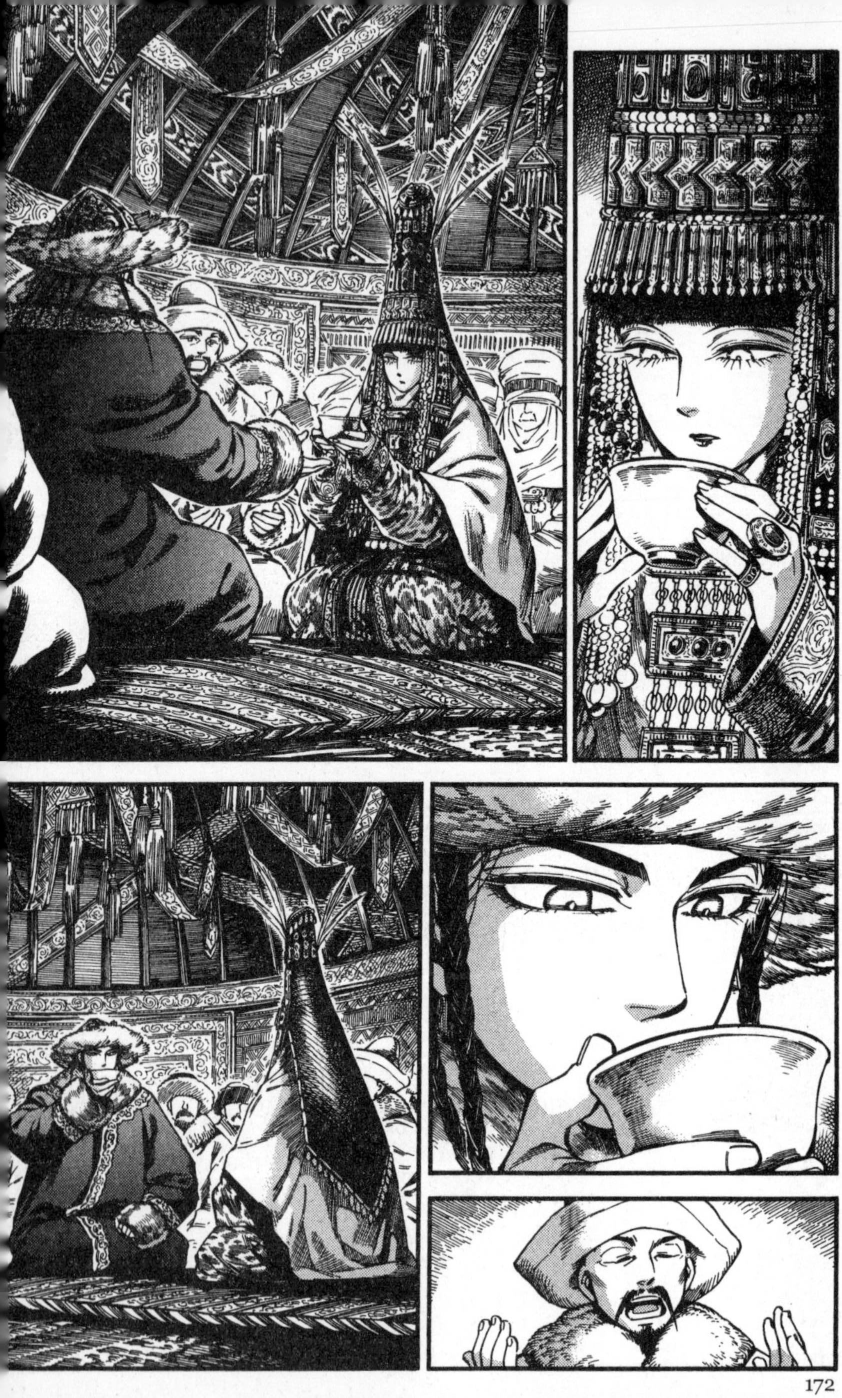

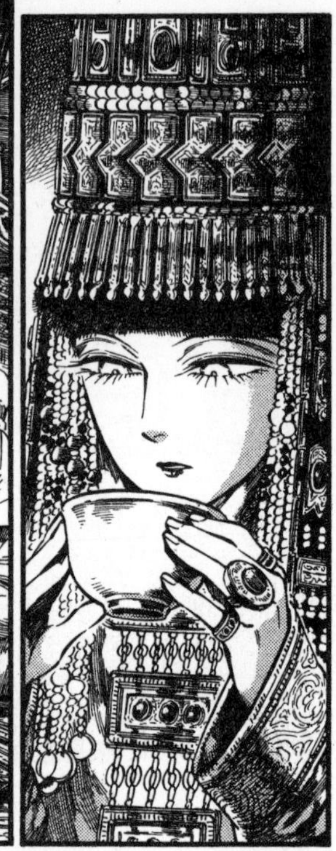

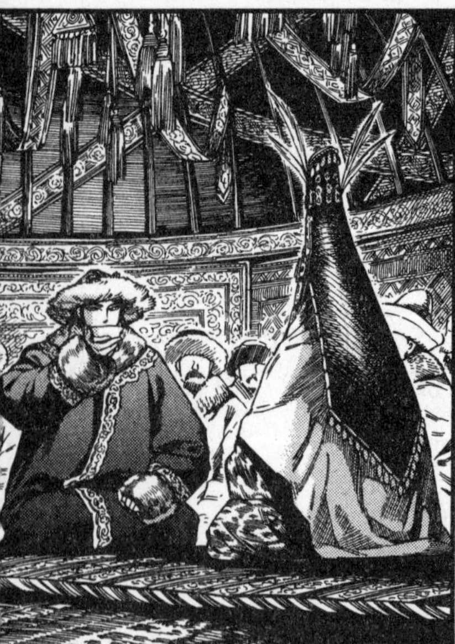

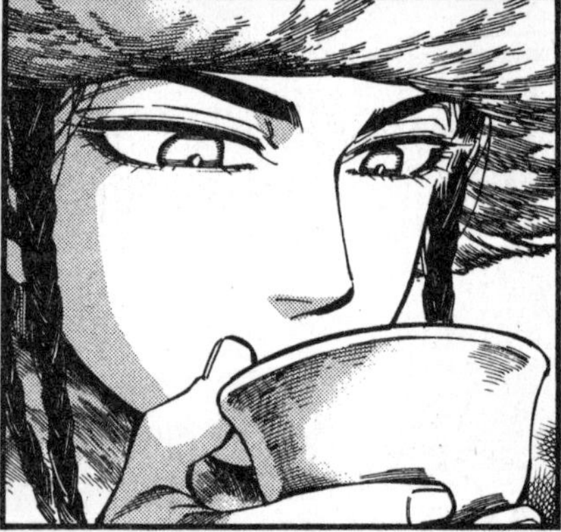

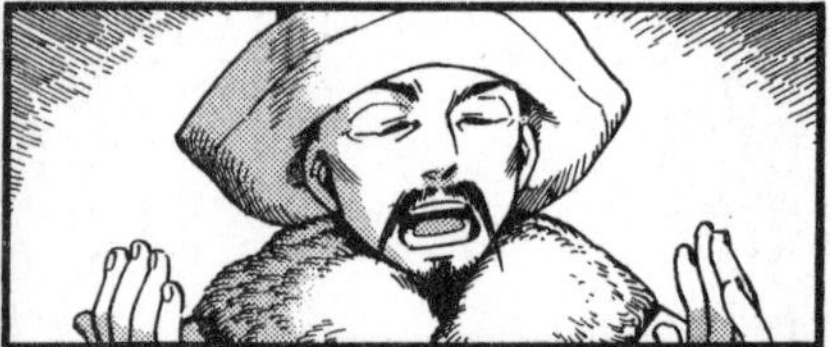

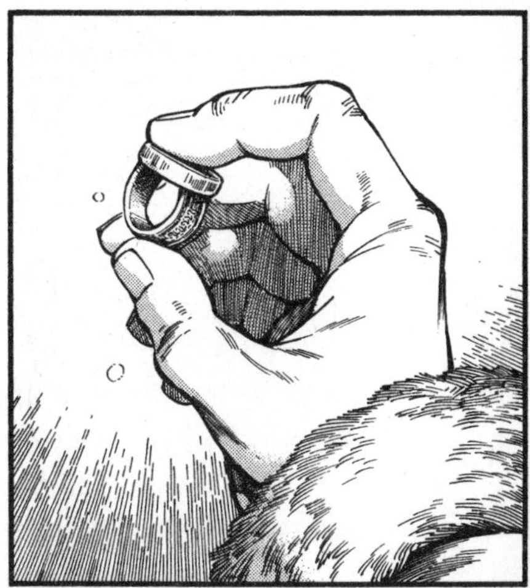
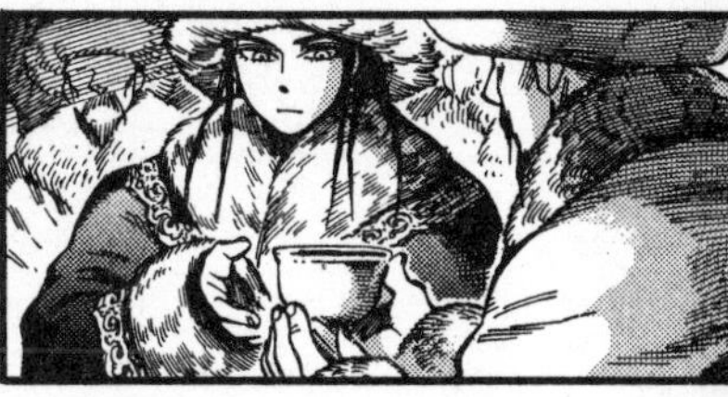
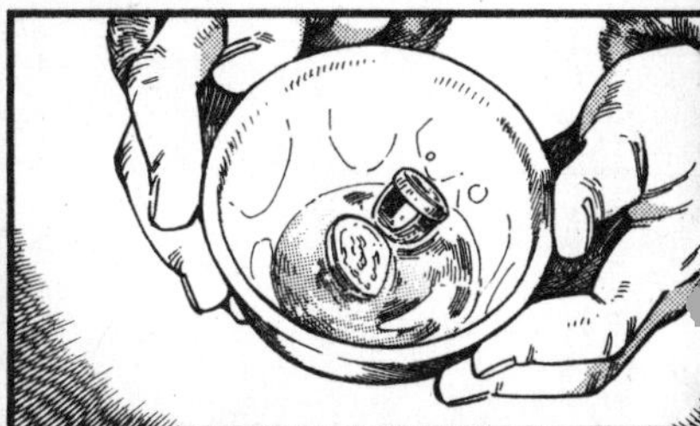
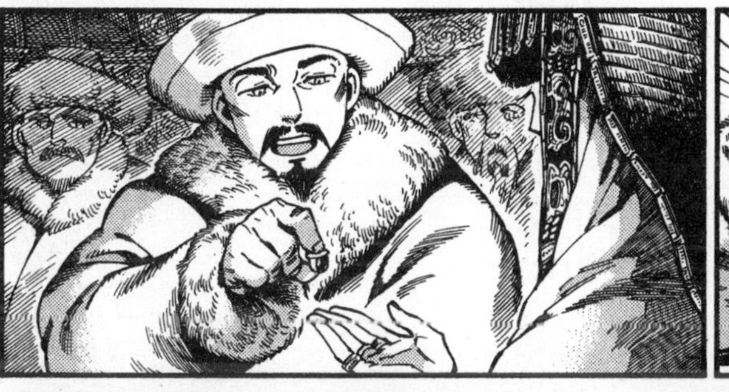
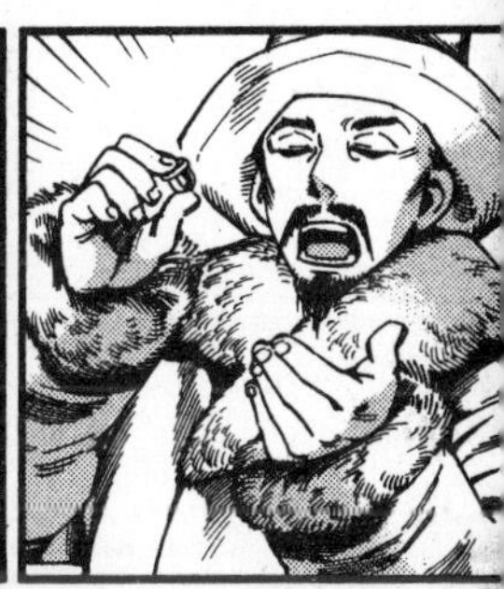
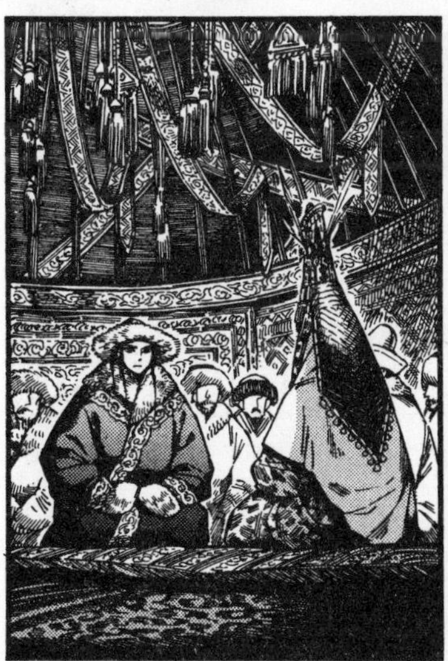
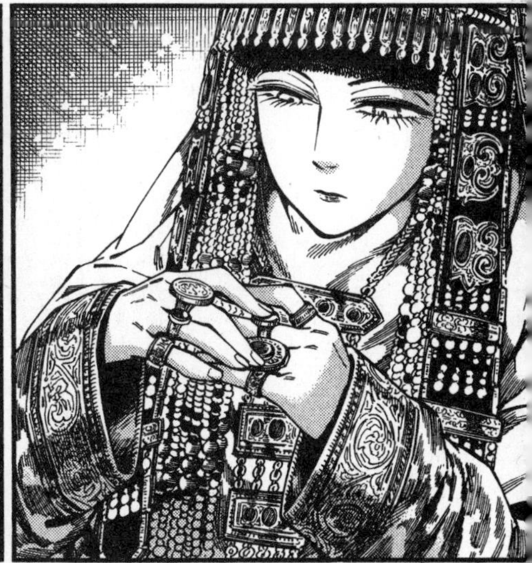

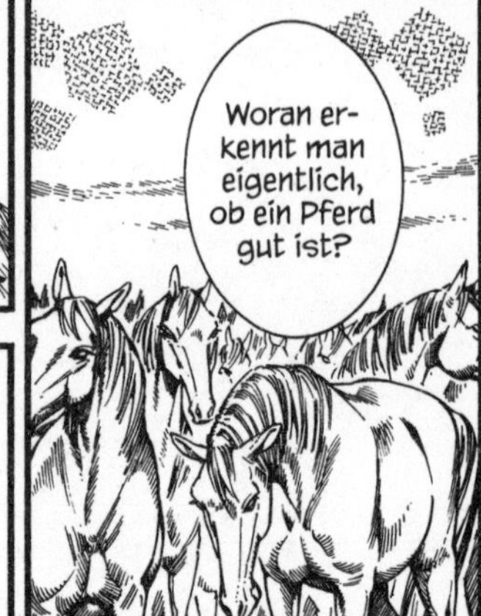
Woran erkennt man eigentlich, ob ein Pferd gut ist?

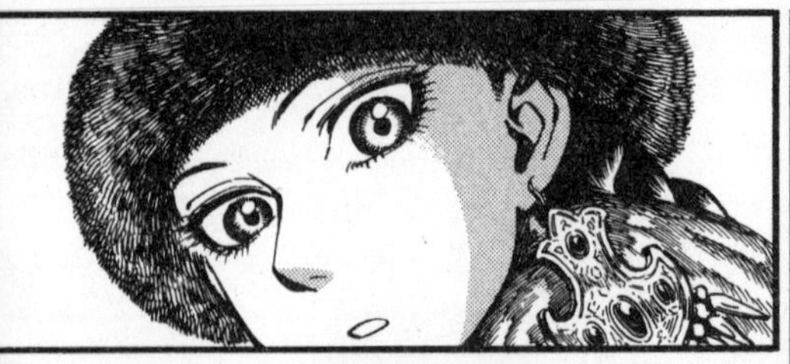

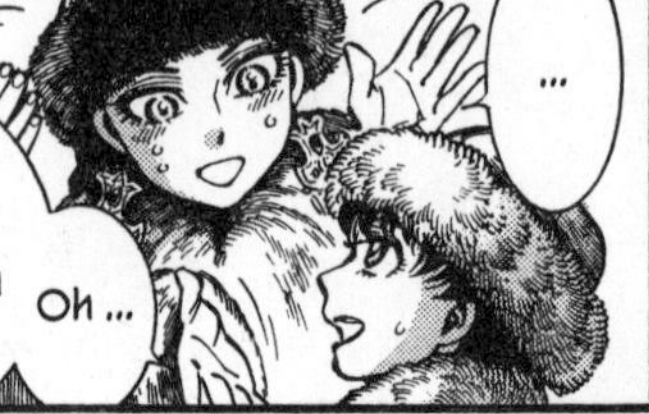
...
Oh ...
Ich habe zwar so eine Ahnung, aber ich habe mich gefragt, was für dich ein gutes Pferd ausmacht.

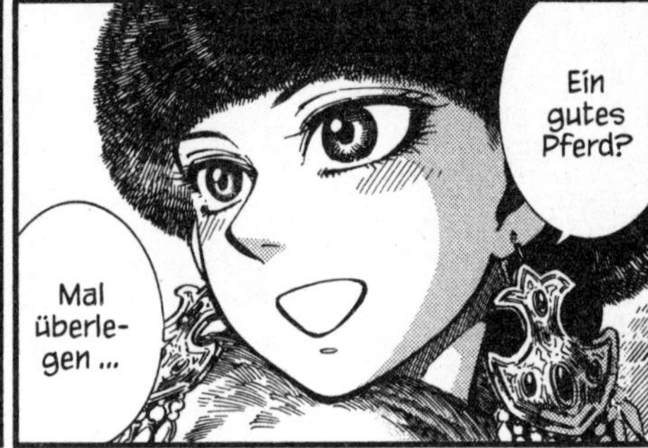
Ein gutes Pferd?
Mal überlegen ...

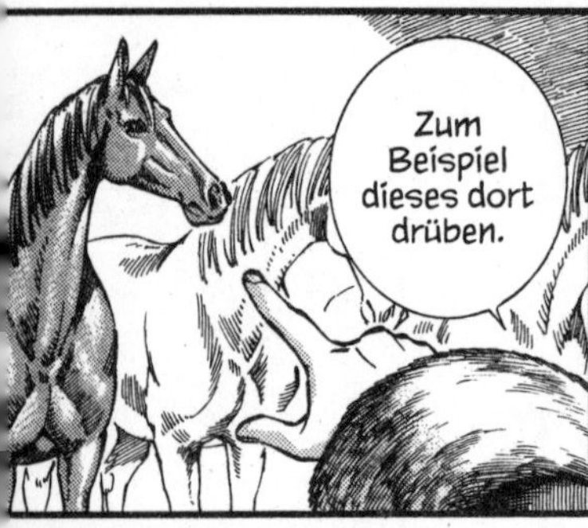
Zum Beispiel dieses dort drüben.

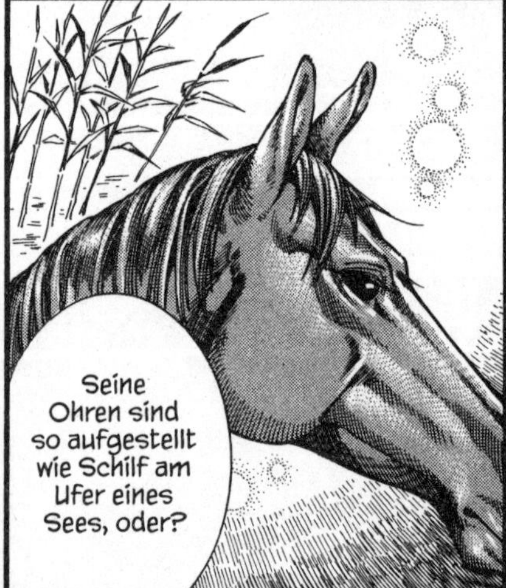
Seine Ohren sind so aufgestellt wie Schilf am Ufer eines Sees, oder?

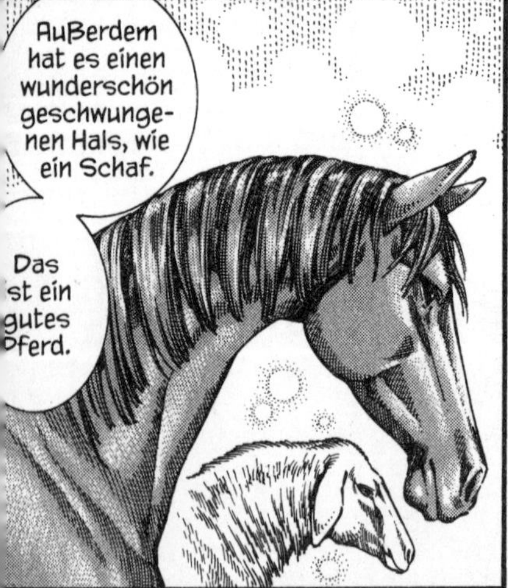
Außerdem hat es einen wunderschön geschwungenen Hals, wie ein Schaf.
Das st ein gutes Pferd.

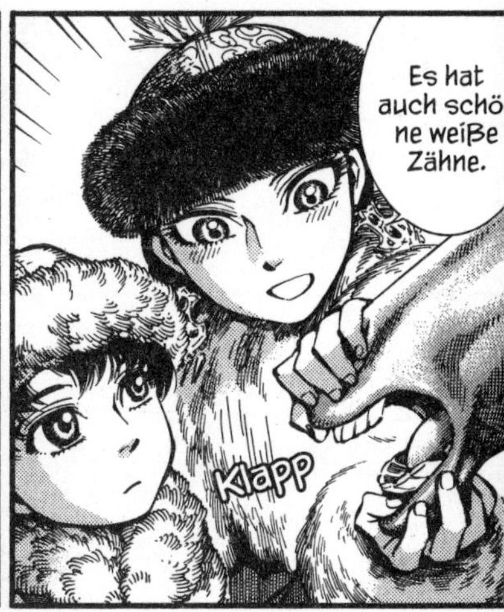
Es hat auch schö ne weiße Zähne.
Klapp

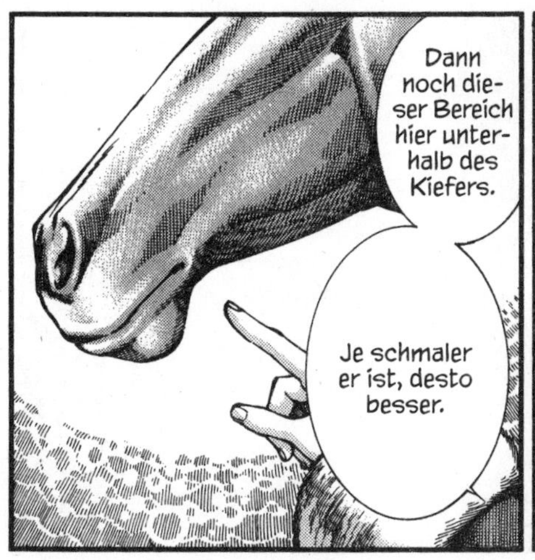
Dann noch dieser Bereich hier unterhalb des Kiefers.
Je schmaler er ist, desto besser.

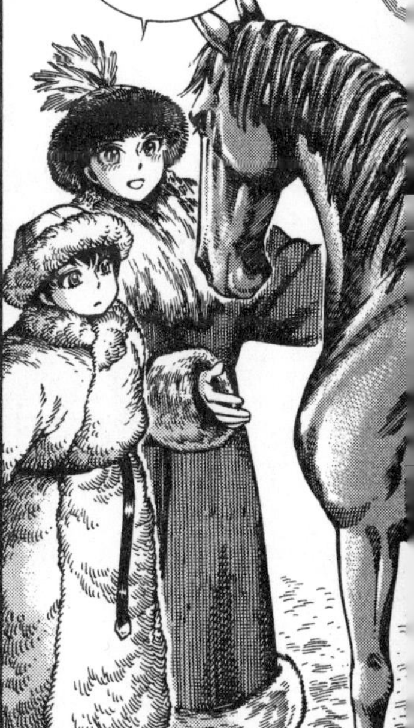
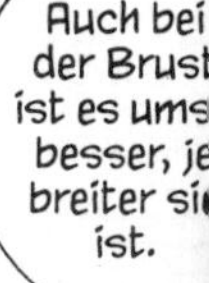
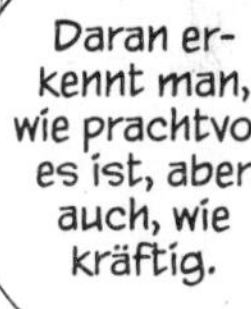
Auch bei der Brust ist es ums besser, je breiter si ist.
Daran erkennt man, wie prachtvoll es ist, aber auch, wie kräftig.

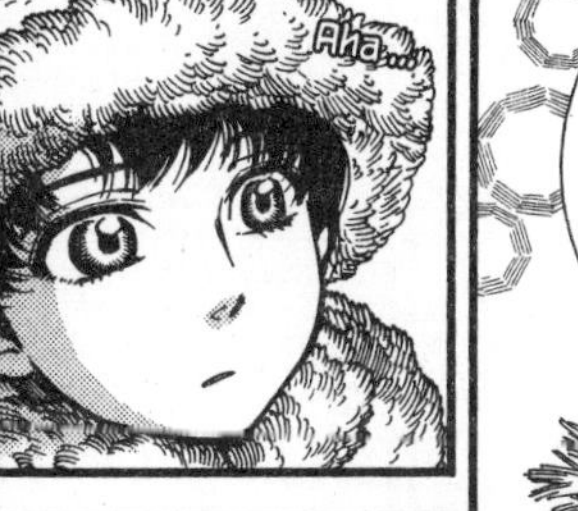
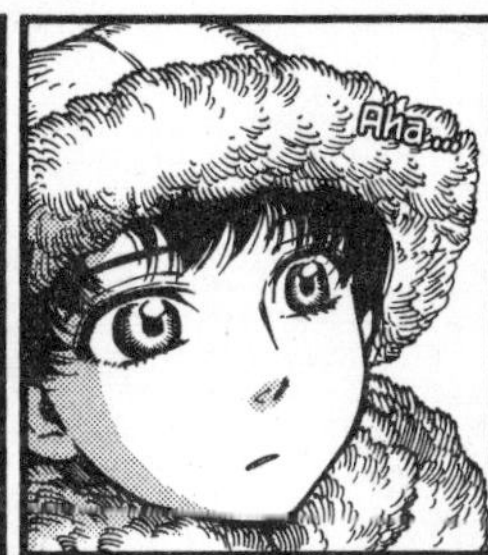
Aha...

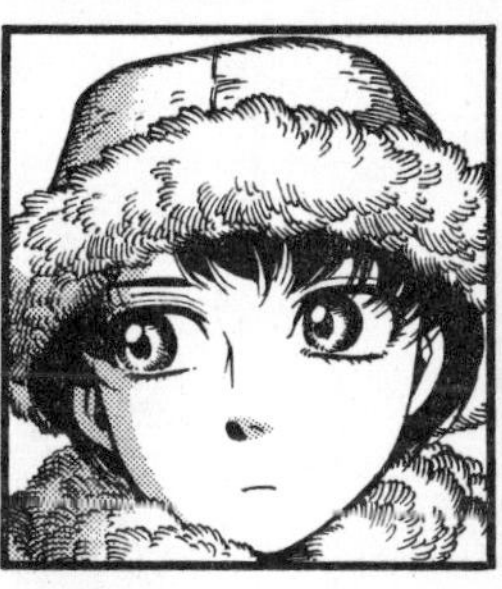

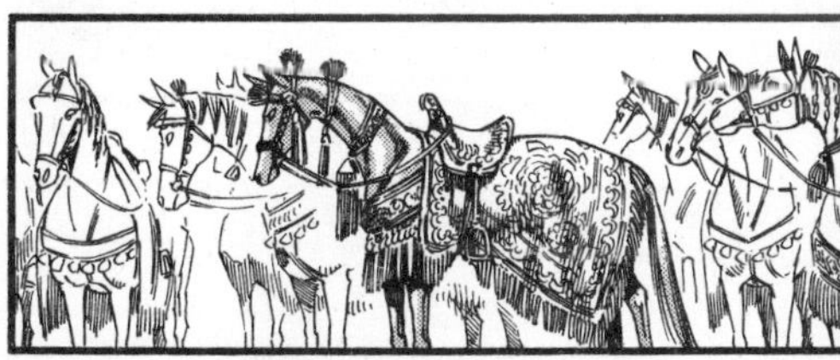

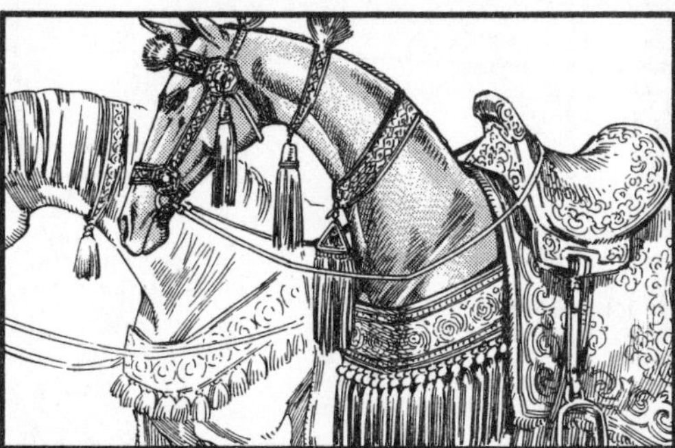

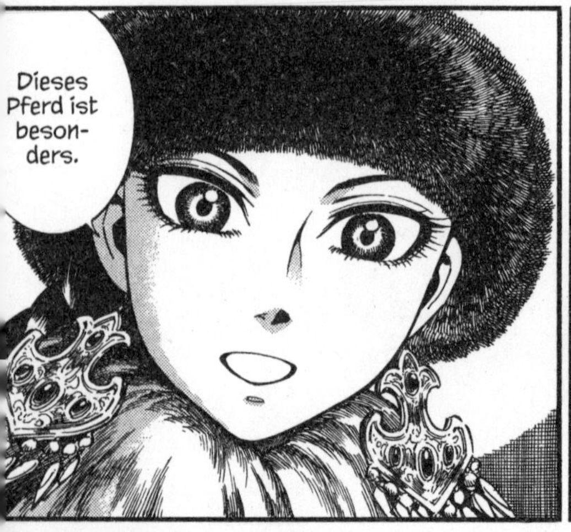
Dieses Pferd ist besonders.
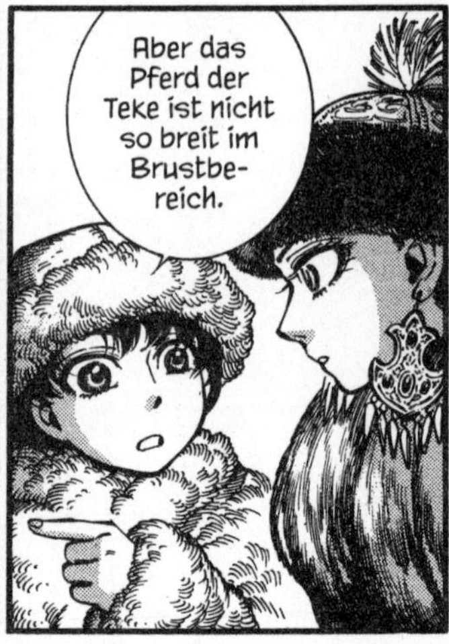
Aber das Pferd der Teke ist nicht so breit im Brustbereich.
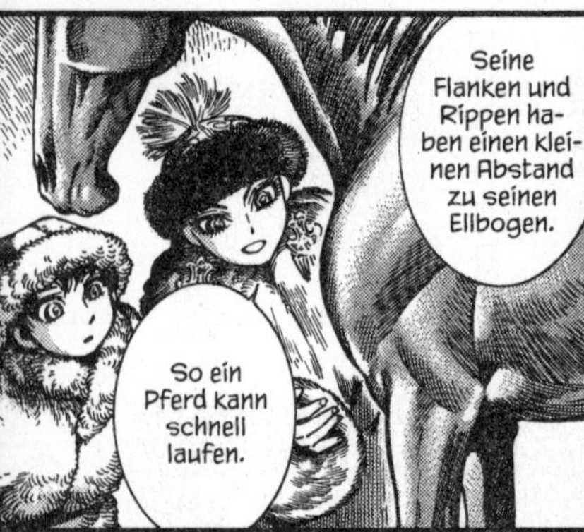
Seine Flanken und Rippen haben einen kleinen Abstand zu seinen Ellbogen.
So ein Pferd kann schnell laufen.
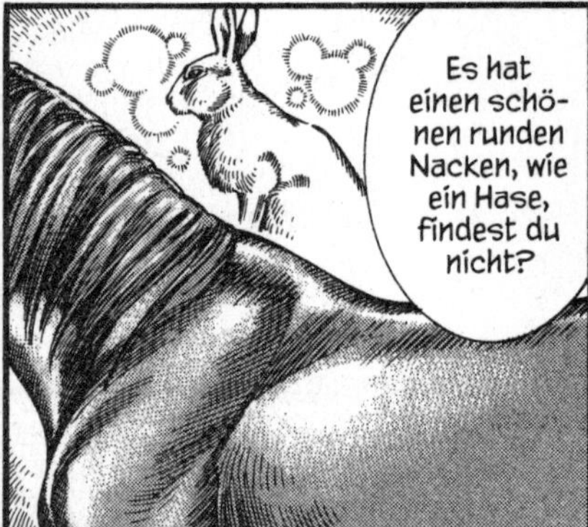
Es hat einen schönen runden Nacken, wie ein Hase, findest du nicht?
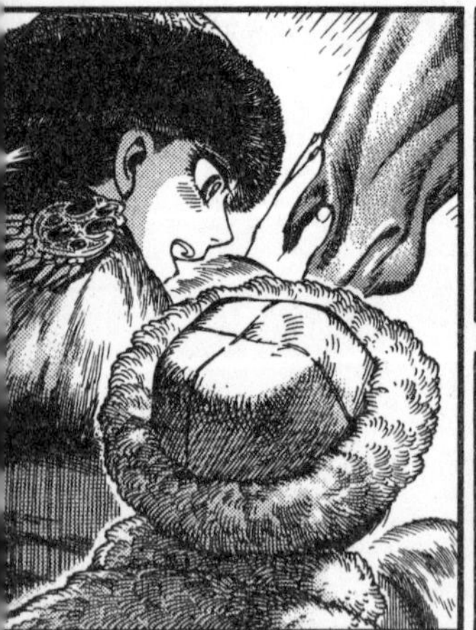
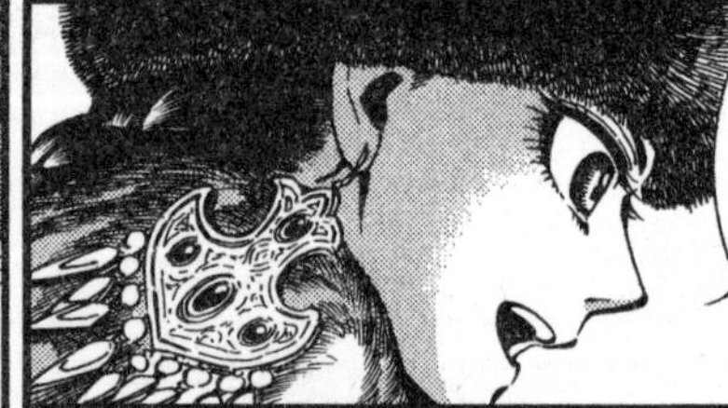
Seine Beine sind so gerade wie das Schienbein eines Hundes ...
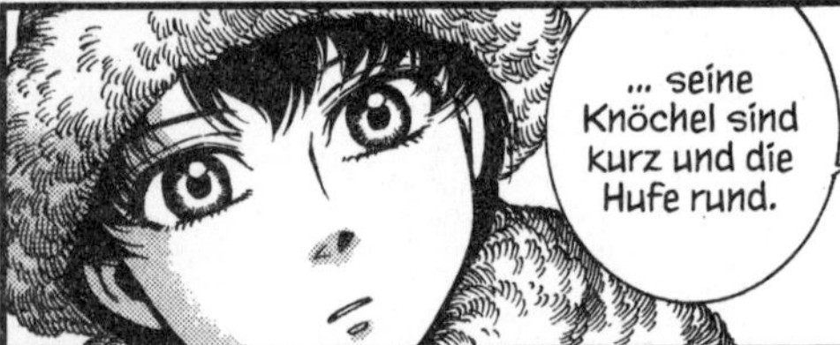
... seine Knöchel sind kurz und die Hufe rund.

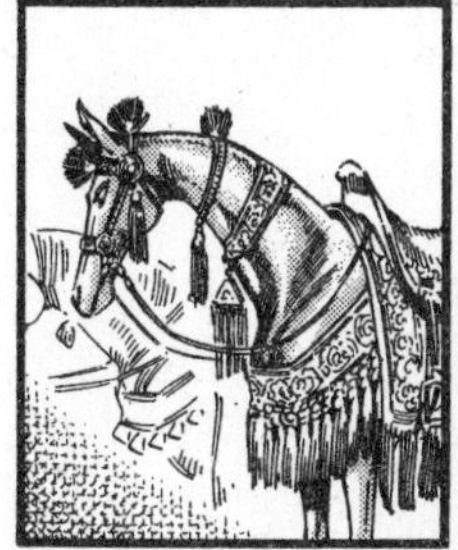
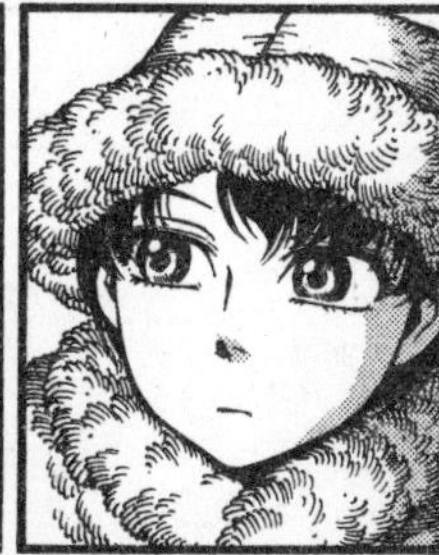
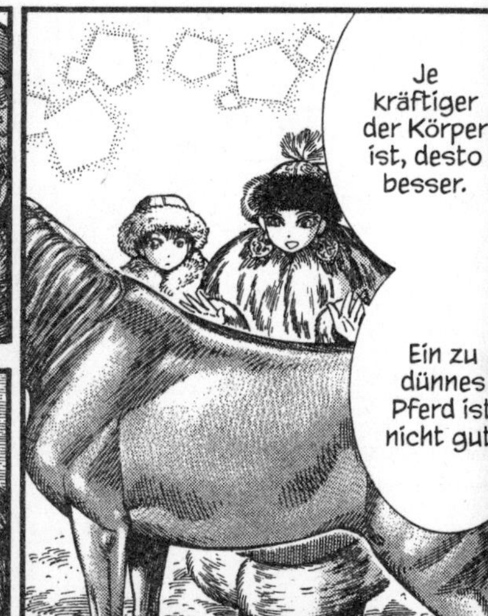
Je kräftiger der Körper ist, desto besser.
Ein zu dünnes Pferd ist nicht gut
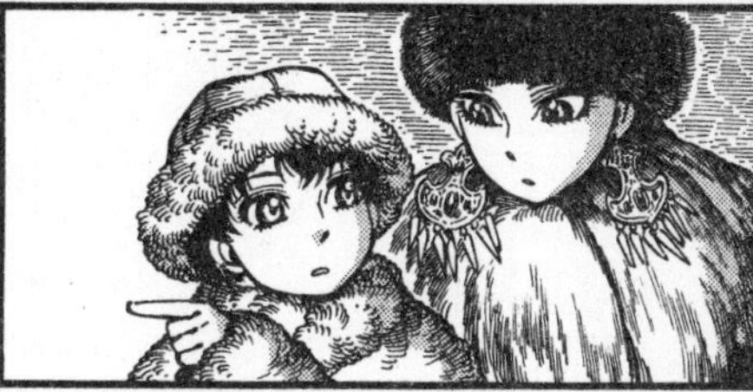
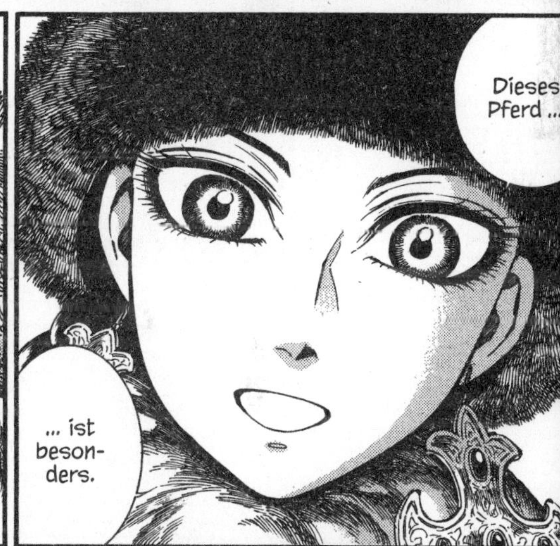
Dieses Pferd ...
... ist besonders.
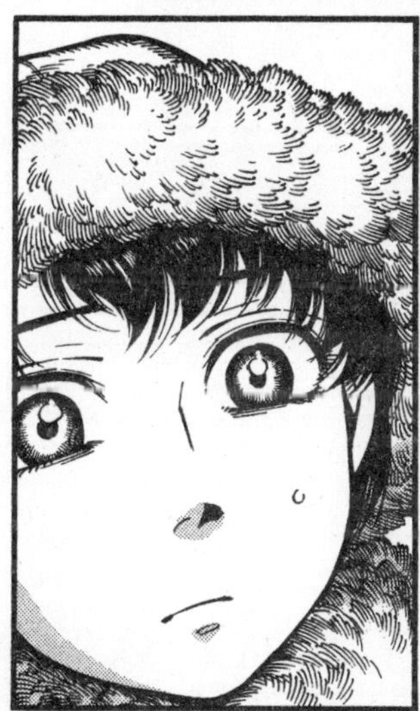
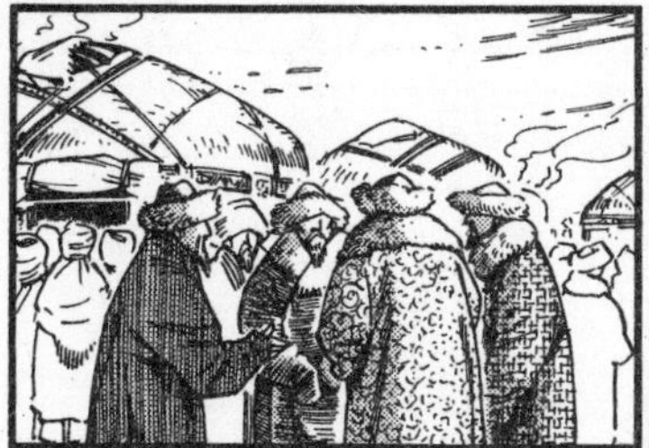
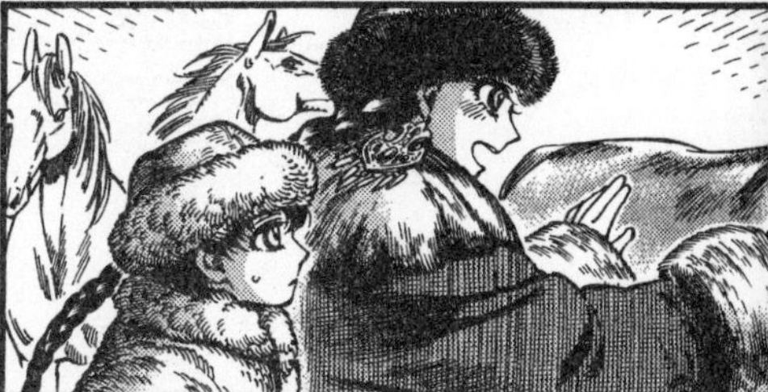

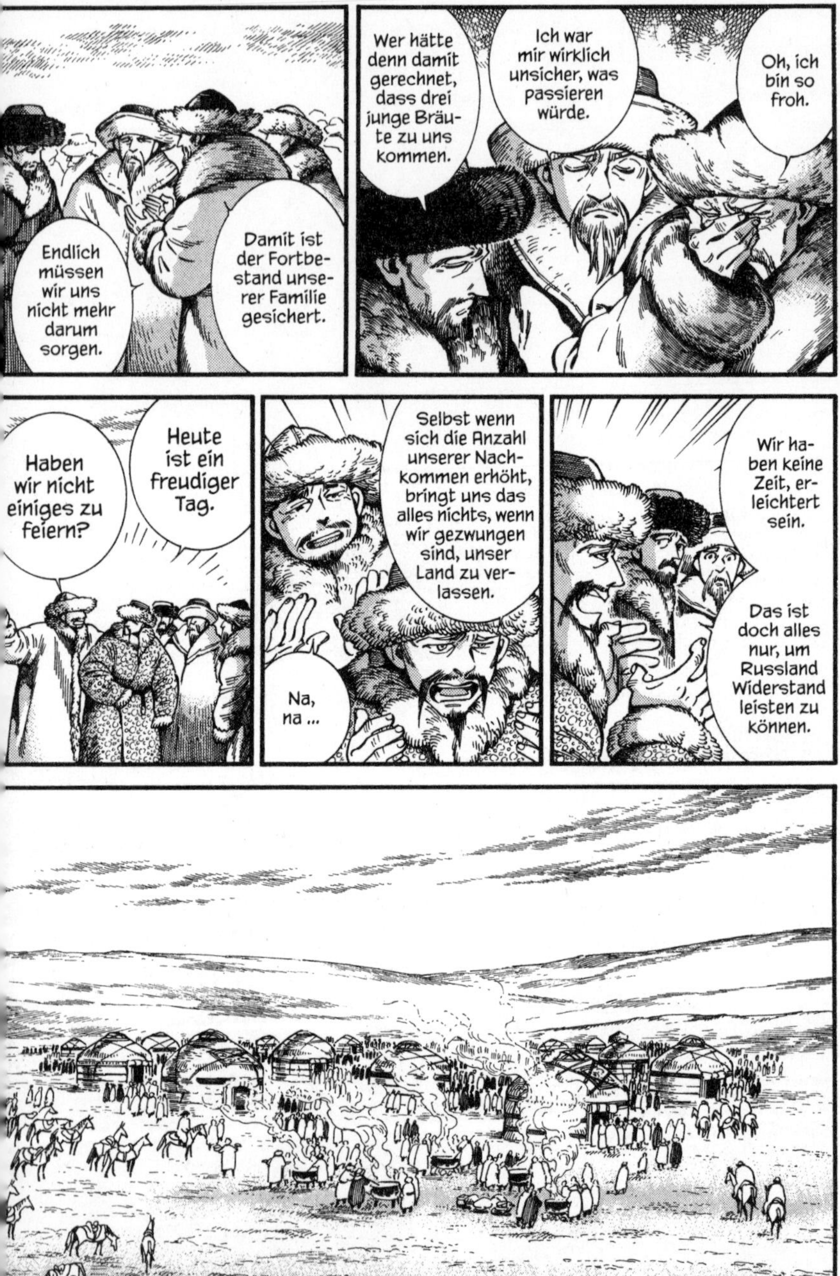

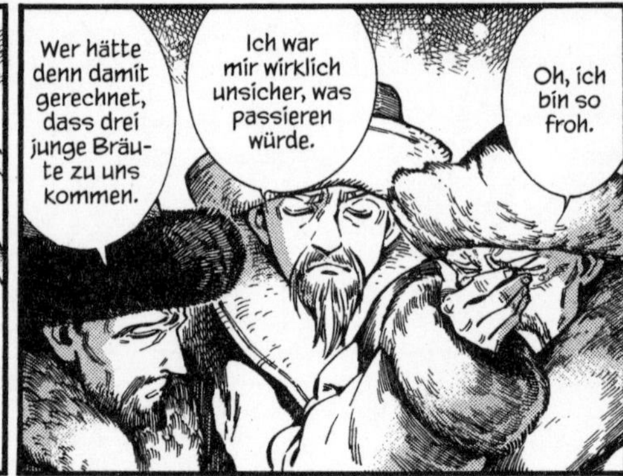

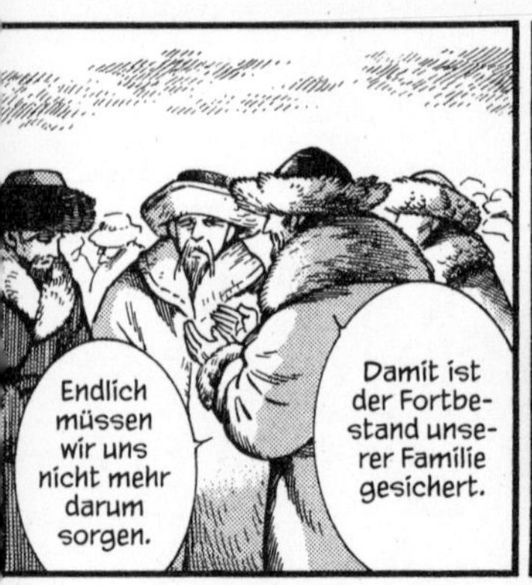

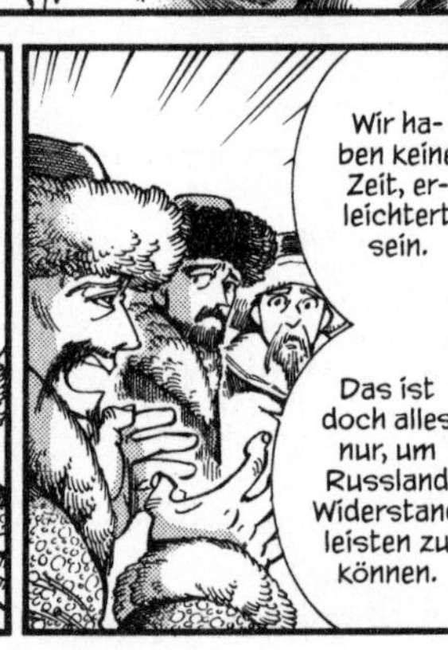

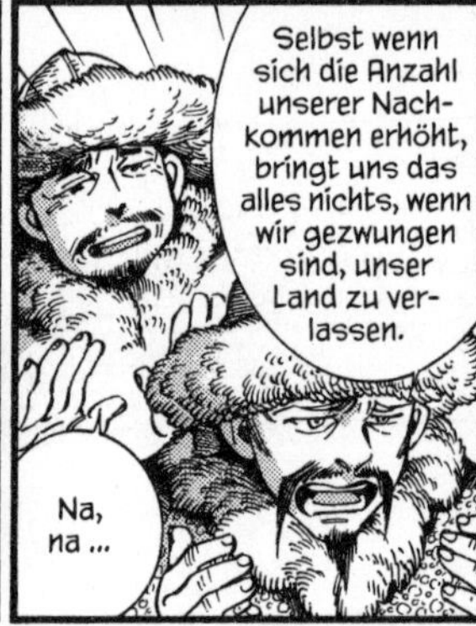

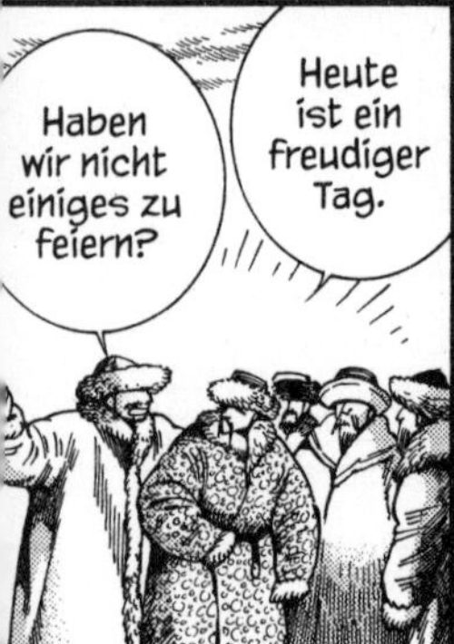

Kapitel 100 Ende ✦

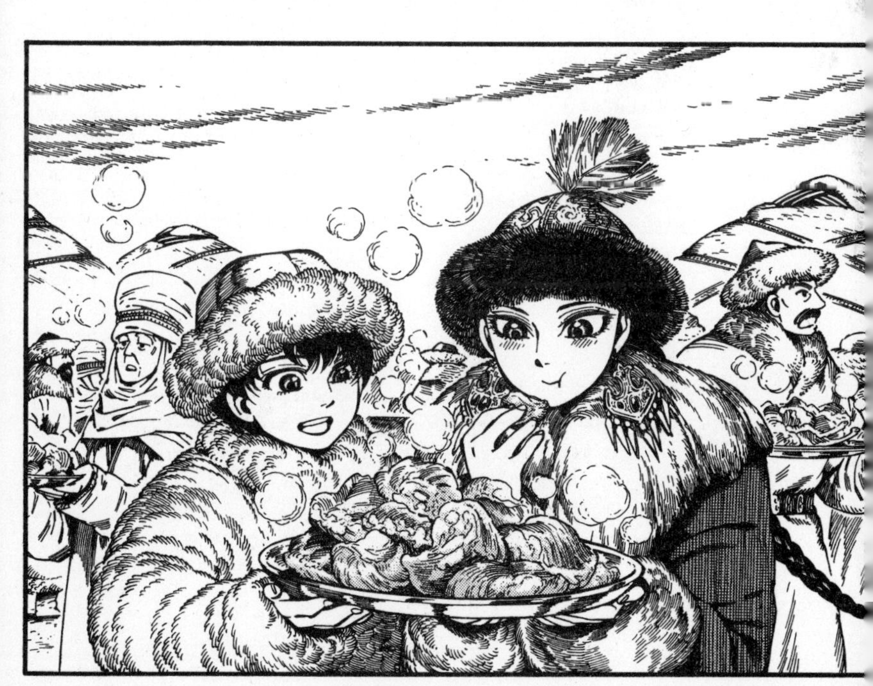

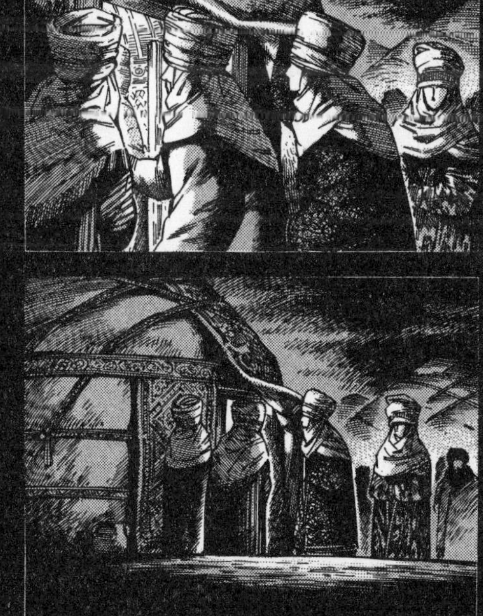

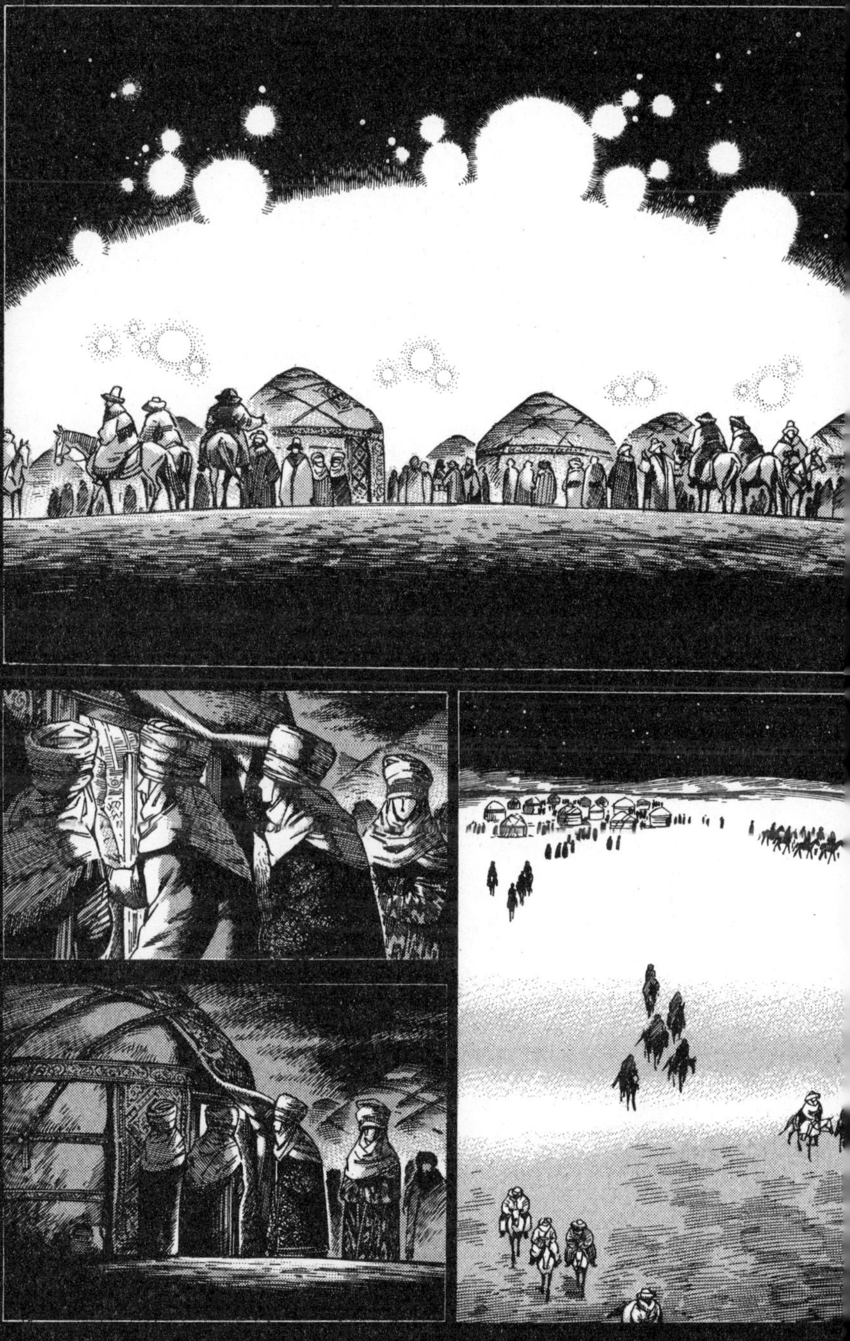

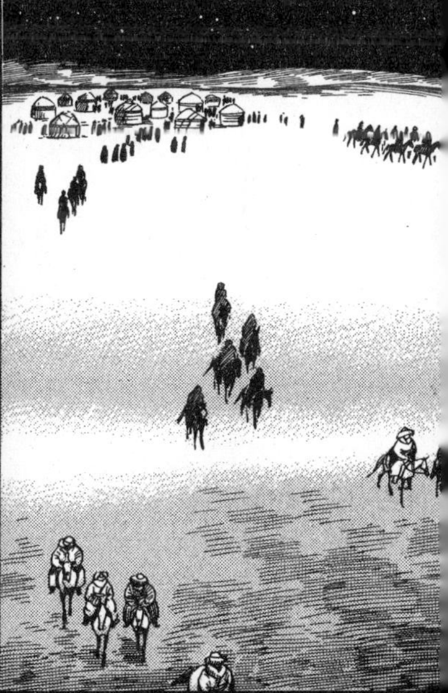

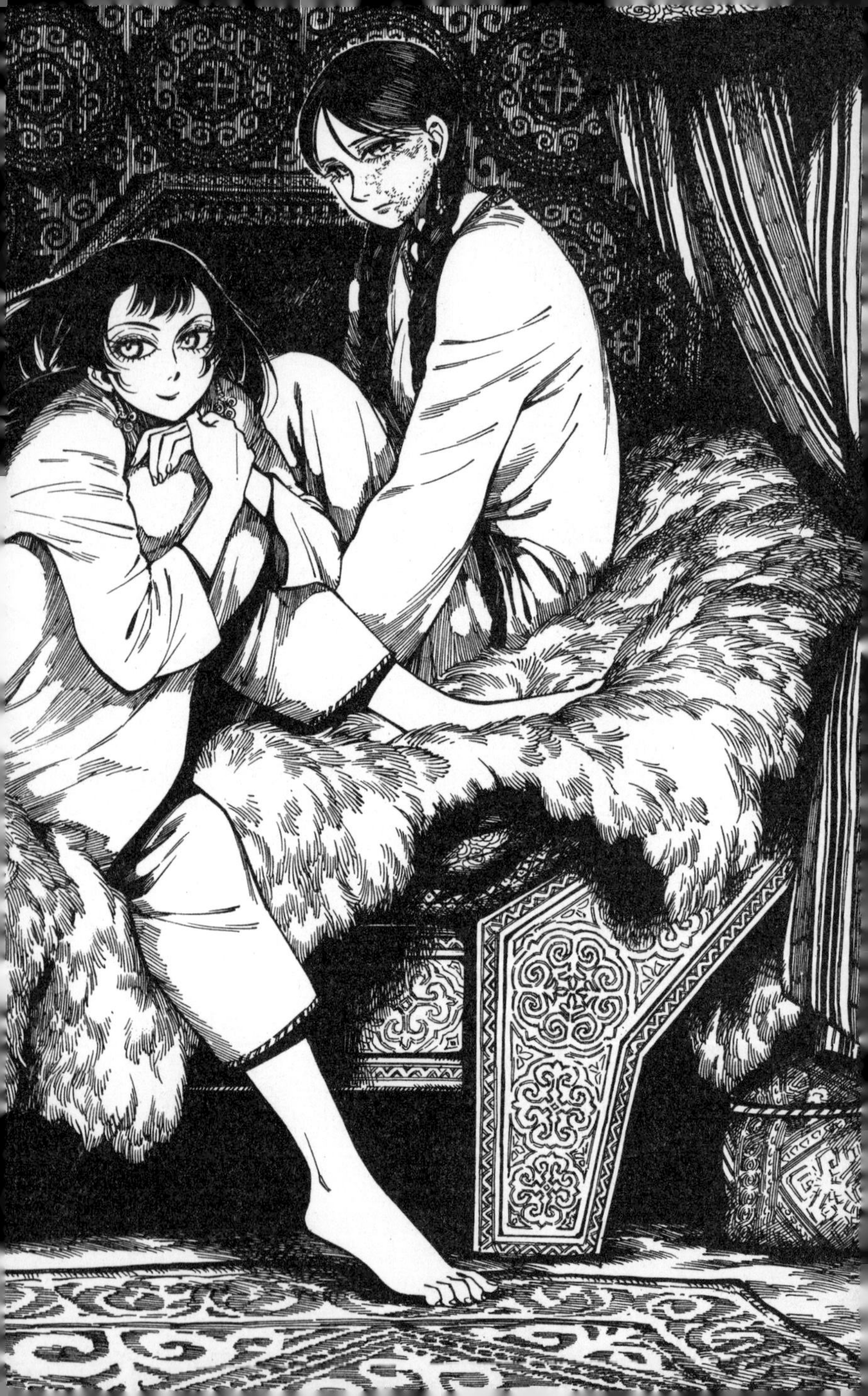

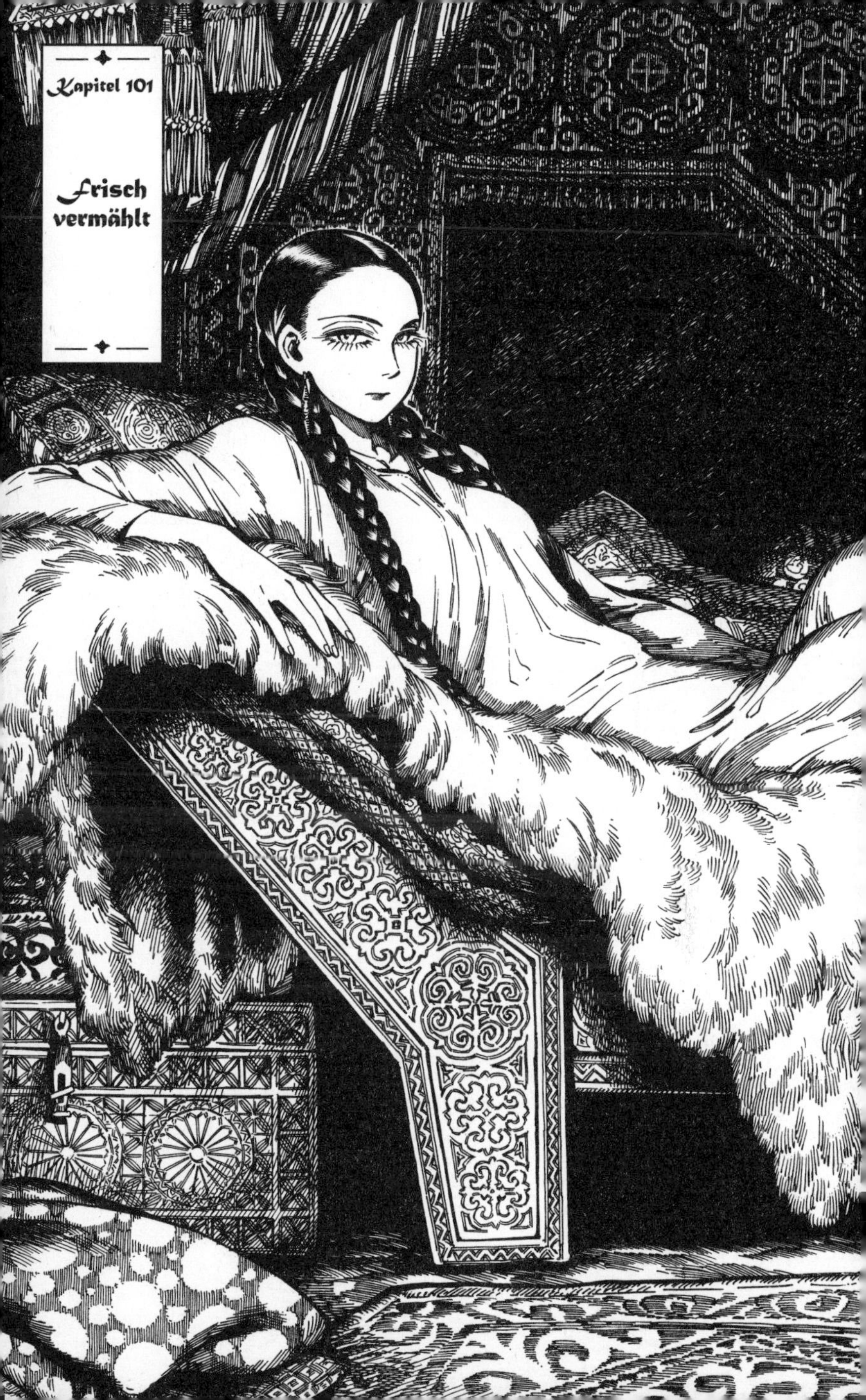
Kapitel 101
Frisch vermählt

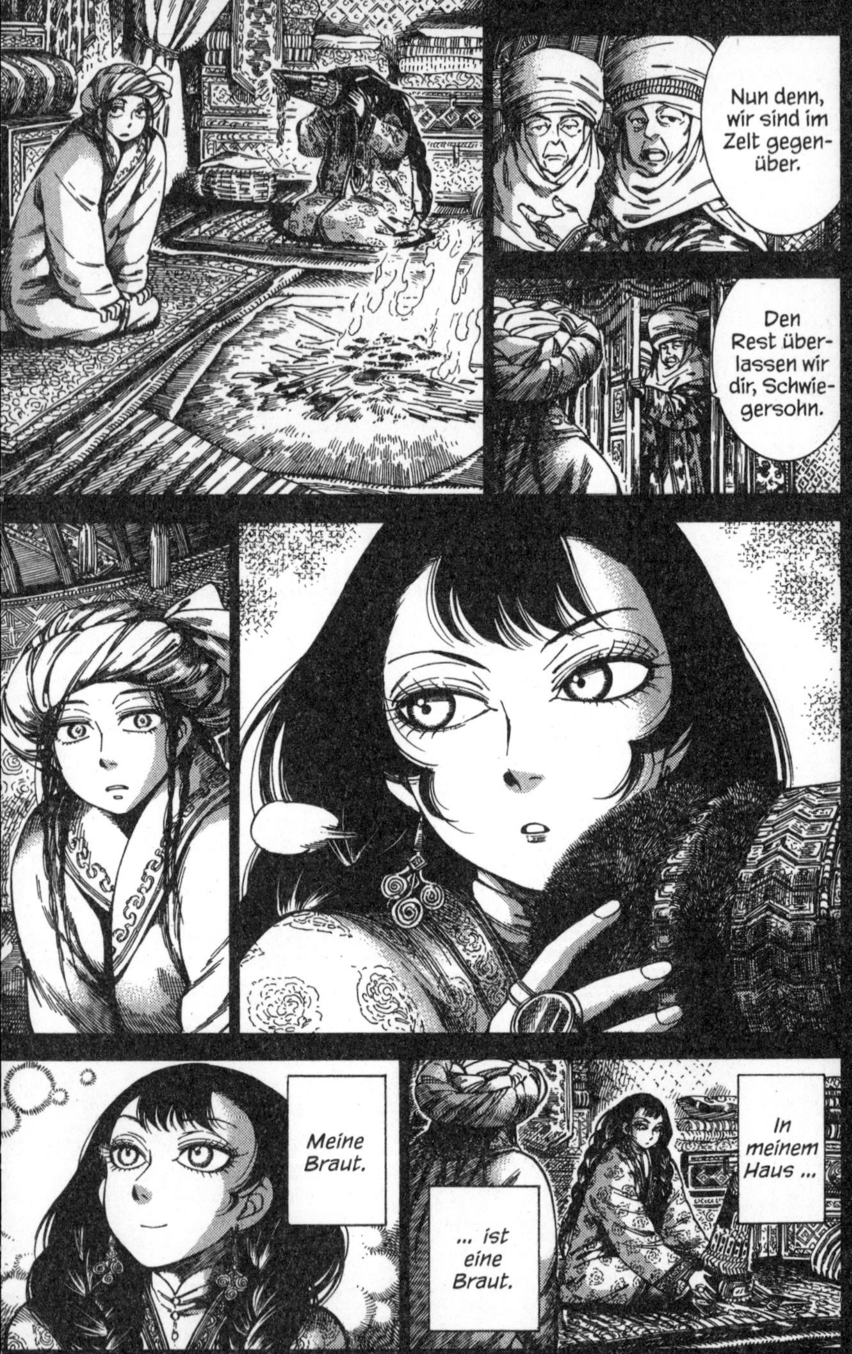
Nun denn, wir sind im Zelt gegenüber.
Den Rest überlassen wir dir, Schwiegersohn.
In meinem Haus ...
... ist eine Braut.
Meine Braut.

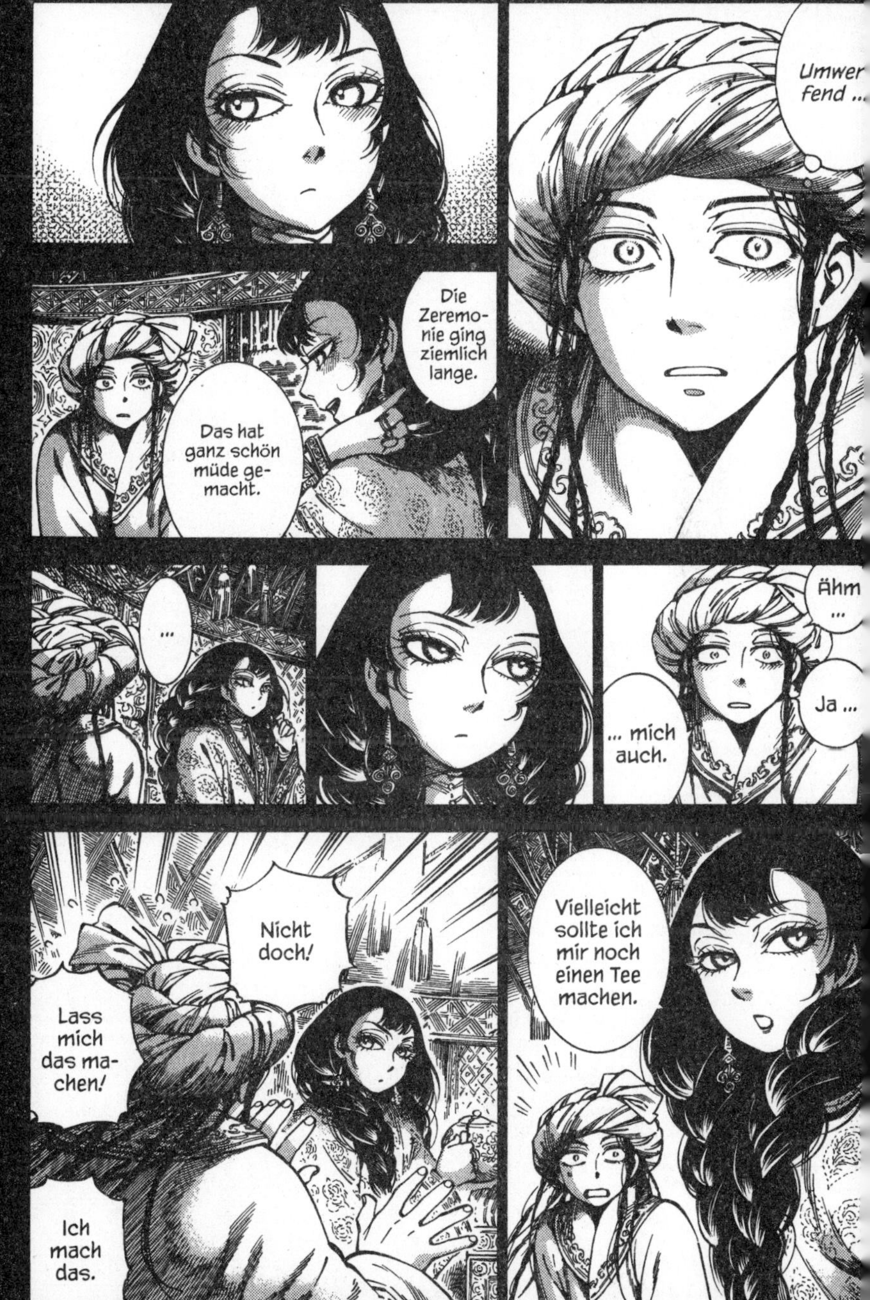
Umwerfend ...
Die Zeremonie ging ziemlich lange.
Das hat ganz schön müde gemacht.
...
Ähm ...
Ja ...
... mich auch.
Vielleicht sollte ich mir noch einen Tee machen.
Nicht doch!
Lass mich das machen!
Ich mach das.

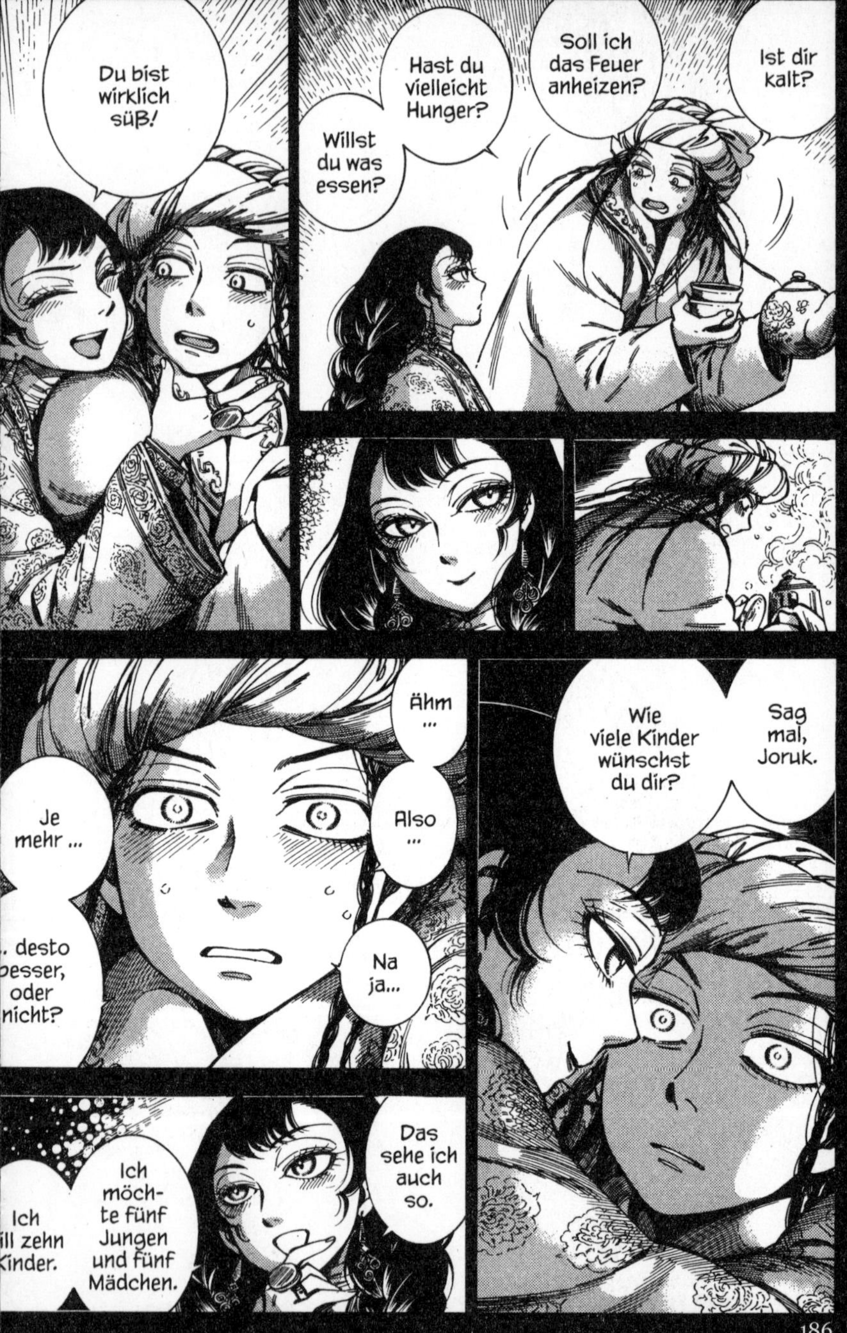

Ist dir kalt?
Soll ich das Feuer anheizen?
Hast du vielleicht Hunger?
Willst du was essen?
Du bist wirklich süß!
Sag mal, Joruk.
Wie viele Kinder wünschst du dir?
Ähm ...
Also ...
Na ja...
Je mehr ...
. desto besser, oder nicht?
Das sehe ich auch so.
Ich möchte fünf Jungen und fünf Mädchen.
Ich ill zehn Kinder.

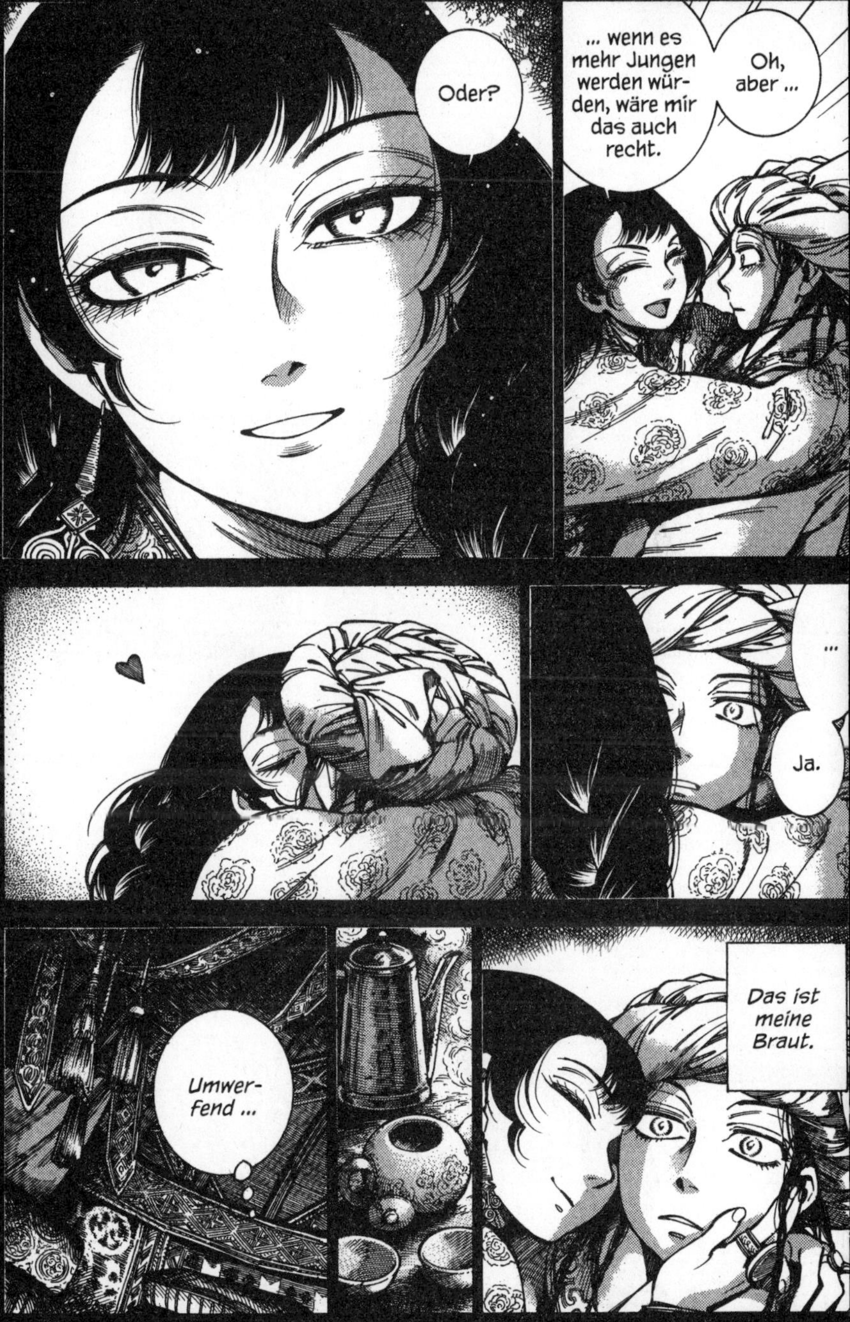

Oh, aber ...
... wenn es mehr Jungen werden würden, wäre mir das auch recht.
Oder?

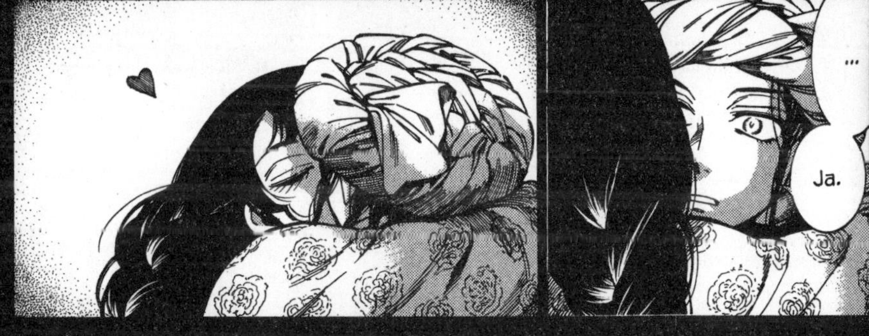

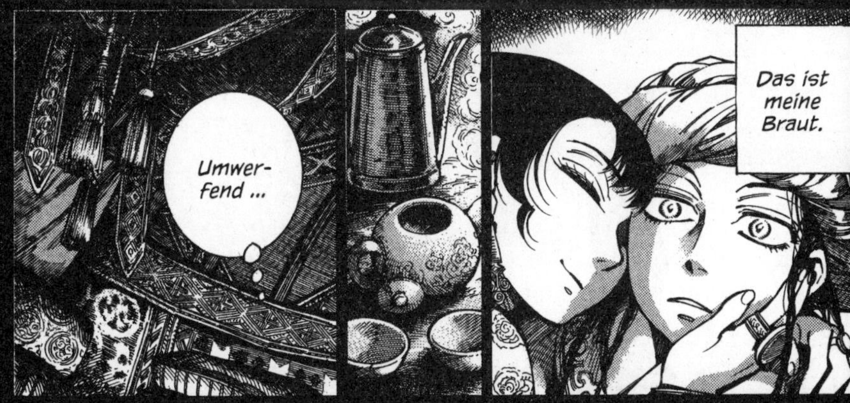

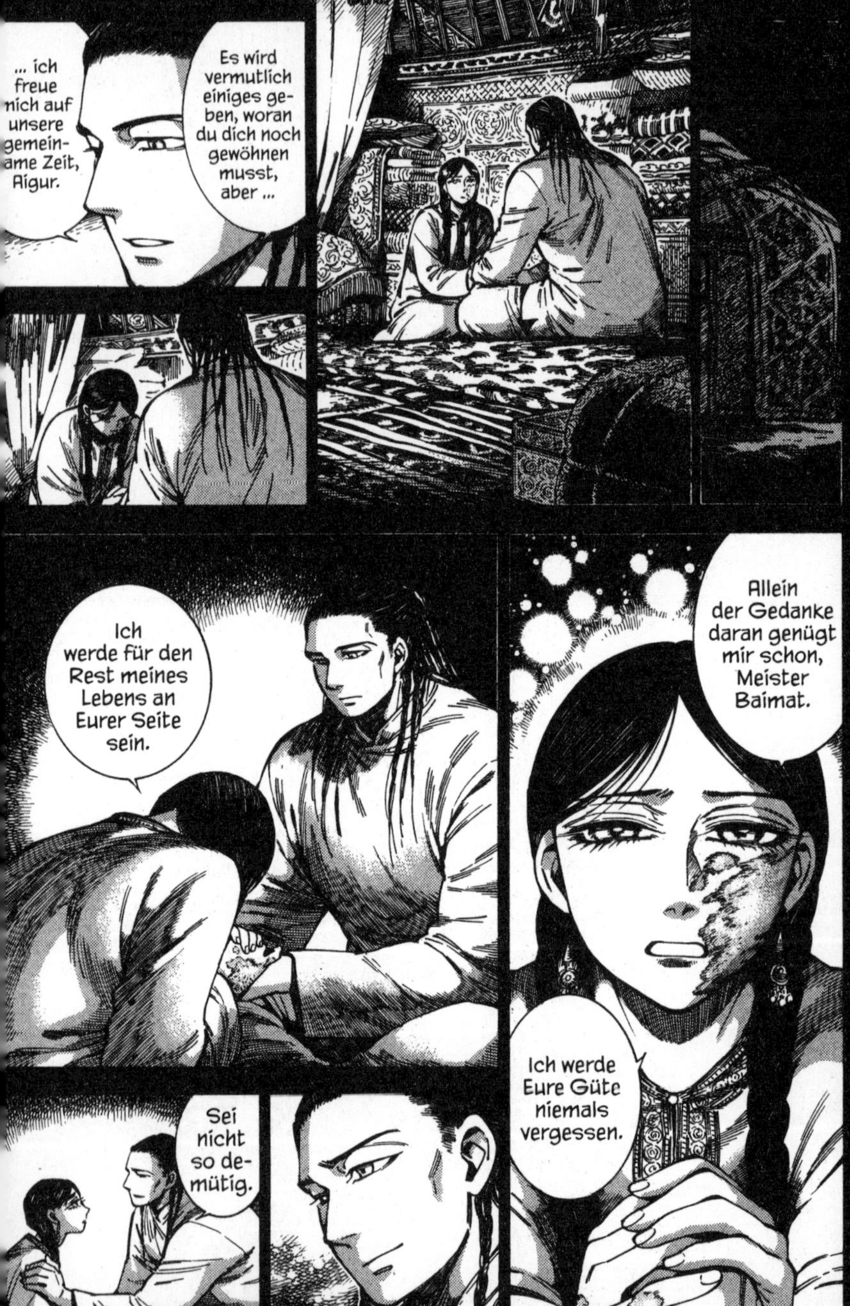
Es wird vermutlich einiges geben, woran du dich noch gewöhnen musst, aber ...
... ich freue nich auf unsere gemein- ame Zeit, Aigur.
Ich werde für den Rest meines Lebens an Eurer Seite sein.
Sei nicht so demütig.
Allein der Gedanke daran genügt mir schon, Meister Baimat.
Ich werde Eure Güte niemals vergessen.

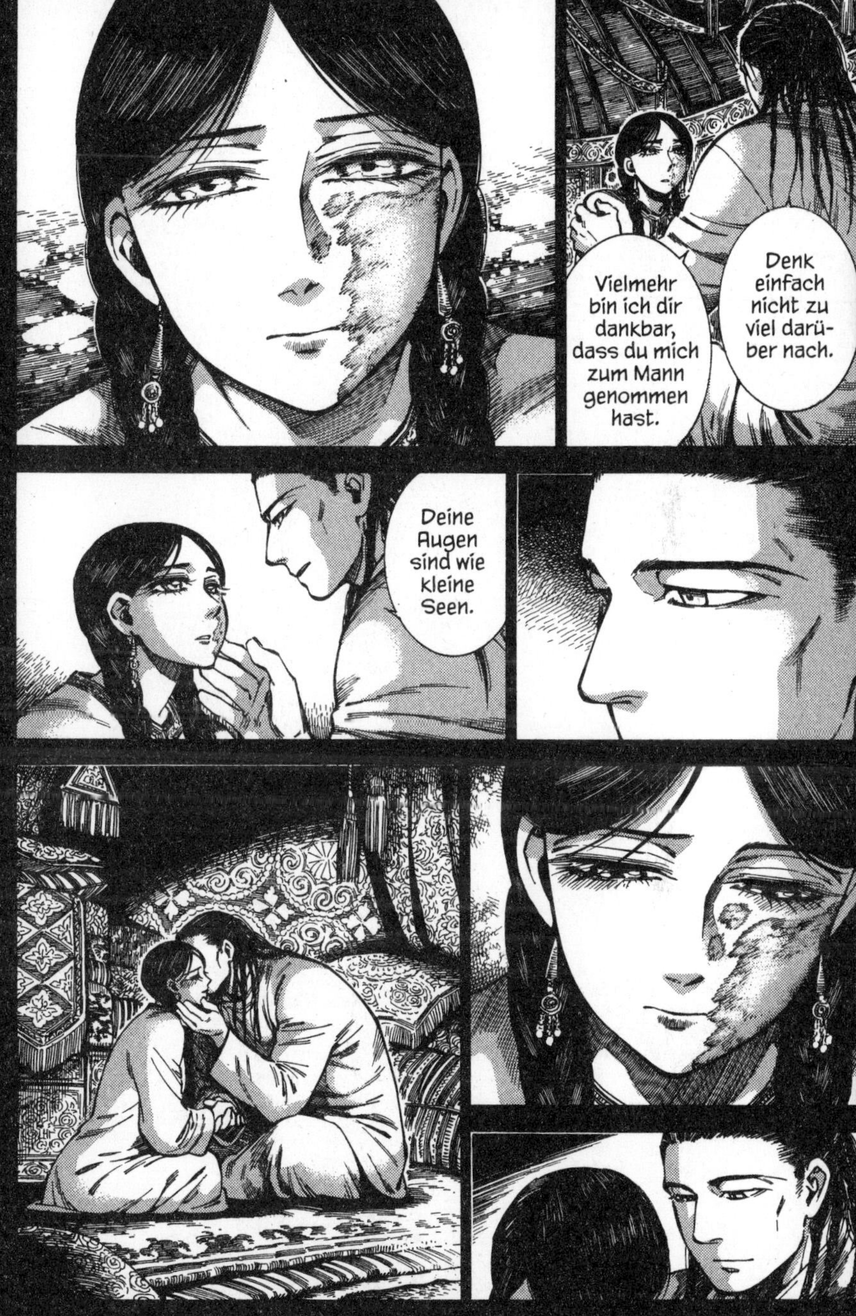
Denk einfach nicht zu viel darüber nach.
Vielmehr bin ich dir dankbar, dass du mich zum Mann genommen hast.
Deine Augen sind wie kleine Seen.

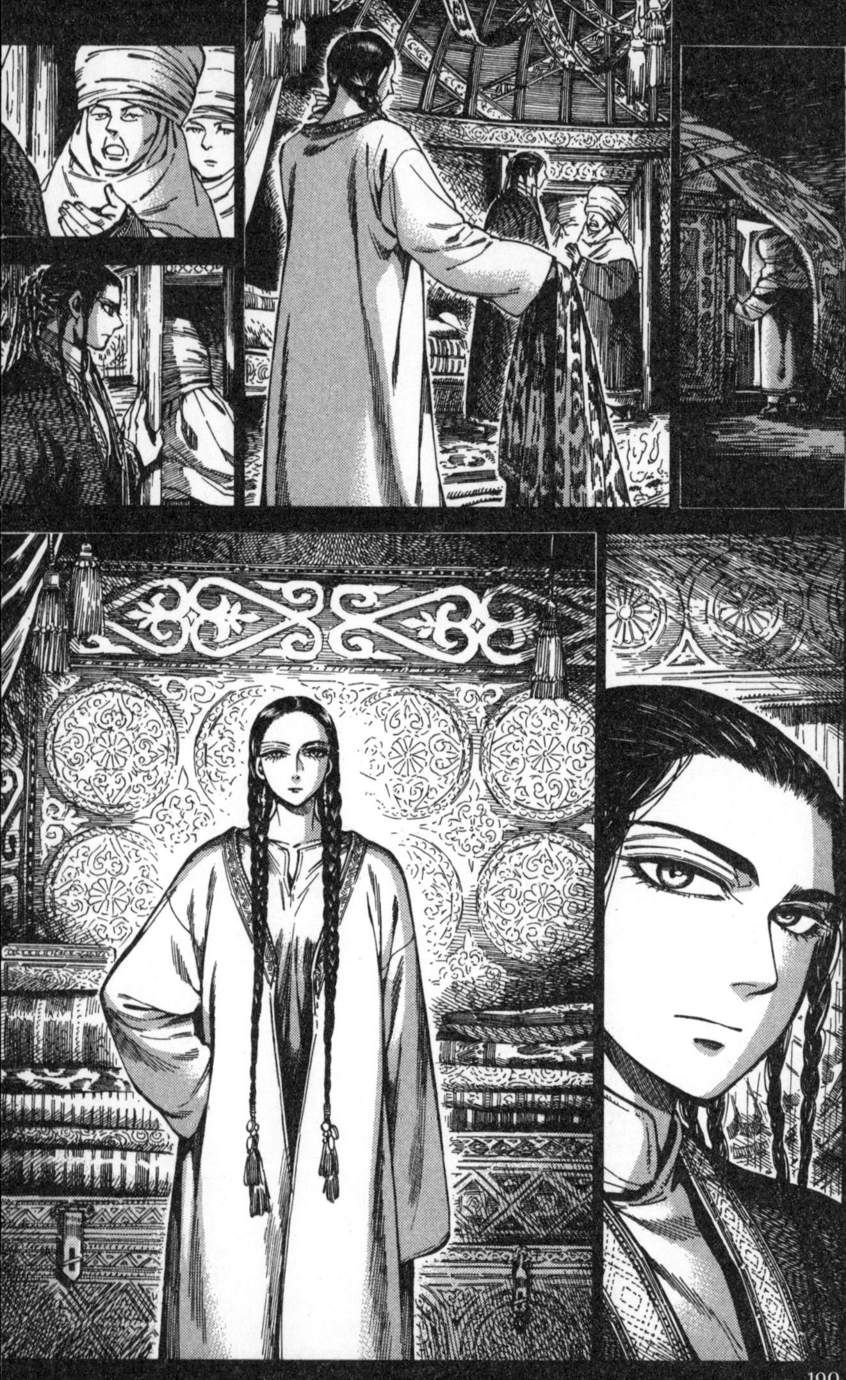

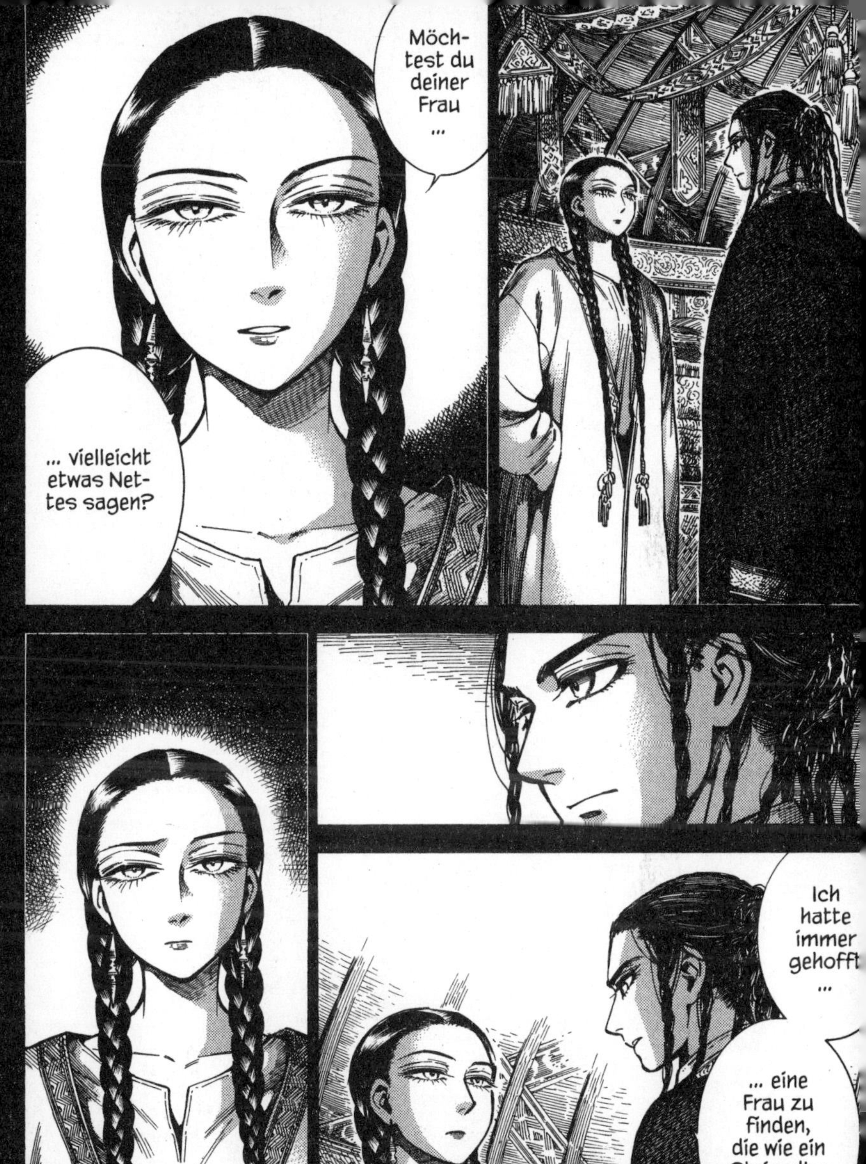
Möchtest du deiner Frau ...
... vielleicht etwas Nettes sagen?
Ich hatte immer gehofft ...
... eine Frau zu finden, die wie ein Steinadler ist.

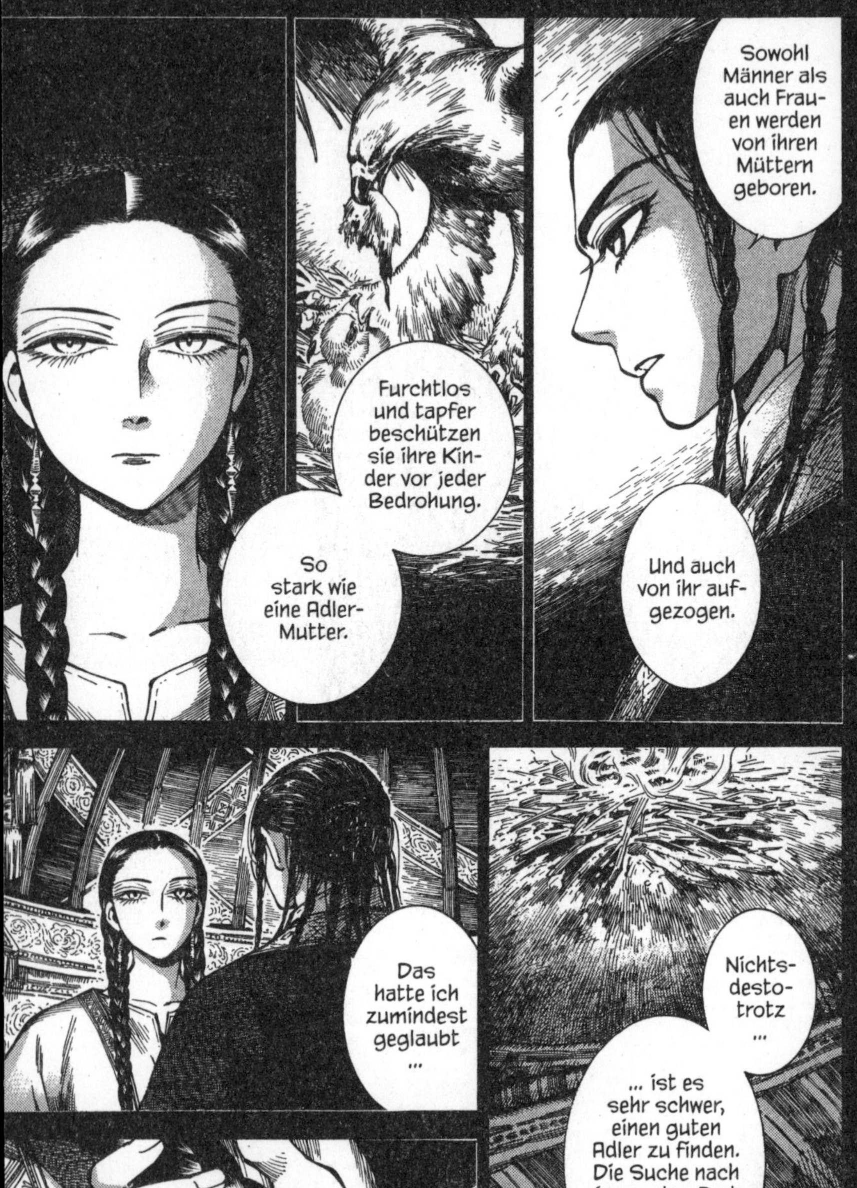
Sowohl Männer als auch Frauen werden von ihren Müttern geboren.
Und auch von ihr aufgezogen.
Furchtlos und tapfer beschützen sie ihre Kinder vor jeder Bedrohung.
So stark wie eine Adler-Mutter.
Nichtsdestotrotz ...
... ist es sehr schwer, einen guten Adler zu finden. Die Suche nach einer guten Partnerin ist noch schwerer.
Das hatte ich zumindest geglaubt ...

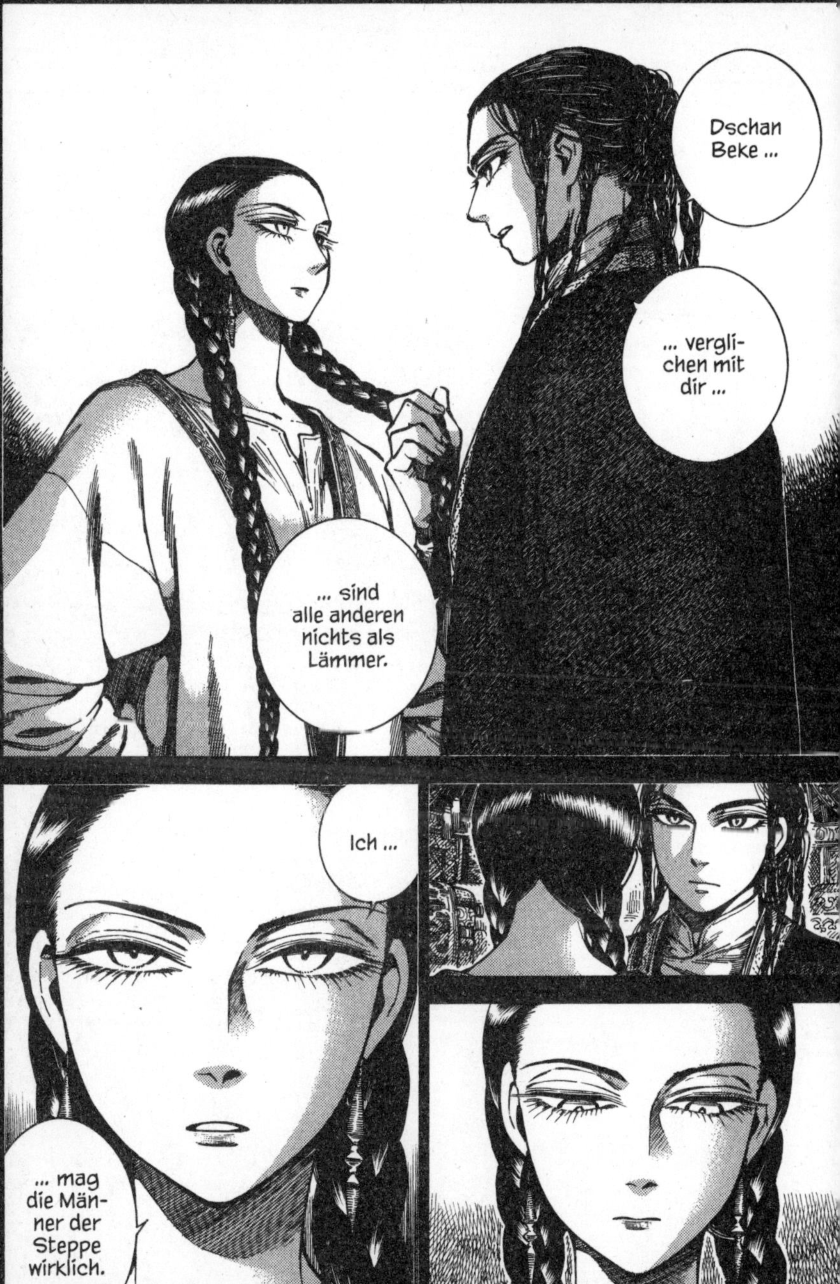

Dschan Beke ...

... vergli-chen mit dir ...

... sind alle anderen nichts als Lämmer.

Ich ...

... mag die Män-ner der Steppe wirklich.

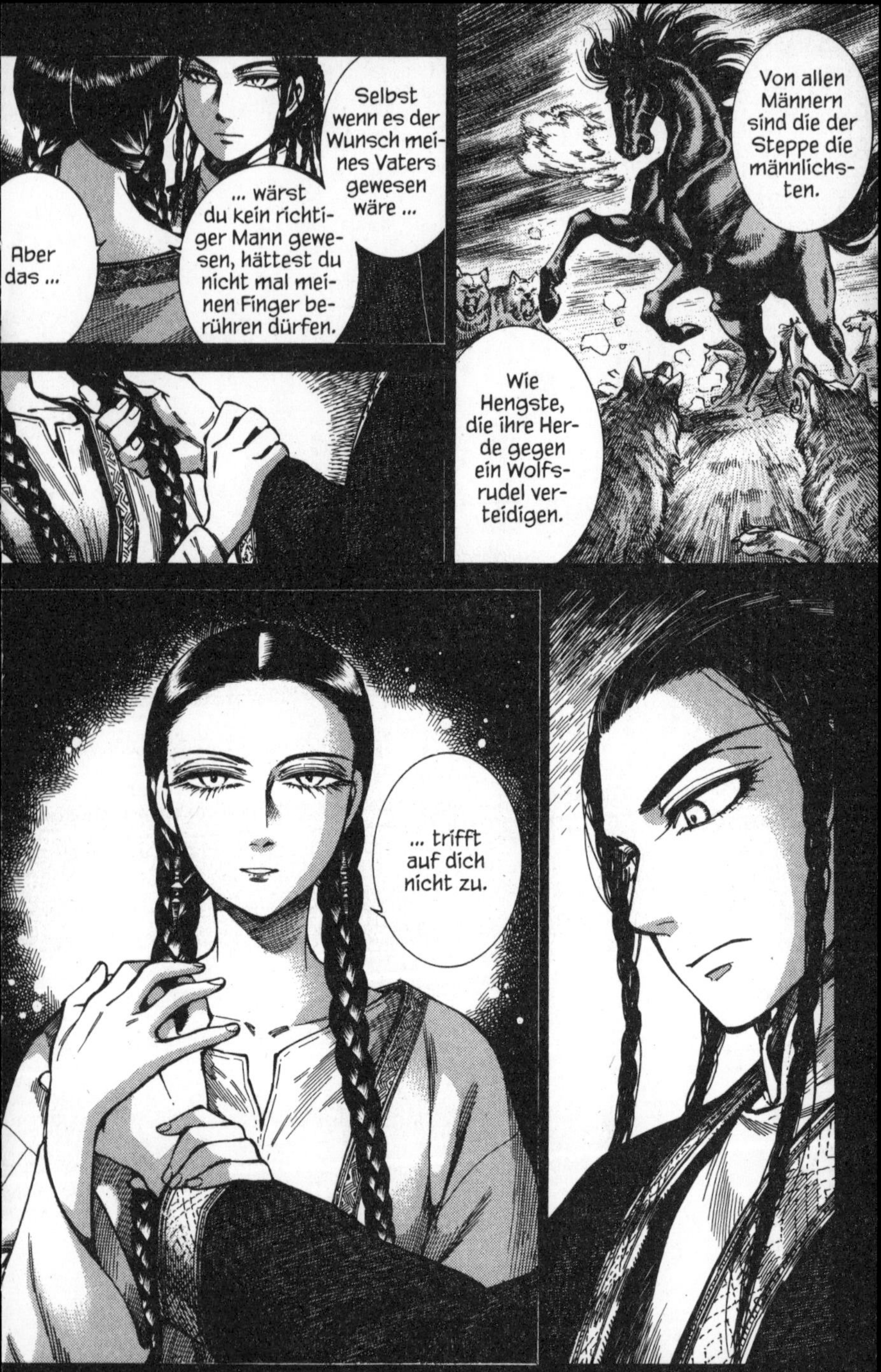

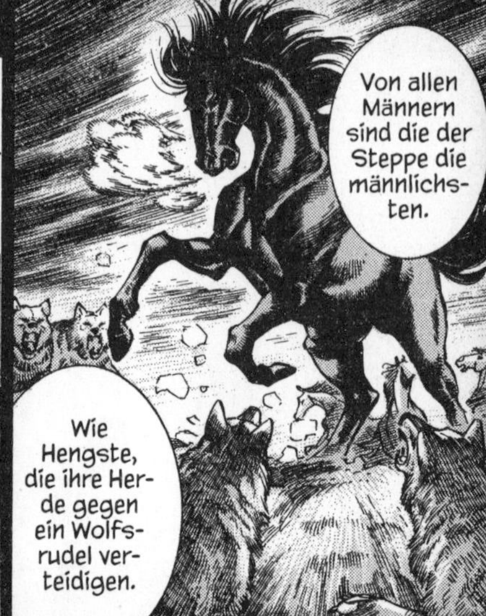

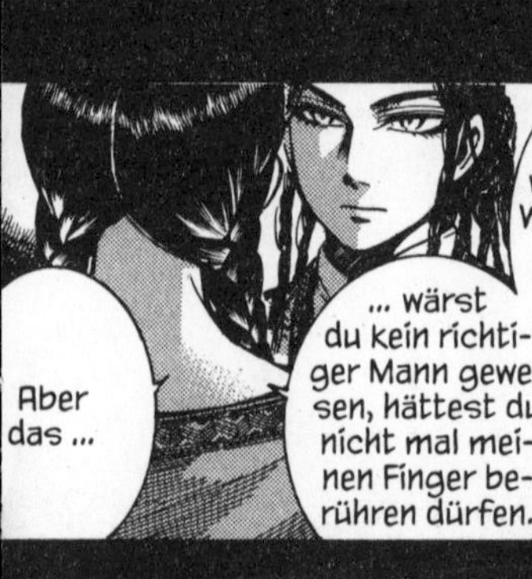

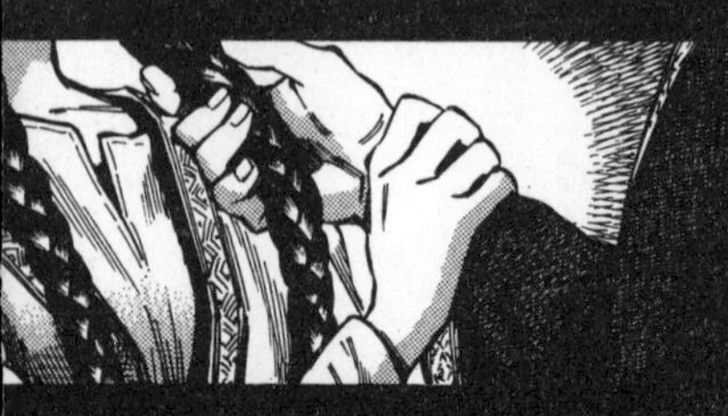

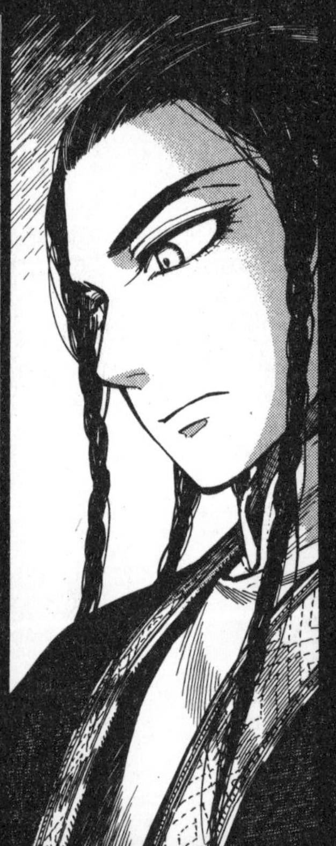

... trifft auf dich nicht zu.

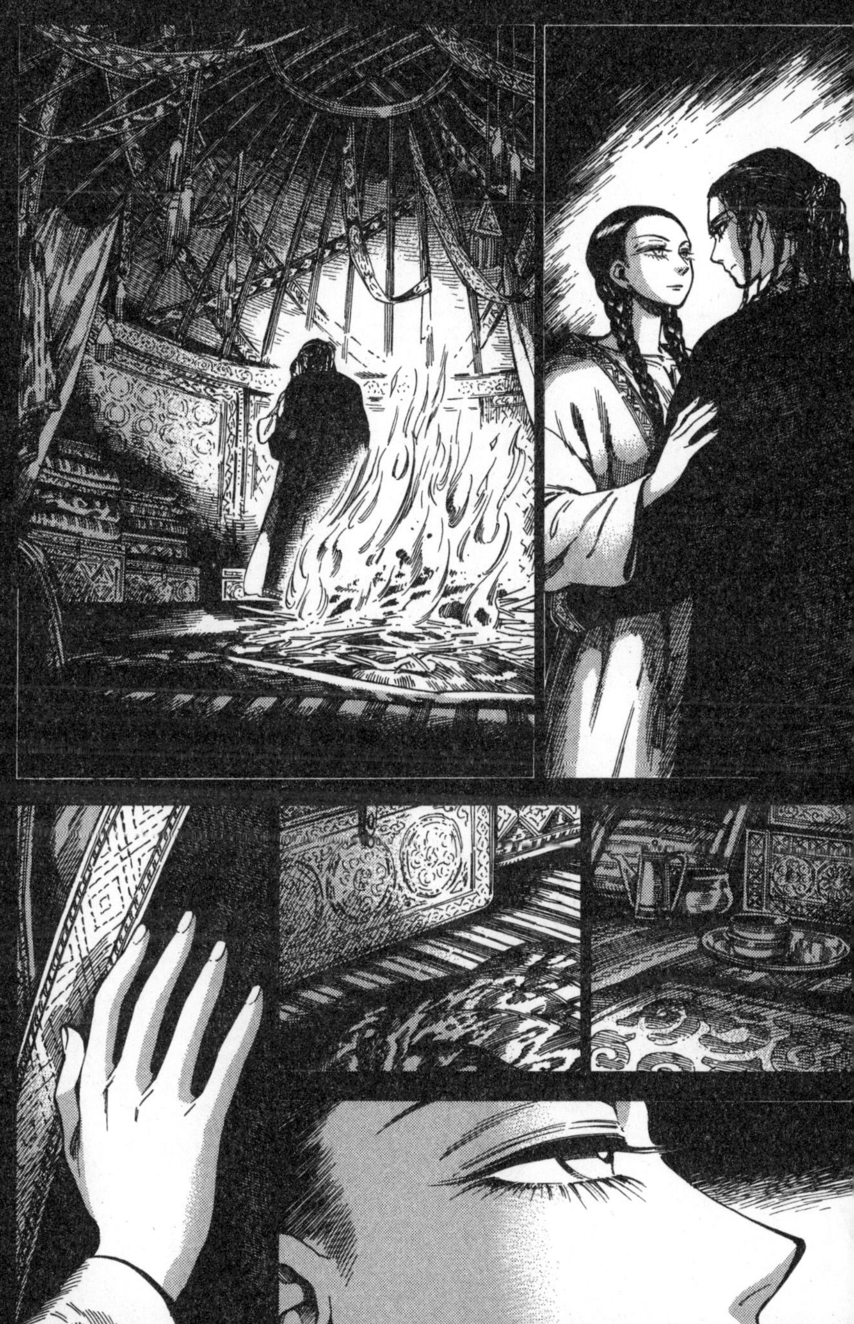

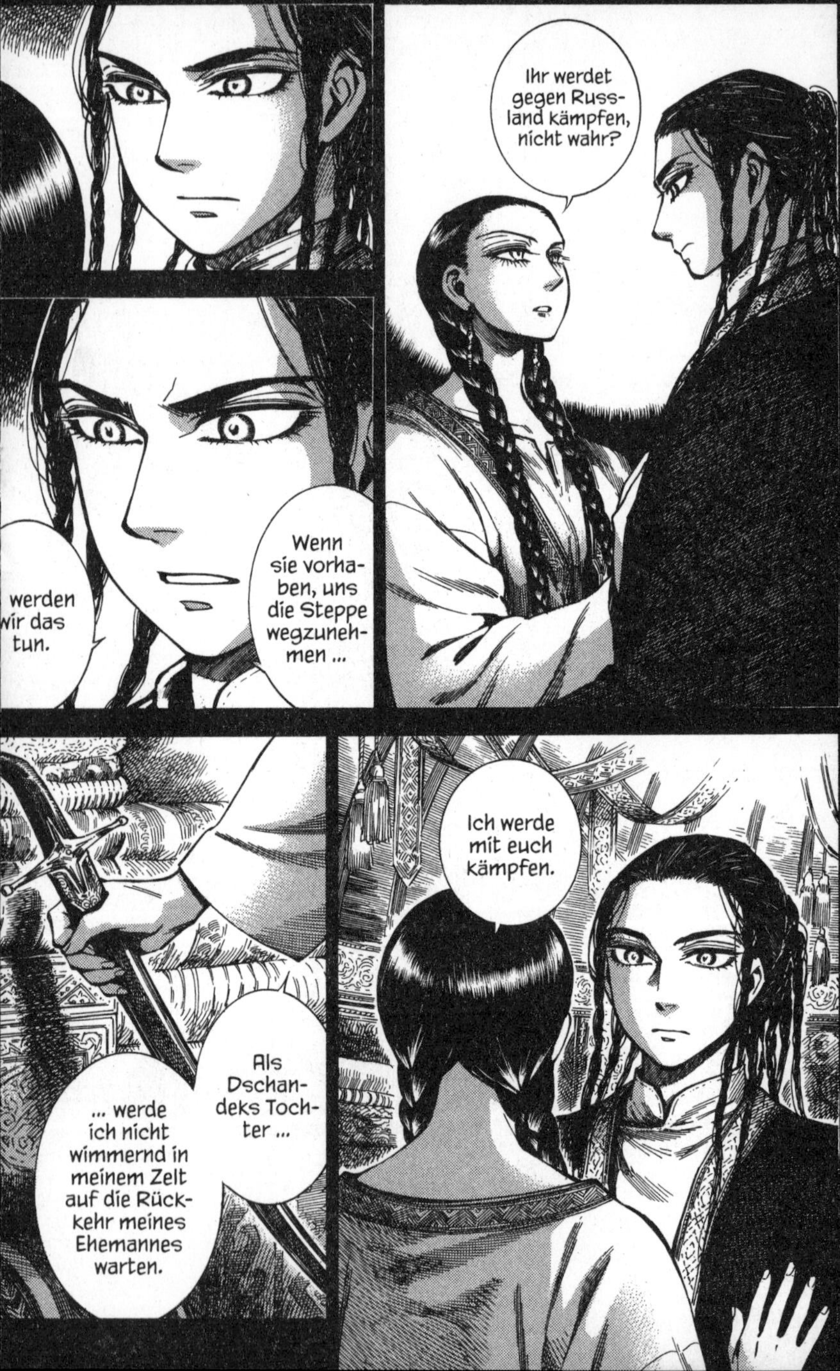

Ihr werdet gegen Russland kämpfen, nicht wahr?

Wenn sie vorhaben, uns die Steppe wegzunehmen ...

werden wir das tun.

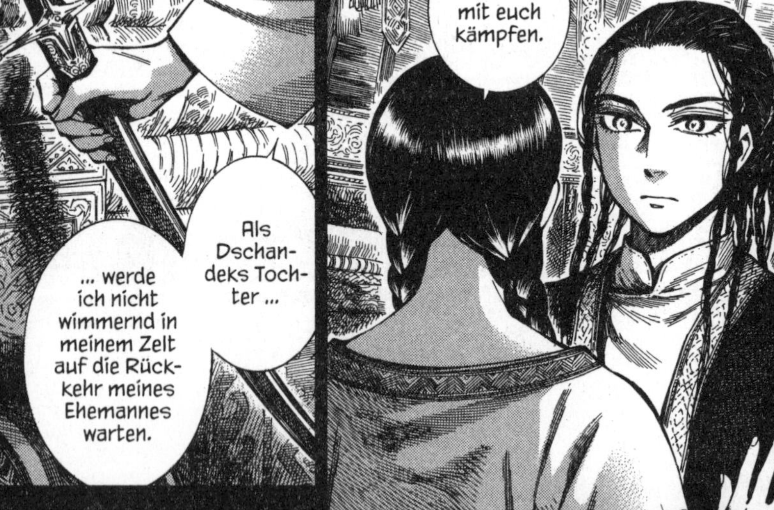

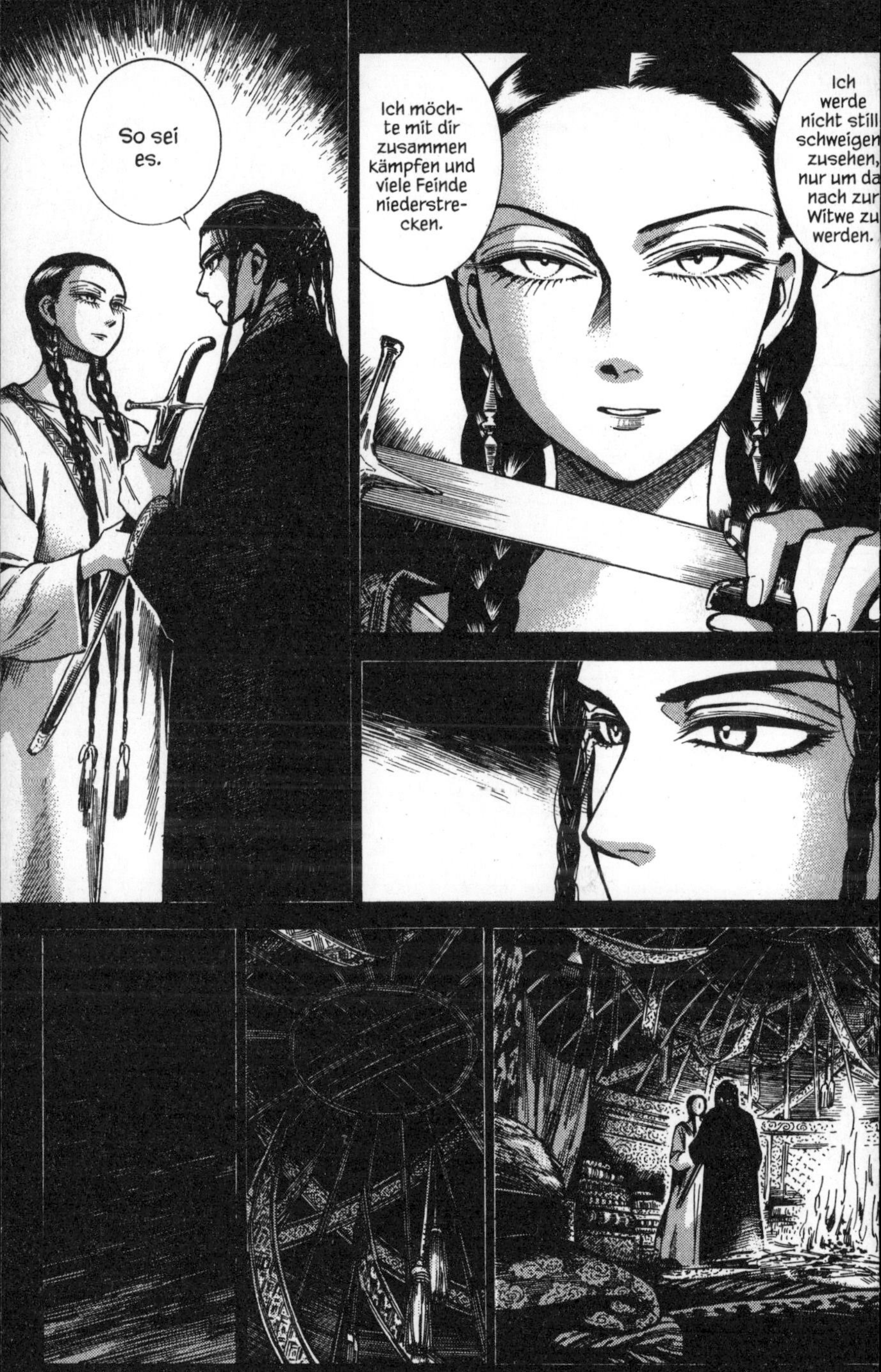

Ich werde nicht still schweigen zusehen, nur um da nach zur Witwe zu werden.

Ich möchte mit dir zusammen kämpfen und viele Feinde niederstrecken.

So sei es.

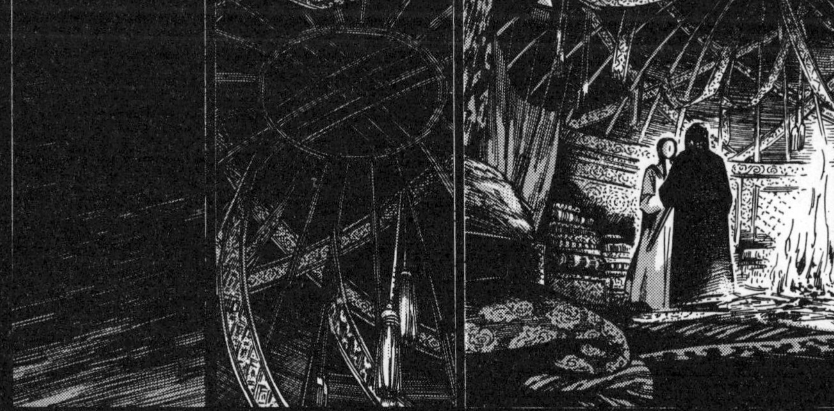

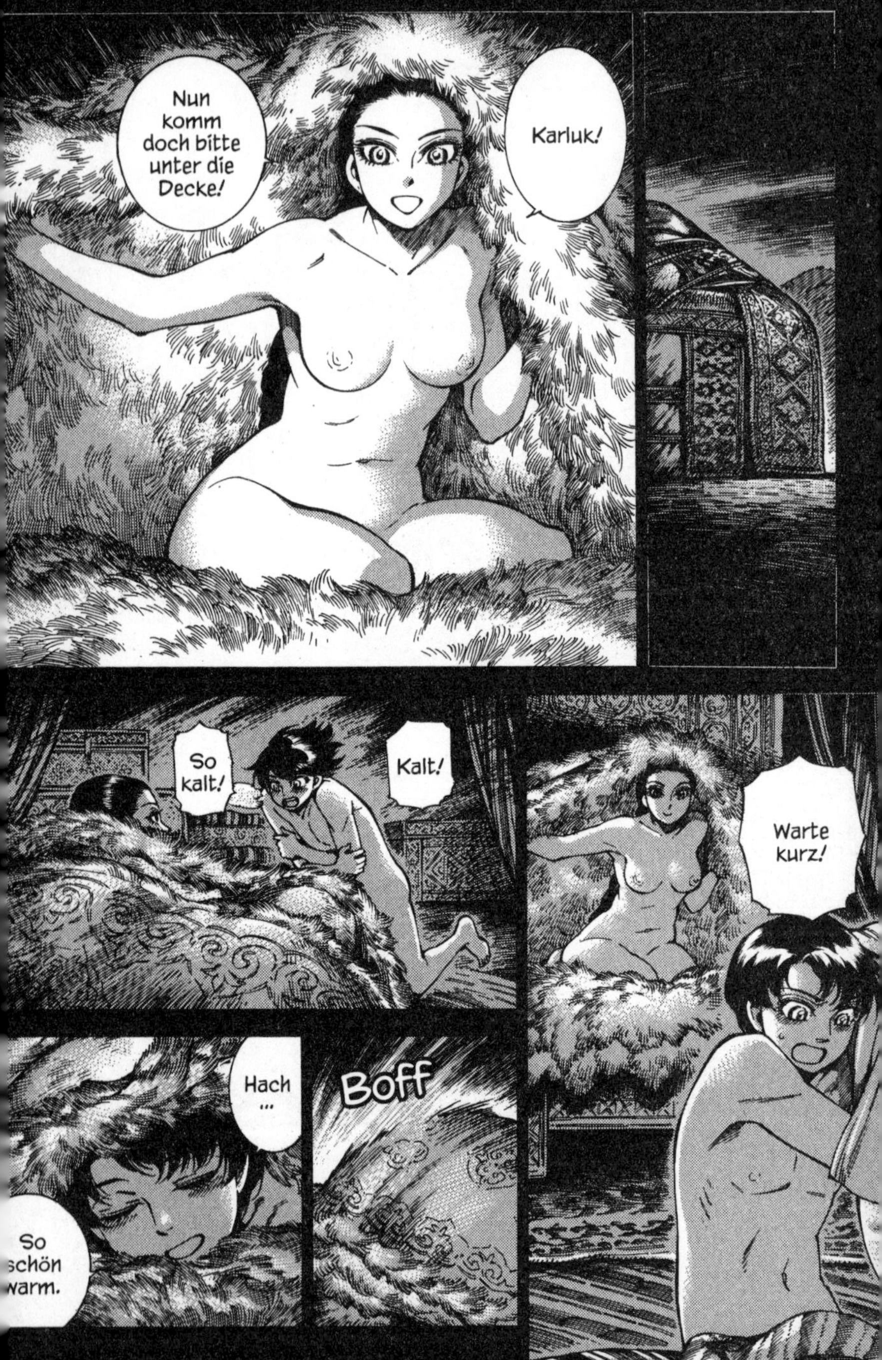
Karluk!
Nun komm doch bitte unter die Decke!
Warte kurz!
Kalt!
So kalt!
Boff
Hach ...
So schön warm.

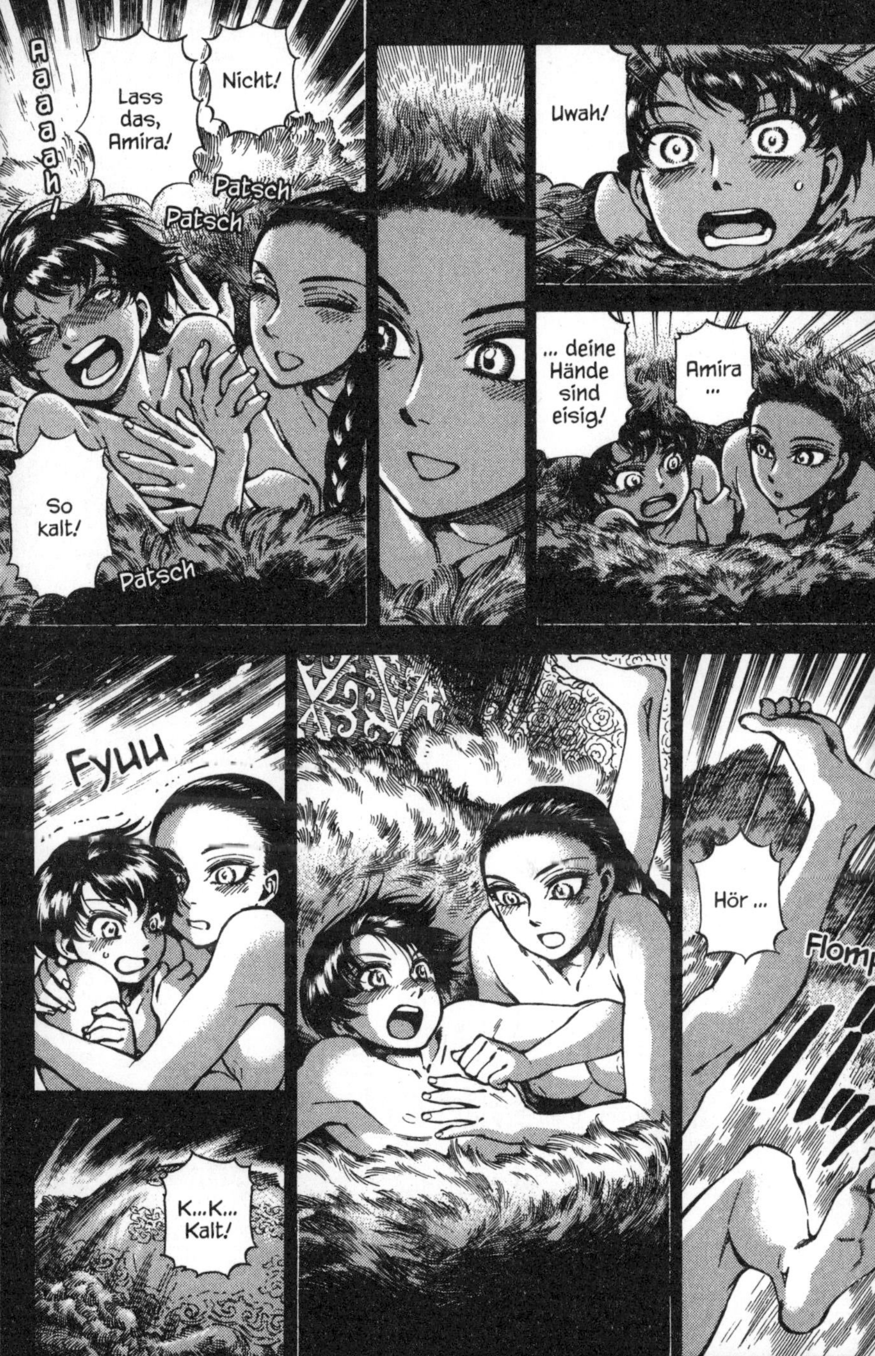
Uwah!
Nicht!
Lass das, Amira!
Aaaaah!
Patsch
Patsch
So kalt!
Patsch
Amira ...
... deine Hände sind eisig!
Hör ...
Flomp
Fyuu
K...K... Kalt!

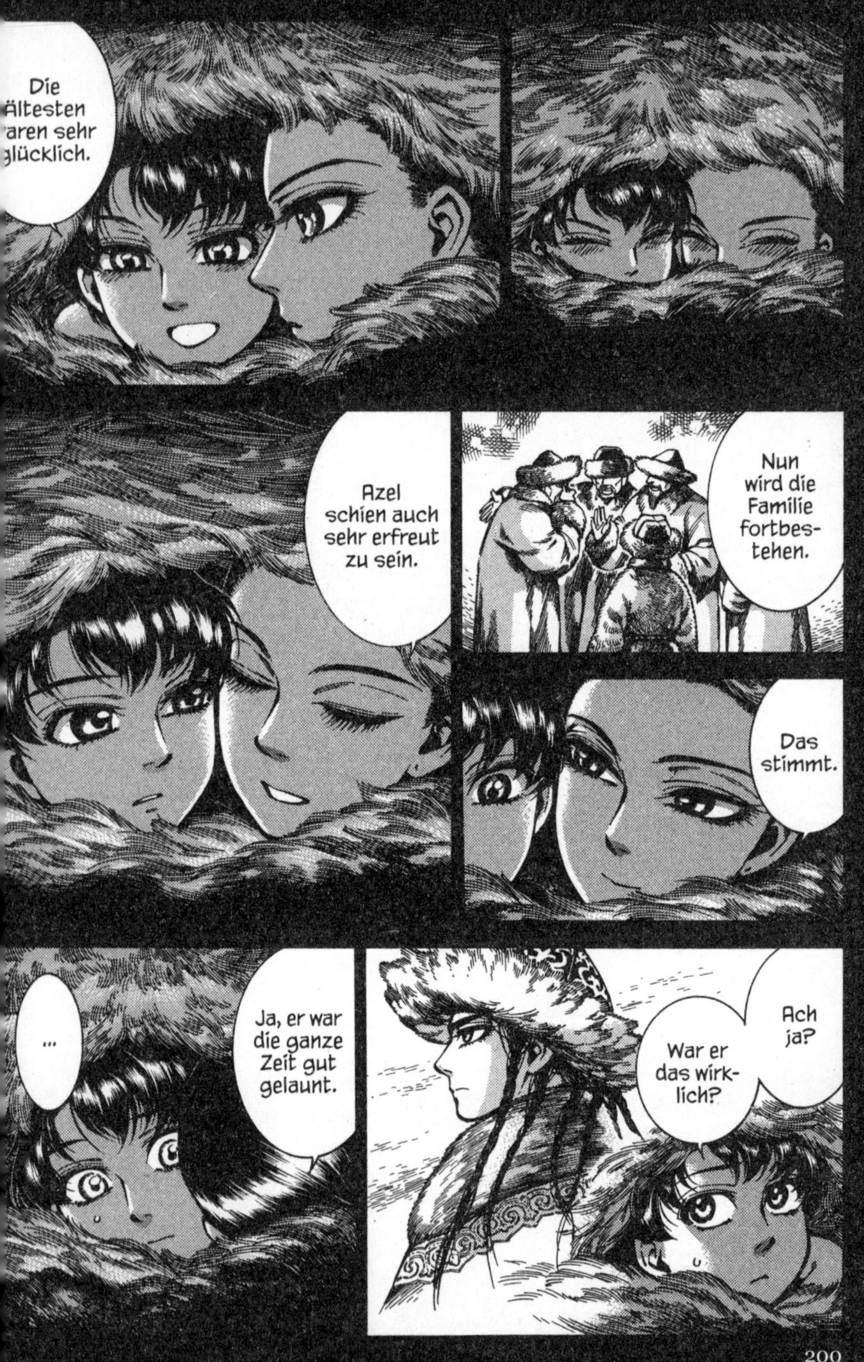
Die Ältesten waren sehr glücklich.
Azel schien auch sehr erfreut zu sein.
Nun wird die Familie fortbestehen.
Das stimmt.
...
Ja, er war die ganze Zeit gut gelaunt.
Ach ja?
War er das wirklich?

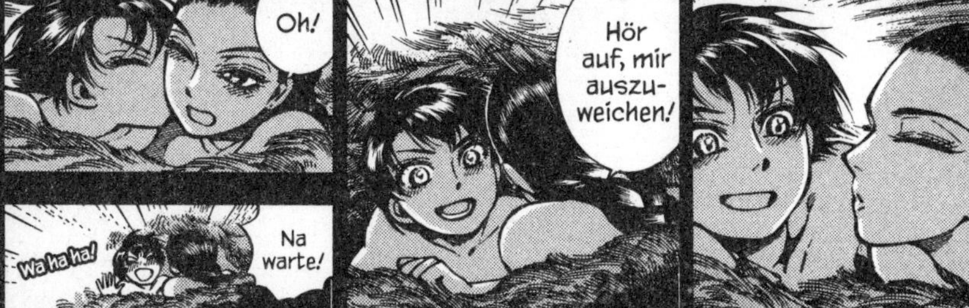
Hör auf, mir auszuweichen!
Oh!
Na warte!
Wa ha ha!

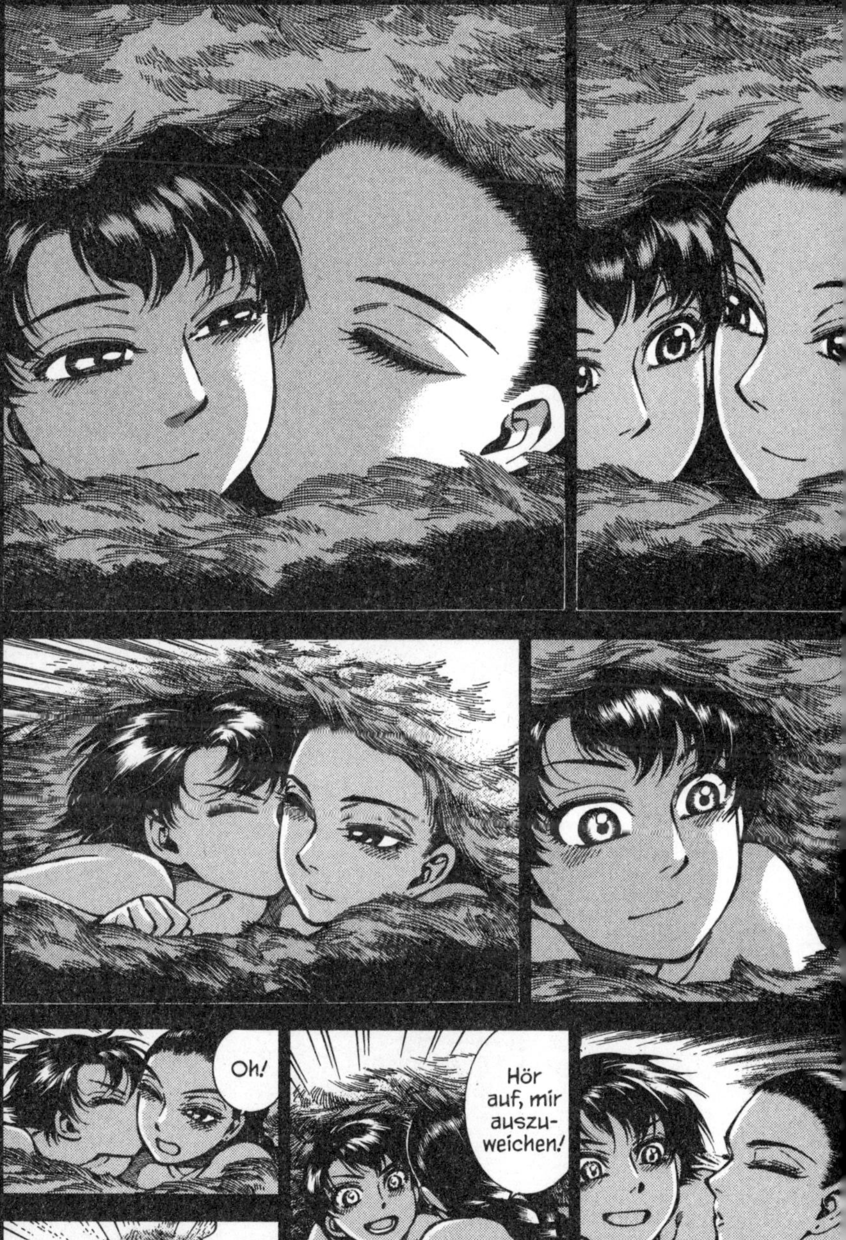

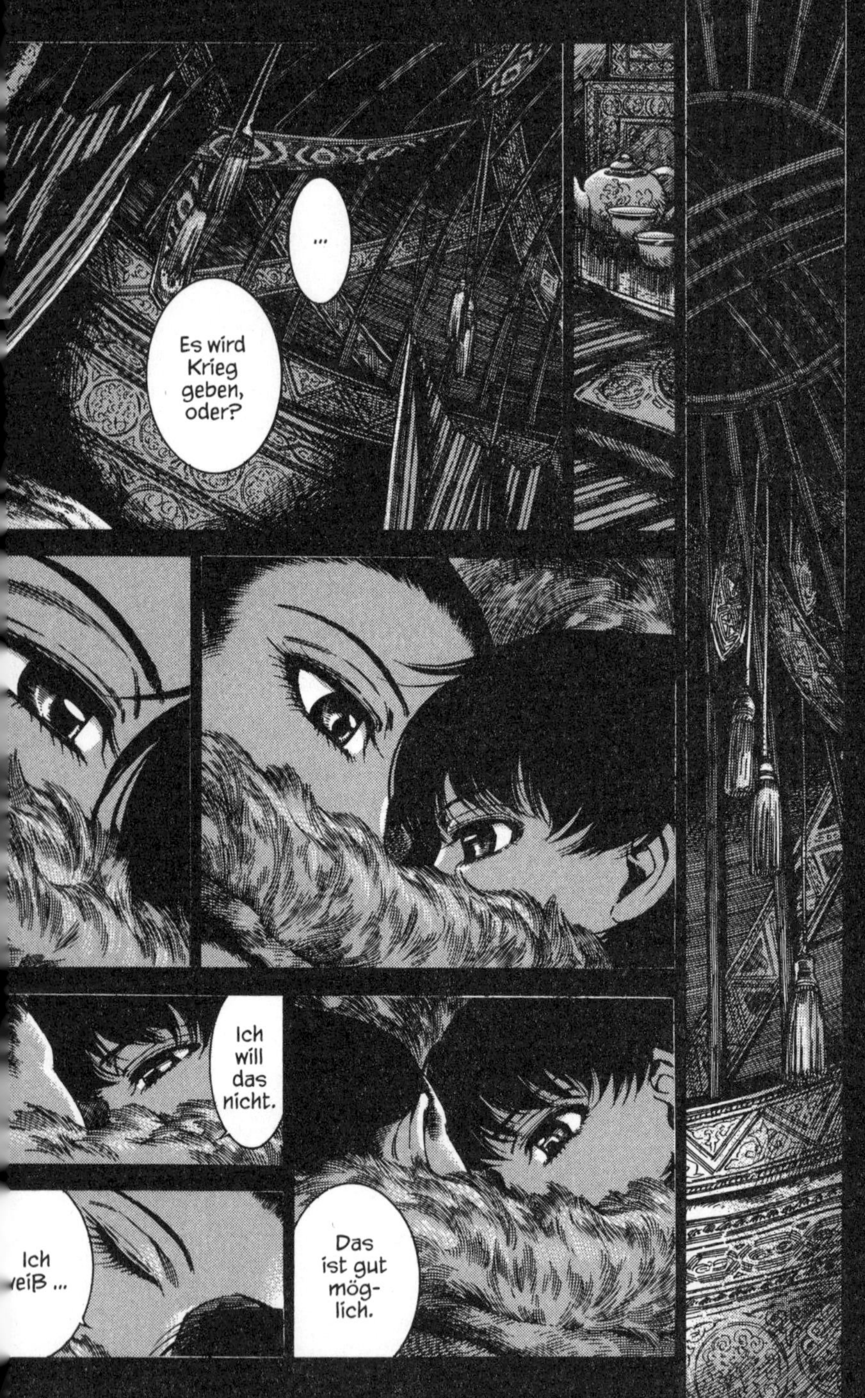
...
Es wird Krieg geben, oder?
Ich will das nicht.
Das ist gut möglich.
Ich weiß ...

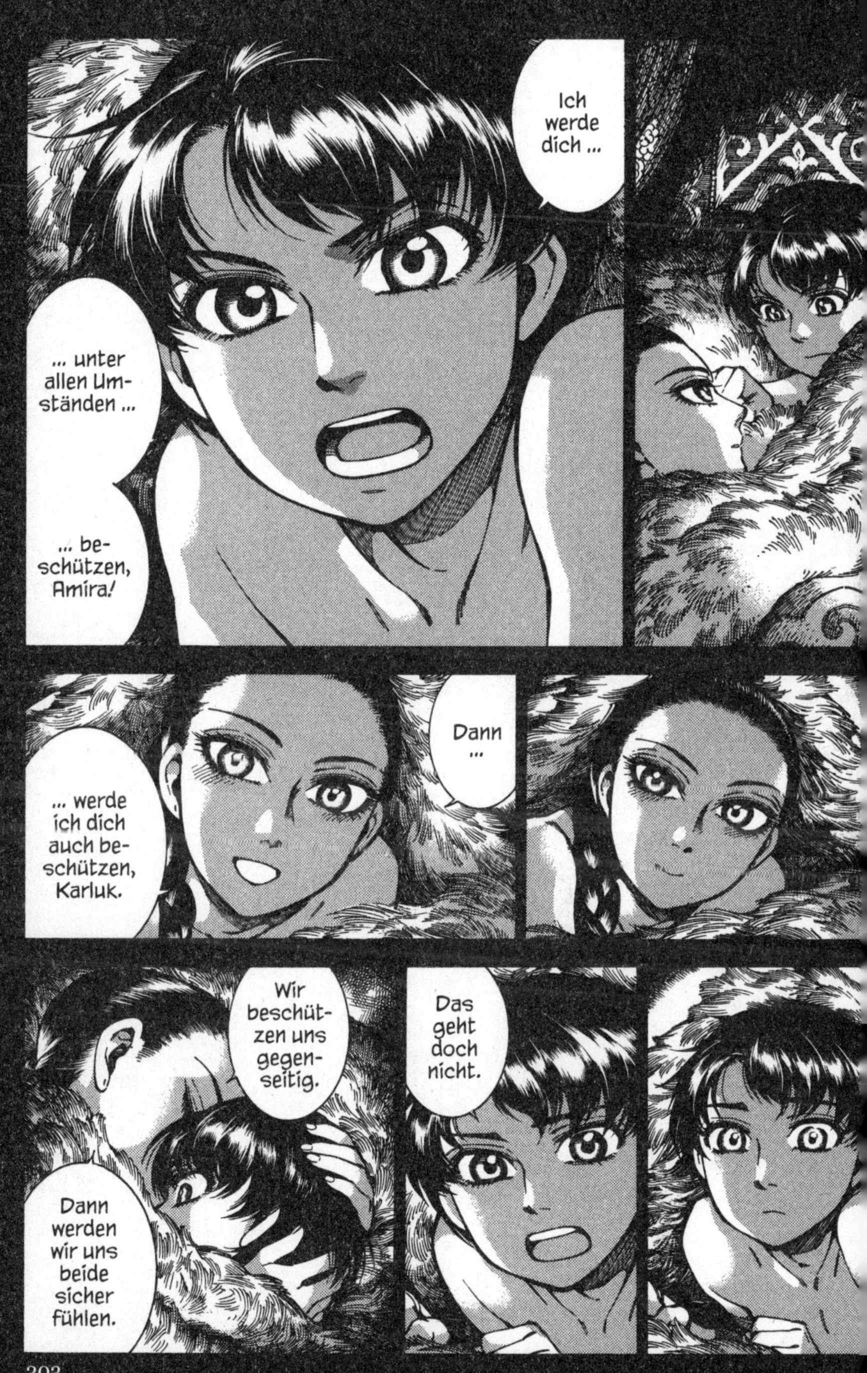
Ich werde dich ...
... unter allen Umständen ...
... beschützen, Amira!
Dann ...
... werde ich dich auch beschützen, Karluk.
Das geht doch nicht.
Wir beschützen uns gegenseitig.
Dann werden wir uns beide sicher fühlen.

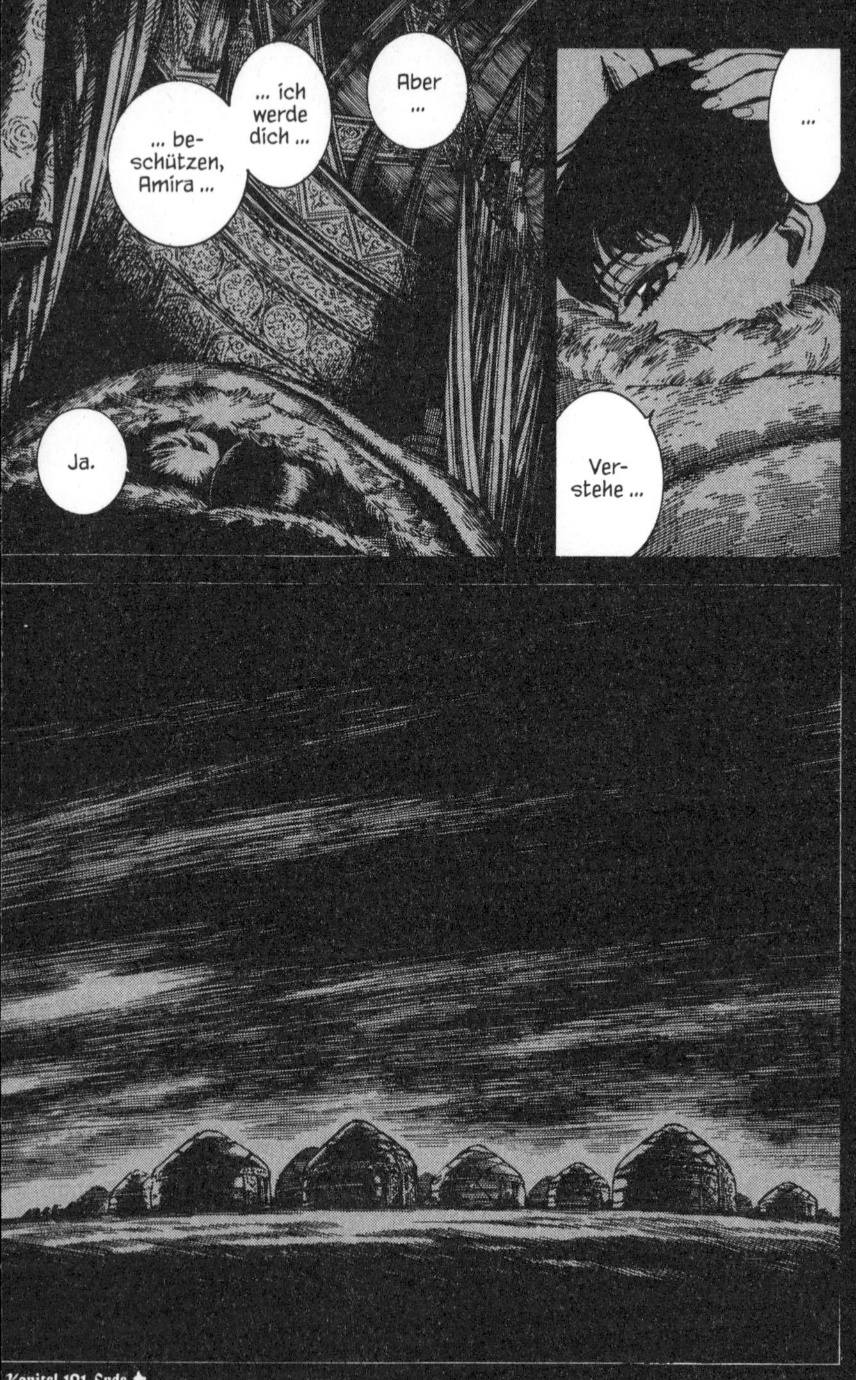
...
Aber ...
... ich werde dich ...
... beschützen, Amira ...
Ja.
Verstehe ...
Kapitel 101 Ende

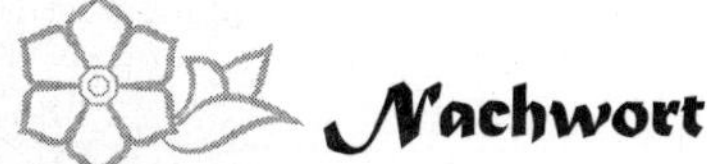

Nachwort

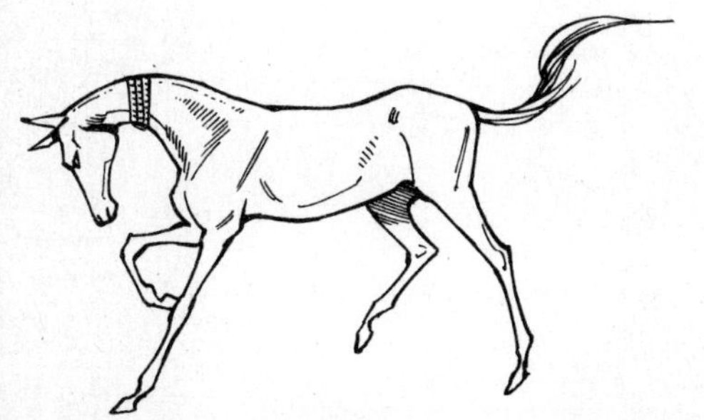

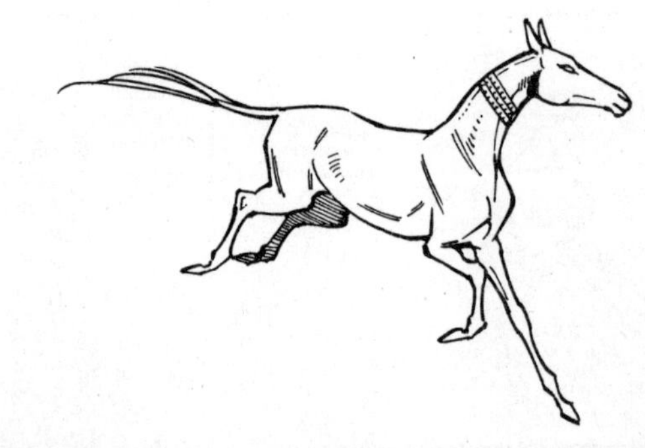

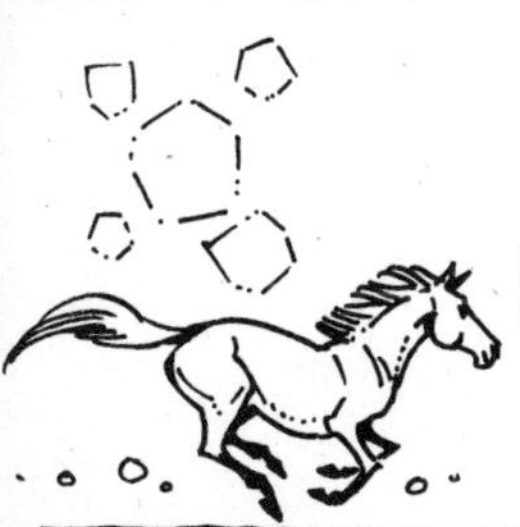

Das Nachwort als superwitzer Manga

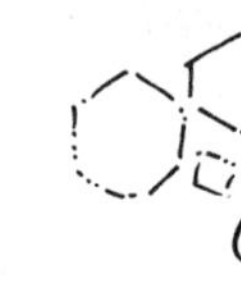

Kraftvoll reitende Hengste

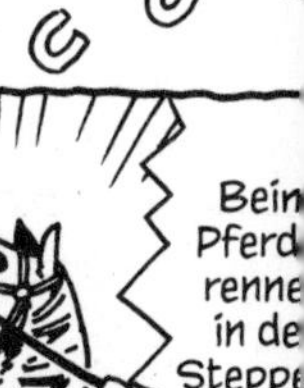

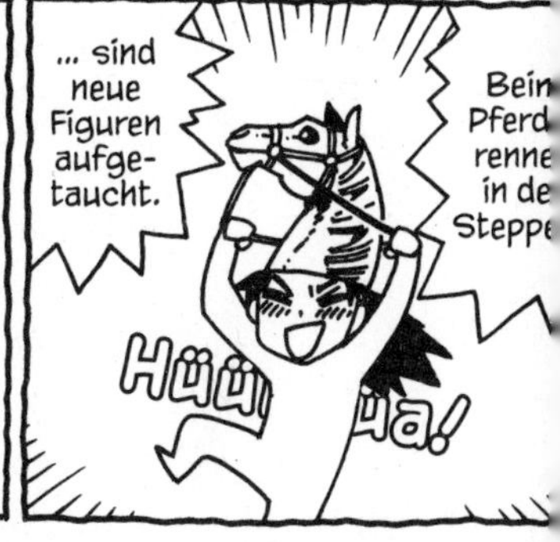

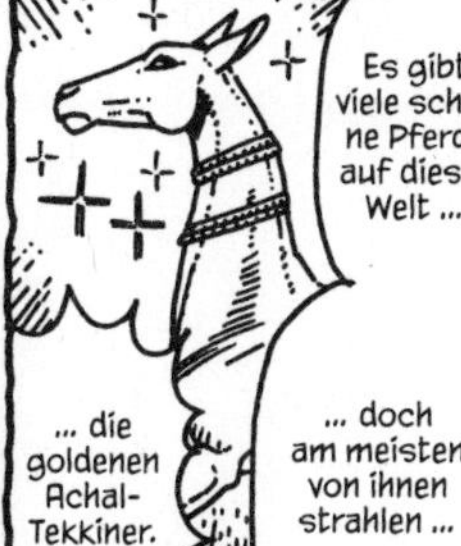

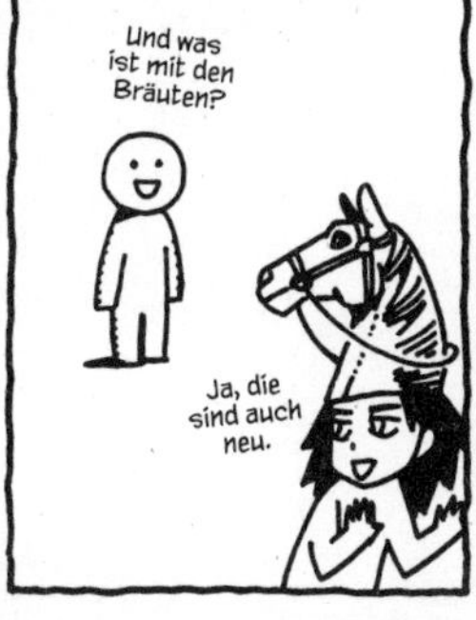

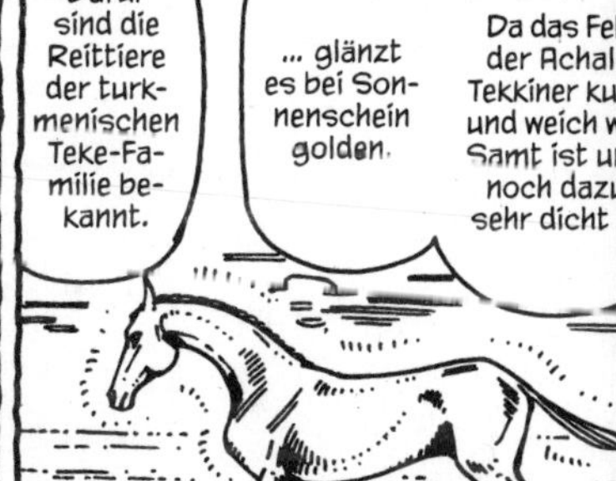

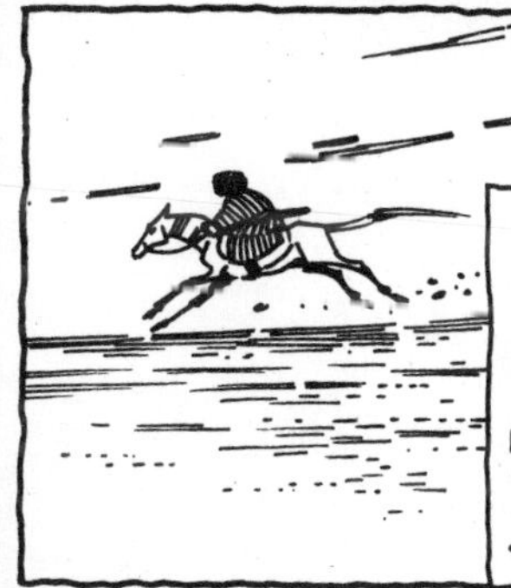

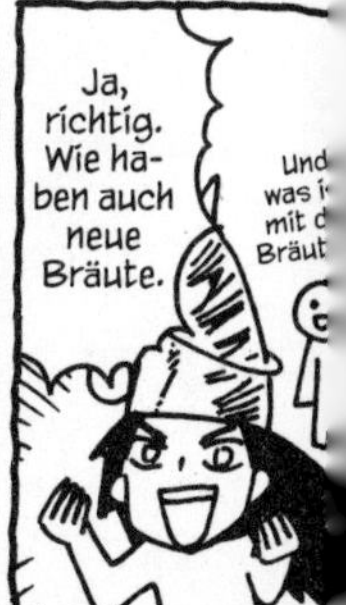

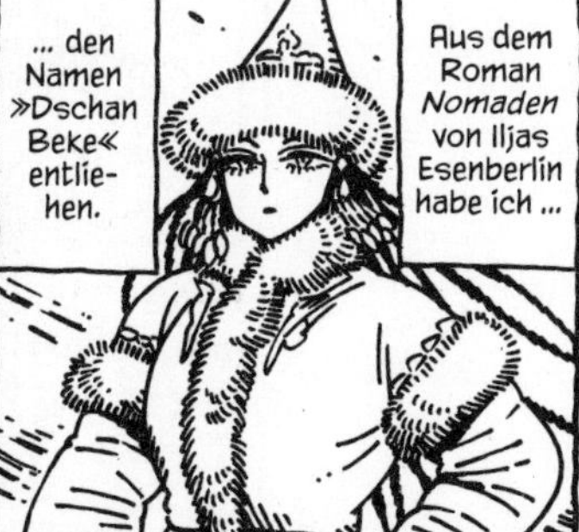

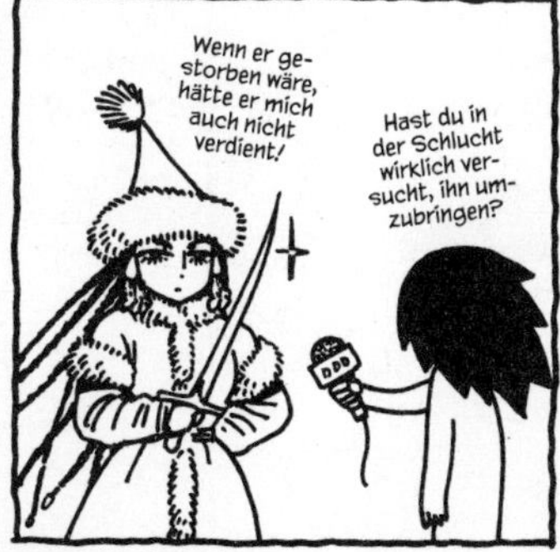

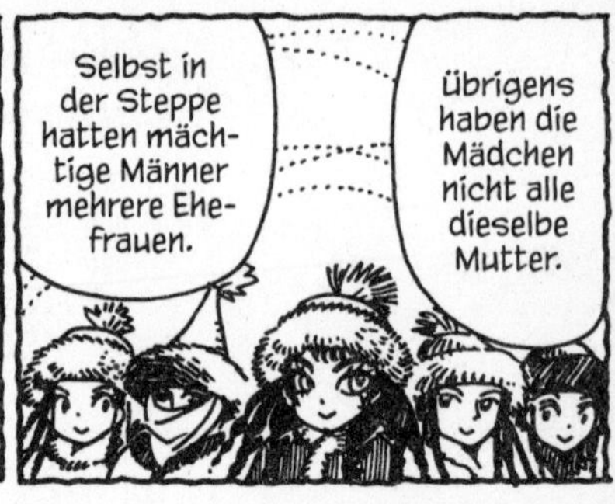

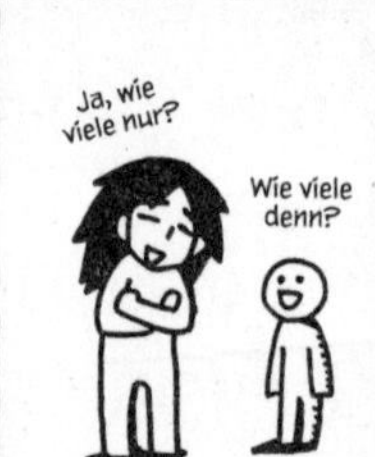

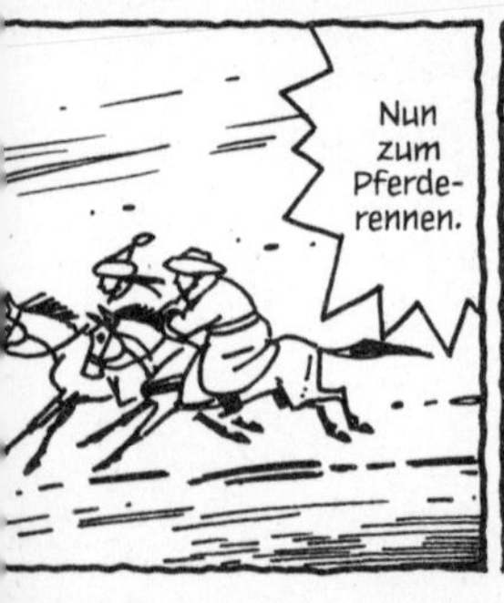

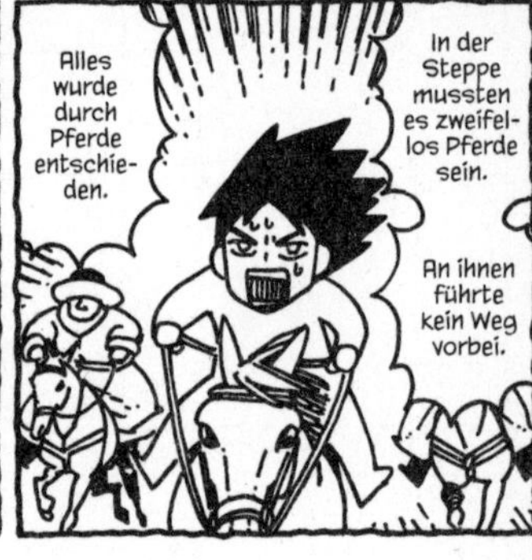

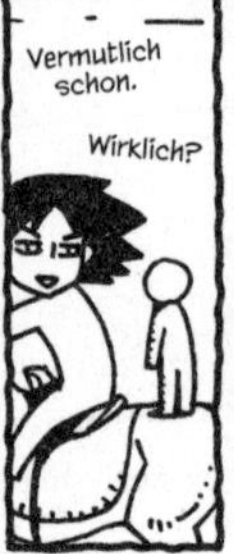

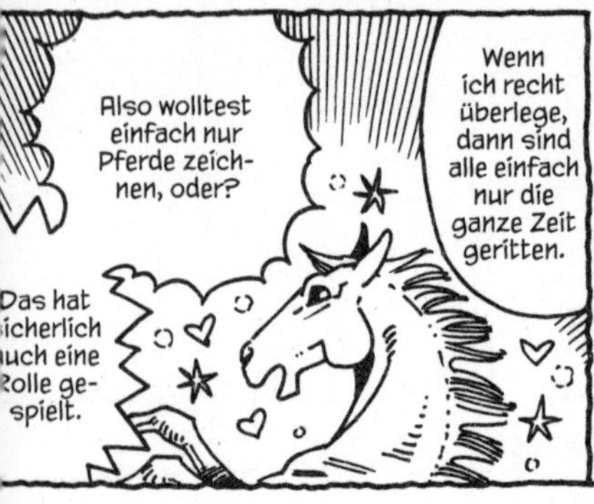

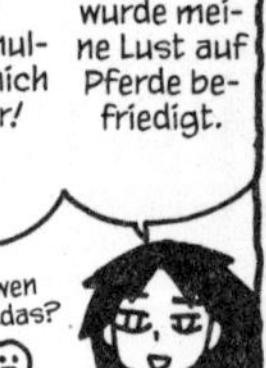

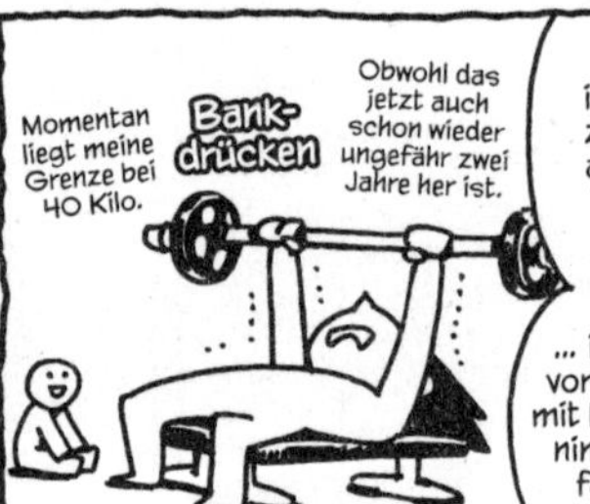

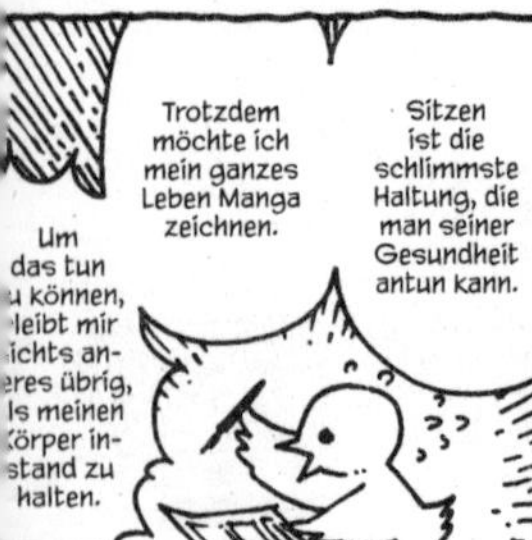

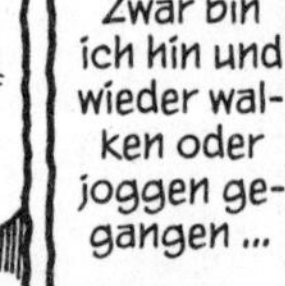

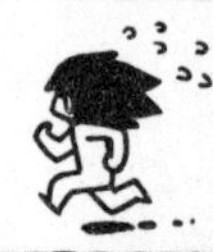

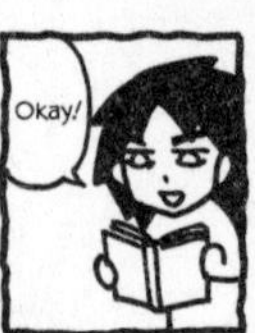

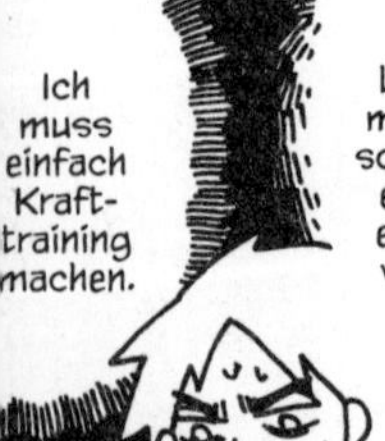

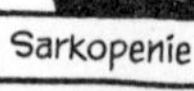

Altersbedingter Muskelschwund

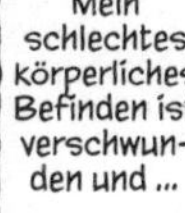
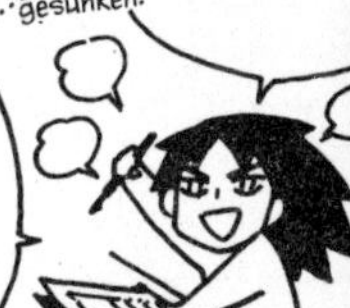

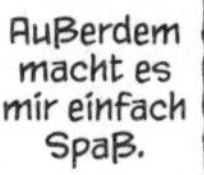
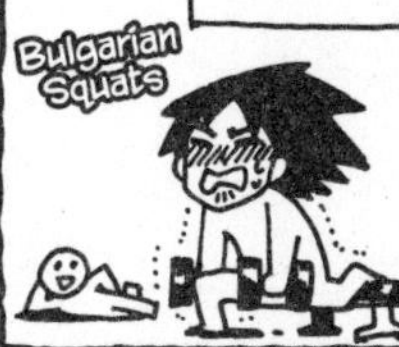

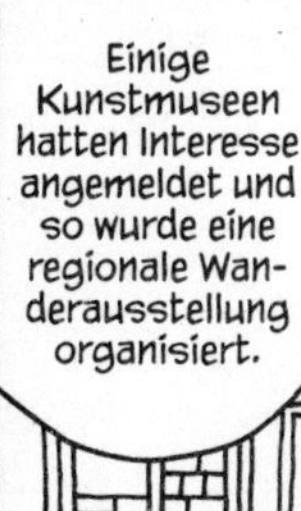
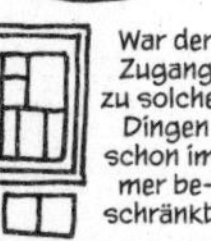

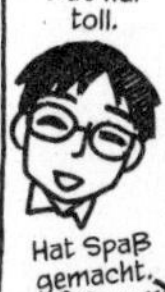

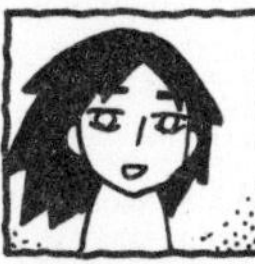
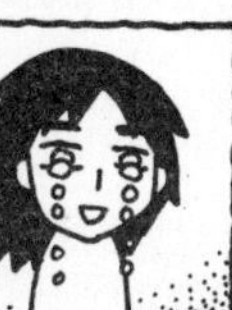
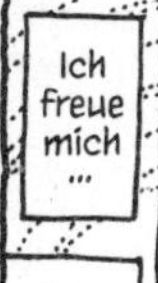
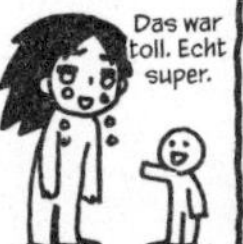

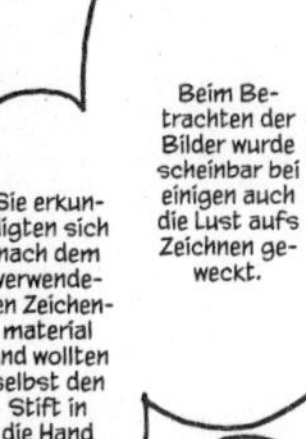

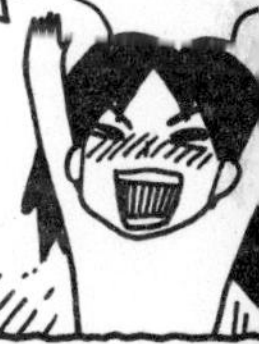

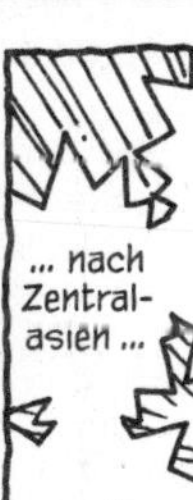
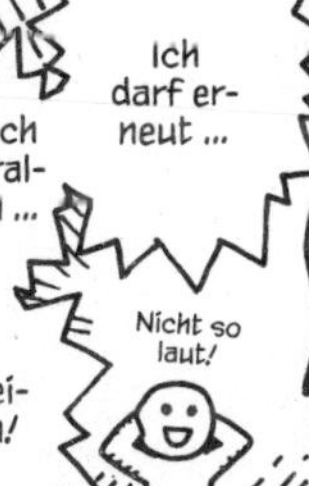

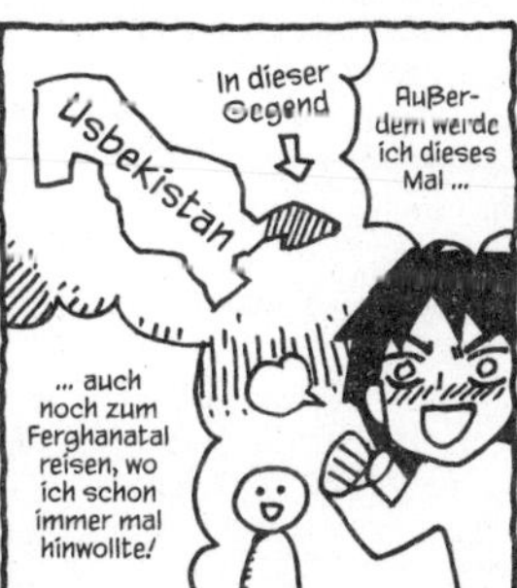

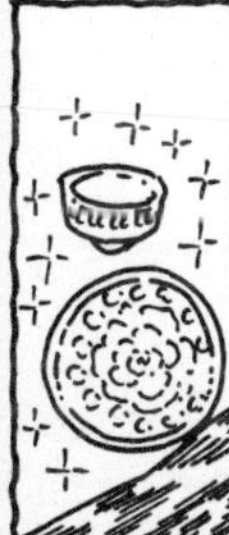

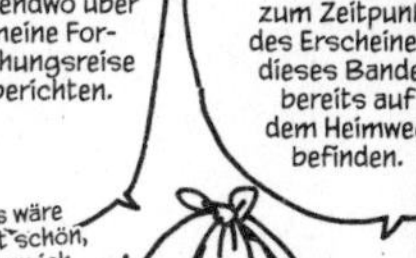
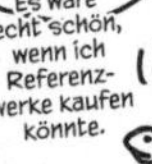

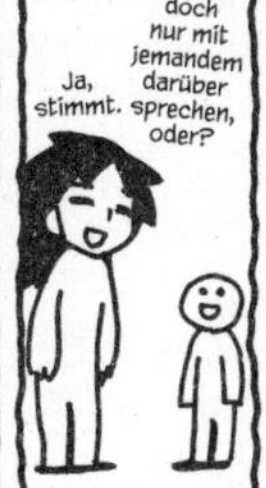

Auf Grundlage dessen, was ich bei dieser Reise lernen werde, möchte ich meinen Manga noch weiter verbessern.

Ich würde mich freuen, wenn ihr auch künftig meine Werke lesen würdet!

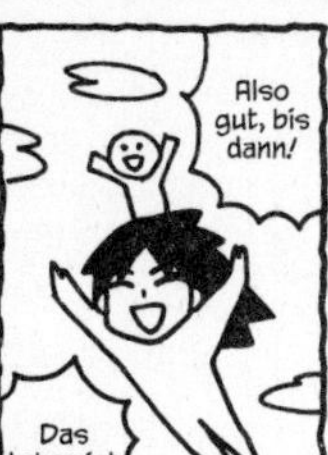

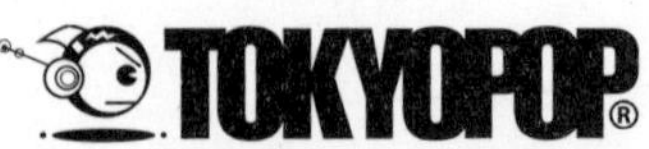

TOKYOPOP GmbH
Hamburg

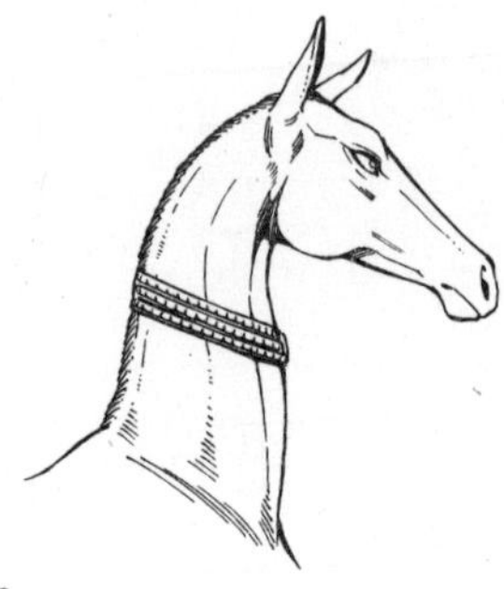

TOKYOPOP
1. Auflage, 2023
Deutsche Ausgabe/German Edition

Aus dem Japanischen von Benjamin Leimser

OTOYOME GATARI volume 14

First published in Japan in 2022
by KADOKAWA CORPORATION, Tokyo.
German translation rights arranged with
KADOKAWA CORPORATION, Tokyo
through Tuttle-Mori Agency, Inc., Tokyo.

Redaktion: Katrin Aust
Lettering: Vibrant Publishing Studio
Herstellung: Rita Geers
Druck und buchbinderische Verarbeitung:
CPI–Clausen & Bosse GmbH, Leck
Printed in Germany

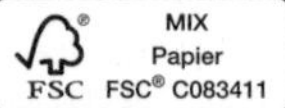

Wir achten auf die Umwelt.
Dieses Produkt besteht aus FSC®-zertifizierten
und anderen kontrollierten Materialien.

ISBN 978-3-8420-8383-7

www.tokyopop.de

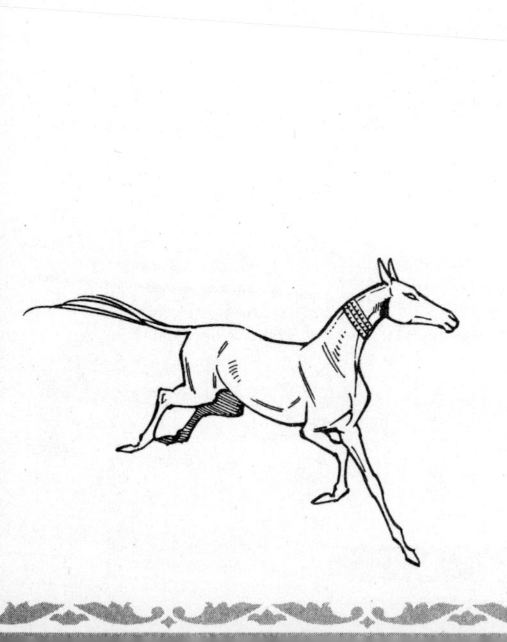

PROMISE CINDERELLA

Oreco Tachibana

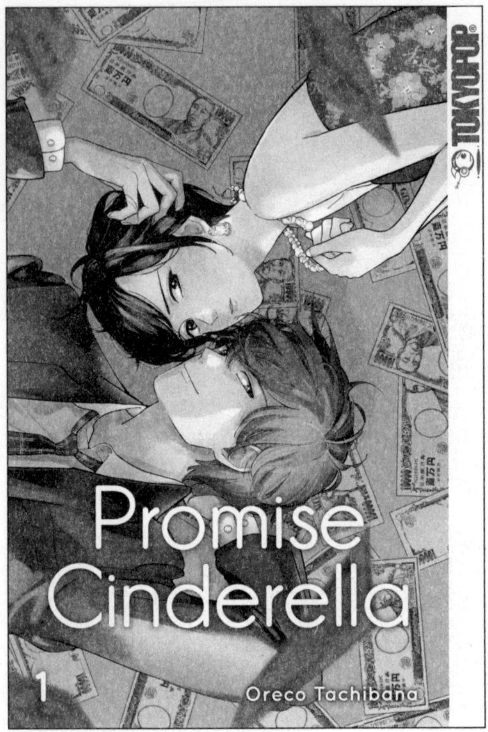

Mein Leben, meine Spielregeln!

Hayame hat schon seit ihrer Kindheit einen starken Sinn für Gerechtigkeit, welcher sie immer wieder in Schwierigkeiten bringt. Als sie von der Affäre ihres Mannes erfährt, stellt sie ihn zur Rede – und wird prompt von ihm auf die Straße gesetzt. Arbeits- und obdachlos versucht sie, ihr Leben zurückzuerkämpfen. Dann lernt sie den verwöhnten Highschool-Schüler Issei kennen, der ihr Geld und eine Unterkunft anbietet. Das Ganze hat jedoch einen Haken: Sie muss dafür nach seiner Pfeife tanzen! Hayame willigt ein, spielt jedoch nach ihren eigenen Regeln ...

KOMI CAN'T COMMUNICATE

Tomohito Oda

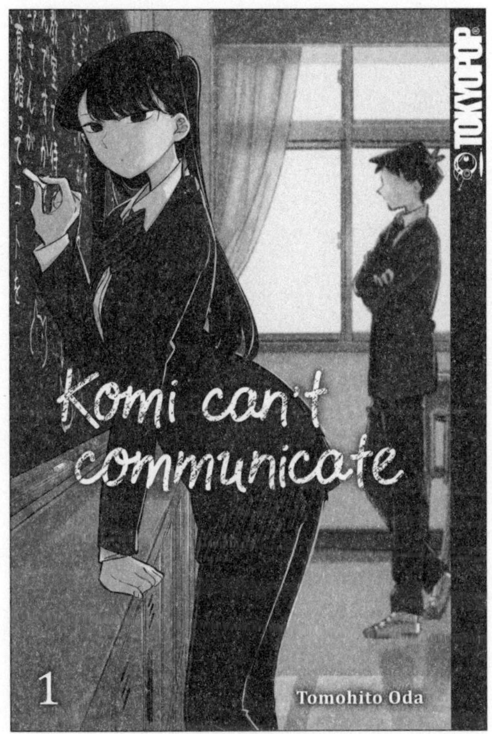

Komi hat Kommunikationsprobleme ...

... denn sobald sie jemand anspricht, bekommt sie keinen Ton heraus! Alle halten ihre stille Art für kühle Eleganz, dabei wünscht sie sich nichts mehr, als Freunde zu finden. Zum Glück hilft Komis neuer Mitschüler Tadano ihr dabei, dieses Ziel zu erreichen. Doch es gibt noch ein viel größeres Problem: Ihre Klasse besteht aus Exzentrikern und Querköpfen, die es den beiden alles andere als leicht machen ...

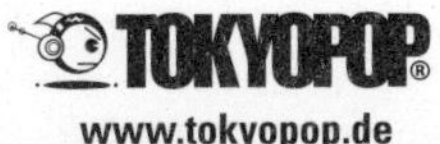

www.tokyopop.de

HISO HISO
FLÜSTERN IN DER STILLE
Youko Fujitani

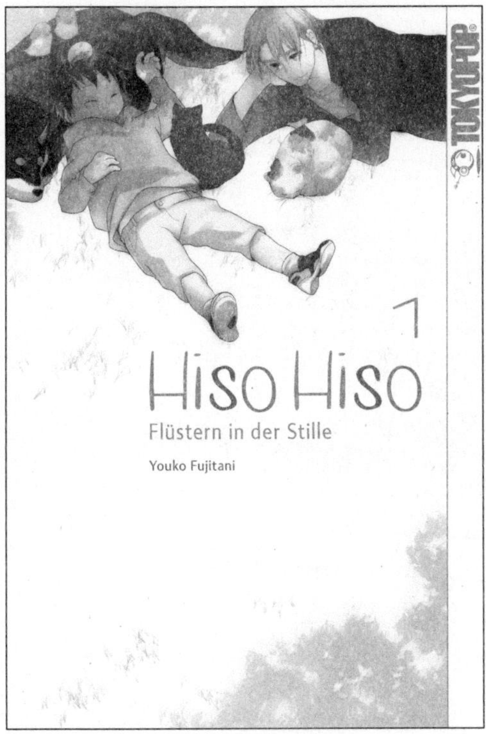

Allen Dingen wohnt eine Seele inne

Koji ist scheinbar ein ganz normaler Junge von der Highschool. Dann trifft er auf den Grundschüler Daichi, der die Stimmen von Tieren und Gegenständen hören kann. Das ruft alte Erinnerungen in Koji wach, denn auch er besaß einst diese Gabe. Doch schlimme Erlebnisse in seiner Kindheit veranlassten ihn, diesen Teil seiner Persönlichkeit bis heute in sich zu verschließen. Wird die Begegnung mit dem lebensfrohen Erstklässler dazu führen, dass Koji sein wahres Selbst akzeptieren kann?

RELIFE

YayoiSo

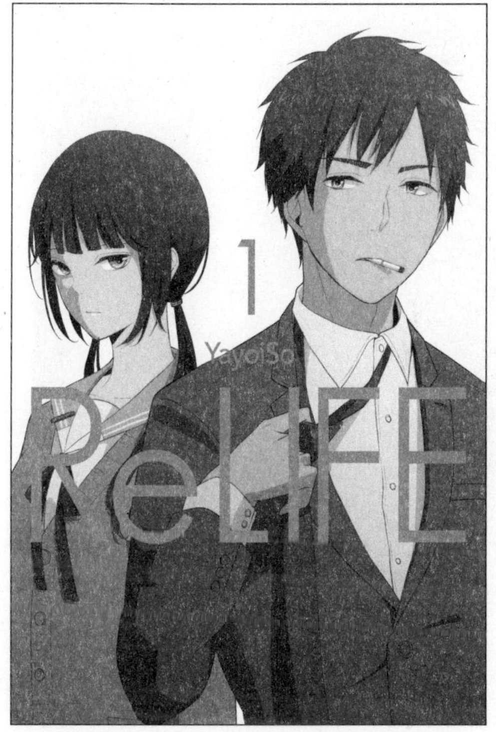

Das Experiment beginnt!

Für den 27 Jahre alten Arata Kaizaki sieht die Welt nicht gerade rosig aus: Nach nur drei Monaten kündigt er seinen ersten Job, seine Eltern streichen ihm daraufhin die finanzielle Unterstützung und eine Freundin hat er auch nicht in Aussicht. Da steht auf einmal Ryo Yoake vom ReLIFE-Forschungsinstitut vor ihm und lädt ihn ein, an einem kuriosen Rehabilitierungsprogramm teilzunehmen. Er übergibt ihm eine Kapsel, die ihn angeblich verjüngen soll. Da Arata nichts zu verlieren hat, schluckt er sie und erwacht am nächsten Morgen als 17-jähriger Highschool-Schüler!

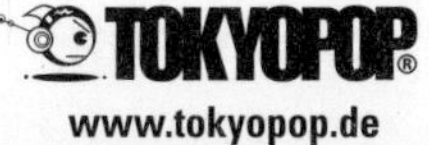

ALLE SIND IM HOCHZEITSWAHN

Izumi Miyazono

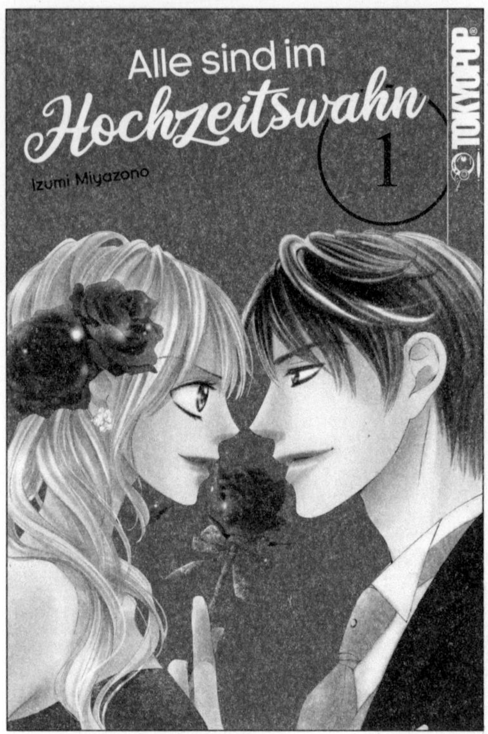

Ja, ich will (nicht)!

Die erfolgreiche und frisch getrennte Bankangestellte Asuka träumt davon zu heiraten. Doch irgendwie will sich kein passender Partner finden. Als schließlich mit Fernsehsprecher Ryu ein aussichtsreicher Kandidat auftaucht, wird es kompliziert. Denn der lehnt eine Hochzeit klar ab! Aber Gegensätze ziehen sich ja bekanntlich an ...

CHECK ME UP!

Maki Enjoji

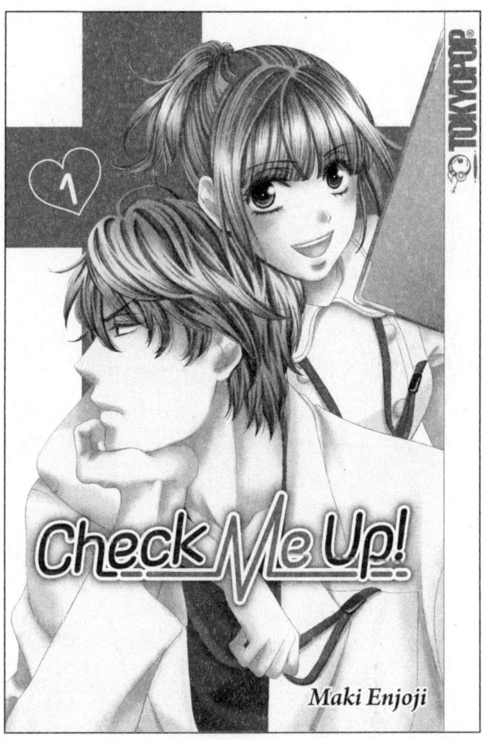

Diagnose? Liebe!

Als Nanase gemeinsam mit dem jungen Arzt Dr. Tendo das Leben einer alten Dame rettet, ist es um sie geschehen: Diesen attraktiven Helden muss sie wiedersehen! Sie schlägt die Laufbahn der Krankenschwester ein und landet sogar in derselben Klinik wie Dr. Tendo! Doch die Begegnung verläuft anders als gedacht. Statt auf einen charmanten Arzt trifft sie auf einen dämonischen Mediziner, dem die Kollegen wegen seiner ruppigen Art aus dem Weg gehen. Nanase lässt sich jedoch nicht einschüchtern und bietet ihm mit frechen Sprüchen die Stirn!

STOPP!

Dies ist die letzte Seite des Buches! Du willst dir doch nicht den Spaß verderben und das Ende zuerst lesen, oder?

Um die Geschichte unverfälscht und originalgetreu mitverfolgen zu können, musst du es wie die Japaner machen und von rechts nach links lesen. Deshalb schnell das Buch umdrehen und loslegen!

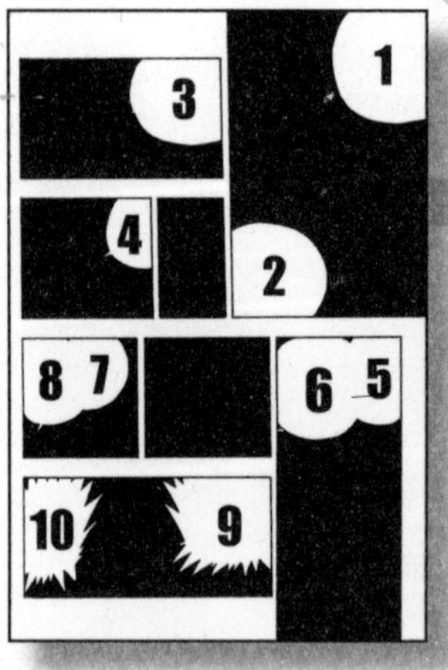

So geht's:

Wenn dies das erste Mal sein sollte, dass du einen Manga in den Händen hältst, kann dir die Grafik helfen, dich zurechtzufinden: Fang einfach oben rechts an zu lesen und arbeite dich nach unten links vor. Viel Spaß dabei wünscht dir TOKYOPOP®!